Monika Maria Martin

Zahlen-sprache

Versöhnliche Betrachtungen über Gott und die Welt

novum pro

Dieses Buch ist auch als
e-book
erhältlich.

www.novumverlag.com

Bibliografische Information
der Deutschen Nationalbibliothek:

Die Deutsche Nationalbibliothek
verzeichnet diese Publikation in
der Deutschen Nationalbibliografie.
Detaillierte bibliografische Daten
sind im Internet über
http://www.d-nb.de abrufbar.

Gedruckt in der Europäischen Union
auf umweltfreundlichem, chlor- und
säurefrei gebleichtem Papier.

© 2022 novum Verlag

ISBN 978-3-99131-304-5
Lektorat: Susanne Schilp
Umschlagabbildung:
Monika Maria Martin
Umschlaggestaltung, Layout & Satz:
novum Verlag
Innenabbildungen:
S. 29: © Dieter Miunske,
S. 141: © Monika Maria Martin,
S. 142: © Gianni D'orio | Dreamstime.com,
S. 309: © Evgenii89 | Dreamstime.com

www.novumverlag.com

Climate neutral
Print product
ClimatePartner.com/16547-2201-1002

INHALTSVERZEICHNIS

VORWORT

Dieses Buch geht von der Annahme aus, dass die Erde und das Leben auf ihr eine Ursache und einen Grund haben. Die Frage nach dem Sinn dieser Existenz beschäftigt den philosophischen Menschen und führt ihn immer wieder an die Grenzen des Erfassbaren.

Materie ist nicht selbsterklärend. Wer sich mit den Gesetzmäßigkeiten der Natur und den Geheimnissen des Lebens beschäftigt, bekommt keine Antworten darauf, warum und wie sie funktionieren. Er kann lediglich deren Funktionieren beobachten.

Auch das genialste logische Denken ist nicht in der Lage, eine Barriere zu überwinden, hinter der sich ihm grundlegende Erklärungen auftun. Es scheint so, als ob dafür noch eine andere Komponente erforderlich ist, die dieses Denken ergänzt: Intuition.

Tatsächlich sind wichtige Erfindungen und wegweisende Entdeckungen in der Geschichte der Menschheit Kombinationen aus Aktion und Reaktion. Die Aktion besteht darin, dass sich ein Mensch mit maximaler mentaler Anstrengung einem Thema widmet. Diese intensive gedankliche Auseinandersetzung bewirkt eine Reaktion in Form eines Einfalls, durch den sich ganz unvermittelt eine neue Perspektive auftut. Die Antwort auf eine drängende Frage, die Lösung eines anstehenden Problems zeigt sich oft unerwartet, plötzlich und auf überraschende, kreative Weise. Der Begriff Intuition meint eine derartige Eingebung, die unmittelbar das Erahnen von Zusammenhängen oder das Erfassen eines Sachverhalts zur Folge hat.

Das berühmte „Heureka" des Archimedes ist Symbol für dieses plötzliche „Ich hab's!", das in der Wissenschaft Quantensprünge begleitet.

Intuition ist somit ein wesentlicher Faktor für das wissenschaftliche Verständnis der Welt. Sie überbrückt jenen Punkt, den das logische Denken als unüberwindliche Barriere wahrnimmt und stellt die Lösung gerade in solchen Momenten zur Verfügung, in denen sich das Denken entspannt oder mit Dingen des Alltags beschäftigt ist.

Oft bedient sich Intuition einer bildhaften Sprache. Die Geschichte von Newton und dem vom Baum fallenden Apfel ist ein bekanntes Beispiel dafür. In jedem Fall ist Intuition unberechenbar in der Art und Weise ihres Auftretens und entzieht sich allen Kriterien, die sie für ein wissenschaftliches Denken erfassbar oder messbar machen. Daher bleibt ihr eine gebührende Anerkennung als Faktor wissenschaftlicher Arbeit weitgehend verwehrt.

Ein selbstverständlicher, anerkannter Aspekt jeder naturwissenschaftlichen Arbeit ist die Verwendung von Zahlen. Neben ihrer quantitativen Funktion erfüllen sie vor allem in Mathematik und Physik die Aufgabe, Vorgänge darzustellen und nachvollziehbar zu machen, die mit Worten nicht zu beschreiben wären. Über Zahlen erschließen sich in der Naturwissenschaft Bereiche, die an der Grenze des Erfassbaren liegen. Zahlen sind für das Denken des neuzeitlichen Menschen jenes Mittel, mit dem er sich maximal der Barriere annähern kann, die seinem Denken Grenzen setzt. Sie ermöglichen und unterstützen genau jenes mentale Aktivsein, das intuitive Lösungsgedanken als Reaktion zur Folge hat.

Ein Zusammenwirken von Verstand und Intuition auf der Basis von Zahlen scheint also der Weg zu sein, der Antworten auf grundlegende Fragen finden lässt und der es erlaubt, dem Phänomen Leben und seinen Geheimnissen auf die Spur zu kommen.

Die folgenden Ausführungen sind das Ergebnis konzentrierter mentaler Arbeit, die sich von Intuition leiten ließ. Durch sie erschließt sich die Welt der Zahlen auf eine ganz neue Weise. Diese Perspektive ist außergewöhnlich und stellt das gewohnte Denken vor eine große Herausforderung. Es tut sich dadurch aber ein Blick hinter die Kulissen auf, der auch für den Verstand logisch und plausibel ist. Insgesamt wird so ein Gesamtkomplex erhellt, der dem Menschen als denkendem, fühlendem, philosophischem und religiösem Wesen entspricht. Traditionelle Denkweisen in all diesen Disziplinen mögen sich dadurch teilweise in Frage stellen. Was vielleicht als Provokation empfunden wird, ist nicht als solche gemeint, sondern als Anreiz für ein erweitertes Verständnis.

Es wird in den folgenden Kapiteln auf der Basis von Zahlen auf etwas Bezug genommen, das im religiösen Sinn dem Begriff Gott entspricht. Damit treffen Bereiche aufeinander, die unvereinbar scheinen mögen, die sich aus der gewohnten Sichtweise sogar widersprechen. Bibel und Mathematik auf einen Nenner zu bringen, mag wie die Quadratur des Kreises erscheinen und genau das ist es auch. Denken und Empfinden, Wissen und Glauben – was sich als Gegensatz darstellt, ermöglicht nur zusammen einen Blick in gemeinsame Hintergründe.

Auf Begriffe, die im traditionellen Sinn mit religiösen Vorstellungen belegt sind, wird in den Ausführungen so gut es geht verzichtet, um Missverständnisse oder Ablehnung zu vermeiden. Wird doch darauf Bezug genommen, so sind sie in einem umfassenden Sinn gemeint. Die Wortwahl ist insgesamt klar und sachlich gehalten und versucht auf diese Weise, einer objektiven und neutralen Darstellung gerecht zu werden.

Grundsätzlich wird Sprache als verbale Kommunikation verstanden und ist die Basis für zwischenmenschlichen Informationsaustausch. Mitteilungen werden in Worte gefasst und erreichen so das Gegenüber. Einfache ebenso wie sehr komplexe Zusammenhänge werden mit Hilfe des geschriebenen oder gesprochenen Wortes dargestellt und zum Ausdruck gebracht. Ob der so transportierte Inhalt aber auch wirklich verstanden wird, wie er gemeint war, hängt von einigen Faktoren ab. Unter anderem sind die persönliche Lebenserfahrung des Empfängers, sein Kulturkreis, die Zeitepoche, in der er lebt, und sein Weltbild ausschlaggebend. Worte sind manchmal vieldeutig und dadurch Quelle von Missverständnissen.

Zahlen sind generell präzise und werden eindeutig wahrgenommen. Unabhängig von Ort und Zeit weiß der Mensch, wie viel 7 ist oder 8, er erkennt zwischen 3 und 1 eine Differenz. Zahlen sind zwar eindeutig, haben aber im gewohnten Verständnis nur eine quantitative Aussage. Darauf beschränken sie sich aber nicht wirklich, sie beinhalten auch eine erzählende Komponente. Sämtliche Schriften des Alten Testaments und darüber hinausgehende Überlieferungen im Judentum wurden in Alt-Hebräisch verfasst. Diese Sprache besteht aus Buchstaben, die gleichzeitig Zahlen sind. Jedem Zeichen, d. h. jedem Konsonanten in dieser Sprache, ist ein Zahlenwert zugeordnet. Zeichen in Kombination mit Zahlen beschreiben gemeinsam etwas, das über die Buchstaben allein nicht zum Ausdruck kommt. Das Zählen ist ein Teil des Er-zählens, die Zahl Bestandteil des Wortes.

Auch in anderen Sprachen zeigt sich dieser Zusammenhang, nicht nur in der deutschen, die mit der hebräischen verwandt ist. So steckt auch im italienischen „raccontare" = „erzählen" das Wort „contare" = „zählen", dasselbe gilt im Englischen für „recount" bzw. „count".

Sprachen selbst geben damit indirekt Hinweise auf einen vorhandenen Bezug zu Zahlen, der dem heutigen Denken aber völlig fremd und weitgehend unbekannt ist.

Die Bücher des Alten Testaments sind also in einer Sprache verfasst, die aus beidem besteht, aus Buchstaben und Zahlen oder besser gesagt aus Zeichen, die beides sind. Die schriftlichen Wurzeln dieser Aufzeichnungen reichen Jahrtausende zurück und gehören zu den ältesten Dokumenten in der Geschichte der Menschheit.

Die Thora ist für die jüdische Religion der wichtigste Teil dieser Schriften. Sie ist im Wesentlichen identisch mit den 5 Büchern Mose im Alten Testament des Christentums. Auch der Koran wurzelt in der Thora, sodass sie eine gemeinsame Grundlage bildet für das Verständnis dieser großen Weltreligionen. Es stellt sich als Tatsache dar, dass die weltumspannenden Glaubensgemeinschaften Judentum, Christentum und Islam in einer gemeinsamen Sprache wurzeln, die Wort und Zahl zugleich ist.

Grundlage aller 3 Weltreligionen sind somit dieselben uralten Texte. Diese Texte bestehen aus Wörtern, die gleichzeitig Zahlenkombinationen sind. In der traditionellen Lesart wird dieser Doppelcharakter nicht berücksichtigt, weil das Wissen über die Aussagekraft der Zahlen fehlt. Es ist aber anzunehmen, dass sich wesentliche Informationen und damit die eigentlichen Inhalte dieser Überlieferungen durch Einbeziehung der Zahlen erschließen. Denn der Doppelcharakter der hebräischen Zeichen hat wohl seinen Grund.

Aus Buchstaben geformte Wörter sind ganz selbstverständlich die Basis menschlicher Kommunikation. Gesprochene Laute und ihnen zugeordnete Schriftzeichen sind Merkmale aller Sprachen, die über die Zeitepochen hinweg in verschiedenen Kulturkreisen entstanden sind. Innerhalb einer kreativen Vielfalt an Verständigungsformen gibt es für jeden einzelnen Menschen eine ihm vertraute Muttersprache. Er hat sie als Kind erlernt und mit ihrer Hilfe bewältigt er seinen Alltag. Jede Sprache ist für eine bestimmte Gruppe von Menschen Muttersprache, sodass in Summe jede Mitteilungsform, die Wörter und Laute verwendet, als Muttersprache bezeichnet werden kann.

Leben und Überleben auf der Erde wäre nicht möglich ohne verbalen Austausch. Schon das Kleinkind lernt, seine Bedürfnisse zu artikulieren und verwendet einfache Grundbegriffe, um Hunger, Durst oder Schmerz zum Ausdruck zu bringen. Für den erwachsenen Menschen ist es eine Selbstverständlichkeit, sich mitzuteilen und andere wissen zu lassen, was er braucht. Laute und Wörter haben in diesem Sinn lebenserhaltende = mütterliche Funktion und teilen diese Eigenschaft mit „Mutter Erde". Insgesamt ist Muttersprache, die Sprache der Laute und Buchstaben, auf das irdische Leben des Menschen bezogen.

Wenn religiöse Schriften sich einer Mitteilungsform bedienen, die Zahl und Buchstabe in einem ist, liegt die Vermutung nahe, dass Zahlen über jenen Bereich berichten, das über das irdische Leben des Menschen hinausgeht. Diese Vermutung trägt eine Forderung in sich. Sie fordert auf, zu akzeptieren, dass Zahlen eine Aussage machen und dass Kombinationen von Zahlen ebenso wie aus Buchstaben geformte Wörter etwas zum Ausdruck bringen können und es auch tun. Es gilt anzuerkennen, dass Zahlen eine Sprache sprechen und etwas äußern, das über ihre bekannte quantitative Funktion hinausgeht.

In ihrer qualitativen Funktion als Informationsträger erzählen sie in diesen alten Texten über einen Bereich jenseits des Irdischen. Sie erlauben einen Einblick in Prinzipien, die unabhängig von der Welt der Materie existieren. Somit kann als eigentliche, wesentliche Funktion von Zahlen ihre Fähigkeit bezeichnet werden, eine immaterielle Ebene, eine im religiösen Sinn geistige Sphäre für das menschliche Denken zu erschließen. Sie eröffnen die Möglichkeit, Zusammenhänge zu erfassen, die im Hintergrund alles Erscheinende verursachen.

Einem hintergründig wirkenden Geistigen, das physisches Leben zeugt, wird nach uralter mythologischer Tradition der männliche Aspekt zugeordnet und damit die Rolle des Vaters. Es entspricht auch christlicher Ausdrucksweise, dieses Ursächliche und Göttliche „Vater" zu nennen. Dieser Vateraspekt bildet das Pendant zum Mutteraspekt des Irdischen und steht für das Jenseitige, Absolute und Nicht-Irdische. Zahlen erzählen über diesen väterlichen, erzeugenden, absoluten Bereich. Ihre Sprache ist daher „Vatersprache".

Hebräische Schriftzeichen sind so betrachtet beides, mütterlich und väterlich, irdisch und nicht-irdisch. Die Existenz einer Zahlensprache zu akzeptieren, bedeutet anzuerkennen, dass eine nicht-irdische Ebene existiert, die alles hervorbringt und somit auch alles Hervorgebrachte ist. Der irdische Mensch erlebt sich als Teil dieses Hervorgebrachten. Zahlen vermitteln ihm ein Verständnis jener Instanz, die alles hervorbringt und lassen den logischen Schluss zu, dass auch der Mensch aus einer väterlichen und einer mütterlichen Komponente besteht, dass er selbst irdischer und gleichzeitig nicht-irdischer Natur ist.

Die „Vatersprache der Zahlen" in Verbindung mit der „Muttersprache der Wörter" befähigt den Menschen, eine Ganzheit zu verstehen, die er auch selbst ist. Die Betrachtung alter Überlieferungen unter Einbeziehung der Zahlen eröffnet den Zugang zu Kernaussagen dieser Texte. Gleichzeitig erschließt sich durch sie der Sinn menschlicher Existenz. Diese Behauptung mag gewagt erscheinen. Inhalt und Zweck der folgenden Ausführungen ist es, diese Behauptung nachvollziehbar zu belegen.

In der „Vatersprache" sind Zahlen Informationsträger und bringen nicht eine Quantität, sondern eine Qualität zum Ausdruck. Ihre qualitative Aussage eröffnet Einblicke in Grundlegendes und Ursächliches. Diese Aussagekraft der Zahlen ist ganz unabhängig vom gewohnten Umgang mit ihnen und hat nichts zu tun mit ihrer bekannten, vertrauten Verwendung für Berechnungen und Mengenangaben.

Sich mit der Sprache der Zahlen vertraut zu machen, ist mit dem Lernen einer Fremdsprache vergleichbar. Das Denken ist immer wieder herausgefordert, sich neu zu fokussieren, wird dafür aber mit einer sehr außergewöhnlichen und befriedigenden Perspektive belohnt.

Um diese Perspektive auf eine tragfähige Basis zu stellen, wendet sich der Blick vorerst zurück in die Vergangenheit und beschäftigt sich mit den Anfängen menschlicher Bewusstheit.

1. KAPITEL

Bewusstsein, Mythen, Altes Wissen

Der Psychologe und Philosoph Erich Neumann galt als der bedeutendste Schüler von C. G. Jung, hat sich intensiv mit der Ursprungsgeschichte des Bewusstseins beschäftigt und dazu ein Buch mit gleichnamigem Titel verfasst. Auch in seinem Buch „Die große Mutter" geht er auf grundlegende Zusammenhänge zwischen Unbewusstem und sich daraus entwickelndem Bewusstsein ein. Die folgenden Informationen darüber basieren auf diesem Buch.

Neumann informiert darüber, dass die Menschheit zu Beginn ihrer Entwicklung über eine Art Einheitsbewusstsein verfügte und eingebunden war in ein kollektives Sein. Uroboros, das Bild der sich in den Schwanz beißenden Kreisschlange ist das Symbol für diese kosmische Einheit, die alles Gegensätzliche in sich vereint. Diese Kreisschlange stellt ein großes Rundes dar, in dem sämtliche Elemente des Erlebens miteinander vermischt enthalten sind. Neumann sagt: „Uroboros steht für die Ungeschiedenheit des Chaos, ist der Urarchetyp des Unbewussten und Undifferenzierten und symbolisiert auch die miteinander vereinigten Ur-Eltern, aus denen sich später die Figuren des Großen Vaters und der Großen Mutter herauslösen."

Erst allmählich entwickelte der Mensch als Einzelwesen ein individuelles Bewusstsein, spaltete sich ab von dieser Einheit und verlor damit auch mehr und mehr den Zugang zum unbewussten gemeinsamen Erleben und Wahrhaben. Nun trugen mündliche Überlieferungen urzeitliches Wissen wortgetreu von Generation zu Generation weiter. Die zugrunde liegende Gemeinsamkeit mythischer Überlieferungen zeigt sich in Archetypen und Bildern, die einander weltweit ähneln.

In all diesen Mythen wird versucht etwas zu beschreiben, das mit einer Alltagssprache nicht wirklich auszudrücken ist. Es wird in Bilder gekleidet, die symbolisch zu verstehen sind. Die Aussagen dieser Überlieferungen wörtlich zu nehmen, ist daher im Allgemeinen irreführend. Denn so bunt die geschilderte Bilderwelt auch sein mag, in der wesentlichen Essenz unterscheiden sich diese Erzählungen, die Alte Weisheit über lange Zeiträume hinweg transportieren, weltweit kaum voneinander. Sie beschreiben eine absolute Wirklichkeit, die sowohl transzendent als auch immanent ist, zeitlos überall gültig und deshalb auch hier und jetzt. In allen Völkern und Traditionen kommt darin das Verhältnis einer bekannten zu einer unbekannten Realität zum Ausdruck.

Barbara C. Sproul hat sich als Religionswissenschaftlerin eingehend mit den Schöpfungsmythen der östlichen und westlichen Welt beschäftigt und das Ergebnis dieser Arbeit in 2 Büchern zusammengefasst, die diese Thematik umfassend beschreiben.

Sie hat festgestellt, dass sich die meisten Schöpfungsmythen überall auf der Erde ähnln. Unbeeinflusst von einander beschreiben sie ein ursprüngliches, produktives Chaos, das die Gesamtheit des Seins in einem gleichzeitigen Nicht-Sein umfasst und noch keine Unterschiede in sich enthält. Die Schöpfung ereignet sich, indem sich dieses ungeformte Einheitliche beginnt zu differenzieren. Ab diesem Moment sind sowohl das Chaos als auch das Produkt des Chaos gleichberechtigte Teile einer Wirklichkeit, die aus sich selbst heraus entsteht. Jede tiefgründige Mythologie besteht deshalb auch strikt auf der unverbrüchlichen Einheit von Schöpfer und Schöpfung sowie der gegenseitigen Abhängigkeit von Sein und Nichtsein.

Andere Mythologien sind weniger philosophisch ambitioniert und beginnen mit der einen oder anderen Seite des entstandenen polaren Gegensatzes. Sie behaupten, das Sein war zuerst und kümmern sich nicht darum, woher es kam. Dasselbe gilt auch für die gegenteilige Behauptung, das Nichtsein war zuerst; manche fangen mit der „Henne" an, manche mit dem „Ei". In den meisten Schöpfungsmythen sind aber beide von Anfang an da, sowohl Sein als auch Nicht-Sein, sowohl „Henne" als auch „Ei".

Diese unerklärliche und eigentlich für den Menschen unfassbare Einheit, die allem zugrunde liegt, wird in allen Religionen als das Absolute, Göttliche und Heilige verehrt. Es bildet die Grundlage der wahrnehmbaren irdischen Wirklichkeit. Die meisten Religionen sehen die Schöpfung eingebettet in einen linearen Zeitfluss und sprechen von einer Erschaffung der Welt. Der Buddhismus betrachtet das Universum als einen pulsierenden Wechsel von Ausdehnen und Zusammenziehen, von Auflösung und Zusammenfügen, von Sein und Nichtsein. Im Grunde sind das nur Betrachtungsweisen aus verschiedenen Perspektiven auf etwas, das immer ist, weil es zeitlos ist. Es ist auch die zentrale Botschaft aller Schöpfungsmythen, dass das Absolute sowohl immanent als auch transzendent besteht. Eine weitere Gemeinsamkeit dieser Überlieferungen zeigt sich im Verständnis des Menschen als physischem Ausdruck dieser Dimension des Heiligen.

Um über das Absolute, den Urgrund allen Seins und Nichtseins berichten zu können, müssen sich Mythen und Religionen der Wörter des Alltags bedienen. Sie sprechen über das Unbekannte in Begriffen des Bekannten, sie beschreiben das Absolute mit Wörtern des Relativen. Das schafft weiten Raum für Interpretation und Missverstehen. Die in den Überlieferungen verwendeten Symbole stammen aus unbekannten Kulturen vergangener Zeiten und sind dem Denken und Erleben des heutigen Menschen daher meist fremd. Er ist dann versucht, die Ausdrucks- und Betrachtungsweise als primitiv abzutun, weil er den Sinn nicht erfassen kann. Aber selbst „primitive" Naturvölker wie die Dogon in Afrika sind sich der Tatsache bewusst, dass die Sprache zur Beschreibung absoluter Zusammenhänge nur eine symbolische sein kann. Symbol bedeutet in deren Sprache wörtlich übersetzt: „Wort dieser niederen Welt".

Eine wörtliche Übersetzung oder Interpretation aus der gerade aktuellen Weltsicht kann deshalb die Botschaft einer Überlieferung kaum erfassen. Sie ist in eine Erzählung gekleidet, die aus symbolischen Begriffen einer fernen Kultur und Zeitepoche zusammengesetzt ist. Nur selten sind Mythen so direkt, dass sie unmissverständlich zum Ausdruck bringen, dass Sein und Nichtsein ursprünglich gemeinsam existieren, dass das Unendliche aus sich selbst heraus das Endliche kreiert.

Meist wird der Schritt von der Einheit in die Dualität und die sich daraus entwickelnde Vielfalt in Metaphern geschildert. Oft wird berichtet von einer Zeugung durch Welteltern, wobei das mütterliche Prinzip fast immer für das empfangende Schöpferische und der väterliche Aspekt für das befruchtende Geistige oder Absolute steht. Einige Völker überliefern die Vorstellung, dass ein personifizierter Gott Teile seines Körpers abschneidet und daraus die Welt formt. Manchmal stirbt ein göttliches Wesen auch ganz hinein in die Schöpfung, verwendet sich mit „Haut und Haar" für die Schaffung des Universums. Es wird auch wiederholt davon erzählt, wie ein Schöpferwesen die Welt erträumt, sie denkt oder durch Worte manifestiert. Überall auf der Erde berichten Mythen davon, dass Götter Ton, Schlamm oder Staub benutzen, um Menschen und Tiere zu formen, denen sie Leben einhauchen.

Grundsätzlich beschreiben alle Mythen eine materielle Welt, in der eine absolute Dimension lebt und zum Ausdruck kommt, ohne scharfe Trennung zwischen Geist und Stoff, Seele und Körper. Sie erzählen von einer Ganzheit von Weltlichem und Absolutem.

Die Mythen erzählen aber auch weltweit von einem Vergessen dieser Ganzheit durch den Menschen, von einem Fallen in die Welt der Dualität und einem Verlorensein darin. Die Bibel berichtet in ihrer Schöpfungsgeschichte über den Sündenfall von Adam und Eva, die vom Baum der Erkenntnis von gut und böse essen und als Folge davon die Vertreibung aus dem Paradies erfahren. In der Welt der Polarität kennt das menschliche Bewusstsein nur Gegensätze, hier charakterisiert durch gut und böse. Es verliert den Sinn für die dahinter liegende Einheit. Mit der Vertreibung aus dem Paradies wird der Verlust dieses Bezuges zur Einheit bildlich dargestellt. In afrikanischen Mythen wird er beschrieben als Herausfallen aus der harmonischen göttlichen Ordnung der Natur. Oft kommt die Trennung von Himmel und Erde mythologisch dadurch zum Ausdruck, dass eine verbindende Achse zerstört wird und alle Versuche, sie wieder aufzurichten, scheitern. Der Turmbau zu Babel im Alten Testament ist ein Beispiel dafür.

In diesem Zustand der Trennung erfährt sich der Mensch als ein vom Tod bedrohtes Wesen. Er sieht sich einem ungewissen Schicksal ausgeliefert und befindet sich im ständigen Kampf mit dessen Launen. Er existiert ununterbrochen im Spannungsfeld zwischen den beiden Polen einer Dualität, die seine Wahrnehmung bestimmt. Eine rationale Realitätsauffassung verdrängt zunehmend die lebendige mythische Wirklichkeit, nimmt ihre metaphorische Sprache schließlich als erfundenes Fantasiegebilde wahr und hat keinerlei Bezug mehr dazu.

Mythologische Überlieferungen weisen auf den Irrtum dieser Sichtweise hin und versuchen ihn zu korrigieren. Religionen kennen als Ziel des Menschen seine Rückverbindung zum Absoluten; das irdische Leben ist in ihrem Verständnis ausgerichtet auf eine Dies- und Jenseits umfassende Ganzheit.

Der Begriff Gott steht grundsätzlich für ein Absolutes, das vor und außerhalb der Polarität existiert und damit eigenschaftslos ist. Das menschliche Bewusstsein, geprägt durch die Polarität dieser Welt, tendiert dazu, den Gottesbegriff mit menschlichen, vorwiegend positiven Eigenschaften zu verbinden und ihn damit zu begrenzen. Ein solches Gottesverständnis kann ein oder mehrere Wesen umfassen, denen unterschiedliche Aspekte zugeordnet werden. Die Dreifaltigkeit des Christentums, die Vielfalt der Götter im Hinduismus und im antiken Griechenland zeigen das. In Afrika verehrt das Volk der Dinka z. B. unzählige Gottheiten und behauptet doch, dass das Göttliche eins ist.

Damit ist gemeint, dass eine einzige ursprüngliche Kraft oder absolute Realität als existent angesehen wird, die aber in vielen unterschiedlichen Aspekten wahrgenommen und nur in Metaphern mitgeteilt werden kann. Jede konkrete Vorstellung von der Gesamtheit des Göttlichen und jede Bezeichnung dafür kann nur unzulänglich sein; das Absolute ist nur in Facetten und Symbolen für das menschliche Bewusstsein erfassbar. Deshalb spricht auch das Alte Testament davon, dass man sich von Gott kein Bild machen soll und sein Name unaussprechlich ist. Bei der Beschreibung des Absoluten und dessen Verhältnis zum Relativen bedient sich der Mensch allgemein gültiger Archetypen, die keine historischen Gestalten oder Begebenheiten darstellen, sondern zeitlos immer und überall wahr sind. Adam ist in diesem Sinn also nicht als der erste Mensch am Beginn eines chronologischen historischen Ablaufs gemeint. Er steht archetypisch als Metapher für den Menschen an und für sich. Seine „Erbsünde" ist daher ein generelles Merkmal des Menschen und nicht als persönliche Schuld zu verstehen, die sich von Generation zu Generation vererbt.

Mythologien verwenden das Zeitliche, um das Zeitlose zu beschreiben. Sie nutzen die Sprache des Relativen, um das Absolute zu erklären. Das Verstehen des transportierten Inhalts verlangt aber ein Überschreiten dieser Grenzen des Relativen und Zeitlichen.

C. G. Jung hat den Begriff des kollektiven Unbewussten geprägt und die Bedeutung der Archetypen für die Tiefenpsychologie erschlossen. Er sieht in diesen Archetypen eine über Zeiten und Zonen hinweg allgemein gültige Ausdrucksweise der menschlichen Psyche. Er sagt von ihnen, sie seien vorbewusst vorhanden und Strukturdominanten der Psyche überhaupt. Er sieht im Archetypus ein bewusstseinstranszendentes Kernphänomen, dessen ewige Präsenz unanschaulich ist. Archetypische Begriffe gelten für die ganze Menschheit, sie haben überall auf der Welt und für jedes Volk dieselbe Bedeutung. Vater, Mutter, Baum, Weg, Schlange, Sonne sind einige Beispiele dafür.

Neumann beschreibt den symbolbildenden Prozess des Unbewussten als Ursprungsort menschlichen Geistes. Ausgehend von der ursprünglichen unbewussten Einheit entwickeln sich im menschlichen Bewusstsein erste Inhalte. Diese Inhalte sind allegorische Bilder, die auf die vor-bewusste Einheit Bezug nehmen. Das entstehende Bewusstsein bedient sich einer Symbolsprache.

C.G. Jung sagt dazu: „Was ein archetypischer Inhalt immer aussagt, ist zunächst sprachliches Gleichnis. Spricht er von Sonne und identifiziert mit ihr den Löwen, den König, den vom Drachen bewachten Goldschatz und die Lebens- oder Gesundheitskraft des Menschen, so ist es weder das Eine noch das Andere, sondern das unbekannte Dritte, das sich mehr oder weniger treffend durch alle diese Gleichnisse ausdrücken lässt, das aber – was für den Intellekt stets ein Ärgernis bleiben wird – unbekannt und unformulierbar bleibt."

Jung hat entdeckt, dass die Archetypen des kollektiven Unbewussten in den mythologischen Motiven aller Völker erscheinen. Mythologeme sind einzelne Elemente oder Motive innerhalb eines Mythos; C. G. Jung sieht sie als konstante Bestandteile der Welt im Unbewussten, als Strukturelemente der menschlichen Psyche und sagt von ihnen: „Das Mythologem ist die ureigentliche Sprache dieser psychischen Vorgänge, und keine intellektuelle Formulierung kann auch nur annähernd die Fülle und Ausdruckskraft des mythischen Bildes erreichen. Es handelt sich um Urbilder, die darum auch am besten und treffendsten durch eine bildhafte Sprache wiedergegeben werden. Diese bildhafte Sprache ist die Sprache des Symbols, die ursprüngliche Sprache des Unbewussten und der Menschheit."

Neumann ist der Ansicht, dass sich im Symbolbild des Archetyps etwas als Sinnzusammenhang mitteilt, das erst von einem entwickelten Bewusstsein mit großer Mühe erfasst werden kann.

Die Urbilder der Mythen tragen in sich eine gemeinsame, jedem menschlichen Sein zugrunde liegende Symbolik. Das Symbol verbirgt die angedeutete Wirklichkeit geheimnisvoll in sich, transportiert sie und regt das Bewusstsein an, sich damit unter Einbeziehung all seiner Bewusstseinsfunktionen zu beschäftigen. Neumann ist überzeugt: „Das Symbol weist hin, deutet an und erregt. Auf diese Weise setzt es das Bewusstsein in Bewegung und bringt es dazu, alle Bewusstseinsfunktionen zur Verarbeitung zu verwenden. Denn eine nur begriffliche Verarbeitung des Symbols erweist sich als völlig unzureichend. Gefühl,

Intuition und Empfindung werden ebenfalls mehr oder weniger stark vom Symbol ergriffen."

Mythos und Archetyp sind Ausdruck einer Weisheit im Verborgenen. Beide erfüllen die gleiche Funktion und stellen einen lebendigen, bildhaften Bezug her zu einem zeit- und grenzenlosen Ursprünglichen. Für das bewusste Denken ist diese Weisheit vorerst verschüttet, im Unbewussten existiert sie. Das Unbewusste ist mit dem Bewusstsein durch eine mehr oder weniger durchlässige Schnittstelle verbunden und äußert sich ganz willkürlich in Träumen, plötzlichen Eingebungen, instinktiven Reaktionen oder überraschenden Einfällen. Die Weisheit im Verborgenen ist auf diese Weise erfahrbar als eine Instanz, die das Leben aus der Tiefe des individuellen Ich heraus lenkt, indem sie Impulse setzt.

Die Psychologie ordnet diese Schnittstelle zwischen Bewusstem und Unbewusstem dem Bereich der Seele zu. Im religiösen Sinn ist mit dem Begriff Seele der jenseitige Aspekt des Menschen gemeint, der ihn mit Gott verbindet. Beide Disziplinen betrachten im Grunde dasselbe, auch wenn sie Seele unterschiedlich definieren. Ist hier der Blick auf das praktische Leben ausgerichtet, fällt er dort auf das dahinter liegende Jenseitige. Um eine Vermischung dieser beiden Auffassungen zu vermeiden, kennt das Alte Wissen im Hebräischen 2 unterschiedliche Begriffe für Seele, einmal für den Bereich der Psyche und einmal in Bezug zum Absoluten.

Grundsätzlich ist die menschliche Existenz darauf ausgerichtet, das Unbewusste ins Bewusstsein zu holen und es im Licht der Erkenntnis zu betrachten. Neumann macht den Stellenwert der Bewusstseinsentwicklung deutlich: „Die Entwicklung des Bewusstseins, die vom fast völlig Enthalten-sein im Unbewussten beim Urmenschen bis zur abendländischen Form des Bewusstseins reicht, ist als das eigentliche Anliegen der gesamten Menschheit sichtbar geworden." Im selben Zusammenhang erwähnt er: „Die Richtung zum Licht, die C. G. Jung einmal den menschlichen Heliotropismus (= die „triebhafte" Tendenz der Pflanze, sich zur Sonne zu drehen) genannt hat, hat sich auf die

Dauer als stärker erwiesen als alle Verdunkelungskräfte, welche das Bewusstsein auszulöschen versucht haben."

Auf dem Weg zum klaren Erkennen im vollen Licht des Bewusstseins stellt die zitierte abendländische Form wohl eine fortgeschrittene Etappe dar.

In „Erinnerungen, Träume, Gedanken" sagt C. G. Jung: „Nur hier, im irdischen Leben, wo die Gegensätze zusammenstoßen, kann das allgemeine Bewusstsein erhöht werden. Das scheint die metaphysische Aufgabe des Menschen zu sein, die er aber ohne „mythologein" nur teilweise erfüllen kann. Der Mythos ist die unvermeidliche und unerlässliche Zwischenstufe zwischen dem Unbewussten und der bewussten Erkenntnis."

Die Erzählungen diverser Schöpfungsmythen sind symbolische Aussagen. Ihre Wahrheiten gelten zeitlos, jetzt und immer, auch wenn das für ein lineares Zeitverständnis kaum zu begreifen ist. Wenn es nicht gelingt, die Mitteilung eines Mythos in ihrem Kern zu erfassen, so liegt der Fehler meist im Versuch, ihn als geschichtlichen Bericht zu lesen. Die Mythen benutzen zwar historische Ereignisse zur Darstellung, sind aber selbst nicht historisch gemeint.

Als die Menschheit vor Tausenden von Jahren die Schrift entwickelte, war sie in der Lage, dieses ursprüngliche, mythologische Gedankengut erstmals aufzuzeichnen und damit festzuhalten. Das Alte Testament der Bibel und die Schriften des Judentums sind aus solchen Überlieferungen hervorgegangen. Die schriftliche Basis dieser Religionen ist also eine Sammlung von Wissen aus noch viel älterer Zeit. Der Mensch hat in diesen Überlieferungen mit Bildern seines Alltags, seines eigenen Erlebens auszudrücken versucht, was er an grundlegender, uralter Weisheit in sich trug. Und es war ihm gegeben, dies auch in einer Sprache zu tun, die darauf ausgelegt war, diese Weisheit unverfälscht zu transportieren.

Äußerlich wird in symbolischen Geschichten vermittelt, was an Wesentlichem erhalten bleiben sollte. Eigentlich aber zeichnen in diesen Erzählungen die Zahlenwerte der hebräischen Buchstaben und Wörter ein klareres Bild vom Kern ihrer Aussagen.

Das Alte Testament und die darüber hinausgehenden jüdischen Texte wurden seit jeher als Heilige Schriften verstanden. Wie auch das überlieferte Wissen anderer Religionen berichten sie nicht über gewöhnliche Ereignisse, sondern von einem Unfassbaren und Jenseitigen. Die in diesen Büchern bzw. Schriftrollen angegebenen Zahlen beschreiben daher auch keine Zeitabläufe oder Mengenangaben im gewohnten, alltäglichen Sinn. Biblische Zeit drückt eine Zeitqualität aus und nicht eine Zeitfolge, und konkret genannte Zahlen sind nicht quantitativ, sondern qualitativ in ihrer Aussage.

Der Mathematiker Friedrich Weinreb beschäftigte sich um die Mitte des 20. Jahrhunderts neben seiner wissenschaftlichen Tätigkeit eingehend mit alten Quellen der jüdischen Überlieferung. Er entdeckte darin auf Ebene der Zahlenwerte außergewöhnliche Zusammenhänge und hinterließ dazu ein umfassendes Werk. Für ihn bestätigte sich durch persönliche Einblicke, was dieses Alte Wissen von sich sagt, nämlich dass es immer da war und zum Menschen gehört wie die ihn umgebende Schöpfung.

Die jüdische Überlieferung weist wiederholt darauf hin, ihre Texte nicht historisch zu sehen, sondern als gegenwärtigen Bestandteil jeder menschlichen Existenz. Die Bibel beschreibt nicht, was einmal war, sondern was zeitlos ist, und Weinreb betont immer wieder, dass diese symbolischen Bilder in jedem Menschen leben, als seine eigene verborgene Wirklichkeit.

Wenn in den folgenden Ausführungen auf Altes Wissen Bezug genommen wird, dann ist dieser Begriff im Sinne von Friedrich Weinreb gemeint. Diesem Alten Wissen, wie es Weinreb für die moderne Welt erschlossen hat, entstammen auch die grundlegenden Informationen im folgenden 2. Kapitel, vor allem Weinrebs Buch „Zahl, Zeichen, Wort" kommt dabei besondere Bedeutung zu.

Die nächsten Kapitel bauen in gedanklicher Konsequenz auf diesen Grundlagen auf und werden ergänzt durch neue Perspektiven. Dabei zeigen sich auch unabhängig von alten Überlieferungen Querverbindungen und Zusammenhänge, die Zahlen mit ihrer qualitativen Aussage zum Ausdruck bringen. Diese

Zusammenhänge treten zwar unabhängig vom Alten Wissen in Erscheinung, zeigen aber einen Bezug dazu und klare Übereinstimmungen.

Insgesamt geht das Gedankengebäude dieses Buches weit über das hinaus, was Friedrich Weinreb hinterlassen hat. Die Vertiefung des qualitativen Aspektes der Zahlen, der Bezug zu den Primzahlen sowie zu den aktuellen Zeitqualitäten, die Betrachtung der Dimensionen, die Querverbindungen zu Mathematik, Physik, Weltreligionen und griechischer Mythologie, das alles ist neu.

Der an Zahlen orientierte Blick auf biblische Begriffe und vor allem auf den Menschen durchbricht eine Denkbarriere, indem er konsequent und kompromisslos anwendet und zu Ende führt, was Friedrich Weinreb für die moderne Welt an Einsichten erschlossen hat. Er war und ist in der Betrachtung biblischer Texte und religiöser Symbole revolutionär. Sein Leben und Werk war darauf ausgerichtet, menschlichem Bewusstsein der Neuzeit Zugang zu grundlegender, uralter Wahrheit zu eröffnen.

Es ist im Sinne von Friedrich Weinreb, das von ihm Hinterlassene nicht zu der Weisheit letztem Schluss erstarren zu lassen.

Er motiviert dazu, individuell und eigenständig weitere Schritte zu setzen, wenn er sagt: „Ich war und bin nicht der Mensch, der Schüler sucht, eine Schule errichtet; ich nehme immer an, dass nur ein freier Mensch zu Gott finden kann. Ich ertrage keine Anhänger, Nachläufer, Schwärmer oder nur Schüler. Als freier Mensch komme man und als freier Mensch finde man Gott."

Friedrich Weinreb bezog sich in seinen Büchern und Vorträgen gerne auf die Elberfelder Bibel als wortgetreueste Übersetzung aus dem Hebräischen. Ihr entstammen auch die Bibel-Zitate in den folgenden Kapiteln.

2. KAPITEL

Hebräisch als Sprache des Alten Wissens

„Hebräisch" bedeutet in dieser Sprache „von der anderen Seite". Das Hebräische versteht sich selbst als von der anderen Seite kommend und als Ursprache. Die griechischen Buchstaben Alpha und Beta, aus denen sich das Wort Alphabet zusammensetzt, entstammen den hebräischen Zeichen Aleph und Beth. Der antike griechische Geschichtsschreiber Herodot, der vor fast 2.500 Jahren lebte, bestätigte diesen Zusammenhang. Er erwähnte eine mythologische Gestalt namens Kadmos als Übermittler phönizischer Buchstaben nach Griechenland. „Kadmos" leitet sich ab vom hebräischen „kedem" und ist zu übersetzen mit „früher, Ursprung". Das Phönizische zeigt eine weitgehende Übereinstimmung mit dem Alt-Hebräischen, hat darin also seinen Ursprung und stellt den Übergang dar zum Griechischen.

Das Hebräische ist sowohl Buchstabe als auch Zahl. Diese Eigenheit ist ein sehr tiefgründiger Hinweis und verdeutlicht die Tatsache, dass in der erlebbaren Welt alles 2 Seiten hat. Das irdische Leben ist geprägt von Widersprüchlichem und Gegensätzlichem. Jede Anschauung findet ihr Gegenteil, jeder Pol hat seinen Gegenpol. Nach jüdischer Überlieferung lebt in allem etwas Weibliches im Sinne von äußerlich Erscheinendem und etwas Männliches als hintergründiges Geistiges. Das Hebräische versteht sich als Sprache, die beides in sich trägt und zum Ausdruck bringt. Jedes Schriftzeichen als Kombination von Buchstabe und Zahl bildet diesen Doppelcharakter ab, ist weiblich und männlich zugleich.

Diese gleichzeitige Existenz von Erscheinendem und Geistigem gilt für jedes hebräische Wort. Jede Buchstabenfolge ist auch Zahlenkombination und daher sowohl irdisch als auch nicht-irdisch. Die hebräische Sprache, die „von der anderen Seite" kommt, bildet eine Synthese von Dies- und Jenseits. Sie erfüllt von Anfang an eine Brückenfunktion zwischen beiden Seiten, was die Bibel mit der Aussage bestätigt: „Im Anfang war das Wort, und das Wort war bei Gott, und das Wort war Gott." Das „Wort" überbrückt eine Grenze und überwindet die scheinbare Unvereinbarkeit zwischen Dies- und Jenseits, zwischen Gott und der Welt. Über das „Wort" kommt zum Ausdruck, was generell für jede Existenz gilt, nämlich dass eine Verbindung existiert zwischen dem Offensichtlichen und einem Hintergründigen. Die Seite des Hintergründigen wird vermittelt in Zahlen, die Seite des Offensichtlichen in Buchstaben. Das „Wort", von dem die Bibel spricht und aus dem sie besteht, umfasst also beide Seiten, die bekannte und die „andere".

Das hebräische Alphabet besteht aus Konsonanten, die nicht Buchstaben, sondern Zeichen genannt werden. Diese Zeichen zeigen etwas in dieser Welt, das aus einer anderen Wirklichkeit kommt und bilden die Schnittstelle zwischen beiden Bereichen. Für Vokale existieren keine Schriftzeichen, sie werden der Welt des Geistigen zugeordnet und haben daher keine festen Formen.

Die Überlieferung geht davon aus, dass eine Ursprache und ein Verständnis dafür in jedem Menschen angelegt sind. Sprache ist Teil des Menschseins, sie dient der Verständigung untereinander und bildet gleichzeitig eine Verbindung zum Ursprung. Eine verborgene Weisheit lebt in allen Sprachen, die sich erschließt, wenn man Aufmerksamkeit dafür entwickelt. Der Zusammenhang von zählen und er-zählen zeigt das. Ebenso besteht eine Verwandtschaft zwischen stehen und ver-stehen oder greifen und be-greifen. Es gibt dafür noch viele weitere Beispiele, besonders auch im Deutschen.

Im Hebräischen ist die Reihenfolge der Buchstaben identisch mit der Zahlenfolge; Buchstaben sind Zahlen, Zahlen sind Buchstaben und sich gegenseitig eindeutig zugeordnet. Zahlen sind dabei der primäre Faktor und geben die Reihenfolge vor, in ihnen ist der Sinn unverfälschter enthalten als in geäußerten Lauten. Konsonanten als Äußerungen der erscheinenden Welt sind ihnen untergeordnet. Manche Wörter können daher durch die Verwendung verschiedener Vokale ganz unterschiedlich klingen; wenn dieselben Zahlengruppen darin vorkommen oder andere Übereinstimmungen in ihren Zahlenwerten herrschen, dann ist eine grundlegende Sinn-Verwandtschaft gegeben. Buchstaben drücken eine Mitteilung aus für die diesseitige Wahrnehmung. Zahlen beziehen sich auf das dahinter liegende Ursächliche und sind aus diesem Grund auch das Primäre. Jedes hebräische Wort besteht aus diesen beiden Seiten, die sich gegenseitig ergänzen und gemeinsam etwas manifestieren. Rätselhafte Formulierungen in den Überlieferungen erklären sich oft über die Zahlenfolgen, die in ihrer Kombination eine Information transportieren.

Grundsätzlich sind die Texte des Alten Testaments keine Berichte über vergangenes Geschehen. Sie beschreiben etwas grundsätzlich Zeitloses, das in Form von Erzählungen in Raum und Zeit für das menschliche Bewusstsein erfassbar wird.

Es existiert in diesen Erzählungen nichts Zufälliges in dem Sinn, dass es ohne Bedeutung wäre. Jedes Zeichen ist im Zusammenhang präzise gesetzt und hat eine konkrete, präzise Aussage. Diese Texte lassen genauso wie die gesamte materielle Welt eine Struktur und Ordnung erkennen, die für das große Gesamte genauso gilt wie für das Kleinste.

Die hebräischen Schriftzeichen haben in diesen alten Dokumenten eine vergleichbare Funktion wie die chemischen Elemente der Materie, beide fügen Grundbausteine zu komplexen Konstrukten zusammen.

Die Heilige Schrift besteht aus Zeichen, von denen jedes einen Namen hat. Jedes trägt eine Bedeutung in sich und wird mit einem Bild beschrieben, das seine Aussagekraft symbolisiert. In Kombination miteinander bringen Zeichen etwas Neues hervor und etwas Gemeinsames zum Ausdruck. Sie tun das auf ähnliche Weise, wie sich etwa die chemischen Elemente Wasserstoff, H, und Sauerstoff, O, zu Wasser, H_2O, verbinden.

Die Bibel zu ergründen ist also ähnlich komplex wie die Materie zu erforschen. Zum Verständnis beider Welten ist erforderlich, sich mit ihren Grundlagen vertraut zu machen.

Die Welt der Bibel basiert auf 22 „festen" Elementen = 22 Konsonanten. Die Grundstruktur dieser 22 hebräischen Schriftzeichen bilden die Zahlen von 1 bis 10. Darauf aufbauend folgen 20, 30, 40 usw. bis 100. Dann wiederholt sich die Reihenfolge auf der Ebene der Hunderter, dort aber nur bis 400. 400 ist das letzte der 22 Zeichen.

Name	Hebräisch	Aussprache	Äußerer Wert	Zahlenschreibweise	Voll	Verborgen	Athbasch
Aleph	א	stumm	1	1-30-80	111	110	400
Beth	ב	b / w	2	2-10-400	412	410	300
Gimmel	ג	g	3	3-40-30	73	70	200
Daleth	ד	d	4	4-30-400	434	430	100
He	ה	h	5	5-10	15	10	90
Waw	ו	w	6	6-10-6	22	16	80
Sajin	ז	z	7	7-10-50	67	60	70
Cheth	ח	ch	8	8-400	408	400	60
Teth	ט	t	9	9-400	409	400	50
Jod	י	j	10	10-6-4	20	10	40
Kaf	כ ך	ch /k	20	20-80	100	80	30
Lamed	ל	l	30	30-40-4	74	44	20
Mem	מ ם	m	40	40-40	80	40	10
Nun	נ ן	n	50	50-6-50	106	56	9
Samech	ס	s	60	60-40-8	108	48	8
Ajin	ע	stumm	70	70-10-50	130	60	7
Peh	פ ף	p / f	80	80-5	85	5	6
Zade	צ ץ	ts	90	90-4-10	104	14	5
Kof	ק	k	100	100-6-80	186	86	4
Resch	ר	r	200	200-10-300	510	310	3
Sin / Schin	שׂ שׁ	s / sch	300	300-10-50	360	60	2
Taw	ת	t / z	400	400-6	406	6	1

Tabelle Hebräischer Schriftzeichen
(https://miunske.org/wp-content/uploads/2019/01/
Tabelle_Hebraeische_Schriftzeichen.pdf)

Diese Tabelle gibt eine Übersicht über die hebräischen Zeichen, deren Schreibweise, Aussprache und über die Zuordnung der Buchstaben zu den jeweiligen Zahlen. Außerdem sind darin die Zahlenwerte der einzelnen Zeichen aufgelistet, die für das Verständnis der Aussagekraft wesentlich sind. Sie gliedern sich in Äußerer Wert, Voller Wert, Verborgener Wert und Atbasch-Wert. Was damit zum Ausdruck kommen soll, zeigt sich am besten anhand eines Beispiels. Dafür bietet sich das Wort „Adam" an, der hebräische Ausdruck für „Mensch".

Adam wird A D M geschrieben, die Aleph am Beginn wird berücksichtigt, das zweite A als Vokal nicht: A = 1, D = 4, M = 40, das ergibt in Zahlen ausgedrückt 1–4–40.

Der **Äußere Wert** von 1–4–40 ist die Summe dieser Zahlen, also 1 + 4 + 40 = 45. Dieser Wert steht für das Erscheinende, das Offensichtliche in der diesseitigen, physisch wahrnehmbaren Welt, in der Welt von Zeit und Raum. Diese Welt entspricht der linken Seite. Das ist im Schriftbild des Hebräischen die Schreibrichtung, es wird von rechts nach links geschrieben.

Der **Volle Wert** umfasst alle Zahlen der einzelnen Zeichen eines Wortes:

A – Voller Wert von „Aleph" als Summe von 1–30–80 = 111
D – Voller Wert von „Daleth" als Summe von 4–30–400 = 434
M – Voller Wert von „Mem" als Summe von 40–40 = 80

625 ist die Summe daraus und damit der Volle Wert für Adam. Dieser Wert bildet das Absolute, Hintergründige, den Ursprung ab, die rechte Seite, aus dieser Richtung kommen die Zeichen.

Der **Verborgene Wert** drückt aus, wie der Mensch = Adam von der linken zur rechten Seite gelangt, wie er ausgehend vom Physischen das Immaterielle erreichen kann. Dieser Weg von links nach rechts ist in diesem Sinn ein sehr wesentlicher Faktor und wird beschrieben durch die Differenz zwischen Vollem und Äußerem Wert: 625–45 = 580. Der Verborgene Wert für Adam ist 580.

Der **Atbasch-Wert** bringt zum Ausdruck, dass die erscheinende Welt nur eine Hälfte ist und der andere Teil im Absoluten liegt. Der Atbasch-Wert weist auf einen Spiegeleffekt zwischen beiden Hälften hin, denn er ist der Wert des genau gegenüber liegenden Zeichens, ausgehend von einer gedachten Mitte im hebräischen Alphabet nach 11 Konsonanten. Aleph spiegelt sich in der Taw, Beth in der Schin, Gimmel in der Resch usw. und hat deren Äußeren Wert als eigenen Atbasch-Wert. Aus dieser Gegenüberstellung A–T, B–Sch leitet sich die Bezeichnung Atbasch ab und stellt dar, dass Gegensätzliches sich zu einem Gesamten ergänzt.

Der Atbasch für Adam 1–4–40 ist also 400–100–10, in Summe 510. Gemeinsam mit dem Äußeren Wert 45 ergibt das die Zahl 555. Diese Summe steht für das zusammengefügte Ganze.

Das Alte Wissen sieht in den 22 hebräischen Konsonanten Urbilder, die als Erinnerung in jedem Menschen leben. Der Mensch ist davon in seinem Innersten geprägt, ohne es zu wissen. Er hat sie vorübergehend vergessen, um sich wieder daran er-innern zu können.

Im Schriftbild hängen diese Zeichen an einer unsichtbaren Linie, die sie leicht durchstoßen. Damit ist symbolisiert, dass sie etwas sind, das aus einer Sphäre des Unsichtbaren und Leichten in die Schwere des Materiellen herunterkommt. Sie bewegen sich aus der Einheit in die Zweiheit und zeigen auch in ihren Aussagen etwas Doppeltes. Jedes dieser 22 Zeichen trägt eine Information als Buchstabe und gleichzeitig als Zahl in sich, und die alten Überlieferungen geben Auskunft über ihre Bedeutung:

1 oder Aleph weist schon vom Zahlenwert her auf eine Einheit hin, die alles umfasst. 1 ist die Zahl des Absoluten. Dieses Absolute liegt allem zugrunde und enthält als 1 noch ungeteilt, in Ruhe und Harmonie, was später daraus hervorgeht. Was jemals er-zählt und ge-zählt werden kann, ist in der Gesamtheit seiner Varianten in dieser 1 schon da. In ihr gibt es kein Außerhalb, sie umfasst alles Sein, alle Möglichkeiten und alles Vorstellbare in einem Eins-Sein. Aleph bedeutet „Haupt", sie ist die Haupt-sache. Dass in diesem Ungeteilten aber bereits die Zweiheit angelegt ist, zeigt das Schriftbild der 1, die Aleph. Es besteht aus zwei Jod, die sich gegenseitig über einer schrägen Linie spiegeln. Jod ist 10, eine Kombination von 1 mit 0. Die Aleph sagt damit aus, dass die 1 sich als gespiegelte 10 wahrnehmbar macht. Das Schriftbild der Aleph komprimiert in sich die Aussage, dass die 1 als etwas Doppeltes über die 10 in Erscheinung tritt und in ihrem Doppelcharakter Dies- und Jenseits umfasst, Abstraktes und Erscheinendes. Die Kombination von Geist und Materie kommt zum Ausdruck in der Aussprache dieses Zeichens, denn es ist praktisch Vokal und Konsonant zugleich. Aleph ist als Konsonant lautlos und kann in der Aussprache alle Vokale annehmen. Das in der Aleph vorbereitete Doppelte äußert sich im nächsten Zeichen.

2 oder Beth setzt diese Zweiheit im Sichtbaren um, macht die Einheit zur Dualität. Mit der Beth ist die Teilung abgeschlossen, die in der Aleph ansetzt. Das runde und alles umschließende Eine im Bild des Uroboros stülpt sich um in ein Außerhalb. Ein Spannungsfeld von Extremen bildet den Gegensatz zur Einheit, die sich zurückzieht und nicht mehr wahrgenommen werden kann. Aber das Prinzip der Einheit erlischt damit nicht, es existiert unerkannt weiter als Ursprung und Hintergrund der 2 und der ihr folgenden Vielheit.

Mit der 2, der Beth, tritt wie in einem „Urknall" die sichtbare Welt in Erscheinung, die durch Polarität gekennzeichnet ist. „Im Anfang schuf Gott den Himmel und die Erde" sind die ersten Worte im Alten Testament und sie beginnen mit einer Beth als erstem Zeichen überhaupt in der Bibel. Es ist damit der Anfang für eine Gegensätzlichkeit gemacht, die die ganze erfahrbare Welt umfasst. Im hebräischen Wort für Vater, „aw", 1–2, kommt dieser Ursprung der Schöpfung zum Ausdruck.

Beth trägt die Bezeichnung „Haus". Damit wird symbolisiert, dass in allem, was durch die 2 in die Existenz kommt, die

1 wohnt und lebt. Die Welt des Sichtbaren ist gewissermaßen das „Haus Gottes". Die 2 verbirgt die 1 gut getarnt in sich. In der Welt der Dualität äußert sich die Einheit durch ihr exaktes Gegenteil, nämlich als Zwiespalt. Denn in allem stehen sich nun Gegensätze gegenüber, ein Anderssein, ein Wahrnehmen von polaren Widersprüchen. Sobald es eine 2 gibt, hat die 1 sich geteilt und es ist etwas Neues entstanden. Und mit 22 Zeichen wird diese Welt der Zweiheit beschrieben.

3 oder Gimmel besteht aus 1 + 2, sie trägt in sich Einheit und Dualität. Das Sich-Bewegen in der Welt der 2 ist immer provoziert durch dieses Gegensätzliche, für das die 2 steht und außerdem durch ihren unbewussten Bezug zur 1, spürbar als Drang nach Harmonie und Einheit. Auf 2-fache Weise wirkt somit innerhalb der 3 eine Spannung, die Unruhe und Bewegung verursacht. Deshalb trägt dieses Zeichen in der Überlieferung auch den Namen „Kamel". Dieses genügsame, ausdauernde Tier symbolisiert einen unermüdlichen Impuls, der fast pausenlos vorwärts treibt.

Dieser Impuls der 3 ist darauf ausgerichtet, die 3 als Ziel zu erreichen. Wenn im Widersprüchlichen eine verbindende Einheit erkannt wird, kommt die 3 aus 2 + 1 als Frucht, als etwas Neues. In diesem Sinn ist die 3 einerseits bewegender Faktor und andererseits Endzweck dieser Bewegung. Die 3 zielt darauf ab, Polares in ein Gleichgewicht zu bringen, indem sie eine Antwort darauf gibt. Das Alte Wissen sagt, dass aus jedem Widerspruch eine Frucht kommen soll, das ist der Sinn der Gegensätze.

4 oder Daleth als 2 x 2 steht für eine Dualität, die nur auf sich selbst bezogen ist, nur sich selbst wahrnimmt. Der bewusste Bezug zur 1 fehlt. Damit ist 4 die maximale Möglichkeit in der Welt der Gegensätze. Die Zahl 4 ist Ausdruck für das irdisch Erscheinende, die sichtbare Materie. Die Verdoppelung der 2 zur 4 ist ein grundlegendes Prinzip und seine Umsetzung in der Zellteilung lässt alle lebenden Organismen entstehen. Daleth trägt in der Überlieferung die Bezeichnung „Tür". Eine geschlossene

Tür trennt, eine offene verbindet zwei Welten. Durch die geschlossene Tür der 4 kann das Haus der 2 nicht verlassen werden, eine offene Tür ermöglicht freie Bewegung.

5 oder He ist das Ergebnis eines Zusammenwirkens von 1 und 4, von Einheit und Materie sowie von 2 und 3, Dualität und Antrieb. 5 oder He wird in der Überlieferung „Fenster" genannt, sie bildet im Haus der 2 eine Öffnung. Durch dieses Fenster kann die 1 sichtbar werden, die außerhalb von 2 und 2 x 2 liegt. Ein verdunkeltes Fenster verhindert diesen Durchblick, und solange außerhalb des Hauses Finsternis herrscht, besteht auch kein Grund innen die „Vorhänge" zu öffnen. Das geschieht erst, wenn es draußen hell wird, wenn die Sonne aufgeht und die 1 sich zeigt. Ein klares oder offenes Fenster lässt dann sehen, was sich außerhalb des Hauses befindet. Diese Symbolik veranschaulicht ein Geschehen im Bewusstsein des Menschen, dem es allmählich ‚dämmert' und der schließlich im vollen Licht der Erkenntnis durch das Fenster der 5 Einblick in Zusammenhänge hat außerhalb der Welt von 2 und 2 x 2. Dieser Blick nach draußen motiviert dazu, die Tür für die 1 zu öffnen und sie in das Haus der 2 zu lassen.

3 aus 1 + 2 motiviert im Haus der 2 zur Bewegung und bringt dazu die Vorhänge des Fensters zu öffnen. Dieses Geschehen ist die Aussage der 5 aus 2 + 3. Die 5 aus 4 + 1 hat freien Blick auf die 1, motiviert zum Öffnen der Tür und lässt die 1 ins Haus der 2 ein. 4 + 1 = 5 und 2 + 1 = 3 verlaufen synchron und definieren das Ein(s)sehen von Zusammenhängen zwischen dem Leben in der Materie und der Ebene, die es gestaltet.

6 oder Waw ist 2 x 3 und gleichzeitig das, worauf 1, 2 und 3 miteinander abzielen. Die 3 besteht aus 1 + 2 und verweist gemeinsam mit ihnen auf eine gemeinsame Absicht: 1 + 2 + 3 = 6. Die 3 verbindet 1 + 2 als Antrieb und gleichzeitig 2 + 1 als Ziel. Die 6 aus 3 + 3 summiert beide Varianten und betont auch die Funktion beider Varianten. Waw bedeutet im hebräischen Sprachgebrauch „und", im Alten Wissen „Haken, Verbindungsglied". Die Spiegelfläche der beiden Jod in der Aleph ist eine Waw. Die 6 ist generell der Ausdruck für die Verbindung von Getrenntem und beschreibt mit dem Erfassen von Zusammenhängen eine wesentliche Funktion menschlichen Bewusstseins.

7 oder Sajin setzt sich zusammen aus 1 + 6, 2 + 5 oder 3 + 4. In der 7 summieren sich paarweise alle schon existierenden Zahlen, 7 beschreibt die fertige Welt der 2. Diese Welt und der darin lebende Mensch sind von den Zahlen 1 bis 6 geprägt. Die 1 hat die Welt kreiert, um darin Zusammenhänge sichtbar zu machen. Die Zahlenpaare summieren sich zu 7 ohne offensichtliche Ordnung und demonstrieren damit, dass die Zusammenhänge und die Ordnung, auf der diese Welt basiert, nicht offensichtlich sind. Sajin hat in der Überlieferung die Bedeutung von „Waffe", eine Art Schwert, und symbolisiert damit einen Alltag, der mit Kämpfen verbunden ist und mit einem Ringen um Einsicht. Die alte hebräische Hieroglyphe für Sajin ist das stilisierte Bild eines Schiffes mit Ruder und macht das Unterwegs-Sein im Zeitlichen bildhaft. Wie das Meer scheint es uferlos, die Orientierung ist schwierig und ein Ziel ungewiss.

8 oder Cheth ist die doppelte 4 und damit eine Verdoppelung der Qualität der 4. Die 8 betont damit einerseits das materielle Diesseitige und gibt andererseits auch einen deutlichen Hinweis auf die Funktion der 4 als Tür zwischen den Welten. Die Cheth ist in ihrem Schriftbild ein Zeichen, das der He sehr ähnelt, dem aber die Öffnung nach oben fehlt, es ist nur nach unten geöffnet, erdwärts. Dorthin ist die 8 primär ausgerichtet, auf ein angenehmes Leben im Diesseits. Das Wort Cheth hat die Bedeutung von „Umzäunung, Gitter" und symbolisiert ein Dasein innerhalb der Begrenzung auf 2 x 4, eine Fokussierung auf die duale Welt der Materie.

9 oder Teth bildet sich aus 3 x 3 oder 3 + 3 + 3, es begegnen sich Antrieb und Ziel auf 3-fache Weise. Das bedeutet, dass die vorhandene Spannung zwischen 1 + 2 sich intensiviert und ein Maximum erreicht. Diesen Punkt markiert die 9 und er ist gleichzeitig der Kulminationspunkt, der zur Erfahrung der 3 aus 2 + 1 überleitet. 3 x 3 beschreibt die Begegnung beider Aspekte und betont, wie intensiv und eindrücklich die jeweilige 3 in der Phase des Aufeinandertreffens vom menschlichen Bewusstsein erlebt wird. Die 3-fache 1 + 2 genauso wie die 3-fache 2 + 1 bringen die Vehemenz zum Ausdruck, mit der die 9 beides in die Wahrnehmung dringen lässt.

In der Ver-3-fachung der 3 in der 9 sieht das Alte Wissen das Ende einer Phase und das Finden von etwas Neuem. In sehr alten Überlieferungen trägt die Teth den Namen „Gebärmutter". Die 9 steht für eine Finsternis, die etwas Helles in sich verbirgt und das aus ihr heraus völlig unerwartet geboren wird. Auch zahlreiche andere Kulturkreise kennen die 9 als Todes- und Transzendenzzahl, die etwas in sich trägt und hervorbringt, das bisher weder erlebbar noch vorstellbar war.

Dieses unerwartete Neue ist eine andere Ebene der Erfahrung. Die Zahlen der hebräischen Schriftzeichen drücken diesen Sprung auf ein verändertes Niveau durch das Hinzufügen einer Null aus.

10 oder Jod ist die 1 auf einer anderen Ebene und im Schriftbild der Aleph bereits sichtbar. Jod bedeutet „Hand", es ist damit das Handeln durch den Menschen gemeint. Indirekt über die menschliche 10 zeigt die 1 in der Welt der 2 ihre Handlungsfähigkeit. Die Aleph bildet diese Information als abstraktes Prinzip ab, über die menschliche 10 wird es lebendige und wahrnehmbare Wirklichkeit. Die 1 wirkt durch die 10, was die 10 vorerst aber nicht erkennt.

In den Zahlen 1 bis 9 sind abstrakte Prinzipien angelegt, die ab 10 auf der Ebene des Menschen in die praktische Umsetzung gelangen. Im Schriftbild ist Jod das kleinste der Zeichen und symbolisiert nach dem Alten Wissen das Gehirn. Mit diesem

Bild wird die mentale Fähigkeit des Menschen betont, über das Be-greifen besteht auch ein Bezug zur Hand. Dieses Be-greifen reduziert sich auf das Greifen mit einer Hand, solange für die 10 das Wirken der 1 nicht erkennbar ist.

Die Zahlen 11 bis 19 verfügen über keine eigenen Schriftzeichen, sondern werden gebildet durch eine Verknüpfung der 10 mit den ihr vorausgehenden Zahlen. Verschiedene Kombinationen beschreiben unterschiedliche Qualitäten des Handelns und Erlebens. Was in den Zahlen 1 bis 9 prinzipiell angelegt ist, verbindet sich mit der 10 des Menschen und wird dadurch lebendig. Alle Zahlen bis 10 enthalten jeweils spezifische Informationen, die vergleichbar sind mit Samen. Im menschlichen Bewusstsein keimen diese Samen und bringen ihr Potential gemeinsam mit der 10 zur Umsetzung.

Die Zahlen 1 bis 9 bilden grundlegende Aspekte ab, in den Zahlen 11, 12, 13, 14, 15, 16, 17, 18, 19 liegen sie auf einer erfahrbaren Ebene. Die Zahl 9 zum Beispiel drückt das Prinzip der Erkenntnisfähigkeit generell aus, die Zahl 19 steht für die Umsetzung dieses Prinzips im menschlichen Bewusstsein. Genauso wie die 9 die Basis darstellt, die „Gebärmutter" für den Sprung auf eine andere Ebene, nämlich die 10, gilt dies auch für die 19. Als individuell erfahrbare Einsicht gewährt 19 im wahrsten Sinne des Wortes Ein-Sicht, nämlich Sicht auf die 1. Dem menschlichen Bewusstsein, das als 19 für sich ganz persönlich den Bezug zur 1 erkennt, eröffnet sich eine neue Perspektive der Wahrnehmung. In Zahlen ausgedrückt verbinden sich 19 und 1 zu 20. Das unbewusste Erleben der 10 endet also mit der 19, die den Bezug der 10 zur 1 bewusst erfasst.

20 oder Kaf trägt die Bezeichnung „zugreifende Hand". Die in der 10 bereits unerkannt vorhandene und in gewissem Sinn passive Hand wird damit aktiv. Der Mensch als 20 ist nun fähig, grundlegende Zusammenhänge zu be-greifen. Mit 2 Händen, mit 2 Jod, mit 2 x 10 wird es dem Bewusstsein möglich, den Sinn seiner Existenz in der Dualität aktiv zu er-fassen. Kaf steht für das lebendige Zusammenwirken beider Ebenen der 10, wie es sich bereits im Schriftbild der Aleph zeigt: Die 10 sieht sich selbst als 10.

Die 20 ist gleichzeitig auch 5 x 4, eine Kombination von „Fenster" und „Tür". Durch beide Öffnungen hat sie Zugriff auf einen Bereich, der die 2 umgibt und dem sie entstammt.

Die in den Grundzahlen angelegten Qualitäten kommen nun durch die 2 x 10 des Menschen in eine bewusste Umsetzung.

30 oder Lamed nennt die Überlieferung „Ochsenstachel" und bringt damit zum Ausdruck, dass 30 vehement zur Bewegung antreibt. 3 x 10 ist das Erfahren der 3 durch den Menschen. Lamed bedeutet auch „lehren" und das ist der Sinn des Unterwegs-Seins: ein Fort-schreiten im bewussten Wahrnehmen, Denken und Tun. Die 30 treibt die menschliche 10 an zum Erkennen von Zusammenhängen zwischen 2 und 1. Sie tut das auch als 5 x 6, indem sie dazu motiviert, durch das „Fenster" zu schauen. Auch der Mensch, der gelernt hat, eine 30 aus 2+1 x 10 zu sein, wird durch 1+2 x 10 immer wieder dazu motiviert, neue Einzelheiten in der Verbindung zwischen 4 + 1 und 2 + 1 zu sehen.

40 oder Mem bedeutet „Wasser" und ist im Alten Wissen ein Synonym für „Zeit". Auch die Mythologie anderer Kulturkreise kennt diese Symbolik. Im Wasser wie in der Zeit kann man zu ertrinken drohen oder sich darauf in einem Schiff auf ein Ziel zu bewegen. 40 als Synonym für Zeit kommt in der Bibel einige Male vor und ist als Zeitmaß nicht wörtlich zu nehmen.

Die alte Hieroglyphe für Mem ist eine Wellenlinie, aus ihr ist der Buchstabe „m" entstanden. Wasser ist die Grundlage für organisches Leben und der Fluss der Zeit ermöglicht der menschlichen 10 die Begegnung mit der 4 der Materie. 4 x 10 ist das Wahrnehmen der materiellen Existenz in einem detaillierten Nacheinander.

40 steht für lineare Zeit, die als einzige Realität von begrenzter Dauer ist. Der Blick durch das „Fenster" lässt das Irdische und auch lineare Zeit anders sehen; diese 40 entspricht 5 x 8.

50 oder Nun ist der „Fisch", der im Wasser lebt. 5 ist das Prinzip des Zusammenwirkens von 1 und 4, Einheit und Materie. 50 stellt dieses Zusammenwirken von 1 + 4 auf die Ebene der 10 und steht für ein Bewusstsein, das diese Synergie bewusst erfasst. Die Existenz der 10 im Zeitlichen der 40 ist auf die bewusste 50 ausgerichtet. Die 10 soll sich als solche im Laufe der Zeit sehen lernen. Damit hat 50 aus 40 + 10 eine ähnliche Aussage wie 20 aus 10 + 10 und definiert mit 5 x 10 die 10, die aus dem „Fenster" sieht.

60 oder Samech trägt die Bezeichnung „Schlange" und wird im Alten Wissen als Bedrohung für die 50 verstanden. Mit Samech sind alle Faktoren im Leben des Menschen beschrieben, die seine Ruhe und Harmonie stören und ihn zum Kampf herausfordern. Auseinandersetzungen mit den Widrigkeiten des Lebens halten den Menschen in Bewegung und führen ihn seinem Ziel entgegen, das 60 mit 30 + 30 erklärt. 60 macht mit 2 x 30 den 2-fachen Charakter von 3 x 10 deutlich und mit 6 x 10 die Verbindung beider Versionen durch den Menschen, der anstehende Herausforderungen zum Anlass nimmt, um Zusammenhänge zu erfassen.

70 oder Ajin ist 7 x 10, das Hineingestellt-Sein des Menschen in die bunte Vielfalt des Lebens. Die Welt der 7 und das menschliche Bewusstsein bedingen sich gegenseitig, denn würde man sie nicht wahrnehmen, würde diese Welt nicht existieren. Deshalb bedeutet Ajin „Auge" und gleichzeitig „Brunnen" oder „Quelle". Das Leben in Zeit und Raum entstammt in jedem Moment dem Absoluten und wird erfahrbar durch den Menschen. Dieser Zusammenhang zwischen der menschlichen 10 und der Welt der 7 bleibt so lange unentdeckt, bis das „Auge" die „Quelle" allmählich wahrnimmt und ein-sieht, dass hier eine Wechselwirkung besteht.

80 oder Peh trägt die Bezeichnung „Mund". Das Alte Wissen sagt dazu: „Nachdem das Auge wahrgenommen hat, kommt das Wort, und der Mensch fängt an mit Gott zu sprechen." 80 betont als 2 x 40 die Bedeutung des „Wortes" für das Leben des Menschen im dualen Zeitlichen. Das Gespräch zwischen Dies- und Jenseits öffnet die Tür zum bewussten Erfahren einer anderen Welt. Als Summe aus 40 + 40 stellt sie dem linearen Zeitlichen das Zeitlose gegenüber und kann als bewusste 10 x 8 die Fragen beantworten, vor die eine irdische Existenz stellt.

90 oder Zade bedeutet „Angelhaken", mit ihm wird der Fisch aus dem Wasser gezogen, d. h. der Mensch (50) aus der Zeit (40). 90 macht das Potenzial der 9 im Bewusstsein der 10 lebendig, und diese 9 x 10 ist eine sehr intensive Erfahrung. Der „Fisch" meint zu sterben, wird dadurch aber zur „Amphibie", die im Wasser und auch außerhalb leben kann. Der Mensch glaubt am Ende zu sein, aber er verdurstet nicht, ertrinkt aber auch nicht mehr in der Flut der Zeit, sondern betritt einen neuen, unbekannten Lebensraum.

Mit der 90 endet diese zweite Ebene der hebräischen Schriftzeichen; in ihr wurden die in den Grundzahlen angelegten Prinzipien durch den Menschen lebendig. Eine nächste Ebene für die Erfahrungen des menschlichen Bewusstseins tut sich auf.

100 oder Kof trägt die Bezeichnung „Nadelöhr" und will damit sagen: Der Zugang von der einen zur anderen Seite ist ganz klein, der Mensch kann sich gar nicht vorstellen, dass er ihn auf diese Weise findet. 100 ist die Geburt des Menschen in eine neue Weltsicht hinein, die von selbst geschieht durch sein Angezogen-Werden von der anderen Seite. Wenn die „Wehen" der 9 aus 3 x 1+2 stark genug geworden sind, lässt die „Gebärmutter" die „Frucht des Leibes" zur Welt kommen, die 3 x 2+1 wird im menschlichen Bewusstsein Realität. Diese 9 x 10 ist die Phase, in der die 50 aus der 40 herausgezogen wird und sich selbst als 40 + 10 wahrnimmt. Mit dieser in sich selbst erkannten 10 kombiniert sich die 90 zu 100.

Dasselbe Geschehen schildert das Bild vom „Kamel", das durchs „Nadelöhr" geht. Das Kamel ist die Gimmel, die 3, deren Impulse mit 3 x 3 ein Maximum erreichen und dazu führen, dass die 10 durch das Nadelöhr der 100 geschoben wird. Auf der anderen Seite des Nadelöhrs erkennt die 10 sich selbst als ihren eigenen jenseitigen Aspekt; 100 ist diese Anerkennung von 10 x 10.

200 oder Resch steht als Schriftzeichen auf einer sehr kleinen Basis, hat den Schwerpunkt weit oben und bringt damit zum Ausdruck, welchen Bezug der Mensch als 2 x 100 zum Dies- und Jenseits hat. Resch bedeutet „Kopf des Menschen" und beschreibt gemeinsam mit dem Schriftbild ein Denken, das auch in seiner Sinneswahrnehmung „von oben" geleitet wird. In diesem Bewusstsein wird das Zusammenwirken beider Seiten erfasst und es sieht sich als 10 in der Dualität gelenkt vom Absoluten in Form seines jenseitigen Anteils: 10 x 2 x 10 = 200.

300 oder Schin/Sin heißt „Zahn" und symbolisiert Nahrung als Begriff für alles, was der Mensch durch seine Sinne in sich aufnimmt. Das Alte Wissen sagt: „Begegnung ist auf der Ebene der geistigen Erfahrung das, was Essen im Bereich des Leiblichen ist." Der Mensch im Aspekt der 300 achtet darauf, was er in sein Leben nimmt und wie er damit umgeht. Er „kaut" jede Erfahrung gründlich, „schmeckt" ihren Wert, „spuckt aus", was für ihn unverträglich ist und „schluckt", was ihn nährt. Nahrhaft ist für sein Bewusstsein das Erkennen von Zusammenhängen, von subtilen Hinweisen für seine eigene Existenz. Mit der Erfahrung der 100 fasst er die Impulse der 3 aus 1 + 2 als Anregungen auf, um dadurch die 3 aus 2 + 1 zu realisieren.

400 oder Taw hat die Bedeutung von „Zeichen". Die 400 ist im Alten Wissen der Ausdruck für ein Maximum im Materiellen und als letztes Schriftzeichen Gegenpol zur Aleph, der 1, dem zeitlosen Absoluten. 400 definiert die äußerste Grenze von Zeit und Raum und steht damit der 1, der Einheit, gegenüber. Die Taw kennzeichnet als 10 x 40 ein Bewusstsein, das hineingestellt ist in einen unfassbar großen Zeitraum. Wie ein uferloses Meer nimmt der Mensch diese Existenz wahr, er kann keinen Ausgangspunkt und kein Ziel erfassen, lediglich Geburt und Tod als Begrenzung.

Die ursprüngliche Hieroglyphe für 400 ist ein Kreuz. Dieses Urbild versinnbildlicht Opfer und Leiden in der irdischen Existenz. 400 ist die Zahl der materiellen Welt in Zeit und Raum, in der das Dasein sich erfährt im Wechsel von Gegensätzen und in ständiger Bedrohung durch den physischen Tod. Der Mensch erlebt sich endlos hin und her gerissen zwischen der Polarität von gut und böse in all ihren Varianten. Oft fühlt er sich verloren in einer Existenz, in der Glück und Freude nur von kurzer Dauer sind und immer wieder umschlagen in Mühe und Sorge und sogar Ver-zwei-flung.

Wenn Taw den Namen „Zeichen" trägt, dann ist damit auch gemeint, dass dieses scheinbar nicht enden wollende Wechselbad der Gefühle ein Zeichen dieser Welt der Zweiheit ist. Denn hier ist immer Widerspruch da, Kampf und Gegensätzliches, das einander ausschließt.

Sobald die Sichtweise sich verändert, wenn scheinbar Gegenteiliges als die 2 Seiten ein und derselben Sache erkannt werden, hört dieser Kampf auf. Widersprüchliche Ansichten stehen einander dann gleichberechtigt als mögliche Betrachtungsweisen gegenüber. Das bewusste Leben als 10 x 10 = 100 lässt Zeichen „von oben" bzw. „von innen" im eigenen Leben erkennen. Damit verbinden sich für diese 10 auch die Gegensätze von Dies- und Jenseits. Mit der Aufmerksamkeit für das wirkende Absolute im eigenen Alltag verliert das Zeitliche der materiellen Welt seine Dominanz. Die Wahrnehmung geht mit ihrer Aufmerksamkeit über die 400 hinaus und durchbricht eine scheinbar unüberwindliche Schranke. Das Alte Wissen sagt: „Der Mensch, den das Taw kennzeichnet, bleibt nicht in der Gefangenschaft der 400." Er kennt die verborgene Absicht der 400, das Erreichen der 1000.

Die Ausweglosigkeit ist also nur eine scheinbare und vorübergehende. Insgeheim weist die Taw auf eine neue Form der Einheit hin, über die Zahl 1000, einer 1 auf höherer Ebene. Die Ausrichtung auf diese 1000 ist in der 400 bereits vorgesehen als Summe aus 100 + 200 + 300 + 400. Die Zielsetzung einer 3.

Ebene hebräischer Zeichen ist 1000, die Elef. Elef und Aleph, 1000 und 1 haben dasselbe Schriftzeichen.

In der 4 ist grundsätzlich bereits die 10 enthalten, denn 1 + 2 + 3 + 4 = 10; das Leben in der Materie ist auf die bewusste 10 ausgerichtet. Darauf zielt die 1. Ebene der Zahlen ab. Dasselbe Prinzip kommt über 10 + 20 + 30 + 40 = 100 zum Ausdruck und zeigt, dass das Leben im Fluss der Zeit, dem Wasser der 40, ausgerichtet ist auf die Erfahrung der 100. Das entspricht der Zielsetzung einer 2. Ebene hebräischer Zeichen.

Die Zahlen 4, 40 und 400 in den Texten der Bibel sind in diesem Sinn gemeint und nicht als Zeit-, Zähl- oder Raummaß wörtlich zu nehmen. Sie stehen für das Leben im Irdischen, in Zeit und Raum. Die Sicht auf dieses Leben ändert sich durch die Erfahrung der 100.

Für ein Bewusstsein, das sich als 10 x 10 erfährt, bleibt die Realität nicht auf die materielle Welt der 4 x 100 begrenzt. Die Erfahrung der 100 ergänzt und verändert die Sicht auf das Leben in Materie, Zeit und Raum. 400 summiert sich mit 100 zu 500. Im Alten Wissen ist 500 die Zahl des Himmels, der Erlösung. Sie erlöst von der Begrenzung auf 400. 10 x 40, der Weg des Menschen durch die Zeit führt von selbst über 400 hinaus. 400 zielt auf 1000 ab und meint ein Dasein in der Dualität als 500, denn 2 x 500 = 1000. 500 ist ein Erfahrungsbereich, auf den der Menschen unbewusst zusteuert, um ihn schließlich bewusst zu erleben.

3. KAPITEL

Zahlen als Informationsträger

Zahlen sind generell die erste Ebene, durch die ein immaterieller Prozess wahrnehmbar wird. In der theoretischen Wissenschaft der Physik und Mathematik ermöglichen Zahlen Einblicke in Zusammenhänge, die eigentlich für den Verstand hart an der Grenze des Erfassbaren liegen. Das Denken kommt an seine Grenzen; Zahlen und ihre Beziehungen zueinander beschreiben auch in der Wissenschaft eine Realität jenseits dieser Grenzen.

Das rein Geistige ist zu abstrakt, um den Sinnen irgendwie zugänglich zu sein, aber es lässt sich in Zahlen ausdrücken. Das gilt für die moderne Wissenschaft genauso wie für das Wesen des Menschen. Denn was ihn eigentlich ausmacht, entzieht sich den äußeren Sinnen und dem Verstand. Dieses eigentliche Ich ist subtil als Empfindung wahrnehmbar, kann aber nur sehr unzulänglich in Worte gekleidet und mitgeteilt werden.

Überhaupt ist die verbale Kommunikation eine Quelle der Missverständnisse. Das Gesagte ist immer geprägt durch die Denkweise des Sprechenden, das Gehörte gefärbt durch die individuelle Weltsicht und damit durch die persönliche Realität des Hörenden. Es bedarf einer präzisen, genau definierten Ausdrucksweise, um eine Information unmissverständlich übermitteln zu können. Für einfache, alltägliche Abläufe mag das noch in allgemein verständlichen Worten funktionieren. Um aber Inhalte wirklich unverfälscht 1 : 1 zu transportieren, dafür braucht es ganz spezifische Verständigungsmöglichkeiten. Jedes Fachgebiet der Wissenschaft verfügt deshalb über spezielles Vokabular, sei es Technik, Medizin, Physik, Psychologie usw. Das Mitteilungsvermögen bedient sich dann eines komplexen und sehr spezifischen Wortschatzes, der nur noch Experten zugänglich ist.

Präzise und effizient sind Aussagen in der Welt der Zahlen möglich. Als quantitative Informationsträger sind sie ein selbstverständlicher Teil des Lebens in allen Bereichen. Zahlen definieren im Alltag Mengen und Größenordnungen und in der Wissenschaft Zustände und Vorgänge im äußerlich Wahrnehmbaren, mögen sie auch noch so abstrakt sein im intellektuellen Sinn. In ihrer quantitativen Funktion beschreiben Zahlen eine äußere Wirklichkeit, in ihrer qualitativen Aussage eine innere Realität.

Diese qualitative Komponente gibt Einblick in hintergründige Abläufe und in eine der physischen Realität zugrunde liegende Ordnung. Zahlen definieren die Grundstrukturen dieser Ordnung und lassen konkrete Muster erkennen; erst die Auswirkungen dieser Ordnung sind dann mit den Sinnen wahrnehmbar. Zahlen informieren in ihrer qualitativen Funktion über einen hintergründigen abstrakten Bereich, der als Basis für das physische und psychische Erleben existiert.

Beide Bereiche, die erfassbare und die verursachende Wirklichkeit, stehen miteinander in ständiger Wechselbeziehung. In der Existenz jedes Menschen drückt sich dieses beidseitige Leben aus, bringt sich aber sehr individuell in die Wahrnehmung und ist mit Worten kaum objektiv zu erfassen. Zahlen konkretisieren Grundprinzipien, auf denen diese sehr persönlichen Eindrücke basieren. Sie ermöglichen damit den Zugang zum kognitiven Erfassen eines verborgenen Wirkenden, das sich auf diese Weise allmählich erschließt. Durch ihre qualitative Aussage geben Zahlen Einblick in bestehende Vernetzungen und Potenziale und holen sie ins Licht des Bewusstseins.

Zahlen als Ausdruck des Absoluten sind wesentlich vielschichtiger und facettenreicher als in ihrer gewohnten quantitativen Verwendung. Als Ausdruck des geistigen Prinzips unterliegen sie anderen Regeln. Die Ordnung, für die sie stehen, trägt eine Komplexität in sich, die das gewohnte Gesetzmäßige bei weitem übersteigt. Diese Ordnung ist einfach und vielfältig zugleich und dabei frei von Widersprüchen.

Wenn ein und derselbe Zusammenhang durch verschiedene Zahlen oder Zahlenkombinationen Ausdruck findet, so liegt dem keine willkürliche Interpretation zugrunde, sondern lässt eine ungeheure Effizienz und Präzision erkennen, zu der das menschliche Bewusstsein diverse Zugänge finden kann, um den Kern der Aussagen zu erfassen. Jeder, der sich mit Zahlen auf diese Weise eingehend beschäftigt, wird weitere Zusammenhänge entdecken und tiefere Einblicke gewinnen.

In ihrer informativen Aussage schließen Zahlen einander auch nicht gegenseitig aus. Im Quantitativen kann etwas nicht zugleich 20 und 1000 sein oder 26 und 50. Im Qualitativen ist das sehr wohl möglich, weil alternative Betrachtungsweisen ein und desselben einander ergänzen.

Zahlen umfassen in ihrer absoluten Qualität ein breites Spektrum. Man könnte auch sagen, sie sind multidimensional und deshalb aus einem 3-dimensional geprägten Verständnis heraus, das sich auf eine lineare Reihenfolge und Wertigkeit von Zahlen fokussiert, nicht so einfach zu durchschauen. Außerdem gehen sie untereinander in ihrer Wechselwirkung komplexe, kreative und schwer definierbare Verbindungen ein. Die vertraute Denkweise wird damit vor eine Herausforderung gestellt. Der Verstand tendiert überhaupt dazu, darin eine willkürliche Interpretation von zufällig sich ergebenden Ziffern zu sehen.

Ein Hineinspüren, ein Sich-Einlassen auf eine Ebene der Empfindung ist die Voraussetzung für ein Wahrhaben und Akzeptieren dieser ungewohnten Perspektive. Das Wissen, das Zahlen qualitativ anbieten, kommt aus dem Bereich, den sie beschreiben, und es ist daher nicht nur legitim, sondern durchaus logisch, dieser Ebene intuitiv zu begegnen und dabei spontanen, kreativen Gedanken zu folgen. Einsichten, die sich auf diese Weise erschließen, entstammen nicht dem logischen Verstand, durch ihn lassen sie sich nur erfassen, einfangen sozusagen. Inspiration und Intuition sind direkte Äußerungen des Absoluten.

Diese Einsichten unterscheiden sich von spekulativen Interpretationen und von Zahlenmagie in ihren unterschiedlichsten Facetten. Äußerlich ist ein Auseinanderhalten von Wahrheit und Irrtum manchmal schwierig. Ein Anhaltspunkt kann sein, dass sich bei aller Komplexität eine gewisse verbindende Ordnung erkennen lässt, ein Zusteuern auf einen gemeinsamen Punkt.

Ein weiteres Kriterium ist die Motivation, die darauf ausgerichtet ist, das Leben zu verstehen und Zahlen nicht manipulativ zu benutzen, um das physische oder psychische Wohlergehen zu verbessern. Der Maßstab für richtig oder falsch kann aber nicht im Äußeren, in gewohnten Regeln oder Gesetzmäßigkeiten gefunden werden. Denn die Zahlen in ihrer qualitativen Funktion überschreiten gerade diesen vertrauten Bereich und erschließen einen neuen, gänzlich unbekannten.

Die eigene Intuition, das eigene Spüren und innere Empfinden von richtig oder falsch ist der einzig zielführende Wegweiser sowohl durch das Dickicht des Lebens als auch der Zahlen. Diese individuelle Führungskraft wird im Leben geschult durch Versuch und Irrtum, und zwar so lange, bis der Mensch eindeutig gelernt hat zu unterscheiden zwischen einem inneren „Ja" und einem inneren „Nein". Einem lauten „Ja" wird er dann unbedingt folgen, es ist begleitet von Begeisterung und Freude. Im Zweifelsfall wird einmal mehr oder weniger vorsichtig „gekostet" und vielleicht wieder „ausgespuckt" oder dann doch mit Vergnügen „gegessen", weil es erstaunlich gut „schmeckt". Bei vielem weiß man aber von vornherein, dass man keinen „Appetit" darauf hat.

Wer also keinen Appetit darauf hat, sich auf diese Art mit Zahlen zu beschäftigen, wird es sein lassen. Wer es probieren will, weil es ihn eben anspricht oder zumindest Neugier weckt, wird auch ein Gespür für diese Zusammenhänge entwickeln.

Beim Erlernen einer Fremdsprache sind Grundregeln der Grammatik und das Lernen von Vokabeln Voraussetzung für eine erste Anwendung. Ein wirkliches Beherrschen der Sprache verlangt zusätzlich die Entwicklung eines Sprachgefühls, das sich erst durch Übung einstellt. Das gilt auch für die Sprache der Zahlen.

Die hier erläuterten Grundbegriffe geben einen ersten Einblick, den der Verstand nachvollziehen kann. Die Information über die Existenz dieser Sprache und ihre wichtigsten Aussagen bilden eine Basis. Ein wirkliches Verstehen und eine eigenständige Auseinandersetzung damit erfordern Interesse. Ein persönliches intuitives Spüren für diese Zusammenhänge entwickelt sich bei allen Menschen, denen es ein Bedürfnis ist, sich mit dieser Sprache zu beschäftigen.

Die Besonderheit von 1–2–3

In der Reihe der Zahlen nehmen 1, 2 und 3 eine Sonderstellung ein. Sie bilden die Basis für alle weiteren Zahlen und bringen gleichzeitig das Prinzip der Schöpfung zum Ausdruck:

1 steht für die Einheit, das Absolute, das Jenseitige
2 steht für das Leben der 1 in der Welt der Dualität
3 steht für die Verbindung zwischen 1 und 2

Im Alten Wissen wird berichtet, dass aus der Einheit die Schöpfung hervorging, um das 1-Werden und 1-Sein durch den Menschen erlebbar zu machen. Die Einheit schuf sich mit dem Menschen ein Gegenüber, um diese Erfahrung zu ermöglichen. Der Mensch sucht das 1-Sein und hofft auf ein 1-Werden mit anderen Menschen. Er sucht Freundschaft, Liebe, Verbindung. Ebenso ist es ihm wichtig, seine Gefühle zu teilen, seine Erlebnisse mitzuteilen, andere teilhaben zu lassen an der eigenen Freude und dem eigenen Glück. Der Mensch trägt in sich das grundlegende Bedürfnis, Einheit zu spüren.

Aber das Glück und die Freude in der Welt der Dualität sind nicht dauerhaft. Es ist nicht der Sinn der 2, sich in einer Art Selbstgenügsamkeit unmittelbar wieder zur 1 zu vereinen. Das Leben in der 2-heit ist bestimmt durch einen ständig wechselnden Rhythmus und schon die Grundlagen des Lebens zeigen ihn: auf Einatmen folgt Ausatmen, auf Einschlafen folgt Aufwachen, auf Tag folgt Nacht und ebenso wechseln Freude und Leid, Glück und Unglück. Immer ist die eine Seite da unter Ausschluss der anderen. Es ist immer nur einer der Pole erlebbar. Die Dualität lässt sich nicht direkt zu einer Einheit verbinden, denn die gegensätzlichen Pole schließen einander aus. Würden sie es nicht tun, dann würde diese Welt gar nicht existieren. Wenn sich die 1 teilte in die 2 und die 2 unmittelbar wieder zurückfände zur 1, gäbe es kein 2 x 2 = 4 als Basis für die Vielheit des materiellen Lebens auf der Erde.

Der Mensch ist unterwegs und begegnet einer widersprüchlichen Welt der Gegensätze, die ihn veranlasst, Fragen zu stellen und nach Antworten zu suchen. Das Gegensätzliche will zusammenfinden zu einer verbindenden Antwort. Aber in der Vielheit der 2 lässt sich keine endgültige Antwort finden, dort ist die Einheit immer nur für eine gewisse Zeit erlebbar, verliert sich dann wieder und schlägt ins Gegenteil um. Das ist die Spannung zwischen 1 und 2, die den Impuls gibt für Bewegung, zu einem Unterwegs-Sein mit dem Ziel, die Einheit wirklich und endgültig zu erfahren. Angelegt ist dieses Ziel in der 3, sie ist die erste Zahl, in der sich das Gegensätzliche von 1 und 2 verbindet. Aber auch jede weitere ungerade Zahl ist in diesem Sinn zu verstehen.

Prinzipiell wird jede gerade Zahl der 2 zugeordnet, der erscheinenden Welt der Dualität und damit dem Weiblichen. Ungerade Zahlen sind eine Entsprechung für das Absolute, das Geistige und in diesem Sinn männlich. Jede gerade und damit weibliche Zahl mit 1 addiert führt zu einem ungeraden, männlichen Ergebnis. Damit kommt durch die Zahlen ganz einfach und nachvollziehbar ein Grundprinzip zum Ausdruck: Alles physisch Erscheinende, in Verbindung gebracht mit der 1, führt zu einer Antwort. Diese Antwort ist etwas Neues, das ebenfalls männlich ist und damit dem Absoluten entspricht. Die tierische und menschliche Fortpflanzung folgt demselben Prinzip: Aus der Verbindung von Männlichem und Weiblichem entsteht ein gemeinsames Kind.

2 und 1, gerade und ungerade, sind im weitesten Sinn zu verstehen. Die 1 ist prinzipiell jeder Gedanke, der zu einer Antwort führt, indem er in die Tat umgesetzt wird. Jedes Handeln setzt sich zusammen aus einem mentalen und einem physischen As-

pekt, aus 1 + 2, und führt zu einem Ergebnis, zu einer 3. Diese 3 und mit ihr jede weitere ungerade Zahl trägt eine Spannung in sich, die wieder zu Aktivität auffordert und zu neuem Denken anregt. Sie findet Ausgleich durch eine Idee, eine Erfahrung, eine Einsicht oder ein beruhigendes Erlebnis. Der geistige Input, die 1, kann viele Formen haben. Die bestehende Spannung wird dadurch aufgelöst und führt zu einem Ausgleich, den die fortlaufende Zahlenreihe als gerade Zahl darstellt.

Jede gerade Zahl ist ein Vielfaches der 2 und damit Ausdruck der Polarität. Die Spannung innerhalb der ungeraden Zahl ist durch die gerade Zahl vorerst ausgeglichen, baut sich nun aber wieder auf durch die Gegensätze der Pole innerhalb der geraden Zahl. Auf diese Weise stellt die fortlaufende Zahlenreihe dar, was die menschliche Lebenserfahrung bestätigt, nämlich einen kontinuierlichen Wechsel zwischen Unruhe und Ruhe, Frage und Antwort, Problem und Lösung. Die Zahlenreihe ist endlos und ebenso endlos scheint dieser Wechsel, der durch die Doppelfunktion der 3 in Bewegung gehalten wird. Die 3 ist Antrieb und Ziel, und das ein ganzes Leben lang.

Es ist das Prinzip der Dualität, den Ausgleich zu suchen und die Einheit anzustreben, die Verbindung mit der 1. In der fortlaufenden Zahlenfolge wechseln sich gerade und ungerade Zahlen ab und zeigen als Folge bereits wieder diese Dualität, die auf Antwort wartet. Ohne Antwort ist die Folge endlos, es ist innerhalb der Welt der 400 kein Ende abzusehen, keine endgültige Antwort zu erwarten. Jeder Zahl folgt eine nächstgrößere. Jede Antwort trägt die 1 in sich, aber eine endgültige Antwort kann in der Vielheit der 400 nicht gefunden werden.

Es ist eine Umkehr not-wendig hin zum Ein-fachen.

Subtraktion ist die Umkehr der Addition. Jede gerade Zahl minus 1 ergibt ebenfalls eine ungerade Zahl und diese Zahlenfolge verliert sich nicht in einer unendlichen Vielheit, sondern endet mit der 1, sie hat als klares Ziel die ursprüngliche 1 als letztgültige Antwort.

Prinzipiell ist jede ungerade Zahl eine Antwort auf die Fragen und Widersprüchlichkeiten des Daseins. Jede gerade Zahl, jede Dualität, um 1 reduziert oder um 1 vergrößert, führt ans Ziel. Die Addition ist der Weg hinaus in die Welt, in die Vielfalt des Lebens. Auf diesem Weg addiert sich die 1 automatisch, es ist eine Reihenfolge vorgegeben, der unbewusst gefolgt wird, weil gar keine andere Möglichkeit gesehen wird und vorhanden ist. Viele Antworten finden sich unterwegs und doch ist keine wirklich befriedigend. In der +1 lebt die Einheit unerkannt. Für die Umkehr ist Wachheit notwendig, ein bewusstes Erkennen der 1 in den Erscheinungen der 2. Die Entdeckung dieses Absoluten ist möglich durch ein aufmerksames Erfassen feiner Hinweise, die im eigenen Leben auftauchen. In jeder geraden Zahl, in allem Sicht- und Erlebbaren ist die 1 als Hintergründiges, Absolutes existent. Diese Wahrnehmung lässt sich ausdrücken durch Subtraktion, denn es wird erkannt, dass die 1 in allem enthalten ist. In der -1 wird die Einheit erfassbar.

Diese Einheit reduziert sich nicht auf die Zahl 1. Ebenso wie die 1 in jeder anderen Zahl enthalten ist, existiert auch die Einheit in allem, was aus ihr hervorgegangen ist. Die 1 findet Ausdruck über die 2 und ihre Vielfachen. Sie existiert in der 1 genauso wie in 400, der Zahl der extremen Vielheit. Denn die 400 ist das Gegenüber der 1, ihr eigener gegen-teiliger Ausdruck. Im wörtlichen Sinne von Gegen-teil ist die 400 jener Teil der 1, den sie sich geschaffen hat, um ein Gegenüber zu haben, das sie aber grundsätzlich selbst ist.

Daher sind Addition und Subtraktion in diesem Sinn kein Widerspruch. Sie sind lediglich entgegengesetzte Richtungen auf einem not-wendigen Weg. Das Hinausgehen in die Welt der 400 bis an deren äußerste Grenze ist genauso sinnvoll wie das Umkehren. Beides ist Teil dieses Weges, das eine bedingt das andere. Da gibt es keine Schuld, keine Fehler, keine Schritte, die man besser nicht gemacht hätte. Jeder Schritt hat seine Berechtigung und ist genau so gewollt von jener Seite im Menschen, die zu erkennen er unterwegs ist. Der Mensch ist unterwegs, um zu verstehen, dass das Leben aus Gegensätzen besteht, die in ihrer gegenseitigen Anerkennung zu einer Antwort führen. Jeder Schritt ist motiviert durch $1 + 2 = 3$ und führt in die Richtung von 2 + 1 = 3. Die eine 3 ist so lange unbewusster Antrieb, bis die andere 3 eine ultimative Antwort gibt.

Die Welt der 2 x 2 = 4 ist dazu da, dass Widersprüchliches sich begegnet in allen nur möglichen Varianten. Aber der Grund für die Existenz der 2 ist nicht diese 2, sie reduziert sich nicht auf den Selbstzweck. Ihr Ziel ist die 3 als Summe von 2 und 1 und gemeinsam bilden sie etwas Neues.

Das Schriftbild der 1, die Aleph, ist die Abbildung eines Grundsatzes, der dieser Welt der 2 zugrunde liegt. Die Aleph zeigt, dass in der 1 bereits als Prinzip vorhanden ist, was über die 2 in Erscheinung tritt. Sie trägt in sich das Konstruktionsmuster für die Dualität und bringt damit zum Ausdruck, dass in der 1 bereits alles vorliegt, was über die 2 erfahrbare Realität wird. Die materielle Existenz ist die Umsetzung von abstrakten Prinzipien.

Die Grundidee der 2 ist in der 1 als abstraktes Prinzip angelegt. In der 2 x 2 = 4, in der Welt der Materie, wird dieses Prinzip erfahrbar. Die 2 als Grundidee begegnet sich selbst als gelebte Praxis in einer Welt der Materie, die von Dualität bestimmt ist. Die Selbstbegegnung einer Zahl veranschaulicht die Umsetzung eines abstrakten Prinzips in die Praxis. Das gilt grundsätzlich für jede Zahl, die auf die 2 folgt. Damit zeigt sich, dass Materie und physisches Leben auf Gesetzmäßigkeiten basieren, die in der 1 bereits vorbereitet sind.

Diese Gesetzmäßigkeiten entfalten sich von selbst und bringen sich zum Ausdruck in einer immensen Vielfalt, die das irdische Dasein in jeder Hinsicht prägt. Mit der Welt der 400 ist diese Vielfalt in ihrer gesamten Komplexität gemeint. Über die Grenzen der 400 hinauszugehen bedeutet, Einsicht zu gewinnen in deren hintergründige Gesetzmäßigkeiten.

Die Selbstbegegnung von 2 x 2 geschieht in einem 3-dimensionalen Raum, in dem der Mensch als bewusstes Wesen existiert und ausgerichtet ist auf Selbst-Erkenntnis. 10 x 10 ist Ausdruck dieser Selbst-Erkenntnis und als Prinzip bereits in der Aleph sichtbar. Im Bewusstsein bleibt der Mensch 2-dimensional, solange Prinzipien für ihn unerkannt bleiben. Eine Grundidee als solche zu erfassen, verlangt eine zusätzliche Dimension im Denken und Wahrhaben. Sie hebt den Menschen in eine Position des Überblicks und gewährt ihm einen Blick auf Zusammenhänge, in die er bisher unbewusst eingebunden war. Sein Denken wird mit dieser neuen Perspektive 3-dimensional und erreicht in der 3-dimensionalen Welt ein Maximum.

2 wird zu 3, sobald der Mensch erfasst, dass 2 nur in die Entfaltung bringt, was 1 als Anlage zur Verfügung stellt. 2 + 1 = 3 ist die ultimative Antwort auf alle Fragen, die 1 + 2 = 3 stellt. Jede Zahl für sich zeigt diese Antwort als Kubikzahl. Aus 2 x 2 = 4 wird 2 x 2 x 2 = 8 und bringt eine veränderte Sichtweise auf alles Materielle zum Ausdruck. Der Mensch, der sich selbst als Umsetzung der Grundidee 10 x 10 wahrnimmt, fügt diesem Prinzip eine weitere 10 hinzu und komplettiert es zu 10 x 10 x 10 = 1000.

Die Zahl 3 erscheint in der christlichen Terminologie in Zusammenhang mit der Dreifaltigkeit Gottes. Diese Dreifaltigkeit beschreibt als Variante von 1 + 2 = 3, worauf das Leben des Menschen hinausläuft: Gott Vater – 1 – sendet seinen Sohn – 2 – auf die Erde und die Verbindung zwischen Dies- und Jenseits, zwischen 2 + 1, stellt der Heilige Geist – 3 – dar. Sein Symbol ist die weiße Taube: Die weiße Farbe vereint alle anderen Farben in sich, ebenso wie 1 in allen Zahlen und alle Zahlen in 1 enthalten sind; die Taube fliegt mit einer Nachricht hinaus in die Welt und kehrt verlässlich wieder in ihre Heimat zurück.

Lange Zeit, die Überlieferung symbolisiert sie mit 400 Jahren, wirkt der Heilige Geist unerkannt im Leben des Menschen. Zu Pfingsten, am 50. Tag, wenn der Mensch sich als 10 in der Welt der 40 erkennt, nimmt er dieses Wirken des Heiligen Geistes im eigenen Leben bewusst wahr. Im Irdischen das Wirken von etwas Geistigem zu erkennen ist heil-ig, es macht den Menschen heil.

Diese Art von Heilen ist auch gemeint, wenn im Neuen Testament von den Heilungen durch Jesus die Rede ist. Sie haben nichts zu tun mit magischen Techniken, die Jenseitiges für das Diesseitige benutzen wollen. Damit wird Gott vertrieben, wie das Alte Wissen sagt, und es versteht die Heilungen durch Jesus als äußere Bilder für ein inneres Geschehen.

Jesus hat als Mensch die 3 verkörpert, er hat in der Welt der Dualität gelebt und sich als Sohn Gottes bezeichnet, er war sich seiner Existenz als 2 und gleichzeitig als 1 bewusst. Der Glaube an diese Verbindung von 2 + 1 in menschlicher Gestalt, personifiziert durch Jesus, bringt ein Heil-Sein im Sinne von Ganz-Werden. Die 3 symbolisiert dieses Ganz-Werden. Es ist damit ein Erlöst-Werden gemeint von einem Denken und Wahrhaben, das auf die begrenzte und widersprüchliche Welt der Dualität reduziert ist. Die 3 geht über diese 2 hinaus und verbindet sie mit der 1. Das hebräische „choleh" bedeutet „krank", und „chol" wird übersetzt mit „normal, allgemein". Das Alte Wissen sieht eine Verbindung zwischen dem Begriff „krank" und der „normalen" Welt der 2; diese Welt wird „heil" durch die Verbindung mit der 1, dem Absoluten.

Der Sohn als „Heil-and" weiß, dass er als 3 die menschliche 2 verkörpert und gleichzeitig die 1 mit dem Vater gemeinsam hat. Die Bibel zitiert ihn mit den Worten „ich und der Vater sind eins". Dieser Sohn weiß, die 1 des Vaters ist viel größer als er selbst, aber er als 10 ist Teil davon. Sein Bewusstsein erfasst, was die 1 über das Schriftbild der Aleph zeigt: Die 10 ist in der 1 enthalten. Es nimmt wahr, als menschliche 10 der 1 zu gleichen und ein Teil davon zu sein. Die biblische Schöpfungsgeschichte lässt wissen, dass der Mensch im Bild und Gleichnis Gottes geschaffen wurde und der Sohn Gottes ist sich dessen bewusst. Die Grundlage seiner Existenz ist das Wissen: Ich und der Vater sind 1, ohne ihn kann ich nichts tun. Er tut durch mich.

Dieser Heiland erlöst die Welt der 2, indem er sie immer wieder und unermüdlich auf die 1 verweist. Er weiß, das Leiden in dieser Welt der Dualität findet sein Ende, wenn die Sichtweise stirbt, die sich auf diese Welt des Kreuzes, der 400, reduziert. Dann geht die 2 über ihre bisherigen Grenzen hinaus und verbindet sich mit 1 zu 3.

Diese 3 hat ihre Entsprechung in der Bezeichnung als Heiliger Geist und ist zugleich das Prinzip der Auferstehung. Für die Verbindung von Himmel und Erde gibt es in den Heiligen Schriften verschiedene Darstellungen, die ein und dasselbe Geschehen beschreiben und das auch in der einfachen Formel 2 + 1 = 3 zum Ausdruck kommt. Solche Bilder und Erzählungen schildern nicht so sehr historische Ereignisse, sondern in erster Linie einen Prozess in jedem einzelnen menschlichen Bewusstsein.

Aus der Perspektive von Zahlen stellen sich Begriffe der Bibel in einem ganz neuen Zusammenhang dar. Sie werfen einen ungewohnten Blick auf Erzählungen und Gleichnisse und eröffnen dem Verstehen einen bisher verschlossenen Raum. Altes und Neues Testament können auf dieser Basis als Beschreibungen des menschlichen Lebens verstanden werden. Religiöse Begriffe werden damit nicht mehr nur ins Außen projiziert, auf lange zurückliegende Ereignisse in alten Zeiten und vergangenen Kulturen. Das Bild eines fernen Gottes irgendwo im Himmel oder die Vorstellung von helfenden geistigen Wesen finden allmählich auch im eigenen Ich ihre Entsprechung.

Religiöse Begriffe sind mit traditionellen Vorstellungen verbunden, die sich über Generationen und Jahrhunderte tief eingeprägt haben. Sie bilden für den gläubigen Menschen eine unerschütterliche Basis. Auf einem ebenso soliden Fundament steht auf der anderen Seite die Weltanschauung des wissenschaftlichen Denkers, dessen Erkenntnisse ausschließlich auf rationaler Logik und empirischer Nachvollziehbarkeit beruhen. Für den Wissenschaftler stellt es eine Provokation dar, dass Zahlen auch eine qualitative Aussagekraft besitzen sollen. Ebenso ist es für den Gläubigen ein Sakrileg, religiöse Inhalte auf die qualitative Aussage von Zahlen zu komprimieren.

Beide Standpunkte sind nachvollziehbar. Und beide Standpunkte bilden ab, wie die Wahrnehmung innerhalb der Dualität funktioniert, nämlich in polaren Extremen. Die Sprache der Zahlen, die beide gleichermaßen herausfordert, ist eigentlich das große „und", das beide verbindet.

Glaubenssymbole in direkten Zusammenhang mit dem eigenen menschlichen Sein zu bringen, mag ketzerisch, überheblich oder pathetisch klingen. Aber eigentlich beschreiben die Begriffe der christlichen Terminologie Bewusstseinsphasen und es ist legitim, diesen Bezeichnungen ihren Pathos zu nehmen, die Distanz zu ihnen zu überwinden und sie ins Leben zu holen. Das ist sehr ungewohnt und lange Zeit scheut sich der Mensch davor, diese Hemmschwelle zu übertreten. Sie baut sich auf aus tief eingeprägten religiösen und persönlichen Denkmustern. Früher oder später ist dieser entscheidende Schritt aber für jeden möglich.

Denn in jedem Menschen lebt der Sinn seiner Existenz und die Zahlen zeigen diesen Sinn in einer einfachen Formel: 1 + 2 + 3 = 6. Die gemeinsame Absicht von 1, 2 und 3 ist die verbindende 6. Wer, wenn nicht der Mensch, könnte diese Verbindung darstellen zwischen Gott und der Welt, zwischen Dies- und Jenseits, zwischen Zeitlichem und Absolutem. Der Sinn des menschlichen Bewusstseins und damit seine Aufgabe ist es, sich zu entwickeln, Zusammenhänge einzusehen und dadurch Verbindungen zu erkennen. Die Entwicklung des Menschen zielt ab auf die Erkenntnis, selbst diese verbindende 6 zu sein, der lebende „Haken", der alles Gegensätzliche wieder bewusst zu einer neuen Ganzheit zusammenfügt.

Die Absicht und das Ziel jeder einzelnen 6 ist 21, denn 1 + 2 + 3 + 4 + 5 + 6 = 21. Diese Zahl ist als 2–1 direkter Ausdruck für die Rückverbindung der Dualität zur Einheit und zeigt auch über die Ziffernsumme 3 den Kern ihrer Aussage. 21 ist eine 10 + 10 mit Bezug zur 1 und als 2–1 die Umkehrung von 1–2, dem Beginn der Vielheit. Der Mensch als 20 mit Bezug zur 1 beschäftigt sich bewusst mit diesen Zusammenhängen, setzt sich gedanklich damit auseinander und beobachtet, dass sein eigenes persönliches Erleben und Tun direkten Bezug hat zum Bereich des Absoluten. Er setzt in Form von Aktivität und Kreativität Impulse um, die er als Intuition aus diesem Bereich kommend erkennt.

Die natürlichen Zahlen bilden ihre Reihenfolge durch die kontinuierliche Addition von +1 und sind in Summe immer auf die 3 ausgerichtet. Optisch kommt dieses qualitative Prinzip zum Ausdruck, indem alle natürlichen Zahlenreihen, beginnend bei 1 bis zu jeder beliebigen Zahl, sich immer zu „Dreieckszahlen" addieren. Dieser mathematische Begriff leitet sich von der Anzahl der Steine ab, die man zum Legen eines gleichseitigen Dreiecks benötigt.

Aus 1 + 2 + 3 = 6 Steinen lässt sich ein Dreieck bilden mit 3 Steinen an jeder Seite, aus 1 + 2 + 3 + 4 = 10 Steinen ein Dreieck mit jeweils 4 seitlichen Steinen. Dieses Phänomen setzt sich beliebig fort. Immer definiert die größte addierte Zahl auch die Seitenlänge des Dreiecks und stellt über diese einfache geometrische Form das Feld vor Augen, das die Zahlen gemeinsam bilden; es ist immer geprägt durch die 3 und beinhaltet sowohl alle Teile des Ganzen als auch deren gemeinsame Summe.

Dreieckszahlen weisen einige mathematische Besonderheiten auf. Aus qualitativer Sicht bemerkenswert ist vor allem die Tatsache, dass jede natürliche Zahl sich als Summe von höchstens 3 Dreieckszahlen darstellen lässt, wie der Mathematiker Friedrich Gauß feststellte. Von ihm stammt auch die Formel zur Berechnung dieser Zahlenreihen: n x (n+1), das Ergebnis geteilt durch 2. Auf diese Weise lässt sich zum Beispiel die Summe von 6 mit allen Zahlen, die ihr vorausgehen, berechnen: 6 x 7 = 42 : 2 = 21.

Die Summe der Kehrwerte aller Dreieckszahlen ist 2; dieses mathematische Phänomen betont das qualitative Verhältnis zwischen 2 und 3, deren gegenseitiger und einander bedingender Bezug sich konträr und einander ausschließend in die Wahrnehmung bringt.

Das 1–4-Prinzip

Nach dem Alten Wissen informiert dieses Prinzip über eine grundlegende Ordnung, die sich sowohl in Zahlen ausdrückt als auch äußerlich wahrnehmbar ist. 1 steht dabei für eine übergeordnete Einheit und 4 ist die Zahl der materiellen Welt. Seinen Ausdruck findet dieses Prinzip in der Tatsache, dass es 4 Himmelsrichtungen gibt, dass sich 1 Jahr unterteilt in 4 Jahreszeiten und in 4 Quartale; das Zeitmaß 1 Stunde gliedert sich in Viertelstunden, jede größere Stadt hat verschiedene Viertel.

Das Altertum kannte 4 irdische Elemente und davon abgeleitet 4 menschliche Temperamente.

Das Prinzip von 1–4 kommt auch im menschlichen Körper zum Ausdruck mit 1 Kopf und 4 Gliedmaßen oder der Hand mit 4 Fingern und 1 Daumen. Ohne Daumen kann der Mensch nicht greifen, ohne Kopf nicht be-greifen. 1–4 zeigt sich auch im Unterschied zwischen den Zahlen für „Mensch = Adam" 1–4–40 und dem Wort „Blut" 4–40. Adam ist der Mensch im Bild und Gleichnis Gottes, ohne die 1 ist er reduziert auf seinen physischen Körper, symbolisiert durch Blut.

Aus den ältesten Schichten der Weisheitslehre stammt der Begriff „Äther"; er steht für ein den gesamten Kosmos erfüllendes Fünftes, eine „Quintessenz". Pythagoras greift auf dieses Wissen zurück und sieht darin eine Leben spendende Kraft, die alles durchdringt, was aus ihr hervorgeht. Dieses Fünfte ist die 1 gegenüber der 4.

Das Bild des gekreuzigten Christus zeigt die göttliche 1 auf der irdischen 4 festgenagelt. Die 1 ist in der menschlichen Verkörperung untrennbar verbunden mit der 4, die 4 Balken des Kreuzes symbolisieren das Irdische. Im Leben des Gottessohnes als Mensch wird sein Blut vergossen, sein 1-Sein mit dem Vater wird nicht gesehen. Es ist einer Wahrnehmung, die sich auf das rein Materielle der 4 reduziert, nicht möglich, die 1 zu erfassen. Die Symbolik von Blut zeigt die Reduktion des Menschen 1–4–40 auf 4–40, auf Materie und Zeit.

Lange wird der jenseitige Aspekt im Leben als Mensch nicht erfasst, und damit verbunden ist Leid und Tod.

Die Besonderheit von 10–5–6–5

Der biblische Gottesname „Jahwe" wird in Zahlen ausgedrückt 10–5–6–5 geschrieben, in Buchstaben JHWH. Das Alte Wissen sieht darin ebenfalls eine Zahlenformel, die den Sinn des menschlichen Lebens abbildet, und misst ihr grundlegende Bedeutung zu. Nach der Überlieferung steht die 10 in 10–5–6–5 für Gott und die Kombination 5–6–5 für den Menschen, der im Bild und Gleichnis Gottes geschaffen wurde. Dieser Mensch besteht aus einer dies- und einer jenseitigen 5, die eine 6 miteinander verbindet. Damit ist 10–5–6–5 ein synonymer Ausdruck für 10–6–10 im Schriftbild der Aleph. Die „10 oben" und die „10 unten" in der Aleph haben ihre Entsprechung in der „10 oben" und in der „5–6–5 unten" im Begriff JHWH.

Es kommen durch diese Zahlen verschiedene Aspekte zum Ausdruck, vordergründig die 6 als verbindende Funktion des menschlichen Bewusstseins. Die „10 oben", die sich „unten" in 5 + 5 teilt, bildet auch eine Variante der 1 ab, aus der die 2 der Dualität hervorgeht.

Die 5 aus 1 + 4 steht für das Zusammenwirken von Geist und Materie. Damit ist gemeint, dass Materie Ausdruck eines Absoluten ist und Materie und Geist ständig miteinander in Beziehung stehen. Dieses Zusammenwirken ist ein Prinzip, das die Basis bildet für eine erlebbare physische Welt. Es gilt daher auch für den Menschen als Teil dieser Welt, und die Fähigkeit es bewusst zu erfassen, ist in ihm ebenfalls bereits prinzipiell vorgesehen. 5–6–5 zeigt den Menschen, in dessen Bewusstsein eine Begegnung von Prinzip und Wahrnehmung des Prinzips vorbereitet ist. Die 5 spiegelt sich über die 6 und diese Spiegelung bringt zum Ausdruck, dass ein Prinzip darauf wartet, vom menschlichen Bewusstsein erfasst zu werden. Die Zahlen informieren darüber, dass das Prinzip und seine unverfälschte Wahrnehmung identisch sind. Jedes optische Spiegelbild ist eine genaue Abbildung des Originals und dasselbe gilt für das bewusste Erkennen. In der Sprache der Zahlen stellt die Spiegelung über 6 dar, dass die Möglichkeit besteht, Zusammenhänge zu sehen, dass diese Ein-Sicht aber noch aussteht. Ein Erfassen ist bereits grundsätzlich vorbereitet, vorerst ist der Spiegel der Wahrnehmung aber noch blind dafür.

Die irdische 5 kann die prinzipielle 5 vorerst nicht erfassen, weil sie sich selbst nicht als 5 wahrnimmt. Dafür bildet das Erkennen ihrer irdischen Existenz als 4 + 1 die Voraussetzung. Solange sie sich nur als 4, als rein materielles Wesen sieht und die 1 von sich abtrennt oder ganz leugnet, ist die 5 für sie überhaupt nicht existent. Erst wenn das Bewusstsein in seinem ganz individuellen Alltag Impulse aus einem nicht-materiellen Bereich zu akzeptieren lernt, kommt es zur Annäherung von 4 + 1. Der Spiegel der Wahrnehmung wird zunehmend klarer und allmählich stehen sich 5 und 5 identisch gegenüber. Die Kombinationsgabe der 6 verbindet 5 + 5 zu einer gemeinsamen 10. Der Mensch erlebt sich nun als bewusste 10 und erfasst als solche die Prinzipien, die seiner und jeder physischen Existenz zugrunde liegen.

10–5–6–5 wird dadurch zu 10–10 und gleichzeitig zu einer Variante des Schriftbildes der Aleph. Die Aleph zeigt 2 Jod, die sich über eine 6 spiegeln: 10–6–10. Diese 6 hat dieselbe verbindende Funktion wie in der Spiegelung von 5–6–5. Die bewusste „10 unten", ob aus 5–6–5 oder schon vorbereitet in der Aleph, erkennt nun auch klar, dass sie identisch ist mit der „10 oben". Die Kombination von 5 + 5 zu 10 verläuft parallel zu der Kombination von 10 + 10 zu 20. Die Zahlen im Schriftbild der 1 und die Zahlen des Gottesnamens JHWH beinhalten dieselbe Aussage. In beiden Fällen wird 10 und 10 zu 20. Die 10 im Absoluten, die „10 oben" findet damit ihre Entsprechung in der „10 unten" im Materiellen. Der Mensch als 20 ist sich bewusst, dass sein Handeln vom Absoluten gelenkt wird.

Dieses Handeln zeigt sich vorerst nicht so sehr in einem äußeren Aktivsein, sondern in einer inneren, gedanklichen Beschäftigung. Die 20 beobachtet, dass intuitive Impulse in ihr Denken eindringen und zum Handeln anregen. Diesen Impulsen wird nicht blind gefolgt, sondern sie werden abgeglichen mit einem vom Verstand geleiteten Denken. Eine Kombination aus beidem, von Intuition und Verstand, ergibt ein vernünftiges Handeln, das beide Aspekte gleichermaßen berücksichtigt. Dieses Miteinander von Intuition und Verstand kommt ebenfalls in der einfachen Addition 10 + 10 = 20 zum Ausdruck; die eine 10, der diesseits-bezogene Verstand, und die andere 10, die jenseits-bezogene Intuition, verbinden sich zu einem reifen, bewussten Aktivsein, das beidem gerecht wird.

Die grundsätzliche Bedeutung des Namens Jahwe ist „sein". Um dieses Sein erfassen zu können, ist nach dem Alten Wissen die Erfahrung des Nicht-Seins erforderlich. „Nicht" wird im Hebräischen mit denselben Zeichen geschrieben wie „El" = Gott. Im Deutschen haben „ich" und „n-ich-t" große Ähnlichkeit. Im individuellen Ich wird das Nicht-Sein erfahren als Gegensatz zum Sein. Dieses Ich erlebt seine Existenz einem unberechenbaren Schicksal ausgeliefert und bedroht von Vernichtung und Tod. In der Gewissheit über das unausweichliche Ende der eigenen materiellen Existenz erfährt jeder Mensch dieses Nicht-Sein. Das Leben in Zeit und Raum bietet in einer unvorstellbaren Vielfalt die Möglichkeit für diese Wahrnehmung. Jede einzelne menschliche Existenz ist nichts anderes als die individuelle Erfahrung von Nicht-Sein in diesem Sinn. Die materielle Welt zielt darauf ab, dass das menschliche Bewusstsein vom Nicht-Sein zum Sein findet.

Dieses Sein bilden Zahlen ab als 10–5–6–5, das sich in eine irdische und eine nicht-irdische Hälfte teilt. Der Sinn des menschlichen Lebens ist es, die irdische 6–5 mit der jenseitigen 10–5 zu einer Einheit zu verbinden, sagt das Alte Wissen. Es beschreibt dieses Zusammenfinden von Nicht-Sein und Sein als Öffnen des „3. Auges". Das 3. Auge ist in diesen Überlieferungen ein Synonym für die Jod, die 10.

Das Auge bleibt so lange geschlossen, solange die 5 nicht als 4 + 1 erkannt wird und damit auch die Verbindung zu einer gegenüberliegenden 5 nicht möglich ist. Erst das Erfassen und Wahrhaben dieser Zusammenhänge eröffnet eine neue Sicht, in der sich das Gegensätzliche zu etwas Neuem, einem Dritten ergänzt. Bildlich gesehen öffnet sich zusätzlich zu den beiden Augen, die das Sichtbare wahrnehmen, ein drittes, inneres Auge und beobachtet das Wirken eines unsichtbaren Absoluten.

Der Name „Jahwe" darf nach der jüdischen Tradition nicht ausgesprochen werden, weil er eigentlich gar nicht ausgesprochen werden kann. Es ist nicht möglich, den Konsonanten JHWH eindeutig Vokale zuzuordnen, denn alle Vokale müssten gleichzeitig verwendet werden, um der Bedeutung dieses Begriffes gerecht zu werden. Damit soll eine unbeschreibliche Vielfalt zum Ausdruck kommen, die dieses Wort symbolisiert und die ihre Entsprechung findet in der Komplexität der materiellen Schöpfung und der unermesslichen Ausdehnung des Universums. Die Erschaffung dieser Welt der Vielheit erfüllt ihren Sinn dadurch, dass es dem Menschen durch sein Leben in ihr möglich ist, vom Nicht-Sein zum Sein zu finden und sich dadurch selbst zu erkennen.

Selbst-Erkenntnis als Sinn des Menschseins ist in jedem einzelnen Bewusstsein als 10–5–6–5 angelegt und stellt sich dar als 10–10. Sich selbst als 10 bewusst erkennen, kann die 20. Für sie wird die Zweiheit begreiflich, die überall und auch im Menschen ihren Ausdruck findet und angelegt ist im Schriftbild der Aleph. Die 20 sieht die gegenseitige Ergänzung von Jenseitigem und Diesseitigem, von Ewigem und Zeitlichem, von Gott und Mensch, von Mann und Frau. Sie ist fähig, zu einem Ganzen zu verbinden, was scheinbar gegensätzlich und getrennt ist.

Diese Kombinationsgabe, die Qualität der Zahl 6, ist Voraussetzung für die 20 und gleichzeitig ihre Fähigkeit. Das „und" der Waw tritt 3-mal auf und verbindet 4 + 1, 5 + 5, 10 + 10. Ein 3-faches „und", eine 3-fache 6 ermöglicht dem Bewusstsein Selbst-Erkenntnis als 20. 20 ist die 10, die sich selbst als 10 erkennt.

6 und 20 bilden gemeinsam 26, den Äußeren Wert von 10–5–6–5, von JHWH.

Kombinationen von Zahlen

Grundsätzlich gelten auch für den qualitativen Aspekt der Zahlen die Grundrechenarten der Mathematik. Darüber hinaus und in Kombination damit lassen sich auch andere Bezüge erkennen, die sich dem intuitiven Verstehen erschließen. Diese Einsichten sprechen Verstand und Empfinden gleichermaßen an, sind stimmig und entsprechen auch einer nachvollziehbaren Logik. Wie dieses Zusammenwirken von Zahlen gemeint ist, zeigt ein Vergleich der Grundrechenarten Multiplikation und Addition.

Die gegenseitige Begegnung der Zahlen in der Multiplikation drückt eine Intensität aus, ähnlich dem Verschmelzen bei einer chemischen Reaktion. Diese Wirkung ist in der Addition nicht gegeben. Gleichzeitig lassen sich beide Vorgänge, Addition und Multiplikation, nicht wirklich nach dem gewohnten Verständnis kategorisieren. Die Übergänge sind nicht so scharf, widersprechen einander nicht, sondern ergänzen sich gegenseitig. Es ist nicht eine lineare Eindeutigkeit gegeben, sondern ein lebendiges Ineinander-Verwoben-Sein. Über die Grundrechenarten eröffnet sich dem logischen Denken ein Zugang, sie stellen aber kein Prinzip im eigentlichen Sinn dar.

Die Addition bringt zum Ausdruck, dass Zahlen weiterhin als solche eigenständig und erhalten bleiben. Ihre Summe zeigt eine gemeinsame Absicht an, beschreibt ein gemeinsames Feld. Addition meint das gemeinsame Wirken selbständiger Individuen, einzelner Aspekte und definiert das Ganze, worauf sie in dieser Kombination ausgerichtet sind.

Grundsätzlich bringen die Zahlen 1 und 2 als Beginn der natürlichen Zahlenreihe einen Prozess in Gang und sind in den darauf folgenden Zahlen wirksam. Jede einzelne Zahl steht für einen aktuellen Moment in diesem Prozess, hat eine Entwicklung hinter sich und verweist auf eine konkrete Absicht. Dieses Geschehen im Absoluten lässt sich mit einem zeitlichen Ablauf vergleichen. In dieser Symbolik ist jede einzelne Zahl „Gegenwart", hat „Vergangenheit" und verweist auf eine „Zukunft".

Dieser Prozess lässt sich als Addition darstellen. Die „gegenwärtige" Zahl setzt sich zusammen aus ihren Vorgängerinnen, so etwa 3 = 1 + 2. Die 3 ist in diesem Fall das Jetzt, 1 und 2 das Vorausgehende. Die Summe aus „Gegenwart" und „Vergangenheit" verweist auf eine „zukünftige" Absicht oder Entwicklung: 1 + 2 + 3 = 6. Auch diese 6 ist die Summe aus Vorangegangenem, sie ist 1 + 2 + 3 oder 2 + 4 oder 1 + 5; diese „Vergangenheit" hat individuelle Schwerpunkte. Wenn der Blick „zurück" alle Aspekte anerkennt, die der 6 vorangehen, dann zeigt sich darin deren gemeinsame Absicht und Zielsetzung: 1 + 2 + 3 + 4 + 5 + 6 = 21.

In der Multiplikation färben sich die jeweiligen Faktoren gegenseitig, ihr Produkt ist etwas Neues und trägt diese Färbung in sich. Die Charaktere der jeweiligen Zahlen verschmelzen zu einem Produkt und kommen darin zum Ausdruck; sie geben ihre jeweilige Eigenständigkeit zu Gunsten einer gemeinsamen Aussage auf.

So etwa drückt die 2 jeder anderen Zahl in der Multiplikation den prägenden Stempel der Dualität auf, sie verdoppelt sie im Sinne einer täuschenden Spiegelung. Die Täuschung kommt zustande, weil der Spiegel aufgrund seiner „trüben" Oberfläche nicht als solcher erkannt wird. Die ursprüngliche Zahl und damit deren ursprüngliche Qualität, deren eigentliche Aussage ist nicht wahrnehmbar in einer Welt der Zweiheit. Sie wird mit der Division durch 2 wieder daraus befreit und so in ihrem Charakter, der dem Absoluten entspricht, sichtbar. 2 x 2 = 4 als Zahl der dualen Welt der Materie ist eine Bestätigung der Dualität durch sich selbst und gleichzeitig eine Begrenzung auf sich selbst.

Die Multiplikation mit 3 überträgt die zwischen 1 + 2 liegende Spannung; 3 x 3 = 9 steht für äußerste Spannung und daraus folgende Erkenntnis. Die 3 ist grundsätzlich eine Synthese von vermeintlich Unvereinbarem in sich selbst und damit auch in jeder ihrer Vielfachen.

3 x 4 = 4 x 3 = 12 ist sowohl Maß als auch Grenze für die Dynamik in der materiellen Welt, für das Leben in Zeit und Raum. Die in sich statische 2x2 und die spannungsgeladene Dynamik der 3, dieser Gegensatz aus Statik und Dynamik fördert die Spannung der 3, macht sie konkret. Konkret wird damit Schritt für Schritt auch die 3 aus 2 + 1.

Die Zahl 7 ist der Ausdruck für die Vielfalt des Lebens. Sie erscheint in der Welt der Dualität als 2 x 7 = 14. Die 7 erfährt durch die 2 eine Spiegelung, auch darstellbar als 7 + 7 und verrät über das Ergebnis 14 ihre Ausrichtung, nämlich die Kombination von 1 + 4.

3 x 7 = 21 ist das Ergebnis, wenn sich Dynamik und Vielfalt des Lebens begegnen. Diese 21 ist identisch mit der Absicht der

Zahl 6, die sich aus 1 + 2 + 3 + 4 + 5 + 6 ablesen lässt und macht deutlich, dass das Leben aus Zwei-Sein und Eins-Sein besteht und als solches erkannt und gelebt werden will.

Die Besonderheit der Primzahlen

Primzahlen werden definiert als Zahlen, die größer als 1 und nur durch sich selbst und 1 teilbar sind. Sie sind die Individualisten unter den Zahlen mit ausschließlichem und direktem Bezug zur 1. Auf diese Weise stellen sie eine Parallele dar zum individuellen menschlichen Bewusstsein, das auf seine ganz persönliche und unverwechselbare Art als 10 eine Verbindung zur 1 lebt.

Diese Verbindung bleibt vorerst allerdings unbewusst. Während dieser Zeit fühlt sich der einzelne abhängig von anderen Menschen. Er sucht bei ihnen Anerkennung, Bestätigung, Wärme und Zuneigung. Diese Abhängigkeit ist aber nur scheinbar und vorübergehend. Sie verliert sich mit zunehmender Orientierung an der 1 im eigenen Inneren. Dort baut sich allmählich die eigene Intuition als Entscheidungsinstanz auf. Der Bezug zu den Mitmenschen bleibt, wird aber freier. Die 10, die sich selbst als solche erkennt, erlebt sich als autonom. Ihr Denken und Handeln richtet sich nicht danach, was andere für richtig halten. Sie ist nicht das Produkt von Meinungen und Vorgaben anderer. Damit weist das individuelle Bewusstsein eine weitere Gemeinsamkeit mit Primzahlen auf, denn auch sie sind niemals Produkte anderer Zahlen und zeigen damit ihre Unabhängigkeit.

Das Auftreten von Primzahlen ist nicht genau berechenbar, sie lassen keine äußere Gesetzmäßigkeit erkennen. Es zeichnet sie aber die Besonderheit aus, dass sie in direkter Nachbarschaft zu 6 und ihren Vielfachen erscheinen und jeweils -1 oder +1 davon entfernt sind. Eine Ausnahme bilden die Zahlen 2 und 3, die überhaupt eine Sonderstellung einnehmen und gleichzeitig auch Primzahlen sind.

Über diese Nähe zur 6 zeigt sich in der qualitativen Betrachtung der Zahlen wieder ein Bezug zum menschlichen Bewusstsein. Sowohl 6 als auch 1 haben wesentliche Aussagekraft für die menschliche Existenz. Dass Primzahlen in Verbindung mit diesen Zahlen auftreten, lässt eine hintergründige Ordnung und gleichzeitig einen Zusammenhang zwischen ihnen und dem Menschen erkennen. Primzahlen erscheinen in der linearen Zahlenfolge zufällig, es gelten für sie aber offensichtlich hintergründig doch Regeln. Dasselbe gilt für die Ereignisse des physischen Alltags, die unberechenbar, unerwartet und scheinbar zufällig auf den Plan treten. Mit zunehmender Aufmerksamkeit lassen sie ein hintergründiges Wirken erkennen und den Schluss zu, dass alles Wahrnehmbare einer nicht wahrnehmbaren Ordnung folgt. Das Bewusstsein, das diese Aufmerksamkeit entwickelt, erfasst sich selbst als 10 und damit als einen ganz individuellen Ausdruck der 1. Diese 10 hat wie eine Primzahl einen einzigartigen Bezug zur 1. Primzahlen sind in diesem Sinn Synonyme für jeden einzelnen Menschen, der sich mit Hilfe seiner Kombinationsgabe als 6 unter direktem Bezug zur 1 als 10 erfasst.

In einem System von 24 Zahlen, dargestellt als Raute, lässt sich das Auftreten der Primzahlen übersichtlich darstellen. 24 ist das Maß der 12 in der Dualität. Die irdischen Kreisläufe basieren auf den Zahlen 12 und 24; das Jahr hat 12 Monate, der Tag 24 Stunden. Die Zahlen 6, 12, 18 und 24 stellen in der Raute die 4 Eckpunkte dar, an denen sich beidseitig Primzahlen bilden. Dieses System erweitert sich ab 25, indem es den Kreislauf der 24 durchbricht und spiralförmig neue Zyklen eröffnet, in denen sich dieselbe Besonderheit fortsetzt.

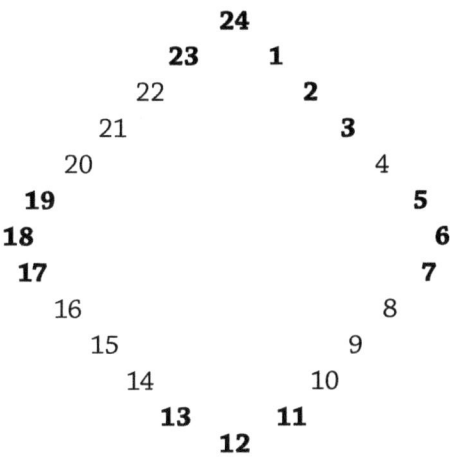

Im Alten Wissen ist die sichtbare Welt nur für die Sinnesorgane rund, entspricht im Absoluten der 4 und bildet mit 4 Ecken den Gegensatz zum Runden ab. Die prinzipiell quadratische 4 erscheint äußerlich als rund. Damit kommt ein widersprüchliches Anderssein zum Ausdruck, das bei der Teilung der 1 in die 2 ansetzt und die materielle Welt der 4 prägt. Sie ist Ausdruck von 2 x 2, von Selbstbegegnung und Selbstgenügsamkeit der Dualität.

Zahlen ermöglichen mit ihrer qualitativen Aussagekraft generell eine Zusammenführung von Widersprüchlichem. Primzahlen verbinden die Welt des Runden und des Viereckigen, indem sie innerhalb des Kreislaufs der 24 die 4 Eckpunkte betonen. Sie demonstrieren damit gewissermaßen eine „Quadratur des Kreises" und durchbrechen gleichzeitig durch spiralförmige Erweiterung die Grenzen des Runden.

Der Zyklus der 24 enthält die 9 Primzahlen 2, 3, 5, 7, 11, 13, 17, 19 und 23, die sich zur Zahl 100 summieren. Diese Summe kann als die gemeinsame qualitative Absicht dieser 9 Zahlen betrachtet werden. Sie besteht darin, einen Raum zu schaffen, der durch die gegenseitige Begegnung von 10 zu 10 bestimmt wird, denn 10 x 10 = 100. Auf das Bewusstsein übertragen heißt das, ein individueller Mensch, der die 5 + 5 in sich zu 10 verbunden hat, begegnet einem anderen Menschen, für den dasselbe gilt. Die Primzahlen lassen erkennen, dass die Zyklen des Irdischen, ausgedrückt durch die Zahl 24, darauf ausgerichtet sind, als Raum für solche Begegnungen zu dienen.

Es stellt sich auf diese Weise etwas dar, das ein grundlegendes Prinzip menschlicher Existenz verdeutlicht: Die Absicht menschlicher Individuen, symbolisiert durch die Primzahlen, ist die gegenseitige Begegnung von bewusster 10 mit bewusster 10. In dieser Begegnung lebt der direkte Bezug zur 1, denn die andere 10 wird ebenso als Aspekt der 1 gesehen wie die eigene 10. Jede Begegnung im Feld der 100 von 10 zu 10 bezieht sich auf die 1 und ergibt mit ihr in Summe 101, wieder eine Primzahl.

Diese Zahl bildet sich auch, wenn man entgegen den mathematischen Regeln die 1 als Primzahl betrachtet und mit den anderen 9 summiert. Auf diese Weise kommt das Erkennen der 1 zum Ausdruck. Dann ist auch die Zahl 24 beidseitig von Primzahlen umgeben, der Zyklus erscheint harmonischer und komplettiert sich gewissermaßen. Aus 9 + 1 wird 10; 9 Primzahlen bilden gemeinsam mit 1 ein Feld und drücken eine gemeinsame Absicht aus. Dieses 9 + 1 = 10 im Bild der Primzahlen deckt sich auf erstaunliche Weise mit den Aussagen der hebräischen Schriftzeichen im Alten Wissen.

Primzahlen treten für das mathematische Verständnis zufällig auf. Grundsätzlich ist alles Ungeplante im Leben, alles nicht Vorstellbare und alles Zufällige etwas, das außerhalb berechenbarer Gesetzmäßigkeit liegt. Schon die Wörter Zu-fall und Ein-fall weisen darauf hin, dass etwas „von oben" kommt, dass es gewissermaßen auf die Erde „fällt" und sich in Form eines Gedankens oder Erlebens manifestiert. Zu-fälle und Einfälle als Impulse „von oben" zu sehen, entspricht der Sichtweise einer bewussten 10.

Jede menschliche 10 ist eine einmalige Variante des Prinzips 10 und erlebt sich vorläufig ebenfalls als „zufällig", solange sie nicht die Prinzipien erkennt, die ihre Existenz ausmachen. Das ändert sich, sobald sich den einzelnen Versionen der 10 erschließt, was jeder ihrer Existenzen zugrunde liegt, nämlich der

Bezug zur 1. Dieses Erkennen (= 9) der 1 macht die eigene 10 bewusst und genauso die der anderen. Die individuelle 10 behält ihre Einmaligkeit und anerkennt gleichzeitig die Autonomie und Perfektion jeder anderen Variante. Dieses Miteinander drücken die Zahlen durch Addition aus und deshalb summieren sich die Primzahlen. Gemeinsam bilden sie die Zahl 100 und beschreiben damit ein verändertes Niveau der Begegnung von 10 zu 10.

Der Mensch wird damit gleichzeitig zur 20 als 10 + 10, zur 1000 als 10 x 10 x 10 und zur 101. Diese 3 Zahlen bringen dasselbe zum Ausdruck und sind Synonyme für die Rückverbindung mit der 1 in einer neuen Ganzheit. In der 101 stehen sich jeweils eine 1 gegenüber und ihre verbindende Mitte bildet die beiderseitige Bereitschaft, gegen 0 zu gehen.

Die gemeinsame Absicht der 101 und aller ihr vorausgehenden Zahlen zeigt sich als Addition und ergibt die Zahl 5151, die auf andere Weise noch einmal das gleiche er-zählt: Das Feld der 101 möchte als Spiegel- und Begegnungsfläche erfahren werden für Individuen, die als 50 in enger Verbindung mit der 1 leben. Sie haben sich durch ganz persönliches Einsehen während ihres Daseins im Zeitlichen der 40 als 10 erfahren. Jetzt erleben sie sich als 50 = 10 + 40 und nehmen in dieser Existenz Impulse der 1 wahr, die sie bewusst erfassen und von denen sie sich leiten lassen.

Das Alte Wissen bestätigt diese veränderte Art der Lebensführung über den Begriff „essen", achol, 1–20–30 mit dem Äußeren Wert 51; er bedeutet gleichzeitig „vollenden, vervollständigen". Nach dem Alten Wissen ist damit gemeint, dass man die Dinge, die man isst, zu einem Ganzen mit sich werden lässt. Jede Nahrung im weitesten Sinn, die der 50 begegnet, wird als von der 1 kommend gesehen und ist von Bedeutung. Impulse der 1, die eine individuelle 50 „isst", indem sie sie mental erfasst, vervollständigt und vollendet sie durch ihre Reaktion darauf. Nahrung in diesem Sinn ist jede Begegnung, jedes Erleben, alle Gedanken und Gefühle. Essen bedeutet integrieren und entspricht der verbindenden Funktion der 6. Das bedeutet aber nicht, sich alles unkritisch einzuverleiben, zu allem „ja" zu sagen für das eigene persönliche Leben. Ein bewusstes und gleichzeitig beobachtendes Wahrnehmen ist damit gemeint und ein Reagieren darauf entsprechend der eigenen Intuition.

Diese veränderte Art der Lebensführung geschieht innerhalb der gewohnten Umgebung, innerhalb der Kreisläufe und Gesetzmäßigkeiten der materiellen Welt, die von Dualität geprägt ist. Die Materie verändert sich nicht, nur der Blick darauf. Die Zahl 24 steht einerseits für die Zyklen dieses Leben und andererseits auch für eine Wahrnehmung, die sich darauf begrenzt. Primzahlen, die der 24 vorausgehen, enthalten aber bereits das Angebot, über sie hinauszublicken. Die 13 durchbricht den Kreislauf der 12 und erhellt allmählich, was bisher für die bewusste Wahrnehmung im Dunkeln lag. Dieser geistige Prozess findet seine physische Entsprechung innerhalb der 24 Stunden des Tages, der ebenfalls je zur Hälfte aus einer dunklen und einer hellen Phase besteht. Im übertragenen Sinn könnte man sagen: Ab der 13 setzt die Morgendämmerung ein.

Mit der Primzahl 23 bereitet sich ein neuer, unbekannter Zyklus vor. Im zeitlichen Sinn beginnt um 23 Uhr die letzte Stunde vor Mitternacht, dann geht der Tag zu Ende und der nächste beginnt. Im Alten Wissen endet mit der 22 die Folge der diesseitigen Zahlen und mit 23 beginnt schon ein Bereich, in den es noch keinen Einblick gibt.

Diese 23 ist jedoch eine Zahl, die noch innerhalb des Zyklus der 24 liegt, d. h. noch im Leben in der Dualität tut sich dieser Bereich auf, für den das hebräische Alphabet keinen Buchstaben mehr kennt, weil er nicht der Welt der Erscheinung zuzurechnen ist. Über die Primzahlen zeigt sich, nicht erst in einem Jenseits, in einem Leben nach dem Tod ist dieses Absolute erfahrbar, sondern noch hier im Dasein in Zeit und Raum. Die Primzahlen weisen auch darauf hin, dass dieser Zyklus der 24 nicht alles ist, sondern die Basis darstellt für weitere Erfahrungen, die sich ab 25 eröffnen. 13 und 23 charakterisieren gemeinsam die 10, die diese Erfahrungen macht.

Primzahlen können zwar nicht berechnet werden, haben aber doch einen geordneten Bezug zum Zyklus der 24. Sie stehen also nicht außerhalb der Gesetzmäßigkeiten der Dualität, sie haben dazu nur eine spezielle Beziehung. Was ihre Individualität ausmacht, ist ihr einzigartiges Verhältnis sowohl zur Einheit als auch zur Dualität und das gilt auch in ihrer Symbolik für das menschliche Bewusstsein.

Jede Primzahl mit sich selbst multipliziert ergibt eine Zahl, die durch 24 teilbar ist, wenn davon vorher 1 subtrahiert wurde, z. B.: 13 x 13 = 169 – 1 = 168 : 24 = 7 oder 23 x 23 = 529 – 1 = 528 : 24 = 22 oder 1009 x 1009 = 1,018.081 – 1 = 1,018.080 : 24 = 42.420.

Diese Beispiele zeigen einen Grundsatz, den Primzahlen stellvertretend für das menschliches Bewusstsein zum Ausdruck bringen: Ein Individuum, das seinen ganz persönlichen und direkten Bezug zur 1 einsieht und erlebt, erkennt damit etwas, das bisher unerkannt in ihm existierte. Die einzelne 10 erlebt die eigene Person als 10, diese Selbsterkenntnis wird ausgedrückt durch die Multiplikation der Primzahl mit sich selbst. Das individuell wahrgenommene Wirken der 1 wird rechnerisch dargestellt durch -1. Das bringt als Ergebnis eine neue Sichtweise, die den Alltag innerhalb der Zyklen der 24 anders erfahren lässt und sich darin immer wieder bestätigt. Die Division durch 24 weist darauf hin.

Die Besonderheit der Null

In Zusammenhang mit den Primzahlen zeigt sich die Zahl 0 wieder als wesentlicher Faktor für eine veränderte Art der Wahrnehmung. In Kombination mit 1 bringt 0 zum Ausdruck, wie und inwieweit die 1 bewusst erfassbar wird. 101 führt über die 0 eine Spiegelung der 1 vor Augen und ist gleichzeitig eine Kombination von 10 und 1. In 101 fungiert 0 als Spiegelfläche für 1 und definiert gleichzeitig den Unterschied zwischen 10 und 1; 0 nimmt in 101 eine ähnlich trennende und gleichzeitig verbindende Rolle ein wie 6 im Schriftbild der Aleph.

Bereits im Schriftbild der 1, der Aleph, in der sich die 10 doppelt zeigt, kommt das Prinzip der 0 zum Ausdruck. Die 1, die

Einheit, nimmt mit Schaffung der Dualität das eigene Nicht-Sein in Kauf. Die 1 geht selbst gegen 0, denn sie zieht sich zurück und wird nicht mehr wahrgenommen. Das geschieht im Wissen und Vertrauen darauf, dass die in ihr angelegte 10, der Mensch, den Weg allein zurückfindet. Das ist eine grundlegende Aussage der beiden 10 im Schriftbild der 1, der Aleph.

Gleichzeitig wird damit der Weg zurück beschrieben, denn für den Menschen gilt dasselbe. Für ihn ist es im wahrsten Sinne des Wortes not-wendig = not-wendend, gegen 0 zu gehen. Nur auf diese Weise kommt er in Kontakt mit der 1. Im Alten Wissen bringt 0 generell die Bereitschaft des Menschen zum Ausdruck, selbst gegen 0 zu gehen im Vertrauen auf die 1. Damit ist im Extremfall gemeint, das eigene Nicht-Sein in gesellschaftlicher oder physischer Hinsicht in Kauf zu nehmen im Glauben an das Absolute. Bewusst der 1 zu folgen, heißt, der eigenen Intuition zu folgen und damit dem, was als wahr und richtig empfunden wird. Diese Wahrheit wichtiger zu nehmen als äußere und innere Widerstände, ist der Schritt, den der individuelle Mensch vollzieht, um sich als 10 zu erkennen, bewusst zur 10 zu werden und als solche zu leben.

Dieser Schritt ist der Ausdruck einer Haltung und Lebenseinstellung und besteht aus vielen kleinen Schritten. Der Mensch macht sie, weil er sie intuitiv als richtig erkennt und nicht, um damit etwas zu erreichen. Jedes Erreichen-Wollen, jede Absicht, alles Plan- und Gesetzmäßige scheitern. Der Sprung zur bewussten 10 kommt überraschend und es kann ihm durchaus eine schmerzliche oder spannungsgeladene Phase der 9 vorausgehen.

Dieser große Schritt zur 10 ist der letzte nach vielen kleinen. Der Mensch macht sie, indem er sein Leben nicht ausschließlich danach ausrichtet, es so angenehm wie möglich zu gestalten, Ansehen oder materiellen Wohlstand zu erreichen. Das „Tun umsonst", wie es das Alte Wissen nennt, ist nicht von persönlichem Vorteil und Gewinn motiviert. Es ist als Aspekt der 0 begleitet von der Haltung, selbst nicht so wichtig zu sein. Der Mensch stellt sich nicht selbst in den Vordergrund, er dient – einer Sache, anderen Menschen, im Grunde dem, was er als wahr, wichtig und richtig auffasst. Diese Motivation und Einstellung äußert sich in der Bereitschaft zu tun, was die Situation gerade verlangt und dabei sein Bestes zu geben. Die Veranlassung zum Handeln mag von außen angestoßen sein, aber diese Art des uneigennützigen Aktivseins ist eine von innen geleitete.

Generell bedeutet dieses Gegen-Null-Gehen, den Fokus nicht ausschließlich auf die 2 oder 2 x 2 und ihre Vielfachen zu richten, sondern auch in die Gegenrichtung zu schauen. Zahlen demonstrieren diese konträren Richtungen mit Addition und Subtraktion. Grundsätzlich beschreiben beide Rechenarten eine Kombination mit 1, denn jeder Schritt im Leben hat mit der 1 zu tun und wird von ihr verursacht. Das gilt sowohl für +1 als auch für -1, bleibt aber lange Zeit unerkannt. In der Addition wird die 1 nicht als solche erfassbar.

Die Subtraktion ermöglicht ihre bewusste Wahrnehmung. Indem der Mensch bereit ist, sein eigenes Null-Sein in Kauf zu nehmen, steuert er auf 0 zu. Er erlebt aber nicht wirklich dieses Null-Sein, das er in Kauf genommen hat. Unerwartet und überraschend tritt ihm als letzte Zahl vor der 0 die 1 entgegen. Die 1 wird für ihn tatsächlich unmittelbar erlebbar, indem er sich auf sie ausrichtet und bereit ist, dabei gegen 0 zu gehen. Diese Art der Kombination von 1 und 0 ermöglicht die Selbstwahrnehmung als 10.

10 aus 1 + 0 definiert den Menschen, dem diese Wahrnehmung möglich ist:

Die Subtraktion bringt die Bereitschaft, gegen 0 zu gehen, mit 2 − 2 = 0 zum Ausdruck. Jeder einzelne, dem seine innere Wahrheit wichtiger ist als äußere Sicherheit in der Welt der 2 und der den Mut aufbringt, dazu zu stehen, ist bereit zu 2 − 2 = 0. Was er intuitiv als wichtig und richtig wahrnimmt, ist die 1, auf die er in sich selbst hört. Indem er ihr folgt, reduziert diese innere 1 die Macht und den Einfluss der 2, was 2 − 1 = 1 auf den Punkt bringt. Gleichzeitig zeigt 2 − 1 = 1, worauf diese Haltung hinausläuft: Sie führt zur Einsicht, dass innere 1 und absolute 1 miteinander korrelieren und im Grunde identisch sind.

Das einfache Prinzip von Addition und Subtraktion macht nachvollziehbar, dass der Mensch als 10 definiert ist und erklärt, wie er sich dessen bewusst wird. Zahlen bringen präzise zum Ausdruck, was menschliches Bewusstsein ist und erläutern Abläufe innerhalb dieses Bewusstseins.

Gegen 0 zu gehen und dadurch die 1 zu finden, ist eine Veranlagung, die jeder Mensch in sich trägt. Sie begleitet ihn täglich und prägt seine unzähligen individuellen Erfahrungen. Das Wesen der Dualität bringt es mit sich, dass jedes +1 ein -1 zur Folge hat, wenn auch nicht unmittelbar und direkt. Insgesamt summieren sich unendliche viele +1 zu einer Zahl, die das Alte Wissen mit 400 beschreibt, aber nicht mengenmäßig damit begrenzt.

Gleichzeitig vollzieht sich im Bewusstsein ein Prozess, der über unendlich viele -1 gegen 0 führt und darauf abzielt, die 1 in die klare mentale Sicht zu bringen. Was dabei gegen 0 geht, ist jedes Festhalten an äußeren Vorgaben, an traditionellem Denken, an allen Begrenzungen durch die 400, wenn sie dem widersprechen, was die innere 1 als wahr und richtig empfinden lässt. Am Ende dieses Prozesses verbindet sich die vom Menschen gelebte 0 mit der 1 in ihm zu 10. Die Bereitschaft der unbewussten 10, bewusst gegen 0 zu gehen, führt zur Ein(s)-Sicht = zum Sehen der 1 und zur bewussten 10.

Diese Bereitschaft basiert auf der ernsthaften Motivation, in der 2 die 1 zu suchen und alles nur Menschenmögliche zu tun, um sie schließlich zu finden. Damit ist eine Ausrichtung gemeint, die das Leben als grundlegender Faktor begleitet und die letztlich stark genug ist, um die 1, ihre Wahrheit und intuitive Führung über alle Zweifel, Ängste und mögliche persönliche Unannehmlichkeiten zu stellen.

Bis es so weit ist, zeigen sich +1 und -1 in den unterschiedlichsten Facetten im Alltag. Die Richtung hin zu 0 wird lange Zeit unbewusst und oft auch ungewollt erlebt. Denn gerade schwierige Phasen und schmerzhafte Momente sind es, die eine Perspektivenänderung bewirken und die Aufmerksamkeit auf das eigentlich Wesentliche lenken, auf das eigentliche Wesen des Ich.

Wenn der Mensch durch schwierige oder gar ausweglose Situationen auf sich selbst zurückgeworfen wird und er sein Ich davon existenziell bedroht sieht, wechselt er mental die Richtung. Sein Interesse schwenkt um von +1 zu -1, weg vom Äußerlichen nach innen, hin zum Wesentlichen. Komponenten wie Geld, Besitz und oder spezielle Pläne und Wünsche, die sich in der äußeren Existenz so dominant in den Vordergrund rücken, verlieren in Momenten großer Not an Bedeutung oder werden ganz ausgeblendet. Der Wechsel von +1 zu -1 ist not-wendig, er wendet die Not.

Die Aufmerksamkeit ändert dann ihre Richtung auch von unten nach oben. Im Alltag ist das Denken mit einer Vielzahl von Erledigungen, Pflichten und Vorhaben beschäftigt und damit zur Materie hin orientiert. In Ausnahmesituationen gehen die Gedanken nach „oben" und damit hin zu einer Instanz, von der man hofft, dass sie das irdische Geschehen zum Guten wendet. Nicht immer wird diese Hoffnung erfüllt und letztlich ist das Ende des körperlichen Lebens für jeden Menschen eine unausweichliche Tatsache. Der Gläubige verbindet den physischen Tod mit der Hoffnung auf ein Weiterleben im Absoluten. Er verkörpert die menschliche 2, die über den physischen Tod gegen 0 geht und sich danach eine Begegnung mit der 1 erwartet.

Diese Vorstellung entspricht der Weltsicht der 400 und damit der 10, die ihre Existenz auf das Zeitliche der 40 begrenzt. Für sie existiert die 1 auf „der anderen Seite" und damit der 400 gegenüber. Aus dieser Perspektive ist die 1 im Irdischen nicht erfahrbar, weil sich Zeitloses und Zeitliches, formloses Geistiges und geformte Materie in dieser polaren Welt gegenseitig ausschließen.

Die menschliche 2, deren Vertrauen in die intuitive Führung durch die 1 größer ist als die Angst vor dem Tod, erlebt die 0 nicht als Tod, im Gegenteil. Das Gegen-Null-Gehen endet nicht bei Null, sondern beim Finden der 1. Die Null gibt nur die Richtung vor und ist nicht selbst das Ziel. Dieser Mensch wird zur 3, die aus 2 + 1 besteht und in deren Leben beide Aspekte

Platz haben. Damit geht eine Lebenseinstellung einher, in der die eigene physische Existenz weder überbetont noch abgelehnt wird. Dieser Mensch lebt als 3 und gleichzeitig als 1000 innerhalb der bekannten und unveränderten Welt der 400. Seine maximale Bereitschaft, gegen 0 zu gehen, zeigt als Frucht eine dreifache 0 in Verbindung mit der 1, eben eine 1000.

4. KAPITEL

Die Besonderheit der Zahl 1000

Der Mensch trägt in sich die Veranlagung zum Erkennen der 10, was sich auch über das Prinzip 10–5–6–5 darstellt. Die Verbindung von 5–6–5 zu 10 bringt mit sich, dass diese 10 im Denken und Empfinden Realität wird. Was als 5–6–5 verborgen und unbewusst war, wird als bewusste 10 wahrnehmbar.

Indem der Mensch das direkte Wirken der 1 in seinem ganz persönlichen Leben in der Welt der 2 x 2 = 4 erlebt, verbindet er 4 + 1 zu 5. Diese 5 ist mit der Einsicht verbunden, dass irdisches Geschehen einer Instanz entspringt, die abstrakt und doch real ist. Die Erfahrung 5 aus 4 + 1 belegt, dass eine absolute Instanz irdisches Geschehen verursacht, das von ihr ausgeht und genau so gewollt ist. Was sich in der irdischen Existenz mit den Sinnen erfahrbar macht, ist Abbild eines absoluten Wollens. Wenn dem Menschen 4 + 1 = 5 bewusst wird, dann deshalb, weil es im Absoluten so verursacht ist. 5–6–5 bildet ab, dass der kognitive Prozess, der auf 5 hinausläuft, einer absoluten Absicht folgt. Die vom Menschen erlebte 5 entspricht der 5, die für ihn vorgesehen ist. 5–6–5 lässt wissen, dass beide 5 darauf warten, gedanklich verbunden zu werden.

Der Mensch, der 5–6–5 zu 5 + 5 = 10 verbindet, erfasst als bewusste 10 diesen Zusammenhang. Er erkennt sich selbst als 10 und sieht gleichzeitig ein, dass er eigentlich immer eine 10 war, weil er als 10 konzipiert war. 10 x 10 bringt zum Ausdruck, dass die bewusste 10 der bisher unbewussten 10 begegnet und der Mensch erkennt, was er ist und immer war. 10 x 10 ist Ausdruck von Selbsterkenntnis.

Mit dieser neuen Sicht der 10 auf sich selbst ist verbunden, sich auch identisch zu sehen mit der bereits vorhandenen 10 in

10–5–6–5. Diese 10 „oben" steht für das Prinzip 10, das im Absoluten die Basis jeder menschlichen Existenz bildet. Damit erfährt sich die 10 in einem dreifachen Sinn, als 10 x 10 x 10. Die bewusste 10 erkennt sich als bisher unbewusste 10 und gleichzeitig in Übereinstimmung mit jener 10, als die sie von „oben" gewollt ist. 1000 aus 10 x 10 x 10 umfasst alle 3 Aspekte der 10 und steht für ein Bewusstsein, in dem diese 3 Aspekte jetzt ein Ganzes bilden. Den Menschen als 3-fache 10 beschreibt 1000 ebenso wie 3 x 10 = 30; in ihrer qualitativen Funktion machen die Zahlen 1000 und 30 synonyme Aussagen.

Ausgangsbasis für die 3-fache 10 ist die Erkenntnisfähigkeit der 19; das 19. Zeichen im hebräischen Alphabets ist Kof = 100. 19 bewirkt, dass der Mensch die 1 erfährt und sich selbst als 10. 10 x 10 = 100 bringt die Selbsterkenntnis ebenso zum Ausdruck wie 20 aus 10 + 10, wozu sich 10–5–6–5 letztlich verbindet. Die Zahlen 20 und 100 machen für den Erkenntnisprozess des Menschen synonyme Aussagen.

Das Selbst-Erkennen der unbewussten durch die bewusste 10 und die Einsicht, dass 10 als Prinzip des Menschseins gilt, verändert nicht nur die Eigenwahrnehmung. Das grundsätzliche Verständnis des Menschen als 10 färbt auch die Wahrnehmung der Mitmenschen und unterstützt ein Gefühl der Zusammengehörigkeit. Die 3-fache 10 weiß, dass jedes Mitglied der Menschheitsfamilie auf einzigartige Weise das Prinzip 10 verkörpert.

Das Alte Wissen sagt: Wenn sich eine Zahl 3-mal selbst begegnet, dann ist sie im 3-Dimensionalen erfüllt, dann hat sie einen Prozess abgeschlossen, dann ist eine Antwort da auf das Leben in der Dualität. 10 x 10 x 10 = 1000 steht für die Zielsetzung der 10, für die äußerste Möglichkeit des menschlichen Bewusstseins im 3-dimensionalen Leben.

In Vorbereitung darauf steht die 10 dem Menschen unerkannt in 5–6–5 zur Verfügung. Die in 5–6–5 vorbereitete 10 ist vergleichbar mit dem Samen einer Pflanze, der keimt und sein komplettes Potenzial zur Umsetzung bringt. Die Frucht daraus ist Selbst-Erkenntnis in Form einer Sichtweise, die mit 10 x 10 x 10 alle 3 Aspekte der 10 umfasst.

1000 ist eine 3-dimensionale 10 und bringt das Ziel des Menschseins in einer 3-dimensionalen Welt zum Ausdruck. 1000 ist das zu erreichende Maximum der 10 in Zeit und Raum. 1000 steht für bewusstes Menschsein in der 3-dimensionalen Welt. 1000 ist mit 100 + 200 + 300 + 400 in 400 bereits angelegt; 400 zielt darauf ab, 1000 zu erleben.

1000 macht auch eine Aussage als 2 x 500 und steht für das Erleben von 500 in der Dualität. Für die Zahl 500 existiert kein hebräisches Schriftzeichen, weil sie auf etwas jenseits von Raum und Zeit Liegendes hinweist. 500 kann irdisch nicht definiert werden kann, aber im Irdischen erfahrbar sein. Sie ist die letzte Station auf dem Weg durch das weltliche Leben, das beschrieben ist mit 22 hebräischen Schriftzeichen. Mit der 400 hört das Zähl- und Messbare auf und wird abgelöst vom Vertrauen in eine andere Instanz, die zunehmend als real erfahren wird. Durch ganz persönliche Erlebnisse stärkt sich die Gewissheit, dass die eigene Existenz im Zeitlichen von einem Wirken außerhalb des Zeitlichen bestimmt und gelenkt wird. Wird diese Erfahrung zu einer wesentlichen Orientierung im individuellen Leben, erschließt sich damit die 500 aus 400 + 100 oder 4+1 x 100. Auf jeden Fall ist die 100 als Nadelöhr zu passieren, nämlich die Anerkennung der 10 durch sich selbst.

Ist diese 500 in der individuellen irdischen Existenz zur Realität geworden, dann verbindet sie sich mit dem Prinzip 500, das im Absoluten existiert. Gemeinsam summieren sie sich zu 1000 als Ziel der 400, dem Leben in Zeit und Raum. Das geschieht nach demselben Prinzip, wie sich 5 + 5 zu 10 vereinen. Durch die volle Anerkennung einer gleichwertigen und einander entsprechenden Existenz in beiden Welten, ausgedrückt durch jeweils 500, wird die 1000 erfahrbare Wirklichkeit.

Diese 1000 aus 500 + 500 ist dieselbe wie jene, die sich aus (5 + 5) x 10 x 10 ergibt. Das menschliche Leben als 3-dimensionale 1 + 0 bleibt im einzelnen Bewusstsein so lange ungesehen, bis sich die 1 mit 1000 erfahrbar macht. Aleph, die 1, und Elef, die 1000, teilen sich dasselbe Schriftzeichen. Aleph bringt damit das angelegte Prinzip des Menschseins zum Ausdruck, Elef die Umsetzung und das Erkennen dieses Prinzips.

Voraussetzung für die Erfahrung der 1 mit 1000 ist die 3-fache und damit maximale Bereitschaft des individuellen Bewusstseins, selbst gegen 0 zu gehen. Damit ist gemeint, dass das Vertrauen in etwas als absolut wahr Empfundenes stärker ist als jeder Widerstand dagegen. Jede Angst, jeder Zweifel, jedes Sicherheitsdenken und jedes Festhalten an der 3-dimensionalen Existenz, ihren Gesetzmäßigkeiten und ihrem Weltbild wird aufgegeben zugunsten dieser inneren Wahrheit; dafür steht die 3-fache 0 in Kombination mit der 1.

„Dass beim Herrn ein Tag ist wie tausend Jahre und tausend Jahre wie ein Tag", wie es die Bibel formuliert, meint nicht ein verschobenes Zeitmaß im Jenseitigen. Das Alte Wissen sagt vielmehr, dass die Einheit, die 1, die für Gott steht, bereits die 1000 als Erfüllung der 1 in sich trägt. Aleph und Elef bringen diesen Umstand mit ihrem Schriftbild zum Ausdruck.

1000 ist aber nicht der Zahlenwert für dieses Optimum in der Welt der Dualität. Hier ist die 2 ausschlaggebend, hier kommt die 1 als 2 in Erscheinung und die 1000 als 2000. Das Prinzip 10 x 10 wird gelebt von einem Menschen, der 10–5–6–5 zu 20 verbunden hat; er kombiniert 100 x 20 zu 2000.

Im Alten Wissen wird gesagt: „Die 2000 ist der Ausdruck der Elef, der 1000, in der Welt der Zweiheit. In der Zweiheit zählt man mit 2000 anstatt mit 1000." (Weinreb, „Wie sie den Anfang träumten", S. 146)

Auf jeder Ebene markiert der Sprung von 1 zu 2 einen Schritt von der Unbewusstheit zur Bewusstheit. Was bis zur 19 unbewusst gelebt wird, kommt mit 20 in eine bewusste Umsetzung. Dieses Prinzip gilt für alle Ebenen, für die Stufe von 199 zu 200 und ebenso von 1999 zu 2000. Die 2000 steht damit für ein menschliches Aktiv- und Bewusst-Sein auf ganz neuem Niveau.

Die Entscheidung für diese Ebene stellt den dafür reifen Menschen vor eine riesige Herausforderung. Denn mit der Erkenntnis der 10 und ihrer Maximierung zur 1000 wächst in der Welt der Dualität auch der Widerstand dagegen und es stehen sich innerhalb des eigenen Denkens zwei extreme Positionen machtvoll gegenüber. Das Alte Wissen kennt die Erzählung von den 2 Riesen, die die Grenze zum Gelobten Land bewachen und deren Namen miteinander den Zahlenwert 1000 bilden.

Das Festhalten am Vertrauten und am „Normalen" bäumt sich noch einmal zu einem immensen Widerstand gegen die neue Sichtweise auf; er scheint unüberwindlich. Der mögliche Untergang steht einer möglichen Erlösung 1 zu 1 oder besser gesagt 1000 zu 1000 gegenüber. Schließlich können diese Riesen, die die Schwelle von 400 zu 1000 bewachen, vom Menschen besiegt werden, wenn er seiner Intuition absolut vertraut und den wiederholten Attacken von Angst, Zweifel und Unsicherheit entschlossen entgegentritt.

Das Bild vom Nadelöhr im Bibelzitat – „Es ist leichter, dass ein Kamel durch ein Nadelöhr geht, als dass ein Reicher ins Reich Gottes kommt" – beschreibt diese Phase. Das Kamel, die Gimmel, die 3, geht durch das Nadelöhr von 10 x 10, weil ihr Bezug zur 1 stark genug ist. Der „Reiche" hat seinen Besitz nicht nur im Materiellen, sondern auch in vertrauten Überzeugungen. Er hält fest an dem, worauf sein bisheriges Leben sowohl äußerlich als auch gedanklich basiert, kann nicht genug Vertrauen aufbringen, um in jeder Hinsicht gegen 0 zu gehen. Damit verschließt er sich dem inneren Reichtum, der sich hinter dem Nadelöhr auftut. Es manifestiert sich für ihn die zweite Bedeutung der 100, des Zeichens Kof: Er wird zum „Affen", der nachäfft, was die Vielen tun und andere ihm vorsagen.

Der „Arme im Geiste" lässt alle vermeintlichen Sicherheiten los im Vertrauen auf die 1, die er als ganz persönliche intuitive Führung wahrnimmt. Er anerkennt, dass er selbst in direktem Kontakt steht mit einer Ebene, die über das Irdische hinausgeht. Er als 10 begegnet bei wachem Verstand einer anderen 10 in sich selbst. Er nimmt zusätzlich zur alltäglichen äußeren Wirklichkeit eine innere Wirklichkeit wahr; beide ergänzen und bestätigen sich gegenseitig. Sich darauf einzulassen, entspricht der 100 und sie kann sich in der Welt der Dualität als 2 x 100 zu 200 kombinieren. 200 steht für die Erfahrung, dass Begeg-

nungen mit anderen, aber auch das eigene Denken, Sinneseindrücke, das Tun und Sprechen „von oben" geleitet werden und
in der persönlichen Existenz „oben und unten" zusammenwirken. Diese 10 erfasst bewusst beide Ebenen als real und kann
sie zu 20 verbinden. 20 und 200 sind Prinzipien, die in der 2000
ihr Maximum zum Ausdruck bringen.

Das menschliche Bewusstsein (= 10) steuert darauf zu, dieses Maximum als 10 x 10 x 10 = 1000 in der Welt der Dualität
(= 2000) zu leben, das ist seine grundsätzliche Veranlagung.
Jedes Individuum tut das für sich, auf seine ganz persönliche
Art und in seiner eigenen Geschwindigkeit. 2000 markiert im
Zeitlichen diese Möglichkeit als Prinzip und hat als Zahl diese
qualitative Aussage.

2000 ist damit die zeitliche Markierung für einen Prozess,
der in der Dualität seinen Abschluss findet, indem 1000 als
Prinzip und 1000 als bewusste Erfahrung einander begegnen.
Diese Zahl als qualitative Zeitmarke legt fest, dass der Mensch
individuell fähig wird, diesen Prozess für sich abzuschließen
und das Prinzip 1000 selbst zu erfahren.

Das Jahr 2000 nach Christi Geburt hat in diesem Sinn eine
Bedeutung. Im christlichen Glauben wird Jesus Christus als
Sohn Gottes bezeichnet und als menschliche Manifestation des
Göttlichen im Irdischen gesehen. Christus lebte als Mensch in
Zeit und Raum und war sich dabei seines göttlichen Ursprungs
bewusst. In Zahlen ausgedrückt lebte er als bewusste 10 das
Prinzip 1000.

Die Schöpfungsgeschichte im Alten Testament sagt, dass der
Mensch im Bild und Gleichnis Gottes geschaffen wurde. Chris-
tus bezeichnet sich selbst als Sohn Gottes und gleichzeitig die
Menschen als seine Brüder und Schwestern. Diese Aussagen be-
tonen, dass jeder Mensch einen Aspekt dieses Göttlichen und
Absoluten darstellt.

Jesus Christus verkörpert erstmals die 1000 in der Welt der
Dualität und setzt damit einen bedeutenden Impuls. Mit seiner
Geburt beginnt die konkrete Umsetzung des abstrakten Prin-
zips 1000. Er ist der 1. Mensch, der 1000 bewusst lebt. Seine

Geburt markiert den Beginn für die konkrete Umsetzung des Prinzips 1000 durch die Menschheit. Die Geburt Christi setzt den Impuls dafür und dieser Impuls ist so wesentlich, dass er die irdische Zeitrechnung bestimmt.

Wer anerkennt, dass sich im Irdischen das Absolute direkt zum Ausdruck bringt und dass Zahlen eine qualitative Aussage machen, für den ist nachvollziehbar, dass diese Art der Zeitrechnung etwas zu sagen hat.

Die christliche Zeitrechnung findet inzwischen auf der ganzen Welt im internationalen Miteinander Anwendung und stellt auf diese Weise für alle Menschen einen Bezug zu Jesus Christus und seiner Geburt her. Eine grundsätzliche Verbindung jedes Menschen zu ihm und dem von ihm gesetzten Impuls bestätigen die großen Weltreligionen, denn direkt oder indirekt haben auch sie Bezug zu Jesus Christus:

Das Judentum lehnt ihn als den erwarteten Messias ab, weil er die Erlösung Israels aus dem Unheil im irdischen Sinn nicht erfüllt. Dadurch kommt es zur Spaltung zwischen Juden und Christen. Der Islam kennt „Jesus, Sohn der Maria" als wichtigen Propheten und nennt ihn „Gottes Wort der Wahrheit". Im Hinduismus weist die göttliche Gestalt Krishna deutliche Parallelen zu Christus auf.

Durch Jesus Christus erfährt die Menschheit, dass sie aus Söhnen und Töchtern Gottes besteht. Seine Aussage „Mein Reich ist nicht von dieser Welt" gilt daher auch für seine Brüder und Schwestern, als die er die Menschen bezeichnet; jeder Mensch ist nicht im Irdischen zu Hause, sondern im Absoluten.

Christi Geburt hat eine Bewusstseinsentwicklung in Gang gesetzt, die auf eine Wiederkunft des Messias hinausläuft. Christus kündigt seine Wiederkunft in der Johannes-Offenbarung wiederholt an und betont: „Ich bin das Alpha und das Omega, der Erste und der Letzte, der Anfang und das Ende."

Das Alte Wissen sagt von den Heiligen Schriften, dass sie beschreiben, was zeitlos im Menschen lebt. Es wird immer wieder darauf hingewiesen, dass das darin Geschilderte nicht etwas ist, das sich außerhalb befindet, weit weg, sowohl räumlich wie zeitlich, sondern ganz nah. Es lebt im Menschen und er selbst ist dieses Geschehen.

Jeder einzelne, der diese Sichtweise akzeptiert und für sich annimmt, kann auch den Gedanken der Wiederkunft in sich selbst annehmen und zulassen. Er ist fähig sich darauf einzustellen, dass die Entwicklung des menschlichen Bewusstseins eine Art Wiederkunft der von Jesus Christus gelebten 1000 zum Ziel hat. Der mit Christi Geburt gesetzte Impuls zur 1000 läuft darauf hinaus, sich in jedem einzelnen Menschen umzusetzen und bewusst erfahrbar zu machen.

Es kann also davon ausgegangen werden, dass die Wiederkunft Christi im Menschen selbst angelegt und vorgesehen ist. Die Lebensgeschichte des Gottessohnes im Neuen Testament beschreibt somit einen Prozess im einzelnen menschlichen Bewusstsein, das diese Wiederkunft in sich erlebt. Die Phasen im Leben Christi, von der Geburt über die Kreuzigung bis zur Auferstehung, sind symbolische Bilder für eine Erfahrung, die das einzelne Bewusstsein in ganz individueller Ausprägung macht.

Nicht zufällig ist die globale Zeitrechnung daher am Zeitpunkt der Geburt Christi festgemacht. Sie und die darauf basierende Zeitrechnung gelten für alle Menschen und sind ausgelegt auf die Wiederkunft der 1000. Gemäß der Johannes-Offenbarung ist diese Wiederkunft am Ende der Welt zu erwarten, am Ende der Welt der 400.

Mit der Wiederkunft von Jesus Christus soll in die Umsetzung kommen, was sich im Alten Wissen seit Jahrtausenden ankündigt, nämlich ein Ende der Welt der 400 und das Erleben der 500. Mit dem Ende der Welt ist nicht die Zerstörung der Erde gemeint, der Untergang des Menschen und alles Lebendigen. Damit ist das Ende einer Sichtweise auf die Welt gemeint.

Die Wiederkunft der 1000 wird markiert durch die Zahl 2000 als Zeitqualität in der irdischen Zeitrechnung. Jesus ist durch seine Geburt vor 2000 Jahren der Anfang, das Alpha, der Erste und durch seine Wiederkunft im individuellen Bewusstsein nach frühestens 2000 Jahren das Ende, das Omega, der Letzte. Christi Geburt markiert den Beginn einer linearen Zeitrechnung, die darauf hinausläuft, dem Zeitlichen in seiner Absolutheit ein Ende zu setzen.

Dieses Ende ist dann auch gleichzusetzen mit dem Heimkommen jedes einzelnen „verlorenen Sohnes", von dem die Bibel erzählt.

Die Bibel zitiert die Aussage Jesu: „Meint nicht, dass ich gekommen sei, das Gesetz oder die Propheten aufzulösen; ich bin nicht gekommen aufzulösen, sondern zu erfüllen." Das Neue Testament schildert in der Person von Jesus Christus die physische Umsetzung jener Prinzipien, von denen die Texte des Alten Testaments berichten.

Sowohl das Neue als auch das Alte Testament beschreiben damit etwas, das zeitlos im Menschen lebt und ihn ausmacht.

2000 Jahre nach dem Setzen eines Entwicklungsimpulses im Irdischen ist die Voraussetzung dafür gegeben, dass die Umsetzung des Impulses zur 1000 im einzelnen Leben endgültig zum Abschluss kommen kann. Die bewusste Verbindung von prinzipieller 1000 und erlebter 1000 ist ab dem Jahr 2000 theoretisch möglich. Ab diesem Zeitpunkt gibt es das Angebot für jeden Menschen, sein ganz persönliches Jahr 2000 in sich selbst zu erleben. Wann das geschieht, ist individuell unterschiedlich und nicht an eine allgemein gültige Jahreszahl gebunden. Die Option zur Erfahrung von 10 x 10 x 10 in der Welt der Dualität steht im Prinzip ab dem Jahr 2000 zur Verfügung.

Synonym dazu bietet sich ab dem Jahr 2000 dem menschlichen Bewusstsein die Möglichkeit, dass jede 10 für sich die Qualität von 200 erlebt. Vorher war diese Möglichkeit im Zeit-Räumlichen nicht gegeben, zumindest nicht für die Menschheit generell. Es haben zwar zu allen Zeiten einzelne Personen diese Ganzheitserfahrung gemacht, aber sie bildeten die große Ausnahme. Diese Menschen waren Vorboten und Hinweisgeber für ein allgemein gültiges Geschehen, das mit dem Jahr 2000 in die Phase der Verwirklichung kommt.

Es versteht sich, dass in einem einzigen Menschenleben nicht die Entwicklung aus der Einheit heraus und wieder zurück zur Ganzheit erlebbar ist. Es bedarf dafür eines langen

Zeitraumes im 3-Dimensionalen. Der Gedanke der Wiedergeburt macht diesen Weg über die Jahrhunderte und Jahrtausende hinweg plausibel.

In den alten jüdischen Überlieferungen wird immer wieder gesagt, dass Gott 974 Welten erschaffen hat und wieder untergehen ließ; in diesen Welten herrschten Kausalität, perfekte Planung und eine gesetzmäßige, lineare Entwicklung. Um die gegenwärtige Welt vor dem Untergang zu bewahren, wechselt Gott vom Thron des Gesetzes auf den Thron der Liebe. Thron Gottes ist nach dem Alten Wissen ein Bild für den Bereich des Absoluten; es ruht über allem Geschehen und regiert das Verhalten des Menschen. Der Thron des Gesetzes versinnbildlicht die Welt der 400.

Auf den Menschen bezogen stellt diese Symbolik des Thronwechsels einen Umbruch im Bewusstsein dar. Die Dominanz der 400 wird darin abgelöst von jener der 1000. Das Absolute wechselt den Thron und lässt zu, dass der Mensch Einsicht bekommt in die Grenzen des Gesetzmäßigen. Indem das menschliche Denken die Bedeutung des Prinzips 10–5–6–5 erfasst, erschließt sich ihm der Zugang zu einem Hintergründigen, aus dem heraus das Gesetzmäßige gelenkt wird. Im Äußeren, im irdischen Dasein setzt sich damit das Prinzip JHWH 10–5–6–5 um und ergänzt mit seinem Äußeren Wert 26 die 974 der gesetzmäßigen Welt(en) zu 1000.

Dieses Hintergründige, das alles bewirkt, hat Platon in seinem Höhlengleichnis als Lichtquelle bezeichnet, die bewegte Schatten an die Höhlenwand wirft. Das menschliche Bewusstsein erkennt diese Schatten als Schatten, sobald es die Lichtquelle entdeckt. Es erfasst Gesetzmäßiges und Lineares als Projektionen, die ebenso wie Schatten für sich allein nicht existieren können.

Wenn Gott auf dem Thron der Liebe sitzt, hat das menschliche Bewusstsein die Grenze überschritten, die von den Zyklen der 12 gesetzt wird. Die 974 Welten, die auf Ursache und Wirkung basieren, haben in diesem Denken keinen Machtanspruch mehr, sie verlieren ihren Einfluss, gehen in gewissem Sinn unter. Der Mensch ist über die 12 hinausgegangen zur 13 und hat damit innerhalb der Dualität die Grenzen der 12 gesprengt. Die 26 aus dieser 13 x 2 ergänzt die bisherige Wahrnehmung der Welt, die 974 zum Ausdruck bringt, und komplettiert den Menschen zu 1000.

Das Alte Wissen sagt, dass Adam erschaffen ist, um 1000 zu leben und dass das erst dem 26. Geschlecht nach ihm möglich ist. Als das 26. Geschlecht kann heute jeder einzelne Adam betrachtet werden, der 26 als Qualität in seinem Bewusstsein erfasst hat und dadurch die 1000 lebt.

Diese 1000 beinhaltet neben der 26 auch weiterhin die 974, denn die Welt der linearen Kausalität ist nach wie vor fester Bestandteil der irdischen Existenz. Die 26 führt den Menschen zu einer Ganzheit, die er erst finden kann, wenn er vom Thron der Liebe aus regiert wird. Dann sind jene Eigenschaften in ihm tonangebend, die die Überlieferung dem Namen JHWH 10–5–6–5 zuschreibt. Es sind altmodische Begriffe wie Barmherzigkeit, Erbarmen, Gnade, Güte und Sanftheit. Sie gelten gegenüber anderen und genauso gegenüber sich selbst.

Das „Tun umsonst", wie das Alte Wissen sagt, tritt nun endgültig an die Stelle des „Was bekomme ich dafür?" Ein Handeln ohne Berechnung, ohne Eigennutz, ohne Lohn zu erwarten ist damit gemeint. Es ist ein Tun, das aus einem innersten Bedürfnis heraus so geschieht. Man tut etwas um des anderen, um der Sache oder um der Freude willen und schaut nicht auf den äußeren Nutzen für sich selbst. Vom Standpunkt des Materiellen wirkt dieses Tun oft sogar unnütz. Aber diese innere Antriebskraft ist so stark, dass sie auch das Kleinste, scheinbar Unwichtige umfasst und sich in einer liebevollen Zuwendung äußert. Das kann jede Tätigkeit sein, die man gerne und mit Begeisterung macht.

Es gibt Beschäftigungen, die Raum und Zeit vergessen lassen; man geht ganz darin auf, fühlt sich eins mit sich und der Welt oder „wie im Himmel". Als „Flow" wird dieser Zustand bezeichnet, er kann Momente dauern oder durchaus auch längere Zeit. Es ist ein Ganz-bei-sich-selbst-Sein spürbar, ein Zuhause-Sein in der eigenen Mitte. Es fühlt sich einfach richtig, stimmig und gut an, was man tut. Die Wahrnehmung fokussiert sich auf den

Moment im Hier und Jetzt. Man braucht dafür keinen Lohn, das Tun selbst ist Belohnung. Kinder können das und die alten Texte lassen wissen, dass die Menschen umkehren und wie Kinder werden sollen, um ins Himmelreich zu gelangen.

Dieses „Tun umsonst" als Aspekt der 1000 lässt erkennen, dass es das Recht und die Veranlagung jedes Menschen ist, in seinem Leben das auszudrücken, was sich durch ihn vom Absoluten her ausdrücken will. Mit der Einsicht, dass es nur diese eine innere Autorität gibt, die wirklich regiert, verliert jede äußere ihre Macht. Damit gehen die 974 Welten, die bestimmt werden von ständig wechselnden moralischen, gesellschaftlichen, politischen oder theologischen Ansichten, für diesen Menschen unter.

Nur die eine Welt hat Bestand, die von der 26 im eigenen Selbst bestimmt wird, sie macht die 1000 voll. Damit verbunden ist die Vollmacht für ein freies, individuelles, Selbst-bestimmtes, Selbst-verantwortliches Leben, das sich an seiner eigenen Intuition orientiert. Aus einem ego-zentrischen hat sich ein theo-zentrisches Dasein entwickelt.

Das Judentum hat eine andere Zeitrechnung als das Christentum. Dieser Kalender zählt die Jahre ab dem Zeitpunkt der biblischen Schöpfung der Welt und befindet sich derzeit im 6. Jahrtausend. Er ist das Zeitmaß der Bibel sowie der alten jüdischen Überlieferungen und stellt das Jahr 2000 auf andere Weise dar.

In dieser Zeitrechnung entspricht der Beginn des Jahres 2000, also der 1. Jänner 2000 dem 23. Tewet 5760.

Dieses Datum hat ebenfalls spezifische Aussagekraft:

Die hebräische Sprache besteht aus 22 Zeichen, mit denen das Diesseits beschrieben wird. 23 ist daher in diesem Sinn eine jenseitige, nicht weltliche Zahl und das Alte Wissen kennt sie als Zahl der Erlösung.

Tewet ist im bürgerlichen Kalender der 4. Monat, im religiösen der 10. Auch hier ein Hinweis der weltlichen 4 auf die 10, die ihr gegenübersteht und auf die sie abzielt: $1 + 2 + 3 + 4 = 10$.

Die Jahreszahl 5760 als 4 x 4 x 4 x 90 zeigt eine 4, die sich 3-fach selbst begegnet und damit ihr Maximum innerhalb des 3-Dimensionalen erreicht. An diesem Punkt kombiniert sie sich mit der 90. Diese 90 ist im Alten Wissen die Zade, der „Angelhaken", womit der Fisch (50) aus dem Wasser (40) gezogen wird; der Mensch wird aus seinem bisherigen Verständnis von Zeit und Materie „herausgezogen".

Die Aussage der Zahl 5760 erschließt sich eingehender über das 1–4-Prinzip, von dem das Alte Wissen berichtet. Gemäß diesem Prinzip lässt sich für die Jahreszahl 5760 folgende Rechnung anstellen:

5760 „irdische" Jahre, geteilt durch 4 als Zahl der Welt = 1440. Damit ist 1440 die 1 gegenüber der 4, die jenseitige Entsprechung für die diesseitige 5760 nach dem 1–4-Prinzip.

1440 setzt sich zusammen aus 12 x 12 x 10. Die 12 ist ein irdisches Zeitmaß, das sich in Zyklen wiederholt. 12 x 12 x 10 bringt zum Ausdruck, dass die bewusste 10 in der 12 lebt und das Prinzip dieser 12 erfasst. Das Prinzip der 12 wird der 10 bewusst, während sie in diesen Zyklen lebt. Sie durchschaut die erlebbare 12 als Abbild eines im Absoluten existierenden Prinzips. Damit löst sich das Weltbild des Menschen von der Begrenzung auf diese Zyklen.

1440 aus 4 x 360 demonstriert eine Kombination von Viereckigem und Kreisrundem. Diese Variante zur „Quadratur des Kreises" im Zyklus der Primzahlen weist ebenfalls darauf hin, dass die irdischen Zyklen einen Endpunkt erreichen. Sie regieren und dominieren nicht mehr die Wahrnehmung.

Auch im Zahlenwert von Adam = Mensch 1–4–40 bildet sich 1440 ab und ist ein Hinweis darauf, dass jetzt der Mensch sich als das sieht, was er eigentlich ist. Das Blut 4–40 als Symbol für körperliche Existenz komplettiert sich mit der 1 zu 1–4–40 und den Menschen zu einer Ganzheit, die er bewusst erlebt. Dieser Mensch kann aus eigener Erfahrung nachvollziehen, wofür Adam = Mensch 1–4–40 im Hebräischen steht: „Ich bin gleich."

Das Prinzip Adam (1–4–40) macht sich im Irdischen (x 4) mit dem Jahr 5760 im individuellen Bewusstsein erlebbar. Die Zeitqualität der 2000, die dem hebräischen Jahr 5760 entspricht, ermöglicht dem Menschen, sich selbst als 1–4–40 zu erkennen. Die Zeitmarkierung 5760 sagt als Kombination von 1440 x 4 aus, dass sie innerhalb der materiellen Existenz den Einblick in das ursprüngliche Prinzip Mensch = Adam anbietet.

Jeder einzelne für sich kann nun entdecken, Adam = „Ich bin gleich" zu sein und damit ein Mensch im Bild und Gleichnis Gottes.

Sich selbst auf diese Weise wahrzunehmen, bedeutet auch, als Wahrheit anzunehmen, dass die eigene Existenz von Anfang an so gemeint war. Das hebräische Wort für Wahrheit „emeth" besteht aus 1–40–400, während die hebräische Bezeichnung für Tod sich mit den Zahlen 40–400 ausgedrückt. Die Weisheit der Sprache zeigt klar, dass die Rück-Verbindung mit der 1 die „Auferstehung der Toten" bewirkt und zur Wahrheit führt.

Damit hört die 1 des Gottessohnes auf, im Bild des Kreuzes auf der 4 „festgenagelt" zu sein. Jetzt ist die „Auferstehung", das bewusste und aufrechte Stehen als 1, in der Welt der 4 möglich.

Die Kombination von 1 + 4 = 5 kann nun zur Lebenshaltung werden; die Jahreszahlen 1440 + 5760 benennen diese Zeitqualität mit 7200. Mit der Verbindung der 4 + 1 im Menschen verschmelzen die diesseitigen 5760 Jahre mit den jenseitigen 1440 „Jahren" zu 7200 „Jahren". Die irdische Komponente 5760 kombiniert sich mit der absoluten Komponente 1440 zu einer Synthese aus beiden. Die Zahl 7200 bildet diese Synthese als Version der 5 aus 4 + 1 ab und beschreibt damit eine Bewusstseinserfahrung, die der Mensch im Zeitlichen macht. 7200 ist nicht Jahreszahl im Sinn linearer Zeitmessung, sondern meint die Qualität von 100 x 72.

72 ist der Volle Wert für JHWH 10–5–6–5, den die Vollen Werte von Jod (20) + He (15) + Waw (22) + He (15) in Summe bilden. Der Volle Wert steht grundsätzlich für die Seite des Absoluten, das es vom Irdischen aus zu erreichen gilt. Der Mensch erfasst mit der Zeitqualität 7200 sich selbst als 10 und wird sich gleichzeitig seiner Verbindung zum Absoluten bewusst.

Der Mensch, der sich selbst als 10 x 10 erkennt, wird sich mit dieser Erfahrung auch des Absoluten bewusst, das sich ihm über das Prinzip JHWH 10-5-6-5 erfahrbar macht. In der christlichen Zeitrechnung entspricht diese Erfahrung dem Jahr 2000 mit der Qualität von 2 x 1000. Die 10 aus 5-6-5 erkennt sich selbst als 10 und entspricht damit der 10 x 10; die bereits vorhandene 10 in 10-5-6-5 wird ebenfalls als identisch erfasst und komplettiert die 10 x 10 x 10.

7200 = 10 x 10 x 72 und 1000 = 10 x 10 x 10 machen damit synonyme Aussagen und bringen auf diese Weise zum Ausdruck, dass christliche und hebräische Zeitmessung im qualitativen Sinn auf dieselbe Erfahrung abzielen.

Das Hebräische, das „von der anderen Seite" kommt, betont diesen Umstand auch anhand seiner Zeitrechnung. Hier begegnet der Mensch als 10 x 10 nicht der offen sichtbaren 10 von 10-5-6-5, sondern dem Vollen Wert von JHWH als dessen Zahlenwert, der das Absolute ausdrückt.

10 x 10 x 72 = 7200 und 10 x 10 x 10 = 1000 sind Synonyme. Sowohl 1000 als auch 7200 berichten auf Basis von 10-5-6-5 auf verschiedene Art und Weise, aber mit übereinstimmender Aussage über den Sinn menschlicher Existenz. Beide stehen für einen maximalen Grad an Bewusstheit, den die menschliche 10 in der 3-dimensionalen, materiellen Welt fähig ist zu erleben.

In beiden Fällen ist die Zahl 100, die Kof, die als 19. Schriftzeichen die Bezeichnung „Nadelöhr" trägt, der entscheidende Faktor. Das Alte Wissen berichtet: „Die Kof ist das Zeichen für die Geburt eines neuen Menschen, die von selbst geschieht durch sein Angezogen-Werden von der anderen Seite."

Vorbereitet wird dieses Geschehen mit Christi Geburt im biblischen Jahr 3760. Jesus Christus hat ein Bewusstsein verkörpert, das sich nicht nur als 4-40, sondern als 1-4-40 wahrgenommen hat; er war sich der 1 bewusst. Mit der erstmaligen Erfüllung des Prinzips 1-4-40 durch sein menschliches Bewusstsein wurde der Impuls gesetzt für eine Entwicklung, durch die jeder einzelne Mensch früher oder später erlöst wird von einer Sichtweise, die ihn auf 4-40 reduziert.

Das Geburtsjahr 3760 + das gelebte Prinzip 1440 summieren sich zu einer Zeitqualität, die von der Zahl 5200 definiert wird. Auch sie hat einen Bezug zu 10–5–6–5 und zu 10 x 10, denn sie ist 2 x 100 x der Äußere Wert 26 von 10–5–6–5. Diese Zahlen bestätigen, dass mit Christi Geburt in der Welt der Dualität eine Entwicklung in Gang gesetzt wurde, die jeder 10 die Begegnung mit dem Absoluten gemäß dem Prinzip JHWH ermöglicht.

Der Äußere Wert von 10–5–6–5 ist 26, der Volle Wert ist 72. Der Äußere Wert 26 steht für das Sichtbare, der Volle Wert 72 für das von diesem Sichtbaren aus zu erreichende Ziel im unsichtbaren Absoluten. Der Verborgene Wert 46 von JHWH ergänzt 26 zu 72 und beschreibt mit 2 x 23 den Menschen, der dieses Ziel erreicht.

Christus hat das Prinzip JHWH erstmals bewusst gelebt und damit den Impuls gesetzt für alle, die ihm nachfolgen. Er brachte als Mensch erstmals absolute Prinzipien in ein äußeres Dasein und hat in diesem Sinn den Äußeren Wert 26 verkörpert. Durch sein Wort und seine Auferstehung hat er aufgezeigt, dass Leben nicht auf ein zeitliches Dasein begrenzt ist. Er hat auf diese Weise die Zyklen der 12 durchbrochen, in der Welt der Dualität als 12 + 1 gelebt und mit 2 x 13 der 26 von JHWH entsprochen. Erstmals wurde diese 26 von seiner 10 x 10 in der Welt der 2 zur Umsetzung gebracht. 2 x 26 x 100 definieren die von ihm gelebte Zeitqualität mit 5200. Mit dieser 5200 hat Christus die Basis geschaffen für seine Wiederkunft nach 2000 Jahren und für das Erleben des Vollen Wertes 72 als 100 x 72 in der Zeitqualität 7200.

Diese Wiederkunft erfolgt in jedem Menschen, der sich als 10 gemäß dem Prinzip JHWH erkennt. Dieser Mensch erlebt sich als 26 aus 10–5–6–5, als 26 aus 10–6–10 und als 20 aus 10 + 10. Diese Zahlengruppen bilden Vorgänge im Bewusstsein ab und beschreiben damit in 3 Phasen, wie sich das Prinzip JHWH im Menschen zur Umsetzung bringt.

26 + 26 + 20 ergeben gemeinsam die Summe 72 und entsprechen damit dem Vollen Wert von JHWH. Diese Lebensfüh-

rung entspricht voll und ganz dem Willen eines Absoluten, das sich über die Umsetzung dieses Prinzips in der menschlichen Existenz erfahrbar macht. Die 72 des Vollen Wertes steht für den absoluten Willen und die 72 aus 26 + 26 + 20 für die praktische Umsetzung dieses Willens; 72 + 72 summieren sich in dieser 10 zu 144 und bestätigt mit 10 x 144 = 1440, dass dieser Mensch 1–4–40 sich dessen bewusst ist, einem absoluten Willen zu entsprechen.

Das Absolute in Verbindung mit menschlichem Bewusstsein ist die 1440, die sich mit den 5760 Jahren zur Zeitqualität 7200 kombiniert. Diese Zeitqualität markiert den Abschluss einer Entwicklung, die ausgehend von 5200 die Erfahrung der 2000 ermöglicht und damit das Erleben des Absoluten im eigenen Inneren als Begegnung von 10 x 10 x 72.

5. KAPITEL

Zeitqualitäten als Bewusstheitsgrade

Jeder einzelne Mensch, der sich selbst als 26 = 2 x 13 erlebt, ist eine Wiederkunft der 26, die vor 2000 Jahren lebte.

Die jüdische Überlieferung benennt das 26. Geschlecht als jenes, das die Offenbarung erlebt. Heute kann das so verstanden werden, dass für dieses 26. Geschlecht sich etwas bis dahin Verborgenes zeigt; es wird in der diesseitigen Welt offenbar und damit verständlich. Auf die menschliche Wahrnehmung übertragen heißt das, einem Bewusstsein, das die 26 lebt, offenbart sich das Wirken der 1 im eigenen Leben. Tatsächlich geschieht das über Intuition und Inspiration, die zunehmend erkannt und anerkannt werden. Ab 2000 bereitet sich dieses Erkennen grundsätzlich vor und das Alte Wissen sagt: „Je mehr sich die 26 der Erfüllung nähert, um so besser wird die Möglichkeit der verbalen Erklärung."

Die Zeitqualität des Jahres 2000 bringt also nicht spontan jenen Grad an Bewusstheit hervor, der ein Leben als menschliche 26 bestimmt. Das Jahr 2000 markiert den Beginn für ein Wahrhaben grundlegender Prinzipien, das sich vorerst unbemerkt entfaltet und ab 2010 allmählich in Ansätzen das Denken erfasst. Danach bringt jede Jahreszahl ihre qualitativen Aspekte ein und unterstützt eine Annäherung an die tatsächlich erlebbare Erfahrung der 1000 innerhalb der Dualität. Alle Jahre nach 2000 machen gemäß ihrer jeweiligen Zahlenkombination spezifische Aussagen. Sie definieren damit den Grad an Bewusstheit, den sie fördern.

Diese Jahresbezüge sind nicht als allgemein gültige Fixpunkte im linearen Zeitfluss zu verstehen. Zeitqualitäten zu Beginn des 3. Jahrtausends bringen eine bewusste Annäherung an die

3 in Gang, die jedes Bewusstsein mit 10 x 10 x 10 individuell vollzieht. Jedes Jahr definiert grundsätzlich das Setzen einer Option, die das einzelne Bewusstsein ab diesem Zeitpunkt für sich nutzen und umsetzen kann. Wann, wie und in welcher Geschwindigkeit das geschieht, ist unabhängig vom Jahr, in dem der generelle Impuls dafür erfolgt. In diesem Sinn sind die impulsgebenden Jahresqualitäten der Jahre 2001 bis 2009 und auch darüber hinaus zu verstehen.

2016

Die vorausgehenden Jahre haben vorbereitet, dass die 26 allmählich Realität werden kann. Durch die Kombinationsgabe der 6 macht die 10 erste Schritte hin zur bewussten 20. Das zeigt die Zahl 2016 ebenso, wie sie den Menschen erkennen lässt, selbst dieses 26. Geschlecht zu sein, das im eigenen Inneren die 1 wahrnimmt. In der Schreibart 2 01 6 stellt sie das deutlich dar durch eine äußere 26 und eine innere 01. Diese 2 01 6 beschreibt ein Geschehen in der menschlichen Wahrnehmung.

Mit 2016 beginnt völlig überraschend und unerwartet das Erahnen von Zusammenhängen. Ansatzweise erfasst das Bewusstsein das Wirken von etwas Hintergründigem, indem es intuitiv Verbindungen wahrnimmt; über 01 erfolgt die Kombination von 2 mit 6 zu 26. Damit kommt in Zahlen zum Ausdruck, wie sich in manchen Momenten des Alltags das Absolute, die 1, erfahrbar macht. Die 26 steht für ein Erfassen solcher besonderen Momente durch ein Bewusstsein, das dabei ist, den bisherigen Wahrnehmungsradius zu durchbrechen.

Mit 26 = 2 x 13 zeigt sich die Zahl 13 in der Dualität. 13 ist jene Zahl, die die Gesetzmäßigkeit der 12 durchbricht und eine neue Sichtweise eröffnet. 26 mit seiner Ziffernsumme 8 lässt unter Verweis auf die biblische Schöpfungsgeschichte wissen, welche Einsicht sich nun allmählich auftut: „Lasst uns Menschen machen in unserem Bild, uns ähnlich" ist der 26. Satz der Genesis und das 8. Schöpfungswort. Die Zeitqualität 2016 erschließt der menschlichen 2 auf ihrem Weg zur 10 allmählich die Aussage des 8. Schöpfungswortes; auch diese Kombination von 2 x 10 mit 2 x 8 ist eine Aussage von 2016.

Auf sehr kreative Weise bringen Zahlen Zusammenhänge zum Ausdruck und auf ähnlich kreative Weise macht sich die 1 auch im Alltag bemerkbar.

2 01 6 macht auch eine Aussage als Umstülpung von 1 26 0. Innen und Außen sind bei diesen Zahlen vertauscht. 1 26 0 bildet außen aus 1 und 0 eine 10, die eine 26 in sich trägt. Beide Kombinationen von 26 mit 1 und 0 stellen etwas dar, das Bezug hat zum menschlichen Bewusstsein. Die Umstülpung bringt zum Ausdruck, dass etwas nach außen dringt, das vorher innen war. Unbewusstes dringt ins Bewusstsein. 2016 steht für die Bewusstwerdung dessen, was 1260 an Informationen in sich trägt.

1260 ist eine Zahl, die in der Johannes-Offenbarung genannt wird, dem letzten Abschnitt des Neuen Testaments. Er schildert in bedrohlichen Bildern einen Weltuntergang und wird auch Apokalypse genannt. Dieser Begriff entstammt dem Griechischen und bedeutet Enthüllung oder Entschleierung.

Es ist darin die Rede von 2 Zeugen in Sacktuch oder Trauerkleidung, die 1260 Tage lang weissagen. Die Zeitangabe „1260 Tage" ist nicht als Zeitmaß wörtlich gemeint, denn die Zahlen der Bibel machen qualitative Aussagen und symbolisieren einen Zusammenhang. In der traditionellen Theologie gibt es verschiedene Interpretationen für dieses Bild der 2 Zeugen, wie überhaupt die gesamte Apokalypse für zahlreiche Auslegungen Raum bietet.

Diese beiden Zeugen können als das Alte und Neue Testament der Bibel verstanden werden. Eingehüllt in Erzählungen eines einfachen Lebens weissagen sie. Sie sagen Weisheiten, die der Mensch erst allmählich lernt zu verstehen, während er einen Alltag lebt, der bestimmt wird vom zyklischen Zeitmaß der 12 und 60.

Das Wort der Bibel, das zugleich Zahl ist, enthält diese Weisheiten.

„Im Anfang war das Wort und das Wort war bei Gott, und das Wort war Gott." Mit dieser Aussage beginnt das Johannes-Evangelium und bestätigt damit, dass im Alten und Neuen Testament Gott als Wort existiert. Das Wort wird gleichgesetzt mit dem Absoluten, das sich darin äußert. Das Alte Wissen sagt von den Heiligen Schriften, dass sie etwas beschreiben, das zeitlos gültig ist und im Menschen lebt.

In Zahlen ausgedrückt lebt die absolute 1 sowohl im Inneren der Bibel als auch im Inneren des Menschen. Über das Prinzip 10–5–6–5 lernt das der Mensch zu verstehen und erlebt, dass damit auch er ganz persönlich gemeint ist. 2 01 6 bildet diesen Umstand und das erwachende Verständnis dafür ab.

1 26 0 steht für eine Zeitqualität, während der die 10 sich nicht als solche wahrnimmt, denn 1 und 0 sind getrennt und 26 ist unbewusst. Sacktuch und Trauerkleidung machen schmerzliche Erlebnisse bildhaft, die eine allmähliche Veränderung bewirken. Sie führen dazu, dass 1 und 0 sich annähern, während im Menschen die 26 in die äußere Wahrnehmung drängt. Innere und äußere Dynamik wirken so lange, bis es schließlich zur Umstülpung kommt und ins Bewusstsein dringt, was lange Zeit unbewusst war. Der Zusammenhang zwischen 01, 26 und 10 wird einsehbar.

Die Menschheit fühlt sich über die Jahrtausende hinweg zu dieser verborgenen Weisheit hingezogen, sie begleitet und unterstützt unerkannt die Entwicklung zur bewussten 10.

Die 2-fache Umstülpung von 12 60 zu 2 01 6 weist darauf hin, dass das gewohnte Zyklische der 12 in den Momenten von 26 = 2 x 13 gänzlich anders gesehen wird. In diesen Momenten dringt ansatzweise ins Bewusstsein, was 26 aus 10–5-6-5 und 10-6-10 zum Ausdruck bringt: Es blitzt in der Wahrnehmung auf, dass eine direkte Verbindung besteht zu etwas Höherem. Dadurch stellt sich für Augenblicke die gewohnte Weltsicht in Frage und das Denken überschreitet eine Grenze, die bisher als gegeben angesehen wurde; 12 + 1 = 13 bringt diese Erfahrung zum Ausdruck.

Die Zeitqualität 2016 kann als Phase gesehen werden, in welcher der Sprung von 12 zu 13 ansetzt, erste Zusammenhänge bewusst werden und kurz die gewohnte Wahrnehmung auf den Kopf stellen.

2 01 6 durchlöchert die mentale Barriere von 12 60. Gegen den Widerstand des Gewohnten und Bekannten kommt etwas völlig Neues, das im eigenen Inneren angelegt ist, langsam zum Durchbruch. Mit 2016 beginnt das Spüren dieser Zusammenhänge, das Verborgene zeigt sich allmählich im Bewusstsein und lässt die 1 im Inneren erahnen.

Zwischen 1260 und 2016 liegt als Differenz die Zahl 756. Sie er-zählt über die Wegstrecke von 1260 zu 2016. Die Realität dieses Weges wird bestimmt durch den 3-dimensionalen Raum und die zeitlichen Zyklen der 12 : 3 x 12 = 36. Die Absicht des Unterwegs-Sein zeigen 756 : 36 = 21. Auch in dieser Betrachtungsweise markiert der Umbruch von 1260 zu 2016 eine Trendwende von 12 zu 21.

In einer anderen Variante, nämlich 756 : 12 = 63, drücken die Zahlen Ähnliches aus. Im Unterwegs-Sein, das geprägt ist durch die 12, erlebt der Mensch in allem die Motivation der 3, die auf eine Rückverbindung von Dualität zur Einheit abzielt: 63 : 3 = 21.

2017

2016 gibt einen ersten Blick frei auf die 01 im Inneren und 2017 vermittelt die Fähigkeit, die 01 im eigenen Selbst wahrzunehmen und anzuerkennen. Als Zeitqualitäten lösen 2016 und 2017 einander nicht ab, sie wirken im Bewusstsein nicht in einer Aufeinanderfolge. Dass eine Qualität die andere unterstützt und sie sich gegenseitig festigen, gilt auch für die Zeitqualitäten davor und danach.

Sowohl 7, 17 als auch 2017 sind Primzahlen und als solche ein Hinweis darauf, dass die Anerkennung der 01 individuell geschieht. Eine Primzahl ist nur durch 1 und sich selbst teilbar, das Offenbarwerden der 1 nur in jedem Individuum für sich allein erlebbar.

Richtet sich die wache Aufmerksamkeit des einzelnen nach innen, findet sie dort Orientierung und Stabilität. Die qualitative Aussage der Zahl 17 ist Individualität.

In der Ein-sam-keit lässt sich erkennen, dass im eigenen Inneren ein Same keimt und die Frucht des Alleinseins ein All-ein-Sein, ein mit allem Einssein ist. Durch ihre 3-Teilung verweisen die Worte darauf, dass der Sinn alles Negativen darin besteht, zur bewussten 3 aus 2 + 1 zu führen. Das Negative, das Minus, bewegt in Richtung 1.

Die leise Stimme der Intuition wird in einem äußeren Getöse überhört. Dieses Getöse sind optische, akustische oder sonstige Reize, die den Fokus der Aufmerksamkeit an sich binden. Sie wecken das Bedürfnis, sich immer wieder einer Reizüberflutung zu entziehen, um ganz bei sich sein zu können. Ruhe und Stille sind Aspekte des Alleinseins, die ein Bewusstsein in der Qualität der 17 als wohltuend empfindet.

Allein oder einsam zu sein meint in diesem Zusammenhang nicht unbedingt soziale Isolation. Es ist damit vielmehr gemeint, selbst Teil einer Gesellschaft zu sein, ohne sich mit dieser Gesellschaft wirklich identifizieren zu können. Die individuelle Empfindung, anders zu sein oder anders zu denken als die vielen anderen, ist Teil der Persönlichkeit und nach außen hin nicht zwingend offensichtlich. Sie äußert sich in Begebenheiten, in denen sich das eigene Ich wie ein „Geisterfahrer" einem mehrspurigen Mainstream gegenübersieht, der in die entgegengesetzte Richtung unterwegs ist. Hinaus in die 400 „fahren" viele, in Richtung 1 jeder für sich.

Dieser Umstand kann durchaus auch schmerzhafte Komponenten beinhalten. Erst mit zunehmender Akzeptanz der eigenen Individualität steigt die mentale und gefühlsmäßige Unabhängigkeit und lockert sich eine vielleicht bisher empfundene Anspannung. Auch diese Veränderung kann ein stiller und nach außen hin kaum wahrnehmbarer Prozess sein.

Durch die Zeitqualität von 2017 verliert das Außen an Anziehungskraft, dafür nimmt die „Schwerkraft" des Inneren zu. Die vermehrte Beachtung dieser ganz privaten Autorität trägt

Früchte. Ihr zu folgen, führt zu einem Gefühl von Freiheit, Gelassenheit und innerem Frieden.

Eine empfundene Harmonie mit sich und der Welt strahlt auch auf das äußere Leben aus. Das zunehmende Einlassen auf diese innere Führung wird also belohnt, was einen Lerneffekt bewirkt.

Der Intuition im individuellen Selbst immer unbeirrter zu folgen und ihr zu vertrauen, wird gefördert von 2017. Ihre Qualität motiviert dazu, die Entscheidung über richtig oder falsch dem eigenen Empfinden zu überlassen und nicht mit einem unguten Gefühl Normen und Vorgaben zu erfüllen. Ihre Impulse zielen darauf ab, die Bewusstheit für die Führungsqualität im eigenen Ich zu stärken. Damit bildet sie die Voraussetzung für den Erkenntnisprozess der 9, der als $2 \times 9 = 18$ von der Zeitqualität 2018 vorbereitet und als $10 + 9 = 19$ auf der Ebene des menschlichen Bewusstseins mit 2019 umsetzbar wird.

Die qualitative Aussagekraft der Zahl 17 zeigt bereits einen Bezug zur Erkenntnisfähigkeit der 19, allerdings noch verborgen und indirekt. Die Wahrnehmung der 1 im Inneren des Menschen unter dem Aspekt der 17 entspricht einer ersten vorsichtigen Annäherung, einem langsamen damit Vertraut-Werden. Das bedeutet, sich erst einmal vom Ansatz her mit der Realität dieser Wahrnehmung zu beschäftigen und erste Erfahrungen auf persönlicher Ebene zu sammeln.

Diese Begegnung der 17 mit dem Prinzip der Erkenntnis lässt sich in Zahlen ausdrücken als 17×9 mit dem Ergebnis 153. Die 9 zielt auf die 10 ab; erste erkennende Einsichten führen allmählich zur individuellen Anerkennung als 10, was die Zahl 170 als 17×10 zum Ausdruck bringt.

Damit die 17 sich selbst als Primzahl, als einzigartiges Individuum anerkennen kann, muss sie einsehen, dass ihr bisheriges Leben in Vorbereitung auf diese Einsicht genau so verlaufen musste, wie es verlief. Sie versteht die Berechtigung und Bedeutung aller Geschehnisse, die der momentanen Situation vorausgingen, was sich darstellt als Summe der 17 mit allen Zahlen vor ihr. Diese Addition ergibt ebenfalls die Zahl 153.

Mit dieser ganz individuellen Vergangenheit kombiniert sich die 17 ebenfalls zu 170.

Es überrascht, dass zwei parallel ablaufende und scheinbar unabhängige Erkenntnisprozesse in der Qualität der 17 zum selben Ergebnis führen, das ist außergewöhnlich und gilt nur für diese Zahl. Einerseits ist es die Selbstakzeptanz als einzigartiger Mensch und andererseits das Erkennen einer intuitiven Führung im eigenen Inneren; beide zeigen als Ergebnis 153 und damit ergänzt sich die 17 zu 170.

Die Zahl 153 bestätigt über die Ziffernsumme 9 ihre Ausrichtung auf Erkenntnisfähigkeit. Die 17 hat noch nicht direkt Zugang zur 9, nur im Ansatz und über versteckte Hinweise.

Einblick in ihre Aussage gibt die Zahl 153 auch im Duodezimalsystem, dem Zahlensystem auf Basis der 12. Dort entspricht sie der Zahl 109.

Im Alten Wissen bezeichnet 17 das Ende eines Zustandes, zeigt den Ablauf einer irdischen Phase an und ist dabei die Zahl des Übergangs in etwas Gutes, in Eigenständigkeit und Freiheit.

Die 12 als irdisches Maß verliert in diesem Übergang ihre bestimmende Dominanz. Mit 109 treten in der Welt der 12 die Zahlen 10, 9, 1 und 0 als entscheidende Wende- und Orientierungspunkte auf. Sobald sich 17 und 9 begegnen, lassen die Zahlen erkennen, dass durch die Erkenntnisfähigkeit der 9 die 10 als neue Basis installiert wird. Die Bedeutung der 12 überträgt sich auf die 10, genauso wie das Duodezimalsystem vom Dezimalsystem abgelöst wurde. Es stehen einander in 109 eine 1 und eine 9 gegenüber und warten darauf, nach der Überwindung eines Nullpunktes zu 1 + 9 = 10 bzw. zu 19 verbunden zu werden. Bereits in 109 zeigen sich diese Zahlen für die Zeitqualität 2017 und finden ihre Bestätigung in der doppelten 1009 von 2018. Sowohl 109 als auch 1009 sind Primzahlen.

2018

Die Zeitqualität 2018 ist im Prozess zunehmender persönlicher Bewusstheit von besonderer Bedeutung. Die Überlieferung erzählt, dass Abraham schon im biblischen Jahr 2018 von den 400 Jahren Verbannung und der danach kommenden Erlösung weiß. Ihm ist also bekannt, dass das unendlich erscheinende Zeitliche, die 400, endlich ist und mit der Erlösung von der rein materiellen Sichtweise endet.

Die Zahl 2018 ist so wesentlich, dass sie sich 1 : 1 in der zeitlichen Realität spiegelt. Sie ist der perfekte Hinweis auf die Fähigkeit des Menschen, die Welt der Dualität als Spiegelung absoluter Prinzipien zu sehen. Die Zeitqualität 2018 bereitet auf die 20 vor durch 9 x 2, d. h. durch grundlegende Erkenntnisse über das Wesen der Dualität.

Die Zeitqualität 2018 bietet an, die Welt der 2 als Projektionsraum zu erfassen, in dem sich absolute Prinzipien als erlebbare Wirklichkeit erfahrbar machen. Das Prinzip und seine Wahrnehmung stehen sich darin wie in einem Spiegel identisch gegenüber; das Prinzip ist allerdings verfälscht durch die 2 und damit in seiner eigentlichen Aussage nicht wahrnehmbar.

2018 ist die Verdoppelung der Primzahl 1009. Die 9 ist im Absoluten die Zahl der Erkenntnis, die 1000 ist als 10 x 10 x 10 die 1 auf höchster Ebene im 3-Dimensionalen. 1009 steht 1009 als Spiegelung gegenüber und repräsentiert so die wesentliche Aussage von 2018: Das Prinzip und sein Erleben durch den Menschen decken sich und in der Welt der 2 zeigen sich weder 9 noch 1000 offen. 1009 bringt auf den Punkt, dass die 9 prinzipiell zum Erleben der 1000 befähigt. Nach außen tritt die 9 in der Welt der 2 als 2 x 9 = 18 auf und die 1000 als 2000. Die 9 als Fähigkeit zu dieser Erkenntnis ist eigentlich schon vorhanden, aber noch nicht offensichtlich. Das wird sie erst mit 2019.

Ist also ab dem Jahr 2000 der Zugang zum Verborgenen grundsätzlich freigegeben, so gelingt dieser Zugang dem individuellen Bewusstsein konkret ab 2019, das die 9 auf der Ebene des menschlichen Bewusstseins als 19 zeigt. Mit 2018 wird diese Erkenntnis vorbereitet als in der 18 angelegte zweifache 9: „Abraham" im Menschen weiß schon davon, das Tagesbewusstsein folgt ihm nach.

Alte Überlieferungen erzählen: „Abram beginnt Gott zu erkennen, wenn er 3 Jahre alt ist … mit 52 Jahren, man zählt das Jahr 2000, beginnt Abram die Thora unter den Menschen zu lehren. Sie wird dann unter vielen bekannt. Die Thora, sagt man, wird 52 Jahre vor dem Abschluss des 2. Tausends geboren. Das 2. Tausend ist das Erfüllt-Werden der gesamten Zweiheit. In der Tat bricht dann die Thora durch. Die ,2' ist ja voll. Geboren wird sie aber schon 52 Jahre zuvor." (Weinreb, „Wie sie den Anfang träumten", S. 119/120)

Mit dem Bewusstsein einer 3 aus 2 + 1, hier dargestellt als „3 Jahre", erschließt sich dem Menschen das Absolute und „Abram beginnt Gott zu erkennen". Das Bewusstsein der 3 wird personifiziert durch Abraham bzw. Abram; er ist im Alten Wissen ein Archetyp des neuen Menschen, der durch das Nadelöhr der 100 in die Geburt kommt. Mit dem Jahr 2000 bekommt die Menschheit Zugang zum Verstehen der Weisheit, die in der Thora und damit auch im Alten Testament enthalten ist. Was vorher nur als Prinzip und unerkannt in alten Texten existiert, dringt nach und nach ins Tagesbewusstsein. „Das 2. Tausend ist das Erfüllt-Werden der gesamten Zweiheit" kann heute so verstanden werden, dass die Dualität mit der Zeitqualität von 2000 darauf zusteuert, ihren Sinn zu erfüllen.

Das geschieht, indem jeder einzelne Mensch sich in der Welt der 2 als 1000 erkennt. Er tut das durch einen Thron-Wechsel im Bewusstsein, indem er 974 mit 26 ergänzt. Synonym dazu wird berichtet, dass die Thora „52 Jahre vor dem Abschluss des 2. Tausends geboren" wird. Beide Er-zählungen transportieren mit unterschiedlichen Bildern dieselbe Aussage, denn in beiden Fällen kommen die Zahlen zum selben Ergebnis: 974 + 26 = 1000 x 2 = 2000; 974 x 2 = 1948 + 26 x 2 = 2000.

Zusätzlich findet dieser Textabschnitt eine konkrete Bestätigung im linearen Zeitlichen, die nochmals die Zeitqualität von 2018 betont. Er beschreibt ein absolutes Prinzip und ist als uralte Überlieferung Teil des „Wortes", von dem die 2 Zeugen in der Johannes-Offenbarung weissagen.

Wie schon die Jahreszahl 2018 hinterlässt auch die Zeitqualität „52 Jahre vor Abschluss des 2. Tausends" einen genauen Abdruck im linearen Zeitlichen der 3-dimensionalen Realität. Damit kommt zum Ausdruck, wie konkret sich die Erfahrung von Prinzipien im Irdischen gestaltet und wie exakt sie im „Wort" enthalten sind:

Friedrich Weinreb beschreibt in seinem Buch „Die Haft" seine Erinnerungen an die Jahre 1945 bis 1948 und gibt ihnen den Untertitel „Geburt in eine neue Welt". Während eines 3-jährigen Gefängnisaufenthaltes, zu dem er unschuldig verurteilt wurde, fand Weinreb die Zeit, sich eingehend mit der Thora zu befassen und gewann dabei auf der Basis von Zahlen völlig neue Einsichten. Nach seiner Entlassung im Jahr 1948 – das sind 52 Jahre vor dem Jahr 2000 – begann er damit, seine Erkenntnisse in Form von Vorträgen und Büchern zu verbreiten. Mit ihm wird die Thora „geboren": Indem er erstmals die Ebene der Zahlen berücksichtigt, öffnet er den Zugang zur Kernaussage ihrer Texte.

Die Geburt der Thora 52 Jahre vor dem Abschluss des 2. Tausends stellt auch den Bezug her zu Christi Geburt im biblischen Jahr 3760, das sich mit 1440 zu 5200 = 52 x 100 summiert. Durch Christus ist „das Wort Fleisch geworden", es kommt mit ihm in die körperliche Geburt. Der Gottessohn bezieht sich darauf und lebt als erster Mensch bewusst, wovon es berichtet. Er verkörpert das Prinzip Adam = Mensch = 1–4–40 = „Ich bin gleich", er lebt den Äußeren Wert 26 von JHWH 10–5–6–5 in der Dualität als 2 x 26 = 52 und ist die 13 im Kreis seiner 12 Apostel, die der Welt der 4 begegnet als 13 x 4 = 52.

Mit 2000 ist die 2 voll, die Dualität hat ihren Zweck erfüllt und kann übergehen in die 3, den neuen Menschen, symbolisiert durch Abraham. Das Verständnis für die Schriften der Überlieferung erreicht jetzt viele und bewirkt in der Welt der 2 den Durchbruch zur 1000.

Sowohl 2000 als auch 2018 markieren in den alten Texten eine Zeitqualität, die sich im linearen Zeitfluss des Irdischen

1 : 1 spiegelt. Im Sinne einer Spiegelung, die immer seitenverkehrt ist, verläuft die Zählung ausgehend von Christi Geburt in entgegengesetzter Richtung. Christi Geburt ist Spiegelungsebene. Über exakte Reflexion erzählt auch die biblische Zeitrechnung beim Jahr 2018.

Der 1. Jänner 2018 entspricht dem 14. Tewet 5778 im jüdischen Kalender und hat ebenfalls mit der 9 zu tun, mit Erkenntnisfähigkeit. Sie zeigt anhand dieses Datums ihre Arbeitsweise: Auf der Suche nach Antworten dringt das Denken tief in ein Thema ein und setzt sich intensiv damit auseinander. Die Division bildet dieses Vorgehen ab. Die Aussage der Zahl 5778 erschließt sich mit Hilfe der 9, die in sie eindringt, um zu verstehen. Die Division 5778 : 9 = 642 bildet eine Antwort ab, aber was 642 aussagt, kann ein Denken, das nur die Dualität wahrnimmt, nicht erfassen.

Deshalb wird die mentale Arbeit ergänzt durch persönliche Erfahrungen. Letztlich ist Verstehen eine Mischung aus beidem.

Jemand, der in der Dualität Erlebnisse hat, die mit irdischer Logik nicht zu erklären sind, beginnt anders zu denken. Er erfasst, dass die 2 nicht aus sich selbst heraus existiert, sondern etwas zum Ausdruck bringt, das in der 1 seinen Ursprung hat. Die 2 setzt es um und macht dabei die 1 unkenntlich. Diese Art zu denken erfasst das Wesen der 2 als Ausdruck der 1, für dieses Denken gilt 2 = 2 x 1.

Die Multiplikation mit 2 bringt zum Ausdruck, dass die 1 zur 2 verfälscht wird, die Division durch 2 macht diesen Prozess rückgängig. 642 : 2 = 321 steht für das veränderte Denken. Es nimmt die Dualität nicht als eigenständige Realität, sondern in Relation zum Absoluten wahr. Für dieses Denken ist 2 die Projektionsfläche für 1, um sich darin 1 zu 1 zum Ausdruck zu bringen.

Die Jahreszahl 2018 enthält 2 x 9, die Jahreszahl 5778 geht auf andere Weise auf das Miteinander dieser beiden Zahlen ein. Die eine Zeitrechnung setzt bei Christi Geburt an und gilt heute für das äußere Leben jedes Menschen, die andere bezieht sich auf den Schöpfungsgedanken und das innere Leben des Menschen. Äußerlich zeigt die Multiplikation, dass 2 durch 9 eine Irritation erfährt. Die Division durch 9 und durch 2 bringt zum Ausdruck, dass im Inneren ein Prozess abläuft, der diese Irritation zur Auflösung bringt. Im Spannungsfeld dieser Gegensätze bereitet sich ein Erkenntnisprozess vor, der mit 2019 zum Durchbruch kommt.

5778 : 18 = 321, diese Zahlenfolge weist auf einen zu Ende gehenden „Countdown" und gleichzeitig auf dessen Ziel hin, einer 3 aus 2 + 1. Der Weg hinaus aus der Einheit über 1, 2 und 3 kehrt sich mit 321 um.

Auch das Tages- und Monatsdatum 14. Tewet gibt Hinweise: Tewet als 4. Monat bildet gemeinsam mit 14 die Summe 18 aus 14 + 4.

Auf 3-fache Weise betont 18 mit dem Zeitpunkt 14. Tewet 5778 die Bedeutung ihrer Qualität für den Erkenntnisprozess und erklärt sie auch mit 6 + 6 + 6 und 9 + 9.

14 zeigt auch 7 + 7 als Spiegelung und macht damit die aufkeimende Einsicht deutlich, dass das Leben in der Welt der 7 eine Projektion von Prinzipien ist. Tewet als 10. Monat summiert sich mit 14 zu 24 und erklärt mit 12 + 12, dass auch die irdischen Zyklen exakt nach einer Vorgabe im Absoluten ablaufen.

Die Aussagen der beiden Kalender decken sich, auch wenn sie sich verschiedener Ausdrucksformen bedienen. Im Bereich der Wörter und auch auf Ebene der Zahlen ist Sprache kreativ und arbeitet mit Synonymen.

Diese und auch alle anderen Jahreszahlen sind keine allgemein gültigen Zeitvorgaben. Sie sind prinzipielle Qualitäten und Optionen, die sich im Zeitlichen manifestieren und ab diesen Jahren zur Verfügung stehen.

Das Alte Wissen nennt die 9 „Gebärmutter" und erklärt diesen Begriff: „Das Neunte als Teth bedeutet Zweiheit im Sinne des Einen im Anderen. Die Finsternis trägt in ihrem Kern das Licht." In diesem Sinn trägt der Mensch in sich verborgen, im Dunkel seines Unbewussten, die Fähigkeit zum Licht der Erkenntnis. Erkennen kann er, dass er eine geistige Dimension in sich trägt, im Sinne von göttlich, jenseitig, absolut, und dass diese Dimension sein Leben im Physischen leitet und bestimmt.

Bis aber dieses Licht zum Durchbruch kommt, herrscht Finsternis und diese Finsternis der 9 zeigt sich auch im Denken und Fühlen durch das Erleben dunkler Phasen. Gefühle von Unsicherheit, Einsamkeit, Zweifel bis hin zur Verzweiflung wechseln sich ab mit Zuversicht, Freude und Leichtigkeit. Das Licht kündigt sich an, die Geburt ist aber keineswegs eine leichte und wird begleitet von Wellen starker Wehen.

9 leitet über in die 10 und trägt diese als die Frucht aller gemachten Erfahrungen in sich. Die physische menschliche Schwangerschaft endet ebenfalls im 10. Monat mit einer von Schmerz und Freude begleiteten Geburt des Kindes.

Die 10 macht den Menschen fähig, bewusst nachzuvollziehen, was sein wirkliches Wesen ist und immer war: Die 1 erfährt sich in der Welt der 2 durch die 10 als Gegenüber. Diese Absicht zeigt auch das Bild des hebräischen Zeichens Aleph mit je einer 10 oben und unten, die durch eine Linie gespiegelt werden. Mit der 2 wird der Mensch hineingestellt in die Welt der Dualität und damit beginnt sein Weg, der ihn in einer kreisförmigen Bewegung in die maximale Entfernung von seinem Ursprung und wieder zu ihm zurück führt. Die 3 aus 1 + 2 gibt durch die in ihr angelegte Spannung den Anreiz zur Bewegung und lässt hinausgehen durch die Tür der 4 in die Welt der 2 x 2. In Summe ist dieses Hinausgehen auf ein Ziel gerichtet: $1 + 2 + 3 + 4 = 10$.

Die Verbindung von 9 + 1 oder 5 + 5 zu 10 ist das Prinzip. Es stellt sich in der Dualität verdoppelt dar als 20.

2019 markiert in dieser Hinsicht einen wesentlichen Zeitpunkt. Er eröffnet grundsätzlich die Möglichkeit für jedes individuelle Bewusstsein, den Sprung von 19 zu 20 zu machen. In der Jahreszahl 2019 ist dieses Angebot optisch klar zu sehen. In der Zeitrechnung des Alten Wissens, dem jüdischen Kalender, entspricht der 1. 1. 2019 dem Datum 24. Tewet 5779.

Mit 5779 steht eine komplexe Primzahl für eine Zeitqualität, in der ein individuelles Bewusstsein dabei ist, komplexe Zusammenhänge zu erfassen. Im gesamten Datum stehen links 24 als 2 x 12 und Tewet als 4 für das Relative und bilden aus 24 + 4 = 28 die Ziffernsumme 10; genauso summiert sich rechts, auf der Seite des Absoluten, die Primzahl 5779 zu 10. Eine 10 steht der anderen 10 gegenüber. Ihre Verbindung erfolgt über die dazwischen liegende Tewet als 10 und führt zu 20 aus 10 + 10, gleichzeitig zu 30 aus 10 + 10 + 10, synonym zu 10 x 10 = 100 und 10 x 10 x 10 = 1000.

Der hebräische Kalender skizziert auf diese Weise, welche gedanklichen Prozesse im individuellen Bewusstsein durch die Zeitqualität 2019 ausgelöst werden und zeigt auf, worauf sie hinauslaufen.

Im Duodezimalsystem, dem Zahlensystem auf Basis der 12, entspricht die Primzahl 5779 der Zahl 3417 und bestätigt damit den Bezug zur Qualität der 17. Auf eine bestehende Verbindung zwischen den qualitativen Aussagen von 17 und 19 hat auch 2017 über das Duodezimalsystem verwiesen.

34 17 stellt sich als 3-fache 17 dar, die rechts einmal erscheint und links, auf der Seite der Dualität, zweimal. Sie gibt auf ihre Weise zu erkennen, dass es sich auf beiden Seiten um ein und dasselbe handelt, nämlich eine Einheit, die sich teilt, damit verdoppelt und durch eine Dreiheit wieder zur Ganzheit wird.

Es kommt auf der Ebene der Zahlen mehrfach die versöhnende Wirkung der 19 zum Ausdruck. Die menschliche Erkenntnisfähigkeit bewirkt inneren Frieden. Indem alles Gegensätzliche als einander bedingende Aspekte eines Ganzen betrachtet werden, verliert sich das spannungsgeladene Konflikthafte.

Die 19 wirft auch einen wohlwollenden Blick zurück und erkennt alles Vergangene als zu ihr gehörend an. Aus der Summe der 19 mit allen vorherigen Zahlen ergibt sich als ihre eigentliche Absicht die Zahl 190.

19 ist damit die einzige Zahl, die sich auch in der Zielsetzung offen zeigt und diese Zielsetzung mit 19 x 10 definiert. Ihre Ausrichtung ist es, für die 10 dauerhafter Bestandteil der Wahrnehmung zu werden und zu bleiben. 19 x 10 meint ein Denken, das sich bewusst darauf ausrichtet, im Alltag das direkte Wirken des Absoluten zu erkennen. 190 verbindet Eins-Werden und Eins-Sein in einer Ganzheit, die beides umfasst und erfahren lässt.

Diese 190 setzt sich zusammen aus 100 + 90 und steht in Zusammenhang mit der Erfahrung des Nadelöhrs und dem Herausgefischt-Werden der 50 aus der 40. Vor diese Herausforderungen wird die 19 gestellt, um 190 leben zu können.

Dieselben Herausforderungen sind auch zu bewältigen für den Sprung von 19 auf 20, denn nur wenn die intuitive Führung durch die 1 im eigenen Inneren wichtiger genommen wird als alles andere, als jeder materielle oder mentale Besitz und jedes Festhalten am Außen, kann der Mensch erkennen, was er eigentlich ist. Jede Orientierung am Vertrauten, Bekannten, an anderen Menschen und jedes Festhalten daran muss gegen 0 gehen, damit diese 0 sich mit der 1 zum Einsehen verbinden kann, 10 zu sein.

Die 19 als Kombination aus unbewusster 10 + 9 trifft die Entscheidung, dass sie der eigenen Intuition absolut vertraut und damit alles, worauf sie sich bisher äußerlich gestützt hat, loslassen kann. Diese Entscheidung verbindet 19 + 1 zu 20 und gleichzeitig 19 x 10 zu 190.

Kanaan, das Gelobte Land in der Bibel, hat den Äußeren Zahlenwert 190. Mit Kanaan ist die gelebte Ganzheit gemeint, die mit der Zahl 190 zum Ausdruck kommt. Kanaan meint das Leben in einer vertrauten Welt unter ständigem Kontakt mit einer neuen. Dabei überbrückt die 3 aus 2 + 1, was sich vorher gegensätzlich gegenüberstand.

In der Überlieferung wird erzählt, dass sich nach der Eroberung von Kanaan nicht das ganze Volk dort niederlässt. Eine Hälfte kehrt über die Grenze zurück und bleibt mit der anderen Hälfte über einen Altar an der Grenze verbunden, der dieser Verbindung fortwährend Leben gibt.

Damit wird symbolisiert, dass 20 kein endgültiger und stabiler Zustand ist, sondern eine Phase der wachen Wahrnehmung, die immer wieder von neuem über 19 zustande kommt. 19 und 20 wechseln einander ab im individuellen menschlichen Bewusstsein, das sich mit 19 x 10 definiert. Im Alltag kommt es immer wieder zu Situationen, in denen die 20 sich verliert und die 17 gefordert ist, die 18, 19 oder sogar die 16.

Es gibt aber auch Phasen, in denen die 20 sich durch sich selbst bestätigt oder in denen ein Wahrhaben von 2 + 1 so vehement ins Bewusstsein dringt, dass es über jeden Zweifel erhaben ist. Derart gefestigte und unerschütterliche Grade an Bewusstheit sind qualitative Aussagen der Zahlen 2020 und 2021.

6. KAPITEL

Dimensionen als Bewusstseinskompetenzen

Das Wort Dimension leitet sich ab vom lateinischen „dimensio" und bedeutet Ausmessen, Vermessen. Es ist ein gebräuchlicher Begriff, um eine Größenordnung oder ein Ausmaß zu beschreiben. In diesem Sinn definiert es auch, in welchem Maß der Mensch fähig ist zu Selbsterkenntnis, wie weit er Ursprung, Ziel und Sinn seiner Existenz erfassen kann.

Die Mathematik stellt Dimensionen in Zahlen dar. Flächen werden durch Quadratzahlen beschrieben, Volumen durch Kubikmaße. Der Raum im 3-Dimensionalen errechnet sich durch die Multiplikation von 3 Zahlen, ein Würfel durch 3-fache Multiplikation einer Zahl mit sich selbst. Die Zahl 3 charakterisiert ein Maximum in der materiellen Realität. Auch für das Bewusstsein veranschaulicht die Zahl 3 oder die Ver-3-fachung einer Zahl eine Wahrnehmungsgrenze im 3-Dimensionalen.

Im Absoluten steht 3 für die Synthese zweier Gegensätze. Das Auftreten der 3 sagt, dass etwas vollständig geworden und vollzogen ist, indem die Antwort auf die Gegensätze vorliegt. Das Alte Wissen sieht die Aufgabe des Menschen darin, dieses Dritte als Antwort zu finden und damit ein Gleichgewicht zwischen den Gegensätzen herzustellen.

In diesem Sinn sind 7 + 7 oder 7 x 7 Ausdruck einer Begegnung; in der 3-fachen 7 + 7 + 7 oder 7 x 7 x 7 ist eine Antwort als Frucht dieser Begegnung da. Die Ver-3-fachung ist Ausdruck von Vollständigkeit und steht für das Ende eines Prozesses.

7 x 7 = 49 beschreibt das Miteinander von abstraktem Prinzip 7 und dessen praktischer Umsetzung in der Vielfalt des irdischen Lebens. Die Zahl 49 definiert gleichzeitig eine Wahrnehmungsgrenze und besagt als 40 + 9, dass die Zusammengehörigkeit

von Prinzip und dessen Ausdruck im Zeitlichen erkannt werden will. Die Welt der 7 x 7 ist die Basis, damit der Mensch das Wirken der 1 in seinem Alltag erfassen kann. Das geschieht durch einzigartige Beobachtungen, die sich nicht durch die Gesetzmäßigkeiten der Materie erklären lassen. Durch die Wiederholung solcher Erfahrungen lernt der Mensch zu akzeptieren, dass eine hintergründige Instanz in sein Leben eingreift und es lenkt. „Zufälle" und „Einfälle" richten seine Aufmerksamkeit auf Informationen, die solche Erfahrungen erklären und verständlich machen. Erfahrung, Wissen und zunehmendes Vertrauen in die eigene Intuition ergänzen und bestätigen sich auf diese Weise gegenseitig. Sie bündeln sich allmählich zu einem Verstehen von Zusammenhängen und geben dem Bewusstsein die Kompetenz, das Wirken eines Absoluten im eigenen Dasein als real zu erfassen. Schließlich akzeptiert der Mensch, dass im Grunde alles, was sein persönliches Leben mit sich bringt, vom Absoluten ausgeht und Äußerung der 1 ist. Er erfüllt die Forderung von 40 + 9, ergänzt 49 mit dieser 1 und überschreitet mit dem Sprung zu 50 eine Wahrnehmungsgrenze.

Sein erkennendes Bewusstsein gibt dem linearen Erleben im Zeitfluss eine zusätzliche Dimension. Dieser Mensch kann weiterhin wie bisher das Gegensätzliche und Unausgewogene im täglichen Leben beobachten, zusätzlich aber auch verstehen, warum das so ist. Auf die Erfahrung der 7 x 7 ist nun eine Antwort da, alles Erlebte bekommt jetzt einen Sinn, weil die Hintergründe klar werden. Eine dritte 7 ist Ausdruck dieser neuen, beobachtenden Position auf die Begebenheiten des Alltags. 7 x 7 ergänzt sich zu 7 x 7 x 7 und beschreibt damit, wie eine 50 die Welt der 7 x 7 erlebt. Die bisher „flache" Wahrnehmung dieser Welt, in die der Mensch eingebunden ist ohne sie zu verstehen, wird „räumlich" durch einen Blick darauf aus einer Warte der Übersicht.

Die Ver-3-fachung einer Zahl bringt ihr Maximum im 3-Dimensionalen zum Ausdruck, das Erreichen einer Grenze. 3 steht für den Beginn von etwas Neuem.

Die Zahl 343 als Ergebnis der Multiplikation von 7 x 7 x 7 bildet eine 3 im Diesseitigen und eine 3 im Absoluten ab, die sich in der Welt der 4 begegnen und gegenseitig spiegeln. Wer diese Funktion des irdischen Lebensraumes erfasst, dem eröffnet sich ein zusätzlicher Wahrnehmungsbereich. Indem er das Wirken der 1 darin wahrnimmt, geht sein Denken über die Grenzen der 3-dimensionalen Welt der 4 hinaus. Dieser Mensch erlebt die 3-dimensionale Welt der 4 als Begegnungsraum von absoluter 3 und menschlicher 3. Damit schaut er auf die Welt der 4 mit ihren 3 Dimensionen aus einer Warte der Übersicht und nimmt sie von einer übergeordneten Ebene aus wahr.

2-dimensional und in diesem Sinn 2-fach ist die horizontale Bewegung auf einer Zeitebene, die auf der Oberfläche der materiellen räumlichen Welt stattfindet. 3-dimensional und sich dieser Bewegung bewusst ist der vertikal aufgerichtete Mensch, der die Bewegung ausführt und dabei eine verbindende Achse zwischen unten und oben, Erde und Himmel oder Dies- und Jenseits bildet. Der Mensch führt die Bewegung aus, um sich als diese verbindende Achse zu erkennen. Er ist in der Zeit unterwegs, um einzusehen, dass er 2-Geteiltes verbindet. Der Sinn seines Lebens im 3-Dimensionalen besteht darin, sich selbst als 3 zu erfassen.

Das Prinzip 3 gilt von Anfang an für den Menschen. Als 2 ist er aus der 1 geboren; „Erstgeborener" ist in der Überlieferung ein häufig verwendeter Begriff und wird im Hebräischen in Zahlen 2–20–200 = 222 geschrieben. Die 2 erkennt sich über die Erfahrung von 20 und 200 als „erstgeboren", als aus der 1 geboren.

222 zeigt im Schriftbild den Menschen als 2 und gleichzeitig als 3; die 3-fache 2 beschreibt ihn zusätzlich als 6. In ihrer Kombination miteinander und in ihrem Verhältnis zueinander drücken Zahlen etwas aus, das auch einer Vernetzung ihrer jeweiligen qualitativen Aussagen entspricht. Das menschliche Bewusstsein ist der Ort, an dem sich all diese Prinzipien begegnen und das in ihnen Angelegte lebendig werden lassen. All diese Aspekte lebt der Mensch unerkannt, bis sein Bewusstsein fähig wird, sie zu erfassen.

222 als 2 x 111 bildet den Vollen Wert der Aleph in der Dualität ab und ist auf diese Weise ein Synonym für 2 x 1000. Die-

se Erfahrung ist im Menschen von vornherein angelegt, darauf läuft sein Leben hinaus. Sie stellt innerhalb des 3-Dimensionalen die Schnittstelle dar zu einer Sichtweise, die über das 3-Dimensionale hinausgeht und als 4-dimensional bezeichnet werden kann. Diese zusätzliche Dimension definiert, dass ein Bewusstsein fähig ist, das Leben in Zeit und Raum aus einer Position des Überblicks zu betrachten.

Hat das Bewusstsein diese Kompetenz nicht, dann bleibt ihm der Bereich verschlossen, aus dem heraus sich die erfahrbare Realität gestaltet. Dieser Mensch erfährt die Realität weitgehend als willkürlich. Er ist zwar bemüht, Gesetzmäßigkeiten zu erkennen und mit Hilfe dieser Gesetzmäßigkeiten Kontrolle über das Leben zu erlangen. Aber diese Möglichkeiten sind begrenzt, im wahrsten Sinne des Wortes.

Das Maß dieser Begrenzung ist die 12, die im Zeitmaß und auch in alten Zählmaßen, etwa als Dutzend, Verwendung findet. 12 begrenzt als 3 x 4 die 3-dimensionale (3) Welt der Materie (4) und zeigt sich in den Zyklen, die das Leben im Zeit-Räumlichen definieren. Das Jahr hat 12 Monate, der Tag 2 x 12 Stunden zu je 5 x 12 = 60 Minuten mit jeweils 5 x 12 = 60 Sekunden. Das Leben unterliegt einem Kreislauf von Werden und Vergehen, der sich scheinbar endlos fortsetzt. End-los, denn ein Kreis hat kein Ende. Er besteht aus 3 x 10 x 12 = 360 Grad und der qualitative Aspekt dieser Zahlen beschreibt den Sinn dieser Zyklen. 3-dimensionale Kreise gestalten das Weltbild des Menschen, er nimmt mit runden Augen eine kugelförmige Erde wahr. Wasser, das Symbol für Zeit, bildet runde Tropfen und stellt auch auf diese Weise den Bezug zu den zeitlichen Zyklen her.

Die 12 begrenzt die 3-dimensional erfahrbare Welt und beschreibt als Produkt aus 3 x 4 auch gleichzeitig, dass ihr Sinn darin besteht, das menschliche Bewusstsein vom 3- zum 4-dimensionalen Verstehen zu führen. Wenn das Prinzip 12 sich selbst begegnet als 12 x 12, bildet es die Zahl 144. Auf der Ebene des Bewusstseins zeigt sich dieses Prinzip durch eine zusätzliche 0 und ergibt die Zahl 1440, aus der das Wort „Adam = Mensch = ich gleiche" besteht: 1–4–40. Diese Zahlenfolge veranschaulicht, dass das menschliche Bewusstsein darauf abzielt, die 12 als Ausdruck eines absoluten Prinzips bewusst zu erfassen. Die Fähigkeit zu 12 x 12 x 10 ist schon in Adam angelegt. Der Mensch ist darauf ausgelegt, der Selbstgenügsamkeit der 12 ein Ende zu setzen. Auf diese Weise kann auch das „berühmt-berüchtigte" Datum 21. 12. 2012 betrachtet werden. Es markiert nicht das Ende der physischen Welt, sondern das Ende einer Sichtweise auf die physische Welt. Die Zahlen dieser Zeitmarkierung entsprechen ihrer Aussage. Der Maya-Kalender, der mit diesem Datum endet, ist eine uralte, komplexe Methode zur Berechnung von Zeiträumen und -qualitäten und basiert auf den Zahlen 260, 20, 13 und 360. Dieses Datum am Ende von 2012 steht für den Wendepunkt von 1–2 zu 2–1 und leitet über in das Jahr 2013.

Die Grenze der 12 wird überschritten mit der 13. Die Summe des Wortes Jahwe 10–5–6–5 ist 26, damit besteht diese Gotteszahl aus 2 x 13, jeweils einer 13 im Absoluten und im Relativen. Die 13 drückt eine Dynamik aus, welche die Grenzen der 12 durchbricht.

„Jetzt schlägt's 13!", sagt man, wenn etwas Unerhörtes passiert und damit eine Grenze überschritten wird. Indem die 10 von 2 zur 3 wird, überschreitet sie die Grenze von 10 + 2 zu 10 + 3; das ist aus Sicht der 12 zwar unerhört, entspricht aber einer Dynamik im Absoluten.

Das menschliche Bewusstsein, das mit 10 + 10 zur 20 wird, verbindet sich mit der Qualität der 13 zu 260. 260 ist 20 x 13 und gleichzeitig 26 x 10: Jahwe ist im Bewusstsein des Menschen. Der Maya-Kalender basiert auf diesen Zahlen und endet an der Grenze zu 2013.

Ein Mensch, der dies erkennt, lebt in der runden Welt der 360 und sieht als 3 x 10 die 12 und ihre Zyklen auf veränderte Weise. Er geht über die Grenzen der 3-dimensionalen Sichtweise hinaus, weil sie für ihn keine Gültigkeit mehr hat.

Für die Wahrnehmung innerhalb der 12 ist 13 eine Unglückszahl, denn sie wirkt zerstörend auf sie oder zumindest bedrohlich. Das ist sie aber nicht wirklich. Die 13 geht über den Kreis hinaus ohne ihn zu zerstören, im Gegenteil. Sie zeigt ihm nur eine neue Sicht auf sich selbst. Denn wenn die 12 einen Kreis bildet, so formt die 13 daraus eine Spirale. Sie gestaltet den Kreis mit und wenn er vollendet ist, geht die 13 auf eine andere Ebene und setzt die kreisende Bewegung fort. Die 13 eröffnet eine neue Dimension. Und in dieser Dimension wird erkannt, dass der Kreis nichts anderes ist als eine Spirale „von unten" betrachtet. Von unten lässt sich nur das Runde erkennen, aber nicht die Bewegung, die es gestaltet. Die 13 ermöglicht das Erkennen der dahinter liegenden Dynamik, indem sie aus einer etwas erhöhten Position einen „seitlichen" Blick auf das Geschehen gewährt. Aus dieser Perspektive lässt sich beobachten, dass das Geschehen eine Richtung hat und einer Bewegung folgt, die über das bisher Wahrgenommene hinausgeht. Diese Beobachtung entspricht der 4. Dimension.

4. Dimension ist also der Name für das Erkennen der Zusammenhänge im 3-Dimensionalen, ausgelöst durch das Wahrnehmen eines übergeordneten Wirkens im eigenen Leben. Im Rückblick lassen „Zufälle" einen bisher ungeahnten Sinn erkennen. Die Aneinanderreihung von Begebenheiten zeichnet einen Weg, der nicht anders hätte gegangen werden können. Diese Art der Wahrnehmung und der Einsicht ist eine 4. Dimension im Bewusstsein.

Es handelt sich dabei um etwas, das nur sehr subjektiv und individuell erfahrbar ist. Für eine allgemein gültige Beschreibung sind Worte allein nicht das geeignete Mittel. Zahlen erlauben mit präziser Klarheit Einblick in eine Systematik, die für jedes einzelne Bewusstsein gilt. Diese Systematik ist mit rationaler Logik für jeden Menschen nachvollziehbar und bestätigt sich durch seine persönliche Erfahrung.

Zahlen bedienen sich für das Verstehen ihrer Aussagen gewisser Grundsätze, vergleichbar mit der Grammatik in der verbalen Kommunikation:

Grundsätzlich drückt jede Zahl von 0 bis 9 eine spezifische Qualität aus. Das Miteinander dieser Qualitäten kommt über die Grundrechenarten zum Ausdruck und jede große Zahl ist im Grunde die Summe ihrer Teile oder das Produkt anderer Zahlen.

Eine Gruppe von Zahlen bildet gemeinsam einen Wirkungsbereich ab. Darin hat jedes Mitglied der Gruppe mit seiner speziellen Qualität Anteil an der Gesamtaussage des gemeinsamen Feldes. Das gilt für Adam 1–4–40 genauso wie für komplexere Gebilde.

Als weiterer wesentlicher Grundsatz gilt, dass die Ziffernsumme Aufschluss gibt über die Kernaussage einer Zahl. Der Mensch ist auf Erkenntnis ausgerichtet, das bestätigt die Ziffernsumme 9 von 1–4–40.

Zur Beschreibung von Bewusstseinskompetenzen bedienen sich Zahlen dieser Grundregeln und wenden sie auf einen sehr großen Zahlenkomplex an. Die Systematik zur Beschreibung von Dimensionen der Wahrnehmung beruht auf allen Zahlen von 1 bis zu jeder beliebigen Zahl. Die Kernaussage dieser Zahlen für die jeweilige Realitätssicht kommt über die Ziffernsummen zum Ausdruck. Das Muster, das diese Ziffernsummen miteinander formen, ist die gemeinsame Kernaussage für die jeweilige Dimension.

Die Bewusstseinskompetenz des Menschen in seiner irdischen Existenz liegt darin, dass er generell zu Erkenntnis fähig ist und damit zur „Verräumlichung" seiner „flachen" Weltsicht. Die Ver-3-fachung einer Zahl bringt diese „Verräumlichung" grundsätzlich zum Ausdruck. Jede Kubikzahl für sich informiert konkret darüber, zu welchem Ergebnis die Verdreifachung ihrer Basiszahl führt. Jede Kubikzahl für sich hat auf diese Weise ihre spezifische Aussage und als zusammenhängendes Gefüge machen Kubikzahlen eine gemeinsame Aussage. Miteinander definieren sie den Erfahrungsbereich des menschlichen Bewusstseins in Zeit und Raum. Sie informieren über Ursprung, Bewegung und Zielsetzung des Menschen.

Kubikzahlen beschreiben die 3-dimensionale Realität. Errechnet man für die Zahlen von 1 bis zu jeder beliebigen Zahl die Kubikzahlen und bildet daraus die Ziffernsummen, ergibt sich für die **3. Dimension** eine Zahlensequenz, die sich ständig wiederholt und aus den Zahlen 1, 8 und 9 besteht:

1 hoch 3 =	1 x 1 x 1	= 1	Ziffernsumme		1
2 hoch 3 =	2 x 2 x 2	= 8	Ziffernsumme		8
3 hoch 3 =	3 x 3 x 3	= 9	Ziffernsumme		9
4 hoch 3 =	4 x 4 x 4	= 64	Ziffernsumme	6 +4 = 10 = 1 + 0 =	1
5 hoch 3 =	5 x 5 x 5	= 125	Ziffernsumme	1 +2 + 5 =	8
6 hoch 3 =	6 x 6 x 6	= 216	Ziffernsumme	2 +1 +6 =	9
7 hoch 3 =	7 x 7 x 7	= 343	Ziffernsumme	3 +4 +3 = 10 =	1
8 hoch 3 =	8 x 8 x 8	= 512	Ziffernsumme	5 +1 +2 =	8
9 hoch 3 =	9 x 9 x 9	= 729	Ziffernsumme	7 +2 +9 = 18 = 1 +8 =	9
10 hoch 3 =	10 x 10 x 10	= 1000	Ziffernsumme	1 +0 +0 +0 =	1
11 hoch 3 =	11 x 11 x 11	= 1331	Ziffernsumme	1 +3 +3 +1 =	8
12 hoch 3 =	12 x 12 x 12	= 1728	Ziffernsumme	1 +7 +2 +8 = 18 = 1 +8 =	9
13 hoch 3 =	13 x 13 x 13	= 2197	Ziffernsumme	2 +1 +9 +7 = 19 = 1 +9 =	1
14 hoch 3 =	14 x 14 x 14	= 2744	Ziffernsumme	2 +7 +4 + 4 = 17 = 1 + 7 =	8
15 hoch 3 =	15 x 15 x 15	= 3375	Ziffernsumme	3 +3 +7 +5 = 18 = 1 +8 =	9

Die Zahlensequenz 1–8–9 stellt also etwas dar, das gemeinsam über die Qualität, das Wesen und den Sinn des 3-Dimensionalen erzählt:

1 steht für die Einheit, das Göttliche, das Absolute, den Ursprung

8 steht als 2 x 2 x 2 für die äußerste Möglichkeit der 2 in Zeit und Raum

9 steht für Erkenntnisfähigkeit

Stark vereinfacht und kurz zusammengefasst sagt diese Zahlenfolge aus: Die unbewusste Einheit – 1 – wird verlassen, um in einer Welt der 2 maximale Erfahrungen – 8 – zu machen und auf einer bewussten Ebene – 9 – die Einheit von 1 + 8 als neue Ganzheit zu erkennen.

Nach der „Vertreibung aus dem Paradies", nach dem Verlassen der Einheit, wendet sich das Bewusstsein des Menschen dieser Welt der 2 zu, der Dualität mit ihrer 3-dimensionalen Realität – 2 x 2 x 2 = 8 – und anerkennt sie als die allein existente. Die „verlassene", verlorene Einheit bleibt im Kollektivbewusstsein untergründig erhalten. Sie lebt weiter in Mythen und Traumbildern, die die Menschheitsentwicklung begleiten und eigentlich nie ganz verloren gehen.

Aber generell vergisst der Mensch seinen geistigen Ursprung, um sich später wieder daran erinnern zu können. Er spielt das Spiel „Alles ist Materie" innerhalb dieser 3-dimensionalen Welt der 2, nimmt nicht wahr, dass es ein Spiel ist, sondern nennt es „harte Realität". Erst durch intensive Beschäftigung mit der Materie zeigt sich, dass sie in der wahrgenommenen Form eigentlich gar nicht existiert. Das hat die Physik schon vor fast 100 Jahren entdeckt; auch das menschliche Bewusstsein findet nun allmählich Zugang zu dieser Auffassung, und zwar über die 9 als Zahl der Erkenntnis. Der Mensch in der 3-dimensionalen Wahrnehmung trägt in sich die Fähigkeit zu einer völlig neuen Weltsicht, die sich durchsetzt, wenn für ihn die Zeit reif ist.

Er nimmt dann wahr, dass eine absolute Realität das irdische Dasein lenkt und sich darin 1 zu 1 spiegelt. Diese Erkenntnis (9) lässt ihn einsehen, dass sich im 3-dimensionalen Leben (8) das Absolute (1) zum Ausdruck bringt und durch den Menschen erfährt. 1–8–9 bildet ab, dass über die irdische 8 das Erkennen der 1 für die 19 möglich ist.

Diese 1–8–9 steht im Hebräischen für die Zeichen A–CH–T. Die Bedeutung der 8 für die diesseitige Welt des Erlebens erfährt damit über die deutsche Sprache eine erstaunliche Bestätigung. Bemerkenswert ist auch die Kombination der Cheth, dem 8. Buchstaben im hebräischen Alphabet, geschrieben ch-t, mit der Aleph zu a-ch-t, denn damit prallen Extreme aufeinander und zeigen gleichzeitig eine Verbindung.

Die Zahlenwerte des Wortes A–CH–T = 1–8–9 beinhalten aussagekräftige und einander ergänzende Zusammenhänge:

Der Volle Wert der Zeichen Aleph (1–30–80 = 111), Cheth (8–400 = 408) und Teth (9–400 = 409) summiert sich zu 928. Dieser Wert bildet das Absolute ab und damit den Ursprung für die Welt der 1–8–9. Wird davon der Äußere Wert 18 (1 + 8 + 9) subtrahiert, entsteht der Verborgene Wert 910. Er gibt an, wie ausgehend vom Erscheinenden der Ursprung erreicht werden kann. Der Atbasch-Wert von Aleph ist 400, von Cheth 60 und von Teth 50, das ergibt gemeinsam 510. Grundsätzlich verweist der Atbasch auf die nicht sichtbare Seite des äußerlich Erscheinenden. 510 als Atbasch von 1–8–9 charakterisiert die ungesehene Hälfte der 3-dimensionalen Welt.

Auch „Adam" hat diesen Atbasch 510, sodass dieser Wert insgesamt die Entsprechung im Absoluten darstellt für das menschliche Leben in Zeit und Raum. Die Zahl 510 definiert damit auf 2-fache Weise einen nicht wahrnehmbaren Aspekt, der unerkannt Teil der irdischen Existenz ist. 510 ist außerdem der Verborgene Wert des Wortes „maschiach" = Messias, der von der rein irdischen Sichtweise erlöst, die sich auf die 400 begrenzt. 510 ist also die Bewegung vom Irdischen hin zum Absoluten und gleichzeitig jene Seite des Menschen (=Adam) und der 3-dimensionalen Welt (1–8–9), die dem Erscheinenden im Absoluten ungesehen gegenüberliegt. 510 bringt alle 3 Definitionen auf einen Nenner und stellt sie kurz und prägnant als übereinstimmend dar.

Der Verborgene Wert von 1–8–9 ist 910 und beschreibt damit, wie ausgehend vom Erscheinenden das Absolute zu erreichen ist. 910 setzt sich zusammen aus 510 und 400 und erklärt mit diesen Zahlen, dass der Weg vom Irdischen zum Absoluten eine Kombination darstellt aus 400 und der Befreiung von der rein materiellen Sichtweise der 400.

910 erklärt den Sinn der 3-dimensionalen Welt als eine sich gegenseitig ergänzende Entsprechung und Kombination von Mensch = Adam, 3-dimensionaler Welt = 1–8–9 und Erlösung von einer Sichtweise, die sich auf diese Welt reduziert.

510 ist als Atbasch von Adam die verborgene Hälfte des Menschen, in religiöser Terminologie sein göttlicher Aspekt. Dieser göttliche Teil im Menschen geht in der Welt der 1–8–9 den Weg des Messias und die 400 ist seine Strecke zurück zum Vater. Auf der wahrnehmbaren Seite, im Äußeren Wert, bleiben dieser Weg und die Verbindung zum Ursprung unerkannt, denn sie liegen in der nicht wahrnehmbaren Hälfte, eben im Atbasch.

910 als Verborgener Wert der 1–8–9 erzählt über das Unterwegs-Sein des verborgenen Messias im Menschen durch Zeit und Raum. Es ist der Weg des absoluten Anteils in jeder einzelnen irdischen Existenz, der Weg der 1 durch die Welt der 2 bis zu deren äußerstem Ende, der 400.

Gelebt wird 910 als 10 x 91 vom menschlichen Bewusstsein, das als 50, herausgefischt aus der zeitlichen 40, um die Verbindung zur 1 weiß. Die 91 ist Antwort auf 19, was die verkehrte Spiegelung der Zahlen zeigt; 91 + 19 ergänzen sich zu 110, dem Verborgenen Wert der Aleph = 1.

Die 8 als 2 hoch 3 ist maximaler Ausdruck der Dualität im Räumlichen, symbolisiert das Leben im 3-dimensionalen Raum und ist gleichzeitig Hinweis auf dessen Funktion und Ziel. Die 8 beschreibt ihre Aufgabe damit, dass die individuelle 1 nach dem Verlassen ihres Ursprungs sich in einer Kreisbewegung weit davon entfernen kann, um sich dann wieder darauf zuzubewegen und als 9 zu erkennen, was im 8. Schöpfungswort als Ausgangsposition durch die 1 angelegt ist: „Lasst uns Menschen machen in unserem Bild, uns ähnlich."

7 Schöpfungsworte gehen dem 8. Schöpfungswort voraus. Wenn der Mensch erscheint, sind diese bereits in die Schöpfung integriert und verweisen mit dem Menschen auf das gemeinsame Ziel von Schöpfung und Mensch: 1 + 2 + 3 + 4 + 5 + 6 + 7 + 8 = 36; 36 = 3 x 12 stellt das Leben als 3 in der Welt der 12 als Ziel dar und 36 = 6 x 6 betont die menschliche Fähigkeit zur Kombination. Die verbindende Qualität der 6, die scheinbar Unzusammenhängendes oder Gegensätzliches zueinander in Bezug bringt, verändert die 3 aus 1 + 2 zur 3 aus 2 + 1. Die 6 lässt den Menschen einsehen, dass 3 seine Motivation und seine Zielsetzung ist: 6 = 2 x 3. Dass er diese Motivation und Zielsetzung lebt, weil sie im Absoluten so gewollt ist, bildet 6 x 6 ab. Um dies zu erkennen ist er als 2 in der Welt der 4 unterwegs, was 36 mit 2 x 18 und 4 x 9 zum Ausdruck bringt. Die menschliche 3 erfasst 6 x 6 als Umsetzung eines absoluten Prinzips und hat auf diese 6 x 6 eine Antwort, fügt ihr eine dritte 6 hinzu. Wie 7 x 7 zu 7 x 7 x 7 wird, wird 6 x 6 zu 6 x 6 x 6.

36 bestätigt die 3-fache 6 als Absicht des 3-dimensionalen Lebens und bildet mit allen vorausgehenden Zahlen die Summe 666. Als 6 x 111 zeigt 666, dass die irdische Existenz darauf hinausläuft, in ihr alles Erlebte mit dem Absoluten zu verbinden. 666 bestätigt und verfeinert die Aussage der 36 durch die Information, dass sie als Ziel 222111 ansteuert, eine dreifache 21. Die Summe der Zahl 666 mit allen Zahlen vor ihr lässt klar erkennen, dass sich auf der linken Seite als der Seite des Erscheinenden in Form der 2 darstellt, was auf der rechten Seite als der Seite des Absoluten der 1 entspricht: 222 111. Die Zahl des „Erstgeborenen", 222, spiegelt 111, den Vollen Wert der 1.

Über 3 x 2 = 6 definiert sich der Erstgeborene = Adam = Mensch als verdoppelte 3, die der 3 x 1 = 3 im Absoluten entspricht. Indem er die verbindende Qualität der 6 nutzt, kombiniert er 6 + 3 zu 9 und erkennt sich selbst als 3 aus 2 + 1. All diese Aussagen entfalten sich präzise und eindeutig in der Sprache der Zahlen.

36 als Zielsetzung der 2 x 2 x 2 = 8 bildet sich aus 6 x 6, 3 x 12, 2 x 18 oder 4 x 9; mit 36 wird ein Prinzip abgebildet, das auf der Ebene des Bewusstseins als 36 x 10 = 360 in Erscheinung tritt. Die 360 Grad des Kreises bestimmen die äußere Wahrnehmung und auch die innere Auffassung von der Welt. 36 beschreibt also die „runde" Weltsicht der unbewussten 10 in der Welt der 8 und gleichzeitig deren Zielsetzung. Denn 36 macht über die Ziffernsumme 9 ihre Kernaussage, die darin liegt, innerhalb der Zyklen im 3-Dimensionalen zu erkennen, was ihnen zugrunde liegt.

18–9 sagen gemeinsam aus: Ein Unterwegssein in Zeit und Raum (8) führt das menschliche Bewusstsein zur Erkenntnis (9), eins mit der 1 zu sein. Dadurch wird die ursprüngliche 1 zur 10, denn 9 + 1 = 10. Dieses Ziel äußert sich auch im Verborgenen Wert 910.

Nun geht die Rechnung auf: Die unerkannte Verbindung mit der 1 in der Welt der 8 summiert sich in der Einsicht der Zusammenhänge zur 9 und die 9 weiß von ihrer Verbindung mit der 1 in der 10 des menschlichen Bewusstseins. Das Irdische gewinnt dadurch eine andere Dimension. Die 10 erlebt weiterhin die gewohnte materielle Welt der 8, hat aber einen anderen Blick auf sie. 36 als „flaches" Prinzip wird von der 9 erkannt und damit im Bewusstsein „verräumlicht". Aus dieser Perspektive wird die räumliche äußere Welt als Ausdruck der 1 verstanden und Materie als etwas angesehen, in dem sich das Absolute spiegelt.

Wenn der Mensch in einen Spiegel blickt, erkennt er darin sich selbst in seiner physischen Erscheinung. Diese Möglichkeit ist nur ihm vorbehalten, Tiere sind dazu nicht fähig.

Ein weiteres Merkmal des Menschen, das ihn vom Tier unterscheidet, ist sein aufrechter Gang. Diese Körperhaltung ist physischer Ausdruck der Veranlagung, sich von der Erde in Richtung Himmel zu erheben, sich die Erde untertan zu machen. Zunächst geschieht dieses „Sich-über-die-Erde-Erheben" in Form von Machtausübung und Unterwerfung. Genauso wie der Mensch sich selbst einer rein materiellen Weltsicht unterwirft, will er seinerseits die materielle Welt beherrschen. Die 3-dimensionale Welt zeigt sich auch in diesem Sinn als Spiegel seines Bewusstseins. Dass der aufrechte Gang die Fähigkeit des Menschen zum Ausdruck bringt, „oben" und „unten" zu verbinden und sich in seinem Bewusstsein über das rein Materielle zu erheben, weiß erst die bewusste 10, die diese Verbindung lebt.

Diese 10 hat sich in ihrer 3-dimensionalen Existenz selbst als solche erkannt und als 10 x 10 x 10 bewusst zu 1000 „verräumlicht". Ihr ist klar, dass sie selbst die Verbindung von „oben" und „unten" ist, die auch in den Zahlen 10–5–6–5 zum Ausdruck kommt. 5 + 5 und 10 + 10 kombinieren sich im Menschen und machen ihn zu einem Wesen, das seinen absoluten Anteil akzeptiert und in beiden Welten zu Hause ist. Das Zeitliche hat in seinem Leben genauso seine Berechtigung wie das Zeitlose; eine 5 steht der anderen gleichberechtigt gegenüber und ebenso eine 10 der anderen.

Diese 1000 kann nun die Welt der 8 als Spiegelwelt erkennen. Schon die Erscheinungsform der 8 zeigt, dass sie etwas Doppeltes in Form einer Spiegelung aus der Mitte heraus ist. Sie bildet 2 Kreise ab, die sich berühren. Das gilt auch für die liegende 8, dem Symbol für Ewigkeit. Nicht zufällig sagt gerade das 8. Schöpfungswort, dass jeder Mensch ein einzigartiges Spiegelbild des Absoluten ist.

Die materielle Welt ist relativ in ihrer Wirklichkeit und in ihrer Wahrnehmung abhängig von der menschlichen Betrachtungsweise. In der Wissenschaft wird diese Tatsache bestätigt durch die Erfahrung, dass die Art der Messung Einfluss hat auf das Ergebnis. Im Doppelspalt-Experiment erscheint Licht entweder als Teilchen oder als Welle, je nach Art der Beobachtung.

Die Subjektivität der wahrgenommenen Realität gilt genauso für den Alltag. Ein und dieselbe Situation wird von unterschiedlichen Personen ganz unterschiedlich erfasst, weil sich deren Aufmerksamkeit auf unterschiedliche Aspekte und Details richtet. Ihre Sinneseindrücke geben jeweils subjektiv gefiltert wieder, was sich objektiv ereignet.

Im Grunde lebt jeder Mensch in seiner eigenen „Realitätskugel". Damit ist gemeint, dass die Weltsicht jedes einzelnen sehr individuell ist, abhängig von den Lebensumständen und seiner Persönlichkeit. Es mag zwar Überschneidungen mit anderen geben, aber die Wahrnehmung, das Denken und Fühlen jedes einzelnen Menschen ist genauso einzigartig wie er selbst.

Was all diese individuellen Ausprägungen des Archetyps Adam = Mensch verbindet, ist die Begabung zur Selbst-Erkenntnis. Sich selbst im Spiegel des Bewusstseins zu betrachten und zu fragen „Wer bin ich?" geschieht nicht offensichtlich. Diese Frage kommt zum Ausdruck in verschiedenen persönlichen Vorlieben, auf die sich Aufmerksamkeit und Interesse richten. Antwort findet sie in jeder Lebensausrichtung, in jeder Art von mentaler und physischer Beschäftigung. Der einzelne Mensch definiert sich über Themen und Dinge, die er in sein Leben holt. Vorübergehend beantworten sie ihm die Frage nach dem „Wer bin ich?".

Eine rein auf Materie reduzierte Lebensausrichtung würde sich linear fortsetzen, wäre da nicht eine weitere Veranlagung im Menschen, die ihn vom Tier und allen anderen Lebensformen unterscheidet: die Frage nach dem Sinn seines Lebens. Diese Frage stellt sich der Mensch nicht gerne. Sie wird ebenso aus dem Denken verbannt wie der Gedanke an den eigenen Tod. Der Mensch nutzt ein Arsenal an Möglichkeiten, um solche Themen immer wieder zu verdrängen, zu betäuben, zu negieren, aber gerade in Krisenzeiten haben sie die Tendenz, doch ins Bewusstsein durchzubrechen.

Die Frage nach dem Sinn, das „Wer bin ich?", das „Woher komme ich?" und das „Wohin gehe ich?" sind ein innerer Antrieb, der unerkannt das Leben in eine Rundung zwingt. Als Impulse von $1 + 2 = 3$ sind sie ausgerichtet auf das Erkennen von $2 + 1 = 3$, darin finden sie ihre endgültige und befriedigende Antwort. Derartige Impulse machen sich im Bereich der Gefühle bemerkbar durch eine Art Unzufriedenheit, die auf der Suche nach Befriedigung vorwärtstreibt. Der Mensch sehnt sich im Grund nach innerem Frieden. Ist der Frieden gestört, versucht er, ihn wiederherzustellen. Dieses Bemühen zielt darauf ab, letztlich in der 3 aus $2 + 1$ eine im wahrsten Sinne des Wortes be-friedigende Antwort zu erhalten.

Mit zunehmender Bewusstheit beginnt sich die Frage nach dem Sinn, dem Denken direkt zu stellen und weckt das Bedürfnis, über den „Tellerrand" der 3-dimensionalen Existenz hinaus zu schauen. Es kommen mentale Prozesse in Gang, die für die Menschheit allgemein gelten und die doch jeder einzelne für sich allein absolviert. Sie sind vergleichbar mit dem Laufenlernen eines Kindes.

Für eine gewisse Zeit bewegt sich das Kind in krabbelnder Bewegung auf $2 \times 2 = 4$ Gliedmaßen vorwärts. Den Blick hält es dabei nach unten oder vorne gerichtet, bevor es zur Seite schaut und erste Blicke nach oben wirft. Wenn die Zeit reif ist, will das Kind aufstehen, es zieht sich alleine und aus eigener Kraft an Möbelstücken hoch in die Vertikale. Es wagt das Verlassen der sicheren Horizontale, macht erste Schritte und wiederholt sie, auch wenn es immer wieder hinfällt. Der Drang zu gehen ist stärker als die bewährte Art der krabbelnden Fortbewegung; im übertragenen Sinn ist der Wunsch, über den bisherigen Horizont hinauszusehen, stärker als der gewohnte, zur Erde gerichtete Blick.

Auf ähnliche Weise erlebt der Mensch den Übergang von der 3- zur 4-dimensionalen Sichtweise. Es drängt ihn danach, in eine Position der Übersicht und des Verstehens zu kommen und er sucht nach Wissen, an dem er sich festhalten und hochziehen kann. Immer wieder sprechen ihn Informationen an, mit denen er sich beschäftigt und die sein Verständnis erweitern.

Im Alltagsleben lösen sich derartige „Haltegriffe" dann wieder in Luft auf, er fällt zurück in die gewohnte Sichtweise, die tief eingeprägte Art zu denken übernimmt wieder die Dominanz. Aber der Durst nach mehr von dieser Wahrheit lässt immer wieder aufstehen und neue Schritte machen.

Zuerst bewegt sich das 4-dimensionale Denken auf wackeligen Beinen im Alltag. Dann lernt der Mensch zunehmend, selbstbewusst und frei mit einer neuen Weltsicht durchs Leben zu gehen. Ein Hinfallen ab und zu, eine gewisse Unsicherheit, eine zweifelnde Schwere im Fühlen kann sich weiterhin zeigen und das Denken zurückfallen lassen in alte Muster. Diese Zustände verlieren aber ihre Bedeutung, werden zunehmend in ihrer Relativität erkannt und behindern nicht mehr wirklich eine freie Bewegung, die bewusst und selbstbestimmt der eigenen Intuition folgt.

Diesen Übergang vom 3- zum 4-dimensionalen Wahrnehmen macht auch das Höhlengleichnis von Platon bildhaft. Die Beobachtung der Schatten an der Wand genügt dem Individuum irgendwann nicht mehr, es wird unruhig, fängt an, sich zu bewegen, sich umzudrehen und erkennt in einer bisher nicht gesehenen Richtung eine Lichtquelle. Aber seine Augen müssen sich langsam an das Licht gewöhnen, um nicht geblendet zu werden. Das Bewusstsein nähert sich allmählich der neuen Realität an, um sie überhaupt erfassen zu können.

Eine latent angelegte Sehnsucht nach dem Ewigen, eine Art Sog hin zum Absoluten verhindert eine lineare Entfernung vom Ursprung und sorgt für eine Richtungsänderung. Lange Zeit bleibt dieses Sehnen unbewusst und veranlasst den Menschen dazu, auf vielfältige Weise nach Befriedigung zu suchen. Mit Mitteln des Materiellen lässt sich dieses Sehnen aber nicht auf Dauer aus der Welt schaffen und motiviert dazu, immer wieder neue Richtungen einzuschlagen und Unbekanntes auszuprobieren. Ein Gezogen-Werden von der anderen Seite lässt unterschiedliche Möglichkeiten finden, die vorwärts bringen. Diese Wege sind sehr persönlich, voll von Irrtümern und unerwarteten Veränderungen der eigenen Sichtweise. Dabei wird zunehmend gelernt, sich von äußeren Vorgaben zu befreien und sich auf das eigene Gefühl für richtig oder falsch zu verlassen, das dann auch zur hauptsächlichen Orientierung wird. In Form von erstaunlichen Bestätigungen und kleinen „Wundern", die einem das Leben zuspielt, lernt man, dass die eigene innere Autorität eine deutliche Sprache spricht und man ihr vertrauen kann. Sie veranlasst viele kleine Richtungsänderungen, die insgesamt den Lebensweg in eine Rundung zwingen, in eine Krümmung „zurück nach Hause".

Diese Kreisbewegung im Absoluten spiegelt sich im Materiellen, denn die 3-dimensionale Welt ist eine Kugelwelt, die Erde ist rund und das Leben auf ihr geprägt von Kreisläufen. Der immaterielle Prozess der Rundreise zu sich selbst findet seine Entsprechung im Äußeren, in der Krümmung der Raumzeit, der runden Form der Planeten und Himmelskörper und in der runden Form unserer Augen, die unsere optische Wahrnehmung bestimmen. Denn nur mit diesem runden Sinnesorgan der Augen nimmt das Bewusstsein des Menschen die Erde als rund wahr. Es gibt technische Messmethoden, die Wellenlängen außerhalb des sichtbaren Lichtspektrums erfassen und die Erde als Gebilde in allen möglichen Formen zeigen. Auch damit bestätigt sich: Das menschliche Bewusstsein bestimmt die Art seiner Realität.

Der Mensch sieht die Erde als 3-dimensionalen, kugelförmigen Raum. Er nimmt sie als nach außen gewölbte Oberfläche wahr, was das Fachgebiet der Optik als konvex bezeichnet. Konvex ist der optische Begriff für die Sichtweise des Menschen, wenn sie nach außen gerichtet ist.

Konkav bedeutet nach innen gewölbt und gilt für den Blick, der sich nach innen richtet, in die Tiefe des menschlichen Wesens. Dieser Blick nach innen ist wie der Blick in einen konkaven Hohlspiegel, während die konvexe Außenwahrnehmung nach den Gesetzen der Optik einer Lupe oder einem Brennglas entspricht.

Grundsätzlich drückt das Symbol des Spiegels aus, dass der Mensch sich darin selbst sieht. Der Blick in den inneren Spiegel setzt die Bereitschaft voraus, in die Tiefe zu gehen und sich selbst so sehen zu wollen wie man ist. Die Bereitschaft zu diesem Blick bringt letztlich Selbsterkenntnis.

Ein Mensch, der Projektion als Prinzip menschlichen Lebens anerkennt, geht von der Einsicht aus, dass alles, was ihm im Außen begegnet, mit ihm selbst zu tun hat. Wenn der Blick nur nach außen geht, ohne sich einer Spiegelung bewusst zu sein, werden die Eindrücke reflektiert und zurückgeworfen auf das Gesehene.

Sammelt der Mensch äußere Eindrücke, betrachtet Begegnungen wie mit einer Lupe und fokussiert sie wie mit einem Brennglas auf sich selbst, kann er sie auf seinen inneren Spiegel projizieren. Er sieht ein Bild, das er eingehend betrachtet und kann sich dann fragen, was es mit ihm zu tun hat.

Für diese Betrachtung gelten die optischen Gesetze des Hohlspiegels: Er zeigt, je nach Distanz zum betrachteten Objekt, entweder vergrößerte Ausschnitte oder verkleinerte und auf dem Kopf stehende Bilder. Nahes stellt sich groß dar, Fernes klein und verkehrt herum.

Als vergrößerte Ausschnitte zeigen sich all jene Eigenschaften, die bei anderen Menschen stören, ärgern, aufregen, über die man sich freut oder die man bewundert. Diese Menschen zeigen im Vergrößerungsspiegel, wofür man bei sich selbst blind ist. Die eigene emotionale Reaktion ist Gradmesser der eigenen Nähe zu Verhaltensweisen, die andere vor Augen führen. Diese Reaktion bedeutet nicht unbedingt, dass man selbst dem entspricht, was man beobachtet; sie kann auch darauf hinweisen, selbst das Gegenteil zu leben. Die Einschätzung dafür ist Aufgabe einer ehrlichen, selbstkritischen Betrachtung; die Beurteilung kann letztlich der eigenen Intuition überlassen werden.

Wenn die Distanz entsprechend groß ist, sieht der Mensch im konkaven Hohlspiegel verkleinerte Bilder. Das sind jene Aspekte, zu denen er selbst keine Nähe hat, die er selbst nicht leben will und daher von sich fernhält. Ein solches Verhalten dürfen andere für ihn leben und das ist gut so; er kann und muss nicht alles selbst verkörpern. Als sehr begrenzter, minimaler Aspekt des Absoluten lebt jeder Mensch nur einen bestimmten Anteil aus dem Spektrum möglicher Charaktereigenschaften und Fähigkeiten.

Persönlichkeitsmerkmale, die nicht Teil der eigenen Lebensausrichtung oder sogar konträr dazu sind und keine emotionale Reaktion auslösen, zeigen sich als umgekehrtes Spiegelbild.

Um solche veränderten Bilder in einem optischen Hohlspiegel zu sehen, befindet sich der Beobachter irgendwo im Raum, an unterschiedlichen Positionen und nimmt reflektiertes Licht wahr. Auf das menschliche Bewusstsein übertragen heißt das, der Mensch erlebt sich in diversen, ständig wechselnden Lebenssituationen.

Eine Eigenart des Hohlspiegels ist es, dass nur von einem einzigen Standpunkt aus ein reelles Bild gesehen werden kann, das weder verkleinert noch vergrößert ist; es wird 1 zu 1 wiedergegeben, steht aber auf dem Kopf. Der Standort, der diese Sicht ermöglicht, ist der Mittelpunkt der Kugel, die den Hohlspiegel bildet. Wer an diesem Punkt steht, sieht sich in der Größe unverändert, aber oben ist unten und unten ist oben. Auch dieses optische Gesetz hat seine Entsprechung im menschlichen Bewusstsein:

Wenn der Mensch ganz zentriert ist, in sich ruhend, absolut bei sich, dann ist die Wahrnehmung nicht mehr in eine Verkleinerung oder Vergrößerung verschoben. Er ist mit sich und der Welt eins, nichts stört die innere Harmonie und das zeigt sich auch im Außen. Dieser Zustand des 1-seins hat zu tun mit der Aussage des Messias: „Ich und der Vater sind eins." Wer ganz in seiner Mitte ist, nimmt sich selbst und die Welt so wahr, wie sie ist und hat die Empfindung: „Alles ist sehr gut." Das sind Momente, in denen sich absoluter und irdischer Aspekt des Menschen gegenseitig im Spiegel sehen, die Augenblicke von 10–10.

Das Zentrum des Hohlspiegels kann betrachtet werden als das innerste Zentrum in jedem Menschen, das ihn auf die Reise schickt, sie leitet, begleitet und gleichzeitig das Ziel dieser Reise ist. Seine Reise ist eine Rundreise zu sich selbst. Es ist nicht die 1, die unpersönliche Einheit, bei der die Reise endet; sie war der Ausgangspunkt. Das Ziel der Reise ist das Erkennen der 1 durch die 10. Diese 10 ist eine 1 auf einer neuen Ebene, um die Erfahrungen der Reise reicher.

Am Ende der Reise spiegelt sich die individuelle 10 aus dem eigenen Zentrum heraus und erkennt sich als solche in jeder Richtung des 3-dimensionalen Raumes: $10 \times 10 \times 10 = 1000$. Der Weg durch die Zeit ist ein langer Weg hin zu dieser Erkenntnis des eigenen Selbst.

Dieser Weg wird geleitet aus dem Nicht-Bewussten, dem Bereich der 1 jenseits des Tagesbewusstseins. Die 1 drückt sich aus in allen Begegnungen, Ereignissen, Richtungsänderungen im Leben, immer mit dem Ziel, den Menschen zur Mitte zu bringen, zum Zentrum seines Seins. Die 1 ist als Messias im Menschen prinzipiell angelegt und bleibt weitgehend unbemerkt. Er lebt als unbewusste, lange Zeit gar nicht wahrgenommene treibende Kraft und Ausrichtung.

Zuerst wird das eigentliche Selbst verleugnet, der Ursprung vergessen, um dann zu erkennen, dass das Leben in der Welt der Materie der Weg zur Wahrheit ist. Die Aussage des Messias „Ich bin der Weg, die Wahrheit und das Leben" wird nachvollziehbar.

Mit zunehmender Entfernung vom Ursprung entwickelt sich eine Spannung, die man mit dem Dehnen eines Gummibandes vergleichen könnte. Je größer die mentale Distanz zur 1 wird, umso stärker wird das Ziehen und umso vehementer versucht der Mensch, die Spannung mit materiellen Mitteln auszugleichen. Allmählich dringt sie als eine Art Sehnsucht in die Wahrnehmung und fühlt sich an wie Heimweh. Davon ist das letzte Stück Weg geprägt. Dann bestimmt dieses Gefühl weitgehend das Leben, färbt und durchdringt alle persönlichen Erfahrungen und steigert sich bis zu einem Grad, der als unerträglich, hoffnungslos und ausweglos erlebt wird.

An diesem Punkt maximaler Spannung droht das Gummi-band zu reißen. Der Mensch erlebt sein Festgenagelt-Sein an der 400 als unerträglich und stirbt seinen „Tod am Kreuz". Was darauf folgt, ist die überraschende Erfahrung, dass nicht er, sondern seine rein materielle Weltsicht tot und begraben ist. Für ihn selbst beginnt die „Auferstehung", das bewusste Stehen zwischen Himmel und Erde, das bewusste Erkennen von beiden Aspekten in sich selbst. Ein physisches Sterben ist dafür nicht notwendig, ein Tod des Körpers ist damit nicht verbunden. Es ist vielmehr ein Erleben, das in manchen Momenten des Lebens durchblitzt, wiederholte Male, bis es im Denken und Wahrhaben genug Platz eingeräumt bekommt. Der Mensch erfährt sich in diesen Momenten als Zeuge des eigenen Denkens und Handelns, das er als vom Absoluten gelenkt wahrnimmt. Und der Mensch weiß, das war schon immer so, nur hat er es bisher nicht bemerkt.

Das Sehnen und Dehnen hört nun auf; das Band zum Ursprung ist nicht zerrissen, sondern hat eine Rückverbindung bewirkt, die unerwartet und überraschend ist. Wenn der Mensch ganz bei sich selbst ankommt, zeigt ihm der Blick in den eigenen inneren Spiegel, was darin von Beginn an angelegt ist: „Ich gleiche." Der Menschen = Adam sehnt sich im Grunde nach diesem Wissen, das in ihm selbst darauf wartet erkannt zu werden. Das Wahrhaben dieses „Ich gleiche" als die eigene göttliche, absolute Natur ist Selbst-Erkenntnis. Sie bringt mit sich die Erfahrung des Angekommen-Seins und die erstaunliche, unerwartete Einsicht, selbst das Ziel gewesen zu sein.

Unterwegs ist das Selbst, der Messias, die 1 im Menschen verborgen wie die Knochen im Körper. Im Hebräischen ist „Selbst" und „Knochen" dasselbe Wort. Das Alte Wissen sieht hier einen Zusammenhang. So wie die Knochen dem physischen Körper Stabilität geben und ihm Bewegung ermöglichen, tut es das Selbst auf immaterieller Ebene. Der Messias geht seinen Weg ungesehen, er ist die 1, die trägt und voranbringt, sich aber nicht zeigt. Sowohl die Knochen des menschlichen Skeletts als auch dieses Selbst überdauern die Zeit. Solange der Mensch glaubt, das physische Leben hier auf der Erde sei alles, solange er im Körper aus Fleisch und Blut seine ganze Existenz vermutet, verleugnet er dieses zeitlose Selbst und sieht im Knochen das Skelett als Symbol des Todes.

Das zeitlose Selbst ist im Außen nicht direkt erfassbar, erst indirekt durch den Blick in den eigenen inneren Spiegel. Dabei richtet sich der Fokus auf die eigene Intuition, erkennt und anerkennt sie als Ausdruck dieses zeitlosen Selbst und folgt ihr.

„Wenn jemand mir nachkommen will, der verleugne sich selbst und nehme sein Kreuz auf täglich und folge mir nach." Die Bibel beschreibt mit diesen Worten des Messias einen Prozess im menschlichen Bewusstsein. Selbst-Verleugnung hat den Weg beginnen lassen, Selbst-Erkenntnis beendet ihn. Der jenseitige Aspekt des Menschen, die Seele, das Selbst, der Messias oder wie immer man ihn nennen mag, hat sein Ziel erreicht: Dies- und Jenseits in sich zu verbinden und in beiden Welten zu Hause zu sein.

Das „Erkenne dich selbst" erfüllt sich in der Einsicht und Erfahrung, dass alles bisher außen Geglaubte jetzt auch innen erlebt wird. Waren Gott, himmlischer Frieden oder Ewigkeit etwas, das man irgendwo weit entfernt von sich selbst vermutet hatte, dann spürt man sie jetzt im eigenen tiefsten Sein. Das eigene Göttlich-Sein wird in einer Haltung großer Bescheidenheit erlebt, weil man spürt, dass sich etwas viel Größeres und Erhabeneres durch das eigene Menschsein ausdrückt.

Es kehrt sich so manche Sichtweise ins Gegenteil bei diesem Blick in den Spiegel und deshalb zeigt auch der Hohlspiegel ein auf dem Kopf stehendes Bild. Im eigenen Innersten drückt sich aus, was in einem fernen Himmel ersehnt wurde, den man zu erreichen hoffte. Im Menschen selbst lässt sich ganz real erleben, dass etwas Jenseitiges das Diesseitige bestimmt. Selbst-Verwirklichung bedeutet, in sich selbst ewige Wirklichkeit zu spüren.

Diese Erfahrungsebene wird zunehmend im individuellen Alltag Realität, wenn der Mensch lernt, seiner Intuition zu folgen und ihr zu vertrauen. Er orientiert sich an seiner eigenen inneren Ordnung und lässt sich leiten von Begeisterung, Freude und Neugierde, ähnlich wie ein Kind. Spielerisch, unbeeindruckt von Sicherheits- und Schuldgedanken, ohne Zwang, sondern selbstbestimmt und in voller Eigenverantwortung wird den Herausforderungen jeden Tag begegnet. Die eigene Empfindung, die „ja" oder „nein" sagt, ist die Autorität für persönliche Entscheidungen. Macht wird in diesem Sinne selbst übernommen und nicht mehr an andere abgegeben. Mit zunehmender Führungskraft für die eigene Existenz schwindet das Interesse, Macht über andere auszuüben. Diese Haltung bildet die Grundlage für ein freies, rücksichtsvolles, tolerantes und dadurch friedliches Miteinander.

Die unabhängige, intuitive Orientierung im eigenen Leben ist gekoppelt mit dem Empfinden, ganz in der eigenen Mitte zu sein und von dort aus zu agieren. Es herrscht ein Gefühl innerer Harmonie und Zufriedenheit. Dem geht der Wunsch oder das Verlangen voraus, in die eigene Mitte zu kommen und aus diesem Zentrum heraus leben zu können. Sie motivieren so lange, bis man wirklich ganz bei sich selbst angekommen ist.

Der Spiegel der 8 in der Zahlensequenz 1–8–9 wird mit der Jahresqualität 2018 für die 10 erkennbar. 2018 fördert die Sicht auf Materie als Projektion aus dem Absoluten. Bisher getrennt und als unvereinbar Wahrgenommenes wird klarer erfassbar als gegenseitige Entsprechung und Ergänzung. Vorher ist der Spiegel der 8 verhüllt, wirkt als Trennung und verhindert den Durchblick. 2018 gibt den Blick frei, sodass eine Hälfte die andere als ihre Entsprechung sehen kann und 1009 steht 1009 gegenüber. Die 9 sieht sich gemeinsam mit der 1000 gespiegelt.

Auch optisch ähneln sich die Zahlen 1–00–9 und 1–8–9, denn die 8 kombiniert in ihrem Schriftbild ebenfalls zwei Nullen. Diese 2 Nullen, sowohl in 1–8–9 als auch in 1–00–9 zeigen klar und deutlich, dass dem Erleben von Kreisläufen im Zeitlichen das Prinzip von Kreisläufen im zeitlosen Ewigen gegenübersteht. Zwei gleiche Nullen führen vor Augen, dass die Zyklen beidseitig identisch sind. Die Null im Absoluten hat ihr Gegenüber in der irdischen Null und beide Seiten gehen gegen Null.

Die Primzahl 1009 ist nur durch 1 und sich selbst teilbar; das Erkennen der 1000 im Spiegel der 8 ist eine sehr individuelle Erfahrung.

Das 3-Dimensionale dient als Projektionsfläche für die Darstellung von Prinzipien, um sie mit menschlichen Sinnen erfassbar zu machen. Materie ist wie eine „Leinwand" und auf ihr wird als „Film" sichtbar, was von einem „Projektor" im Absoluten kommt. „Film" und „Projektion" sind identisch. Das Bewusstsein innerhalb der Weltsicht der 400 hält den „Film" für real und sieht darin sogar die einzige Realität. 400 ist darauf ausgerichtet, dass der Mensch zur 1000 wird. 2018 befreit das Bewusstsein von der Illusion, dass der „Film" seines Lebens die einzige Wirklichkeit ist. Die Zeitqualität 2018 macht den menschlichen „Zuschauer" mit der Spiegelung von 1–00–9 und 1–00–9 darauf aufmerksam, woher die Bilder auf der „Leinwand" der 1–8–9 kommen.

Den Blick in die „andere" Richtung, auf die „andere Seite" hin zum „Projektor" ermöglicht die 9 in Kombination mit der Erfahrung der 100; auch das bildet 1009 ab.

1–00–9 zeigt 1–8–9 den Blick auf sich selbst; die 1–9 außen ist die bewusste 19, die in sich erkennt, dass die 8 der äußeren Welt dieselbe ist wie die liegende 8 ihres zeitlosen Inneren. Die 8 im Zeitlichen ist endlich, die liegende 8 im Inneren das Symbol für Unendlichkeit. Das Schriftbild der 8 ist dasselbe, nur die Perspektive der Wahrnehmung eine andere. Die Erfahrungen des 3-Dimensionalen, der 1–8–9, laufen auf diese Selbst-Erkenntnis hinaus, die von der Zeitqualität 2018 ermöglicht wird.

2018 enthält als 2 x 10 neben 2 x 9 die Information, dass sie für jede 10 über die Erkenntnisfähigkeit der 9 die 2 x 1000 sichtbar werden lässt. Die Zahl 18 zeigt die Spiegelfunktion der 8 auf Ebene der menschlichen 10, dabei ist das Prinzip 8 zu erkennen.

Ähnliches ist auch in der Zahlenfolge 1–8–9 enthalten: 1–8 besteht als 18 aus 2 x 9, und 1–9 als 19 erkennt 8 als Spiegelfläche.

Diese Erfahrung, dass Irdisches und Nicht-irdisches im eigenen Leben zusammenwirken, beschreiben die Zahlen der 4. Dimension. Dieser Blick von außen oder besser gesagt von innen auf die 3-dimensionale materielle Existenz ist ein zusätzlicher 4. Wahrnehmungsbereich.

Mit ihrer Ver-3-fachung beschreiben Zahlen die 3. Dimension, mit einer Ver-4-fachung die **4. Dimension:**

1 x 1 x 1 x 1	= 1	Ziffernsumme	1	
2 x 2 x 2 x 2	= 16	Ziffernsumme	7	
3 x 3 x 3 x 3	= 81	Ziffernsumme	9	
4 x 4 x 4 x 4	= 256	Ziffernsumme	4	
5 x 5 x 5 x 5	= 625	Ziffernsumme	4	
6 x 6 x 6 x 6	= 1296	Ziffernsumme	9	
7 x 7 x 7 x 7	= 2401	Ziffernsumme	7	
8 x 8 x 8 x 8	= 4096	Ziffernsumme	1	
9 x 9 x 9 x 9	= 6561	Ziffernsumme		9
10 x 10 x 10 x 10	= 1000	Ziffernsumme	1	
11 x 11 x 11 x 11	= 14641	Ziffernsumme	7	
12 x 12 x 12 x 12	= 20736	Ziffernsumme	9	
13 x 13 x 13 x 13	= 28561	Ziffernsumme	4	
14 x 14 x 14 x 14	= 38416	Ziffernsumme	4	
15 x 15 x 15 x 15	= 50625	Ziffernsumme	9	
16 x 16 x 16 x 16	= 65536	Ziffernsumme	7	
17 x 17 x 17 x 17	= 83521	Ziffernsumme	1	
18 x 18 x 18 x 18	= 104976	Ziffernsumme		9
19 x 19 x 19 x 19	= 130321	Ziffernsumme	1	
20 x 20 x 20 x 20	= 160000	Ziffernsumme	7	
21 x 21 x 21 x 21	= 194481	Ziffernsumme	9	

Auch diese Reihe lässt sich beliebig fortsetzen und zeigt ein sich wiederholendes Muster, das eine Spiegelung darstellt: Die Zahlen 1–7–9–4 spiegeln sich in 4–9–7–1 und außerhalb dieser

Spiegelung steht eine 9, die diese Spiegelung beobachtet. Darin kommt zum Ausdruck, dass die 9 eine Spiegelung erkennt, deren Teil sie auch selbst ist. Sie ist Teil und gleichzeitig Beobachterin der Sequenz. Diese Doppelfunktion beschreibt exakt das Erleben der 4. Dimension, das Erleben beider Welten. Die 9 erkennt, dass die 8 sich eigentlich zusammensetzt aus 4 + 4. Der im 3-Dimensionalen unerkannte Spiegel der 8 zeigt sich nun als eine Spiegelung der 4.

Die Zahl 4 entspricht im Hebräischen der Daleth, dem 4. Zeichen mit der Bezeichnung „Tür". Die 4 öffnet als Tür grundsätzlich einen neuen Erfahrungsraum. Sie leitet aus dem rein abstrakten Bereich von 1, 2 und 3 über in den materiellen Bereich, den sie mit 2 x 2 beschreibt. Die 4 ist deshalb die Zahl der Materie, des 3-dimensionalen Irdischen. Die 9 erkennt die materielle 4 als Projektion einer absoluten 4. Damit öffnet sich die Tür in einen neuen, zusätzlichen Erfahrungsraum.

7 ist die Zahl des vielfältigen Lebens in dieser Welt der 4 mit ihren Herausforderungen, Kämpfen und auch schönen Momenten. Die 9 erkennt, dass auch diese gelebte 7 eine abstrakte 7 spiegelt.

Außerdem wird ihr bewusst, dass sie der 1 über dieses Erleben der 7 begegnet und dass die 4 der Materie dafür die Basis bildet.

Das sind die grundsätzlichen Aussagen einer beobachtenden 9 zur Zahlenreihe 1–7–9–4–4–9–7–1. Die 7 ist in dieser Sequenz die verbindende Zahl zwischen 1 und 9. Die bewusste 10 der 4. Dimension beobachtet und erlebt dieses Zusammenwirken von 1 und 9 über 7 im eigenen Alltag. Die Sequenz betont mit 1–7 die Qualität der 17 und stellt damit den Bezug her zur Zeitqualität von 2017.

Diese Zahlenfolge bildet grundlegende Gesetzmäßigkeiten ab, die allgemein für die qualitative Aussage von Zahlen gelten. Sie gibt weiteren Einblick in die „Grammatik" dieser Sprache, indem sie Erkenntnis als „Antwort" des Menschen auf eingesehene Prinzipien darstellt. Diese Antwort besteht in einer gegensätzlichen Spiegelung, die erst ab der 10 als solche zu erkennen ist. Erst die bewusste 10 kann einsehen, selbst die Antwort zu sein auf den Impuls der 01.

Das Zusammenfügen von Gegensätzen im Sinne der 3 zeigt die Zahlenfolge der 4. Dimension mit der Spiegelung von 1–7–9–4 durch 4–9–7–1. Indem ein zusätzlicher 4. Wahrnehmungsbereich die 4 als Projektion erkennen lässt, beantworten sich für den Menschen viele Fragen dieser materiellen Existenz. Durch die 9 erkennt er in seinem Leben Impulse der 1 und antwortet darauf, indem er sie bewusst wahrnimmt und gedanklich oder durch sein Handeln darauf reagiert. Diese Art der Lebenspraxis auf der Basis von 4 + 4 bildet mit 1–7–9 und 9–7–1 Impuls und Reaktion ab. In Summe ergeben 179 + 971 die Zahl 1150 = 50 + 100 + 1000 und erklären damit, worauf das Miteinander von Impuls und Reaktion hinausläuft.

Die bewusste 10 ist das Ziel der irdischen 4, darüber informieren die Zahlen mit der Summe aus 1 + 2 + 3 + 4 = 10. Die 4. Dimension definiert den Wahrnehmungsbereich der bewussten 10.

Die Bibel unterstreicht die Bedeutung der 10 für den Menschen unter anderem mit den 10 Geboten (das Alte Wissen nennt sie 10 Worte), die Moses am Berg Sinai erhält.

Im modernen Alltagsleben zeigt sich die 10 im Dezimalsystem und auch im Binärcode, der aus 1/0 besteht. In vieler Hinsicht ist das Leben des Menschen an der 10 orientiert. Sie steht für das unbewusst wirkende Absolute, das in der Welt der 4 in die bewusste Wahrnehmung drängt.

Wenn sich nun in der Zahlensequenz der 4. Dimension eine Spiegelung auf Basis der 4 zeigt, weist sie auf die Funktion der 4 als Tür hin. Die 4 der 4. Dimension öffnet die Tür hinaus aus der rein materiellen Sichtweise, indem sie eine neue Perspektive anbietet. Im Vollen Wert 434 der Daleth ist ihr Doppelcharakter als Tür bereits optisch sichtbar: Eine 4 führt hinein in die 3-Dimensionalität und eine andere 4 führt wieder heraus.

Das Alte Wissen erklärt dazu weitere Zusammenhänge:

Durch die Tür der 4 = Daleth mit dem Vollen Wert 434 ist die 1 in die materielle Welt getreten und lebt da verborgen in allem und jedem. Der Volle Wert 868 des Wortes „Messias" ist 2 x 434. Der Begriff „geboren werden" hat ebenfalls den Äußeren Wert 434. Mit der Geburt des Messias wird die 1 in der Welt der 2 und 4 wahrnehmbar. Durch die Geburt einer Sichtweise, die von der Begrenzung auf 2, 4 und 12 erlöst, öffnet sich ein Zugang zum Verstehen und stellt die bisherige Wahrnehmung dieser Welt auf den Kopf. Diese Sichtweise kombiniert 2 + 1 zu 3, 4 + 1 zu 5 und 12 + 1 zu 13; 3 + 5 + 13 = 21 spiegelt die 12 verkehrt herum.

Das Prinzip 1 + 2 = 3 hält durch die darin angelegte Spannung den Menschen in der Welt der 4 in Bewegung. Er steuert darauf zu, diesen Umstand über 9 zu erkennen. Die Sequenz der 4. Dimension besteht aus 9 Zahlen. Die Zahl 9 kommt darin 3-mal vor, und zwar 2-mal innerhalb und 1-mal außerhalb als Beobachter. Die Sequenz der 4. Dimension ist geprägt durch die 9, das damit beschriebene Bewusstsein durch Erkenntnisfähigkeit. 4 nimmt darin die Funktion der Spiegelfläche ein, die erkennen lässt, dass sich 2 Welten gleichwertig gegenüberstehen. Gleichzeitig öffnet sich der Zugang zu einer völlig neuen, unerwarteten Sichtweise.

Innerhalb der 3. Dimension bleibt die Spiegelung unerkannt. Der Zugang von der 3. zur 4. Dimension öffnet sich, sobald die Spiegelung erkannt wird.

Pythagoras wird das Zitat „Alles ist Zahl" zugeschrieben. Vor allem ist er bekannt durch seine Gleichung zur Berechnung des rechtwinkligen Dreiecks: $a^2 + b^2 = c^2$. Diese Formel geht in seinem Sinn weit über die geometrische Form hinaus und hat tiefere Hintergründe, die sich auch auf die Zahl 3 und die Bedeutung des rechten Winkels beziehen.

Im Zusammenhang mit der Betrachtung der Dimensionen interessiert vor allem die Tatsache, dass diese Formel zwar generell gilt, aber nur auf drei hintereinander folgende Zahlen anwendbar ist, nämlich 3, 4 und 5: 3 x 3 + 4 x 4 = 5 x 5.

Die Selbst-Begegnungen von 3 und von 4 ergeben als „Kind" die Selbst-Begegnung der 5; begegnen meint im Sinne des Bewusstseins ein Erleben, ein Wahrhaben im Alltag. Die Zahl 3 ist im Alten Wissen dem Männlichen zugeordnet, die 4 dem Weiblichen; ihr Gegensatz wird dargestellt durch einen rechten Winkel. Vereinigen sich diese Gegensätze durch eine verbindende

Linie, entsteht ein rechtwinkliges Dreieck. Die sichtbare geometrische Form bildet damit ein abstraktes Geschehen ab, das im Absoluten gegeben ist, Vorgänge im Bewusstsein beschreibt und seinen äußeren Ausdruck in Zahlen bzw. Formen findet. In Bezug auf das menschliche Bewusstsein heißt das, die 3. Dimension begegnet einer 4. Dimension. Beide Sichtweisen stellen in gewisser Weise Gegensätze dar, bilden also einen rechten Winkel.

Die 3. Dimension hat mit dieser Begegnung ihre Aufgabe erfüllt, was sich darstellt als 3 x 3. Die neue Sichtweise der 4. Dimension für das eigene Leben anzunehmen, sie in das eigene Denken zu integrieren und im eigenen Alltag zu beobachten, zeigt sich als 4 x 4. Damit kommt es zu einer Verbindung von ursprünglich gegensätzlichen Standpunkten, es entsteht eine neue Dimension, deren Anerkennung sich bereits durch diese Verbindung von selbst ergibt: 3 x 3 + 4 x 4 = 5 x 5.

Auch die Bewusstseinskompetenz einer **5. Dimension** lässt sich wieder in Zahlen ausdrücken, in diesem Fall durch die Ziffernsummen aus deren Verfünffachungen:

1 x 1 x 1 x 1 x 1	= 1	Ziffernsumme	1	
2 x 2 x 2 x 2 x 2	= 32	Ziffernsumme	5	
3 x 3 x 3 x 3 x 3	= 243	Ziffernsumme		9
4 x 4 x 4 x 4 x 4	= 1024	Ziffernsumme	7	
5 x 5 x 5 x 5 x 5	= 3125	Ziffernsumme	2	
6 x 6 x 6 x 6 x 6	= 7776	Ziffernsumme		9
7 x 7 x 7 x 7 x 7	= 16807	Ziffernsumme	4	
8 x 8 x 8 x 8 x 8	= 32768	Ziffernsumme	8	
9 x 9 x 9 x 9 x 9	= 59049	Ziffernsumme		9
10 x 10 x 10 x 10 x 10	= 100000	Ziffernsumme	1	
11 x 11 x 11 x 11 x 11	= 161051	Ziffernsumme	5	
12 x 12 x 12 x 12 x 12	= 248832	Ziffernsumme		9
13 x 13 x 13 x 13 x 13	= 371293	Ziffernsumme	7	
14 x 14 x 14 x 14 x 14	= 537824	Ziffernsumme	2	
15 x 15 x 15 x 15 x 15	= 759375	Ziffernsumme		9
16 x 16 x 16 x 16 x 16	= 1048576	Ziffernsumme	4	
17 x 17 x 17 x 17 x 17	= 1419857	Ziffernsumme	8	
18 x 18 x 18 x 18 x 18	= 1889568	Ziffernsumme		9
19 x 19 x 19 x 19 x 19	= 2476099	Ziffernsumme	1	
20 x 20 x 20 x 20 x 20	= 3200000	Ziffernsumme	5	
21 x 21 x 21 x 21 x 21	= 4084101	Ziffernsumme		9

Diese Reihe ist beliebig fortsetzbar und zeigt ein sich wiederholendes Muster von 9 Zahlen, in dem die 9 jeweils 3-mal vorkommt. Die 3 Sequenzen beinhalten alle Zahlen außer 3 und 6.

Die Zahlenpaare, die innerhalb der 3 Sequenzen jeweils von einer 9 abgeschlossen werden, bilden abwechselnd die Ziffernsummen 6, 9 und 3: 1 + 5 = 6, 7 + 2 = 9, 4 + 8 = 12 = 3.

Die Zahlensequenz der 5. Dimension ergibt das folgende Bild, angelegt in einer Kreisform als Symbol für die irdische Realität. Die sich wiederholende 9 ist dabei in ihrer Position als erkennender übergeordneter Beobachter berücksichtigt, die übrigen Zahlen sind in der Reihenfolge ihres Auftretens in der Sequenz miteinander verbunden.

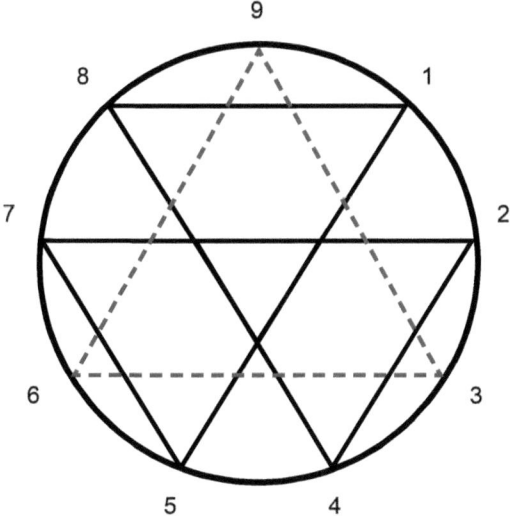

Insgesamt bilden die 6 Zahlen 1–5, 7–2 und 4–8 aus ihren Verbindungslinien 4 Dreiecke, die sich überschneiden. Das kleine Dreieck in der Mitte, dessen Spitze nach unten weist, entsteht aus 3 Dreiecken, die sich durch die Verbindung der Sequenz-Zahlen formen.

Ein 5. Dreieck bildet die 9 gemeinsam mit den in der Sequenz nicht genannten Zahlen 3 und 6.

Auf diese Weise wird über geometrische Formen das 1–4-Prinzip abgebildet und äußert sich das hintergründige Wirken der 3 und ihrer Vielfachen in der grafischen Darstellung von 1 + 4 = 5 3-Ecken. Die Zahl 3 selbst zeigt sich nicht in dieser Abfolge, aber ihre Impulse sind formbildend und wirken verbindend auf alles Erscheinende.

Durch Überschneidungen mit den gestrichelten Linien entstehen zusätzlich 6 kleine Dreiecke, von denen 3 nach außen weisen und den Kreis berühren und 3 nach innen zur Mitte gerichtet sind. Zusätzlich ergeben sich 6 Dreiecke an den Sequenzzahlen 1, 2, 4, 5, 7, 8, die in Summe mit 27 = 9 x 3 und 3 x 3 x 3 die Gesamtaussage unterstreichen.

Insgesamt 5 + 6 + 6 = 17 Dreiecke weisen auf die Individualität der 5-dimensionalen Realitätssicht hin, die sie zur Darstellung bringen.

Es ist bemerkenswert, dass diese Grafik Ähnlichkeiten mit dem Symbol für Radioaktivität aufweist und die Übereinstimmungen gleichzeitig in einer 3-fachen Umkehr zeigt. Die Außenkontur ist hier ein Kreis und dort ein Dreieck, in dem 3 innenliegende Segmente einen Kreis formen mit einem kleinen Kreis im Zentrum; in der Anordnung der Segmente ist oben und unten vertauscht. Der Begriff Radioaktivität leitet sich ab vom lateinischen radiare = „strahlen" und activus = „tätig, wirksam" und bedeutet „Strahlungstätigkeit".

Symbol für Radioaktivität

Die 5. Dimension beschreibt eine Bewusstseinsausrichtung, die Gegensätzliches verbindet. In ihrer grafischen Variante demonstrieren und betonen die Zahlen dieser Sequenz das hintergründige Wirken der 3 und deren Varianten 2 x 3 = 6 und 3 x 3 = 9. Diese Darstellung definiert das Sichtbare als Ergebnis einer unsichtbaren „Strahlungstätigkeit", die von der 3 ausgeht.

Die 3 fordert und fördert auf kreative Weise das menschliche Bewusstsein und ist darauf ausgerichtet, sich darin selbst über die 9 zu erkennen. Diese Ausstrahlung der 3 ist die umgekehrte Entsprechung zur lebensfeindlichen Wirkung radioaktiver Strahlung auf den menschlichen Körper.

Über die Relationen der Maße innerhalb der Abbildung geben die Zahlen weiteren Einblick in die Art von Denken, das einer 5. Dimension entspricht:

Bei einem Kreisradius von 10 ist die Seitenlänge des kleinen gleichseitigen Dreiecks in der Mitte genau 6 und kann betrachtet werden als grafische Darstellung einer dreifachen 6. Es ist eine 6–6–6, die die Dreiecke der Sequenz-Zahlen miteinander verbindet und gleichzeitig durch deren Verbindung entsteht.

Damit ist dieses kleine Dreieck ein Symbol für den Menschen, der nach unten, zur Erde hin ausgerichtet ist und in dieser Ausrichtung seinen Lebenssinn erfüllt, indem er Begebenheiten des täglichen Lebens als Äußerungen einer absoluten Instanz erfasst.

Mit 9 gelingt die Einsicht in das hintergründige Wirken von 3 und 6 und in die eigene Verbindung damit. Auf der Verbindungslinie von 3 und 6 steht die 9 und bildet die Spitze eines Dreiecks, das nach oben hin ausgerichtet ist. Bei einem Radius von 10 beträgt diese tragende Vertikale von der Linie 3–6 zur 9 genau 15. Das ist jene Zahl, die in 10–5–6–5 die Seite des Absoluten darstellt als 10–5 und die von der 6 mit der diesseitigen 5 zusammengeführt wird.

Die Zahl 15 erscheint auch direkt in den Zahlen des ersten Segmentes und wird im zweiten Segment gefolgt von 72, dem Vollen Wert von JHWH. 48 ist Inhalt des dritten Segments und stellt als 4 x 12 eine Variante zur diesseitigen 5 in 10–5–6–5 dar.

Insgesamt bestätigen die Zahlen dieser Sequenz die Aussage von Prinzip JHWH, die darin besteht, Absolutes und Irdisches zu kombinieren.

Es ist volle Absicht des Absoluten, dargestellt durch den Vollen Wert 72, das Absolute = 15 mit dem Irdischen = 48 zu einer Ganzheit zu verbinden. 15 + 72 + 48 bringen die Umsetzung von 10–5–6–5 in Summe mit 135 zum Ausdruck. Die Verbindung von 15 x 48 ergibt mit 720 den Vollen Wert von JHWH auf Basis der 10.

Innerhalb der einzelnen Segmente 1–5, 7–2 und 4–8 errechnen sich die Zahlen 4, 5 und 4 als Differenz zwischen den erscheinenden Zahlen: 5 – 1 = 4, 7 – 2 = 5, 8 – 4 = 4.

5 zeigt sich als vermittelnde Komponente zwischen 4 und 4 und sagt damit aus, dass 5 das Wahrnehmen einer Spiegelung von 4 zu 4 ermöglicht. Die 3 Zahlen 4 + 5 + 4 beschreiben in Summe mit 10 + 3, wer die Kompetenz zu dieser Art von Wahrnehmung hat. Die Summe 135 macht diese Aussage synonym mit 13 x 10 + 5.

Das Miteinander von 4 x 5 x 4 ergibt die Zahl 80 und demonstriert als 8 x 10 eine neue Perspektive auf die 8 von 1–8–9. Die 8 wirkt in der 3-dimensionalen Konstellation trennend zwischen 1 und 9, während die 5-dimensionale 10 aus 1 + 9 die 8 als Kombination von 4 + 4 wahrnimmt und ihr anders begegnet. Die 720 aus der Synthese von 15 x 48 summiert sich mit dieser 80 zu 800 = 2 x 400: Die Welt der 400 wird als Projektion aus dem Absoluten erkannt.

Die 5. Dimension betont wie die 4. Dimension Erkenntnisfähigkeit. Die 9 ermöglicht Einsicht in Grundlagen des irdischen Lebens und erkennt darin ein Wirken von Kräften, die selbst nicht sichtbar sind, aber Sichtbares kreieren. Die eigentlich wirkende 3 und ihre Variante 6 sind nicht sichtbare Teile der Sequenz. Die 9 erkennt aber, dass sie selbst aus diesen Qualitäten besteht und sieht den Zusammenhang zwischen 3 und 6. Sie erkennt die 6 aus 3 + 3, die Absolutes mit Menschsein verbindet und 3 als Antrieb und Zielsetzung erlebt, als Absicht der absoluten 3, und versteht auf diese Weise 1 + 2 + 3 = 6. Die Fähigkeit und Funktion der 6 bleiben in der 3-dimensionalen Sichtweise unerkannt.

Die wesentliche Qualität der 3 ist das Miteinander von Absolutem und Dualität. Die 3-dimensionale Realität von Zeit und Raum zielt darauf ab dieses Prinzip zu erkennen. Die 1–8–9 hat in der 9 aus 3 x 3 ihre Zielsetzung, sie steht für das Erkennen des Prinzips 3 durch die gelebte 3. Ein Aspekt dieser 9 ist es auch, dass sich der Mensch selbst seiner verbindenden Funktion als 6 bewusst wird und diese Veranlagung, angelegt in der 3, anerkennt.

Mit dem Wahrhaben im Leben als 2 x 3 summieren sich angelegte Funktion und deren Anerkennung: 6 + 3 = 9. Die 9 als Zahl der Erkenntnis setzt sich also zusammen aus 3 + 6 oder 3 x 3. Die Dynamik aus der Verbindung von 1 + 2, Einheit und Dualität, bewirkt einen Impuls, der sich so lange fortsetzt, bis er sich selbst begegnet in der Einsicht, sowohl 2 als auch 1 zu sein. 2 + 1 als Antwort auf 1 + 2 kommt zum Ausdruck durch 3 x 3 = 9. Einsicht und Inhalt der Einsicht kombinieren sich und eine 10 aus 9 + 1 definiert das menschliche Bewusstsein, das diese Zusammenhänge in der eigenen Existenz beobachtet.

Zielsetzung und Veranlagung der 3 aus 1 + 2 ist die 6, wie 1 + 2 + 3 = 6 deutlich machen. Jede einzelne menschliche Existenz zielt darauf ab, sich selbst als Verbindung von und zwischen 1 + 2 zu erfahren. Ist der Mensch sich dieser Verbindung bewusst, hat er das Ziel erreicht, das die 6 mit 1 + 2 + 3 + 4 + 5 + 6 = 21 zum Ausdruck bringt. Er kombiniert bewusst 2 + 1, erfährt sich als 20 in Kontakt mit der 1 und lebt als 3, was 21 mit 3 x 7 aussagt.

Die 6 erfüllt ihre Funktion, indem sie den Menschen erfahren lässt, 2 x 3 zu sein, als 2 das Prinzip 3 zu leben.

Ein solcher Mensch wird beschrieben vom Zahlenbild einer **6. Dimension**, das alle Zahlen ergeben, wenn man sie 6-mal mit sich selbst multipliziert und daraus Ziffernsummen bildet:

1 x 1 x 1 x 1 x 1 x 1	= 1	Ziffernsumme	1
2 x 2 x 2 x 2 x 2 x 2	= 64	Ziffernsumme	1
3 x 3 x 3 x 3 x 3 x 3	= 729	Ziffernsumme	9
4 x 4 x 4 x 4 x 4 x 4	= 4096	Ziffernsumme	1
5 x 5 x 5 x 5 x 5 x 5	= 15625	Ziffernsumme	1
6 x 6 x 6 x 6 x 6 x 6	= 46656	Ziffernsumme	9
7 x 7 x 7 x 7 x 7 x 7	= 117649	Ziffernsumme	1
8 x 8 x 8 x 8 x 8 x 8	= 262144	Ziffernsumme	1
9 x 9 x 9 x 9 x 9 x 9	= 531441	Ziffernsumme	9
10 x 10 x 10 x 10 x 10 x 10	= 1000000	Ziffernsumme	1

Die sich endlos wiederholende Sequenz besteht nun aus den Zahlen 1–1–9 und beschreibt die Kompetenz dieses Bewusstseins als eine wechselnde Erfahrung von Erkennen und Erkannt-Haben.

Dieser Mensch erkennt (19) durch seine ganz persönliche Wahrnehmung eine Verbindung zum Absoluten (1). Diese 1 + 19 entspricht der 20 aus 10–10 im Sinne von 10–5–6–5.

Die Erfahrung, als 10 in Kontakt mit der 1 zu sein, entspricht 10 + 1 und ist die Aussage von 1–1. Bewirkt wird sie durch die Bereitschaft zur Erkenntnis, wie 9 in 1–1–9 ergänzt.

Insgesamt entspricht die 6. Dimension einem Denken, das 119 als eine Kombination von 10 x 10 + 19 definiert. Es entspricht einem Menschen, der ganz persönliche und einzigartige Erfahrungen macht, die dieses Denken ermöglichen und unterstützen. Darauf weist 119 mit 7 x 17 hin.

Die Sequenz 1–1–9 zeigt große Ähnlichkeit mit der Zahlenfolge 1–8–9 der 3. Dimension. Der Unterschied besteht darin, dass die 8 von der 1 ersetzt wird. Die 19 erkennt nun, dass alles, was früher in der Weltsicht der 8 als getrennt von der 1 wahrgenommen wurde, Ausdruck der 1 ist und immer war. Die 19 setzt 2 x 2 x 2 = 8 mit der 1 gleich, denn sie erfährt immer wieder, dass alles in der 3-dimensionalen Welt der Dualität eine Projektion aus dem Absoluten ist.

In ihr selbst wirkt dieses Absolute, das sich individuell zum Ausdruck bringt und ebenso in allen Menschen; es prägt sämtliche Ereignisse im Leben. 189 – 119 = 70 erklären den Unterschied zwischen 3-dimensionalem und 6-dimensionalem Denken damit, dass die 10 im Alltag das Wirken der 1 bewusst erfasst und als Realität anerkennt, weil es sich wahr anfühlt und sich wirklich erleben lässt.

Nie ist Erkenntnis aus dem logischen Denken allein geleitet, immer ist ein Wahrhaben des Absoluten begleitet von intuitivem Spüren. Gedanke und Gefühl bestätigen einander, wenn sich das Gedachte gut anfühlt, stimmig, richtig, wahr und irgendwie erhebend für das eigene Leben. Das ist der Kompass, den der Mensch in sich trägt und der ihm den Weg vorgibt.

Jeder Mensch trägt diese Autorität in sich, die er intuitiv spürt und von der er sich bewusst leiten lassen kann. Sie führt ihn allmählich heraus aus einem Leben, in dem er sich immer wieder verloren fühlt in Angst, Trauer, Unsicherheit, Einsamkeit oder sogar Verzweiflung. Auch wenn der Weg sich oft anfühlt wie eine Kreuzigung, er führt zur Auferstehung. Der Mensch nimmt diese Auferstehung ebenso wie die Kreuzigung in sich selbst wahr. In seiner eigenen innersten Mitte angekommen wird er fähig diese Welt zu akzeptieren als eine Kulisse, die dazu da ist, um alle Erfahrungen zu machen, die es zu machen gibt.

Manchmal sind es schöne Erlebnisse, manchmal schmerzliche und böse. Der Mensch erlebt beides in einer Grundhaltung von Akzeptanz. Auch wenn ihm etwas gerade nicht gefällt, kann er es akzeptieren; er weiß, dass es genau so gewollt ist von einer Ebene her, die er selbst in sich trägt, die ein Teil von ihm ist.

Bei diesem Teil von sich selbst fühlt er sich jetzt angekommen. Er spürt und weiß, dass er dort ist, wohin er sich immer gesehnt hatte, zu Hause. Nur hat es ihn vielleicht sehr überrascht, dass dieses Heimkommen in ihm selbst geschieht und nicht im Gegensatz steht zu seinem irdischen Leben hier; hier und dort sind für ihn im wahrsten Sinne des Wortes eins.

Zuerst allmählich und später immer wieder wird im eigenen Innersten wahr-genommen, was der auferstandene Christus gesagt hat: „Ich und der Vater sind eins." Dabei wird dieser Vater als etwas realisiert, das größer ist als das eigene Ich und ohne den dieses Ich nichts tun kann.

Dieses Wahrhaben findet Platz in einem ganz gewöhnlichen Alltag. Nach außen hin unterscheidet sich dieser Mensch nicht von anderen, aber in seinem Inneren hat sich eine Tür geöffnet, die Welten verbindet. Manchmal befindet er sich mehr in dieser, manchmal mehr in jener Welt. Wie in einer Pendelbewegung erfährt er sich durch offene Türen hin und her gleiten.

Ein befreites, gelassenes In-sich-Ruhen könnte man die Grundstimmung dieses Daseins nennen. Es hat nach wie vor seine Höhen und Tiefen, ebenso seine menschlichen Schwächen und Stärken. Neu ist die Akzeptanz all dessen, weil alles so sein darf, wie es ist. Dieser Mensch erlebt Halt in sich selbst und sucht ihn nicht mehr im Außen. Für ihn steht keine weltliche Instanz über seiner inneren Autorität. Deshalb ist auch sein Umgang mit traditionellen religiösen Sichtweisen, Begriffen und Gebräuchen sehr entspannt und unkonventionell. Dasselbe gilt für Ansichten und Themen, von denen die ihn umgebende Gesellschaft gerade geprägt ist. Dieser Mensch stellt sich dem Mainstream nicht ablehnend oder gar belehrend entgegen, sondern nimmt ihn in seiner Relativität wahr und entzieht sich ihm auf diese Weise.

Grundaussagen der Dimensionen

Die Sequenzen zur Beschreibung der Erfahrungsebenen ergeben sich aus den Potenzialen der jeweiligen Dimensionen. Potenz leitet sich ab vom lateinischen „potentia" und bedeutet Vermögen, Macht.

Potenzzahlen lassen also erkennen, innerhalb welcher Grenzen ein Bewusstsein die Macht und das Vermögen hat, Zusammenhänge zu erfassen. Damit wird der Wirklichkeitsbereich definiert, der dem Menschen zur Verfügung steht, um mit wachem und klarem Verstand als Realität wahrgenommen zu werden. Dieser Wirklichkeit begegnet das Bewusstsein und erfährt sich damit selbst in Form von Erlebnissen. In Zahlen drückt sich diese Selbstbegegnung aus durch Multiplikation mit sich selbst. In der 3. Dimension beschreibt die Kubikzahl den Raum der Wahrnehmung. Das Bewusstsein des Menschen bewegt sich ausschließlich innerhalb des 3-dimensionalen Räumlichen, das sich in einer zeitlichen Abfolge erfahrbar macht. Materie im weitesten Sinn, das mit den Sinnen Wahrnehmbare und mit dem Verstand Erklärbare, wird als ausschließliche Realität angesehen. Der Mensch mit diesem Bewusstsein lebt unter dem Motto: „Sonst gibt es nichts und nach dem Tod ist alles aus."

Im Übergang zur 4. Dimension wird ein zusätzlicher Aspekt akzeptiert. Es wird grundsätzlich anerkannt, dass eine jenseitige Ebene existiert und die diesseitige wesentlich bestimmt.

In der 4. Dimension wird die erlebte Realität als Ausdruck einer nicht direkt wahrnehmbaren Instanz gesehen, die außerhalb und unabhängig von der Materie besteht. Alles, was an Materie existiert, ist Ausdruck des Absoluten und erscheint in dieser physischen Welt nur, weil es dort in einer anderen Realität bereits vorhanden ist. Der Mensch mit diesem Bewusstsein ahnt und erlebt: Das Wirkliche existiert auf einer geistigen Ebene, das Äußere ist nur eine Abbildung davon.

Die 5. Dimension entspricht einem inneren Wahrhaben, dass die absolute Instanz nicht nur außerhalb des individuellen Ich existiert, sondern genauso im eigenen Inneren. Das Absolute wird erfahren als Intuition, als ein ganz subtiler Impulsgeber, der mehr oder weniger deutlich über die Gefühlsebene wirkt und das eigene Tun leitet. Persönliches Denken und Verhalten löst sich von äußeren Beeinflussungen oder antrainierten Mustern und wird zunehmend unabhängig davon. Das Leben verändert sich in seiner Ausrichtung.

Damit ist gemeint, dass nicht mehr eigenes oder fremdes Wollen das Tun bestimmt. Das persönliche Handeln richtet sich immer mehr nach dieser Instanz im Menschen selbst. In religiöser Terminologie könnte man die Instanz Liebe und Weisheit Gottes nennen. Sie ist als warme, erfüllende Empfindung zu spüren, die vom Bereich des physischen Herzens ausstrahlt. Sie zu spüren, bestätigt das eigene Tun und Handeln, ihre Abwesenheit lässt es hinterfragen.

Diese Instanz motiviert dazu, einerseits Unerwartetes zu akzeptieren, aber auch Gewohntes und Routine in Frage zu stellen. Sie ist nicht kalkulierbar, entzieht sich jeder Kontrolle oder Absicht und richtet sich nicht nach religiösen oder gesellschaftlichen Konventionen. Ihr einziges Kriterium ist: Es fühlt sich gut, wahr und richtig an. Mit dieser Haltung lebt der Mensch die 5. Dimension.

Als 6. Dimension könnte man die Momente des auferstandenen Christus bezeichnen, die sich dem Vorstellungsvermögen verschließen, aber nicht der persönlichen Erfahrung.

Ein „Ich bin" als erhebender Zustand raum- und zeitloser Existenz wird ganz überraschend in alltäglichen Situationen erfahrbar, ohne dass er durch Meditation oder sonstiges Bemühen gezielt angestrebt wird. Diese Augenblicke werden anfänglich in überwältigender Intensität erlebt und bestätigen auch später immer wieder, dass der Himmel nicht ein ferner Ort ist. Der Himmel der 6. Dimension wird vom Menschen im Wissen und mit der gefühlten Gewissheit erlebt, dass Dies- und Jenseits eine Wirklichkeit bilden.

Prinzipiell beschreiben diese Dimensionen mentale Räume, in denen sich das Bewusstsein aufhält. Sie sind nicht als Niveaus zu verstehen, die linear aufeinanderfolgen und sich gegenseitig ausschließen. In ihrer ersten Wahrnehmung bauen sie sich allmählich auf, fließen ineinander und bestätigen sich gegenseitig. Grundsätzlich sind und bleiben sie nebeneinander existent, ineinander verflochten und stellen Erfahrungsbereiche des Bewusstseins dar, die immer wieder durchlaufen werden im persönlichen Alltag.

Auch die Art der Wahrnehmung, die der 3. Dimension entspricht, ist nach wie vor mit einbezogen, wenn Situationen in dieser Sichtweise erlebt werden. Aber eine Tür hat sich einmal geöffnet zu einer anderen Seite und bleibt nun offen. Die Zahlenfolgen der 4., 5. und 6. Dimension beschreiben ein und dasselbe Geschehen auf dieser anderen Seite und betrachten es aus verschiedenen Blickwinkeln. Gemeinsam definieren sie, wie eine neue Art von Dasein sich erfahrbar macht.

In ähnlicher Weise sind auch die Kombinationen auf Basis von 10–5–6–5 nicht linear gemeint, sondern stehen für ein komplexes Geschehen. 10–5–6–5 entspricht in dieser Form der 3. Dimension, es werden existierende Bezüge nicht gesehen. 5–6–5 zeigt eine Spiegelung und kann der 4. Dimension zugeordnet werden. 5 ergänzt 4 mit 1 und entspricht der 5. Dimension, 10 + 10 ist das Ergebnis einer 3-fachen Verbindung nach 4 + 1 und 5 + 5 gemäß der 6. Dimension.

Die Zahlenkombinationen im Prinzip JHWH und die Zahlensequenzen der Dimensionen sind synonyme Ausdrucksvarianten für ein und dasselbe; sie beschreiben Komponenten eines Geschehens im menschlichen Bewusstsein. Mit Hilfe ihrer qualitativen Aussagekraft definieren Zahlen Vorgänge und erklären damit verbundene Erfahrungen, die ineinanderwirken und sich gegenseitig ergänzen.

7. KAPITEL

Zahlen und Dimensionen in der Wissenschaft

„Alles ist Zahl", davon waren **Pythagoras** und seine Schüler überzeugt. Pythagoras lebte als weit gereister Universalgelehrter um 550 v. Chr. und gilt als Begründer der Mathematik, die seinerzeit in enger Beziehung stand zu Philosophie, Naturwissenschaft, Theologie und Musik. Der Lehrsatz zur Berechnung eines rechtwinkligen Dreiecks wird Pythagoras zugeschrieben, entstammt aber eigentlich früheren Hochkulturen, mit deren Kenntnissen er auf seinen Reisen in Kontakt kam. Tontafeln aus der Zeit von ca. 1800 v. Chr. belegen, dass in Babylonien schon lange vor Pythagoras dieser Lehrsatz bekannt war. Papyrusrollen lassen auch auf ein umfangreiches Zahlenwissen in dieser frühen Epoche in Ägypten schließen. Von Pythagoras wurde dieses Wissen zusammengetragen.

Er prägte den Begriff der „Mathematikoi" als „jene, die am Wissen interessiert sind" und war der erste, der sich selbst Philosoph nannte, einen „Freund der Weisheit". Die Pythagoreer betrachteten Zahlen als Grundlage alles Existierenden. Sie verstanden das Universum als einen Ausdruck von Zahlen und deren Verhältnissen zueinander.

Zahlen werden seit sehr langer Zeit ganz praktisch im Alltag zum Berechnen und Messen verwendet. Mit ihrer Hilfe erklären sich Gesetzmäßigkeiten in der Natur, denn 1 + 2 ist immer 3, und darauf bauen alle weiteren Berechnungen und Muster auf, seien sie auch noch so kompliziert. Der menschlichen Intelligenz ist es vor allem in der Neuzeit gelungen, immer tiefer in komplexe Zusammenhänge einzudringen und auf der Basis von Zahlen die Materie und die beobachtete Systematik des Lebens zu veranschaulichen. Diesem Aspekt der Zahlen, der das Äußere misst und erklärt, widmet sich die Wissenschaft eingehend, besonders in Mathematik und Physik.

In einigen besonderen Fällen zeigt diese wissenschaftliche Tätigkeit Parallelen zum qualitativen Aspekt von Zahlen:

Burkhard Heim war ein herausragender theoretischer Physiker im 20. Jahrhundert. Er hat sich unter anderem mit der Frage der Dimensionen beschäftigt und ist zu dem Schluss gekommen, dass die wahrnehmbare Realität aus 6 Dimensionen bestehen muss, 3 räumlichen und 3 imaginären, aus denen durch Wechselwirkung die Materie hervorgeht.

Die Beschäftigung mit Gravitationsgesetzen ließ ihn den Radius einer Realitätsschranke für unser Universum erkennen und dieses als nur ein Element einer viel umfassenderen Realität.

Seine Arbeit führte ihn zur Einsicht, „dass die Sinngebung bewussten Lebens darin liegt, dass in den Vernunftwesen praktisch ein Spiegel des ganzen Universums entsteht, in dessen Lichte sich die Urgedanken aus dem Grunde der Weltenseele selber bewusst werden".

Der Mathematiker **Roger Pennrose**, Lehrer von Stephen Hawking, ist bei seinen Berechnungen ebenfalls auf 3 reelle und 3 imaginäre Dimensionen der physischen Welt gestoßen. Eine dieser imaginären Dimensionen wurde der Zeit zugeordnet, die anderen konnten nicht definiert werden.

Der **Physiker E.A.B. Cole** hat bei seinen Berechnungen herausgefunden, dass 3 reelle Dimensionen stabile Keplerbahnen erzeugen und im Fall einer 4. Dimension sich eine Kreisbahn ergibt, die aber irrational ist und in eine logarithmische Spirale umkippt. Bei mehr als 4 Dimensionen erkannte er alle Gravitationsbewegungen als logarithmische Spiralen.

Hans Peter Dürr war Physiker, viele Jahre Direktor des Max-Planck-Institutes für Physik und enger Mitarbeiter von Werner Heisenberg. Er sagte in einem Interview: „Im Grunde gibt es Materie gar nicht, jedenfalls nicht im geläufigen Sinne. Es gibt nur ein Beziehungsgefüge, ständigen Wandel, Lebendigkeit. Wir tun uns schwer, uns dies vorzustellen. Primär existiert nur Zusammenhang, das Verbindende ohne materielle Grundlage. Wir könnten es auch Geist nennen. Etwas, was wir nur spontan erleben und nicht greifen können. Materie und Energie treten erst sekundär in Erscheinung – gewissermaßen als geronnener, erstarrter Geist. Nach Albert Einstein ist Materie nur eine verdünnte Form der Energie. Ihr Untergrund jedoch ist nicht eine noch verfeinerte Energie, sondern etwas ganz Andersartiges, eben Lebendigkeit. Wir können sie etwa mit der Software in einem Computer vergleichen."

Diese Schlussfolgerungen bedeutender Mathematiker und Physiker sind erstaunlich und zeigen, dass die intensive Auseinandersetzung mit Zahlen auch auf wissenschaftlichem Gebiet zu Einsichten führt, die sich sehr dem qualitativen Aspekt annähern. Die Beschäftigung mit einigen Spezialgebieten der Mathematik lässt weitere Zusammenhänge entdecken:

Fraktale

Der Mathematiker **Benoit Mandelbrot** wurde bekannt durch die Entdeckung von Konstruktionsmustern der belebten Natur, die er Fraktale nannte und deren wesentliches Merkmal ihre Selbstähnlichkeit ist.

Viele von der Natur gebildete Formen sehen zufällig aus. In diesem scheinbaren Chaos herrscht aber eine Ordnung, die auf kleinsten, sich ständig wiederholenden Strukturen beruht. Solche fraktale Strukturen lassen sich berechnen und geben auf der Basis von Zahlen Einblick in den Aufbau der Materie. Die Mandelbrot-Menge, auch bekannt als „Apfelmännchen", ist das Resultat eines Rechenvorgangs, der sich grafisch als ein Gebilde selbstähnlicher spiraliger Strukturen abbilden lässt. Vereinfacht ausgedrückt erfolgt ihre Berechnung durch Multiplikation komplexer Zahlen mit sich selbst unter Hinzufügung der Ausgangszahl. Grundsätzlich lässt sich die fraktale Geometrie als Hinweis verstehen, dass sich in allen Formen der sicht- und messbaren physischen Welt etwas ganz Großes selbstähnlich zum Ausdruck bringt. Diese Schlussfolgerung ist genauso für den menschlichen Geist berechtigt, sodass das individuelle Bewusstsein jedes einzelnen Menschen als fraktale Facette einer viel größeren Bewusstseins-Einheit verstanden werden kann.

Diese Einheit setzt sich aus der Gesamtmenge all ihrer selbstähnlichen Muster zusammen. Religiös ausgedrückt ist damit sowohl die Schöpfung als auch die gesamte Menschheit eine selbstähnliche Abbildung Gottes. Umgekehrt betrachtet lässt sich daraus aber nicht schließen, dass Gott sich nur aus dieser Schöpfung und Menschheit zusammensetzt und somit darauf reduziert. Wohl eher kann davon ausgegangen werden, dass die Erde und der Mensch eine von vielen möglichen Ausdrucksvarianten des Absoluten darstellen und dass das Absolute weitere Erfahrungsebenen umfasst, die sich dem menschlichen Erfassungsvermögen verschließen.

Für das Verständnis der irdischen Existenz, sowohl der Natur als auch des Menschen, stellt sich jedenfalls die fraktale Geometrie als eine gemeinsame Grundlage dar. Sie kann durchaus betrachtet werden als eine mathematische Entsprechung für die Aussage der Genesis, dass Gott den Menschen nach seinem Bilde schuf, ihm ähnlich. Gott ist die Gesamtheit allen Seins und jede einzelne menschliche Existenz ein selbstähnlicher Ausdruck davon.

Auch in den Büchern des Alten Testaments zeigen sich Entsprechungen. Das Schriftbild der Aleph etwa bildet einen fraktalen Grundsatz ab. Ebenso sind das Miteinander von 1 + 2 = 3, von 1 + 4 = 5 oder von 10−5−6−5 in diesem Sinn fraktale Muster, die sich vielfältig in der Bibel wiederholen und auch in ihrem Zusammenwirken mit anderen Zahlen komplexe Vernetzungen bilden.

Die Überlieferungen des Alten und Neuen Testaments bestehen aus Erzählungen, die unabhängig voneinander an verschiedenen Orten zu unterschiedlichen Zeiten im Laufe von Jahrhunderten und Jahrtausenden entstanden sind. Mit Hilfe von Bildern und Gleichnissen, die den jeweiligen Lebensumständen entstammen, transportieren sie uraltes Wissen. Die zugrunde liegenden Zahlen in all diesen Geschichten zeigen allerdings eine erstaunliche Kontinuität in Bezug auf ihre Grundstruktur. Sie informieren immer wieder aufs Neue über die Teilung der Einheit, den Weg durch das Leben und die Rückkehr zur Einheit. Zahlen als Informationsmittel sind prinzipientreu und auch der Aufbau der physischen Natur bedient sich ständig wiederholender Grundmodelle. Auch auf diese Weise gleichen sich Altes Wissen und Schöpfung, beide bestehen aus fraktalen Strukturen und sprechen eigentlich dieselbe Sprache der Zahlen.

Imaginäre Welten in Mathematik und Physik

Bereits im Altertum fanden neben natürlichen ganzen Zahlen rationale Zahlen, also Brüche, Verwendung. Man begann mit irrationalen Zahlen zu arbeiten, weil sich manches nicht als Bruch darstellen lässt. Später, mit zunehmender Bedeutung des Geldes, wurden negative Zahlen wichtig. Einblick in die weitere Entwicklung im Umgang mit Zahlen gibt Marcus du Sautoy in seinem Buch „Die Musik der Primzahlen", dem auch folgende Informationen entstammen:

Den Mathematikern der Neuzeit genügte das Spektrum der reellen Zahlen für die Lösung mancher Gleichungen nicht. Sie wagten den kreativen Sprung und schufen mit der Quadratwurzel aus -1 eine neue, abstrakte Zahl, die imaginäre Zahl i. Jede negative Zahl mit sich selbst multipliziert ergibt eine positive Zahl, deshalb ist diese Quadratwurzel aus -1 eine Zahl, die eigentlich nicht wirklich existiert. Aber mit Kombinationen aus dieser imaginären Zahl i und reellen Zahlen, die man in ihrer Verbindung „komplexe Zahlen" nannte, wagte man sich an bisher nicht zu klärende Fragen und fand Antworten darauf.

Mathematische Größen wie Gauß, Euler, Riemann und andere bewegten sich in einer imaginären Zahlenlandschaft, um konkrete mathematische Fragen zu lösen. Sie verbanden eine abstrakte mit einer reellen Zahlenwelt und kamen mit Hilfe komplexer Zahlen ganz neuen Beziehungen zwischen scheinbar Unzusammenhängendem auf die Spur.

Mit Hilfe der imaginären Landschaft komplexer Zahlen gelang den Mathematikern des 19. Jahrhunderts auch eine weitere Annäherung an das Rätsel der Primzahlen. Bereits seit der Antike war bekannt, dass es unendlich viele davon geben muss. Ihr ungeordnetes Auftreten zu berechnen, stellte sich auch in der Neuzeit als unmöglich heraus und so richtete sich der Forscherdrang darauf aus, ihre Menge innerhalb bestimmter Grenzen zu bestimmen. Diese Bemühungen gipfelten in der „Riemann'schen Vermutung" aus dem Jahr 1859, die nach wie vor letzter Stand der Wissenschaft ist und die Basis bildet für weitere wichtige Berechnungen.

Prinzipiell ist diese imaginäre Landschaft der komplexen Zahlen im mathematischen Verständnis 4-dimensional. Die 3-dimensionalen Ergebnisse, die sie liefert, sind vergleichbar mit dem 2-dimensionalen Schatten, den ein 3-dimensionales Objekt wirft. Diese mathematische Landschaft kann man sich 3-dimensional vorstellen mit Bergen und Tälern und einer unendlich hohen Spitze oberhalb jener Stelle, die mit 1 definiert ist.

Riemann erkannte die Notwendigkeit, diese imaginäre Landschaft zu erweitern, was ihm auch gelang. Er stellte dabei die überraschende Besonderheit fest, dass dies nur spiegelgleich entlang einer bestimmten Achse möglich war; die Landschaft im Osten, auf der rechten Seite, bestimmte eindeutig das im Westen, also auf der linken Seite mögliche Gebiet. Er entdeckte auch, dass sich aus den Informationen eines winzigen Gebietes von Bergen und Tälern der Rest der gesamten komplexen Landschaft rekonstruieren ließ. Orte von komplexen Zahlen, bei denen die Berechnung das Ergebnis 0 ergab, enthielten Informationen über die gesamte Landschaft.

Riemann leitete aus den Koordinaten dieser Nullstellen eine exakte Formel her, um die Anzahl von Primzahlen zu berechnen und erkannte, dass die Primzahlen mit der Gestaltung der imaginären Landschaft zu tun haben. Er sah darin die ungleiche Spiegelung zweier Welten. Die chaotische Anordnung der Primzahlen in der Welt der Zahlen entsprach einer strengen Ordnung von Nullstellen in der imaginären Landschaft, denn die Riemann'sche Vermutung besagt, dass diese Nullstellen alle entlang einer einzigen Linie die Landschaft durchziehen, die auf dem Punkt 1/2 auf der Ost-West-Koordinate ansetzt.

Die Begründer der Quantenphysik im 20. Jahrhundert hatten sich mit dem Phänomen auseinanderzusetzen, dass die Art der Beobachtung darauf Einfluss hat, ob ein Elektron als Welle oder Teilchen erscheint.

Unbeobachtet existieren diese kleinsten Teilchen nur in der imaginären Welt der komplexen Zahlen. Dort scheinen sie fähig zu sein, sich an zwei verschiedenen Orten zugleich aufzuhalten, gleichzeitig mehrere Energieniveaus zu haben oder gleichzeitig mit verschiedenen Frequenzen zu schwingen. Diese 4-dimensionale abstrakte Welt, in der dies alles möglich ist, wird als „Schatten" im 3-Dimensionalen sichtbar und die Art der Beobachtung hat Einfluss auf die Form des Schattens. Dieser Schatten kann also die „Form" eines Teilchens oder einer Welle haben, eine bestimmte Frequenz oder ein bestimmtes Energieniveau, je nach Art der Beobachtung. Dieses Phänomen ist vergleichbar mit dem flächigen Schatten eines Körpers, der je nach Standpunkt von Lichtquelle und Beobachter völlig anders aussehende Umrisse haben kann.

Die Quantenphysik erkannte, dass sich ein Atom nicht wirklich wie ein Planetensystem verhält, mit einem Kern und ihn umkreisenden Elektronen, sondern eher wie eine Trommel. Die Schwingungen beim Schlagen einer Trommel setzen sich aus ganz spezifischen Grundmustern zusammen, von denen jedes seine eigene Frequenz hat. Auch die Elektronen in einem Atom schwingen in ganz bestimmten Mustern und jedes Element im Periodensystem hat sein ganz eigenes Energieniveau, gebildet durch die Gesamtheit der Schwingungen seiner subatomaren Teilchen. Diese Quantentrommel ist allerdings nur in der imaginären Welt der komplexen Zahlen „hörbar"; messbar ist nur ihr „Schatten" in Form der Frequenz eines einzigen Elektrons.

Je mehr Neutronen und Protonen sich im Kern eines Atoms befinden und je mehr Elektronen ihn umkreisen, umso schwieriger lassen sich die spezifischen Energieniveaus komplexer Quantentrommeln, z. B. für Uran, berechnen. Man war gezwungen, auf derartige Berechnungen zu verzichten und begnügte sich mit einer statistischen Erfassung. Dabei stieß man auf Übereinstimmungen dieser Quantentrommeln mit dem Auftreten der Nullstellen in der Riemann'schen Landschaft.

Ab einer Entfernung von 10 hoch 20 auf der Linie über dem Punkt 1/2 zeigte sich eindeutig, dass diese Nullstellen auf dem Rhythmus einer mathematischen Trommel beruhen, deren Frequenzen sich wie die Energieniveaus in der Quantenphysik verhalten. Sehr große Primzahlen zeigten also Gemeinsamkeiten mit schweren Atomkernen. Darüber hinaus ergaben sich auch Bezüge zu anderen Forschungsbereichen, wie etwa den Sequenzen der DNA oder der Chaostheorie.

Grundsätzlich kommt die wissenschaftliche Forschung, um die materiell wahrnehmbare Wirklichkeit verstehen zu können, nicht ohne eine fiktive Realität aus. Erst in einer abstrakten Welt, in der beide Bereiche zu einem gemeinsamen Zahlenkomplex verbunden sind, lassen sich grundlegende Fragen beantworten. Diese Antworten verweisen auf bereichsübergreifende Gemeinsamkeiten in verschiedenen Gebieten der Wissenschaft.

Es zeigen sich deutliche Parallelen zwischen Erkenntnissen der Wissenschaft und der Betrachtung des menschlichen Bewusstseins auf Basis der Zahlen. Eine materielle und eine abstrakte Realität gemeinsam können Fragen beantworten und zu verlässlichen Ergebnissen führen. Die Einbeziehung von übergeordneten Dimensionen für ein mess- und beobachtbares Erscheinungsbild ist eine weitere Gemeinsamkeit und ebenso die Spiegelung, die in der imaginären Landschaft der Zahlen ein ähnliches Phänomen ist wie im Bereich des Bewusstseins. Sogar die Richtung der Projektion von rechts nach links deckt sich mit der Aussage des Alten Wissens und der Schreibrichtung hebräischer Zeichen.

Besonders die Zahlen, die in dieser komplexen mathematischen Welt entscheidende Stellen markieren, äußern mit ihrer qualitativen Aussage eine erstaunliche Übereinstimmung: Der Punkt 1/2 ist mathematisch dasselbe wie 2 hoch -1 und ebenfalls eine ganz besondere Position, wenn man den qualitativen Aspekt dieser Zahlen betrachtet. Hier definiert 1/2 genau den Übergang von 1 zu 2 und damit jene rätselhafte Zone, in der Schöpfung geschieht. Die Bruchzahl 1/2 zeigt optisch eine 1 auf Basis von 2 im Sinne der Einheit auf Basis der Dualität.

Dasselbe kommt mit 2 hoch -1 zum Ausdruck. Eine konkrete 2, die von einer imaginären -1 geprägt ist, entspricht der konkreten Wirklichkeit der Dualität, die von einer abstrakten absoluten 1 geprägt ist.

Die Nullstellen der Primzahlen an dieser Markierung 1/2 transportieren die erforderlichen Informationen einer mathematischen 4. Dimension, um eine 3-dimensionale Landschaft zu kreieren. Das mathematische Phänomen hat seine Entsprechung in der physischen Welt. Alle Materie hat ihren Ursprung im Absoluten, entstammt einer höheren Dimension und muss genau diesen Punkt 1/2 passieren, um von 1 zu 2 in die Existenz zu kommen. Der Punkt 1/2 entspricht einem mathematischen Nullpunkt, der definiert wird als ein Bereich ohne Dimensionen. Er markiert die Grenze zwischen Nichts und Etwas, wo das Sein anfängt, sich zu zeigen. Diese Definition wird auch der qualitativen Aussage von Null in Bezug auf das menschliche Bewusstsein gerecht. Das Passieren eines Nullpunktes gilt für die 1, die in der 2 gegen 0 geht und von der unbewussten 10 nicht mehr wahrgenommen wird. Das Schriftbild der Aleph enthält diese Aussage. Die Elef bestätigt sie, indem die 10 in ihrer 3-dimensionalen Existenz ebenfalls maximal gegen Null geht und die Erfahrung von 1000 macht. Die Mathematik bestätigt die Funktion der 0 für den kreativen Prozess von 1 zu 2 und für den Dimensionswechsel der menschlichen Wahrnehmung.

Generell lassen sich Manifestationen des Absoluten in ihrem physischen Erscheinen nicht berechnen, weil sie nicht den Gesetzmäßigkeiten der Materie unterliegen. In religiöser Terminologie entspricht diese Unberechenbarkeit dem Satz: „Gottes Wege sind unergründlich."

Riemanns imaginäre Landschaft macht deutlich, dass auf der einen Seite ungeordnet in Erscheinung tritt, was auf der anderen Seite einer geordneten Regelmäßigkeit entspricht. Primzahlen zeigen diese Besonderheit und symbolisieren sie auch für das menschliche Bewusstsein. Sie basieren wie alles „Zufällige" auf einer absoluten Ordnung, die sich auch in der imaginären Welt der Mathematik „auf der anderen Seite" befindet. Chaos ist Ausdruck von Ordnung und wird von einer abstrakten, dem Chaos gegenüberliegenden Seite bewirkt.

Diese absolute Ordnung erschließt sich dem Menschen ab einem gewissen Grad von Bewusstheit. Es erscheint deshalb nicht „zufällig" gerade die Stelle 10 hoch 20 als eine Markierung, ab der sich eindeutig grundlegende Zusammenhänge und Gemeinsamkeiten auftun. Der Übergang von 10 zu 20, als den man diese Stelle vom qualitativen Aspekt betrachten kann, ist auf einem anderen Niveau dasselbe wie der Übergang von 1 zu 2. Was im Bereich von 1 zu 2 in die Manifestation kommt, lässt sich bewusst erfassen, sobald die 10 in die 20 übergeht. Die Zahlen 10 hoch 12 bis 10 hoch 19 zeigen in der imaginären Landschaft zunehmend Hinweise auf eine Übereinstimmung, ab 10 hoch 20 ist sie eindeutig.

Über die Mathematik bestätigt sich, dass menschliches Denken fähig ist Zusammenhänge zu erfassen, wenn es eine reelle Ebene mit einer imaginären zu einer komplexen Einheit zusammenfügt. Das gilt nicht nur für die Welt der wissenschaftlichen Zahlentheorie, sondern generell.

Die Riemann'sche Landschaft, die Reales und Imaginäres verbindet, kann daher auch als Entsprechung für das menschliche Bewusstsein betrachtet werden. Hier wie dort lassen beide Ebenen nur gemeinsam Antworten auf sonst unlösbare Fragen finden.

Die qualitative Aussagekraft von Zahlen macht eine bestehende Harmonie als Merkmal absoluter Prinzipien nachvollziehbar und offensichtlich. Die mathematische Berechnung harmonischer Reihen in der Musik zeigt ihrerseits einen Bezug zur Sprache der Zahlen und bestätigt mit erstaunlicher Klarheit bereits Bekanntes.

Schon Pythagoras hat in der Musik Harmonien entdeckt, die mit Brüchen in Beziehung stehen. Die imaginäre Zahlenlandschaft komplexer Zahlen erlaubt nun die Berechnung der harmonischen Reihe 1 + 1/2 + 1/3 + 1/4 + … und zeigte auf Basis der Zahl 1 eine unendliche Summe. Auf Basis der Zahl 2, also alle Zahlen zum Quadrat genommen, änderte sich das. Die Summe aus 1 + 1/4 + 1/9 + 1/16 + … ist endlich und lässt sich erstaunlicherweise durch eine einfache elegante Formel berechnen, die auf der „Quadratur des Kreises" beruht: Quadrat von Pi (3,141) : 6.

In der Riemann'schen Landschaft zeigt sich über der 1 eine unendlich hohe Spitze und die Harmonie auf Basis der 1 ist ebenfalls unbegrenzt; auch auf diese Weise kommt zum Ausdruck: Die Einheit des Absoluten umfasst alles Existierende in einer grenzenlosen Harmonie.

Die 2 ist in ihrer Harmonie begrenzt auf eine Welt, die vom Runden, Kugelförmigen geprägt ist. Das Runde als Prinzip und das Runde als erlebte Realität begegnen sich in der Dualität, ihre Selbst-Begegnung entspricht einer „Quadratur des Kreises".

Wer die Begegnung von Prinzip und Realität bewusst wahrnimmt, erlebt die Welt der 2 als ein harmonisches Ganzes. Seine Wahrnehmung basiert auf der Qualität der 6, die Erlebtes mit Abstraktem kombiniert.

Quadrat von Pi (3,141) : 6 zeigt auch diesen qualitativen Zusammenhang.

Die „Quadratur des Kreises" ist ein Thema, mit dem sich auch das Alte Wissen beschäftigt und es mit der Symbolik des Tieropfers beschreibt. Im Alten Wissen ist die sichtbare Welt nur für die Sinnesorgane rund, entspricht im Absoluten der 4 und zeigt 4 Ecken als Gegen-Teil des Runden. Das Bild des Tieropfers bringt eine Wahrnehmung zum Ausdruck, für die der Erfahrungsraum des 3-Dimensionalen mit seinen Kreisläufen endet und die körperliche Existenz in Berührung kommt mit einer absoluten Welt.

Zuerst passiert das Tier 3 Kammern, dann beendet das Durchtrennen der Halsschlagader seinen Blutkreislauf. Das Blut wird aufgefangen und auf die 4 Ecken des Altars gegeben.

Das absolute 4-Eckige als Gegensatz zum irdischen Runden erfährt der Mensch ganz unerwartet als gegenseitige Entsprechung. Das Quadratische ergänzt das Runde zu einer neuen Art der Wahrnehmung. Das „runde" Irdische wird nun „quadriert" erlebt.

Symbolisiert wird mit der „Quadratur des Kreises" in beiden Fällen eine völlige Neuorientierung im Bewusstsein, verursacht durch eine veränderte Perspektive auf Bekanntes, die Konträres als Ganzheit erfasst.

In diesem Sinn ergänzen sich auch Zahlensprache und Mathematik zur „Quadratur des Kreises"; qualitative Aussagen von Zahlen zeigen Übereinstimmung mit der theoretischen Mathematik und mit den fraktalen Strukturen der sichtbaren Welt.

Die Berechnung der Mandelbrot-Menge bedient sich komplexer Zahlen und basiert ebenso auf einer Kombination von realer und abstrakter Welt. Die Multiplikation dieser Zahlen mit sich selbst entspricht in ihrer qualitativen Aussage einer Selbstbegegnung von Gleichartigem, das in sich eine reale und abstrakte Komponente trägt. Die Selbstbegegnung bringt die Anerkennung dieses Doppelcharakters zum Ausdruck.

Es ergibt sich damit eine Verbindung und Parallele zur Aussage der Zahlen von 10–5–6–5. Eine Synthese von realer und abstrakter Welt ist die 5 aus 4 + 1, die über 5–6–5 diese Selbstbegegnung anbietet und damit die Möglichkeit zu 5 + 5 = 10 und zu 10–10. Die 5 ist also im mathematischen Sinn eine komplexe Zahl und dasselbe gilt für die 10 und ihre Kombinationen.

In sich selbst den Bezug zur 1 anzuerkennen und auch jede äußere Begebenheit als von ihr verursacht zu sehen, entspricht einer „komplexen" Wahrnehmung, die sich selbst und alles Erlebte als selbstähnliches Fraktal der 1 erfasst. Das menschliche Bewusstsein erkennt die Welt der Materie auch im mathematischen Sinn als ein komplexes Gefüge grundlegender Prinzipien, das im kleinsten Detail Übereinstimmung mit einem großen Ganzen zeigt. Die fraktale Mathematik geht nach demselben Muster vor, das die Sprache der Zahlen anbietet, und kommt zu demselben Ergebnis. Durch wiederholte Multiplikation von komplexen Produkten mit sich selbst unter Hinzufügung der Ausgangszahl beschreibt sie eine komplexe Wirklichkeit, deren kleinstes Detail selbstähnlicher Ausdruck einer Gesamtstruktur ist. Die Selbstbegegnung von Prinzip und dessen Umsetzung unter ständiger Einbeziehung des Ursächlichen zu beobachten, macht das Zustandekommen einer materiellen Realität erfassbar.

Die Art der Beobachtung hat Einfluss auf das Ergebnis der Wahrnehmung, das Wahrgenommene selbst bleibt davon unbeeinflusst. Die „runde" Beobachtung nimmt „Rundes" als real wahr, die „quadratische" Beobachtung erfasst das Runde zugleich als „viereckig". Die betrachtete komplexe Wirklichkeit ist eine Kombination aus „rund" und „eckig" und damit von vornherein eine „Quadratur des Kreises".

Die Fibonacci-Folge

Die Fibonacci-Folge ist eine unendliche Zahlenreihe, bei der jeweils die Summe von zwei aufeinander folgenden Zahlen die nächste ergibt: 1, 1, 2, 3, 5, 8, 13, 21 ... Benannt ist diese Reihe nach **Leonardo Fibonacci**, der damit 1202 das Wachstumsmuster einer Kaninchenpopulation beschrieb; bekannt war die Folge bereits in der Antike.

Gebildet wird die Zahlenreihe durch Addition von 2 bereits addierten Zahlen mit der vorausgehenden Zahl und basiert eigentlich auf einer sich wiederholenden Kombination nach dem Muster 2 + 1. So summieren sich mit 5 + 8 zu 13 eigentlich 5 + 3 + 5, denn 8 selbst bildet sich aus 3 + 5. Im Sinne von 2 + 1 entsprechen 5 + 5 in dieser Kombination der 2, die 3 der 1 und bilden zugleich eine bestehende Spiegelung ab. 21 = 8 + 13 = 8 + 5 + 8 setzen dieses Muster fort, das für die gesamte Folge gilt.

Damit bildet sich auch die Fibonacci-Folge eigentlich aus der Selbstbegegnung von Gleichartigem in Kombination mit der Ausgangszahl, hier allerdings auf andere Weise als bei der Mandelbrot-Menge.

Die Folge beginnt mit 1, 1, 2 und bestätigt damit das Prinzip, dass von der 2, die aus 1 + 1 besteht, die Entwicklung körperlichen Lebens ausgeht. Die Wachstumsmuster der physischen Welt und die Formel zu ihrer Berechnung basieren auf denselben Grundlagen und decken sich mit der qualitativen Aussage der Zahlen.

Die Fibonacci-Reihe steht in unmittelbarem Zusammenhang mit der Formel zur Berechnung harmonischer Proportionen, die ebenfalls bereits in der Antike als „Goldener Schnitt" bekannt war. Ebenso wie die Kreiszahl Pi ist der Goldene Schnitt Phi eine Zahl, deren Dezimalfolge unregelmäßig ist und nie endet.

Jene Zahlen, die irdischen Ordnungen und Strukturen zugrunde liegen, unterwerfen sich also in dieser Welt selbst keiner Gesetzmäßigkeit und erscheinen als unendlich und zufällig. Das gilt für die belebte Natur und das Wachstum in ihr genauso wie für die Primzahlen.

Über die Mathematik zeigt sich wiederholt, dass Gestaltungsprinzipien der Natur untereinander Entsprechungen und Querverbindungen aufweisen.

Dass Zahlen wesentliche Kernaussagen über ihre Ziffernsummen zum Ausdruck bringen, lässt auch die Fibonacci-Sequenz erkennen. Qualitative Informationen geben Zahlen in allen Bereichen des Lebens. Sie werden erfassbar, wenn sich Aufmerksamkeit und Verständnis dafür entwickeln. Zahlen äußern sich auf vielfältige Weise und sprechen übereinstimmend eine deutliche und klare Sprache.

Die Ziffernsummen der Fibonacci-Zahlen bilden ein Muster von 24 Zahlen, das sich laufend wiederholt. Ihr Gestaltungspotenzial bewegt sich im Rahmen der 24, sie sind gebunden an die Kreisläufe der 12 in der Dualität. Dasselbe gilt für jede Fibonacci-Sequenz auf der Basis von 2, 4, 5, 7 und 8, alle bilden sich wiederholende Folgen von 24 Zahlen. Auf der Basis von 3 und 6 wiederholt die Sequenz in ihren Ziffernsummen ein Muster von 8 Zahlen, ausschließlich bestehend aus 3, 6 und 9. Das und auch der Umstand, dass 3 x 8 wieder 24 ergibt, erinnert an das hintergründige Wirken von 3 und 6 in der Zahlenfolge der 5. Dimension. 9 wiederholt sich in der eigenen Sequenz unendlich, betont damit ihre dominante Rolle und ihren unabhängigen beobachtenden Aspekt, was auch in den Zahlenfolgen aller Dimensionen zum Ausdruck kommt.

1 2 3 4 5 6 7 8 **9**

1 2 3 4 5 6 7 8 **9**

2 4 6 8 1 3 5 7 **9**

3 6 9 3 6 9 3 6 9

5 1 6 2 7 3 8 4 **9**

8 7 6 5 4 3 2 1 **9**

4 8 3 7 2 6 1 5 **9**

3 6 9 3 6 9 3 6 9

7 5 3 1 8 6 4 2 **9**

1 2 3 4 5 6 7 8 **9**

8 7 6 5 4 3 2 1 **9**

9 9 9 9 9 9 9 9 9

8 7 6 5 4 3 2 1 **9**

8 7 6 5 4 3 2 1 **9**

7 5 3 1 8 6 4 2 **9**

6 3 9 6 3 9 6 3 9

4 8 3 7 2 6 1 5 **9**

1 2 3 4 5 6 7 8 **9**

5 1 6 2 7 3 8 4 **9**

6 3 9 6 3 9 6 3 9

2 4 6 8 1 3 5 7 **9**

8 7 6 5 4 3 2 1 **9**

1 2 3 4 5 6 7 8 **9**

9 9 9 9 9 9 9 9 9

Insgesamt lassen sich alle Reihen in eine Tabelle mit 9 Spalten und 24 Zeilen eintragen: 9 x 24 = 216. Die beobachtende 9 begegnet dem Prinzip 24, daraus resultiert als Produkt 216. Es sind dieselben Zahlen 9, 24 und 216, die einen Bezug zum Menschen = Adam haben, wie sich in den folgenden Kapiteln noch zeigt.

Grundsätzlich bemerkenswert ist, dass 216 als das Ergebnis von 6 x 6 x 6 sowie als Basis für 2016 und 2106 einen deutlichen Zusammenhang aufzeigt zwischen den Regeln für die Entwicklung physischen Lebens und der Entwicklung des menschlichen Bewusstseins.

Genau in der Mitte der Tabelle, in der 12. Zeile, erscheint 9-mal die Zahl 9 und bildet eine Art Reflexionsfläche für die benachbarten Zeilen. Die darüber liegende Zeile spiegelt sich unterhalb doppelt. Qualitativ betrachtet erkennt die 9 die Realität der 12 als Spiegelfläche. Die 1 Zeile oberhalb der 9-fachen 9 ist identisch mit den 2 Zeilen unterhalb und zeigt was erkannt wird: Die 1 hat in der Welt der 2 ihre genaue, doppelt erscheinende Entsprechung und bildet mit ihr eine Dreiheit. Dabei treten die gespiegelten Zahlen in verkehrter Reihenfolge auf und bilden auf diese Weise eine Variante zum auf dem Kopf stehenden Bild im Zentrum eines Hohlspiegels.

In jeder 4. Zeile kommen nur die Zahlen 3, 6 und 9 vor und verweisen nochmals auf das hintergründige Wirken dieser Zahlen im Erscheinenden der Welt der Materie. Durch das Auftreten dieser Zahlen in jeder 4. Zeile und jeder 3. Spalte bilden sich 18 Raster von je 12 Zahlen.

Die gemeinsame qualitative Aussage aller Zahlen der Fibonacci-Sequenz, dargestellt durch deren Ziffernsummen, ist ein deutlicher Hinweis auf die Projektion absoluter Prinzipien und das hintergründige Wirken des Absoluten in den Wachstumsprozessen der belebten Natur. Sie bestätigt auf diese Weise das Alte Wissen, das sowohl in der Schöpfung als auch im Menschen ein Abbild Gottes sieht. Die Funktion des menschlichen Bewusstseins, diese Zusammenhänge zu erkennen, zeigt sich durch das wiederholte und betonte Erscheinen der Zahl 9.

8. KAPITEL

Zahlen und Weltreligionen

Gerade im Bereich des religiösen Glaubens bringen Zahlen Inhalte zum Ausdruck, die grundlegend sind. Sie tun das auf vielfältige, kreative Weise.

Die hebräischen Überlieferungen sind ein umfassender Informationspool dieser Art von Wissensvermittlung. Sie geben über den Doppelcharakter ihrer Schriftzeichen Einblick in Prinzipien, die sich nicht auf die jüdische Religion beschränken. Sie gelten für die gesamte Menschheit und somit auch für andere Glaubensrichtungen.

Die überlieferten Texte anderer Religionen bedienen sich einer rein verbalen Sprache. Ihre Inhalte und Traditionen sind sehr verschiedenartig und geben dadurch auch Anlass zu Missverständnissen, Streitigkeiten und sogar gewalttätigen Auseinandersetzungen.

Die Zahlen, die direkt oder indirekt diese Religionen prägen, machen auf Querverbindungen und eindeutige Übereinstimmungen in wesentlichen Punkten aufmerksam. Die qualitative Sprache dieser Zahlen beschränkt sich nicht darauf, was sie direkt in Kombination mit dem geschriebenen Wort aussagen. Sie bedienen sich zusätzlich anderer Möglichkeiten.

Dass sie unter anderem lineare Zeitmaße als Informationsträger nutzen, lassen sie über die Jahresqualitäten auf Basis von 2000 erkennen.

Judentum und Christentum

Judentum und Christentum basieren eindeutig auf denselben alten Überlieferungen. Das Judentum bezieht die Aussagen der heiligen Schriften ausschließlich auf das eigene hebräische Volk und hält sich streng an deren Wortlaut und das jüdische Gesetz.

Das Christentum spaltet sich mit der Anerkennung von Jesus Christus als Sohn Gottes vom Judentum ab. Es übernimmt in seine Glaubenslehre auch Elemente der griechischen Antike.

Paulus von Tarsus war ein griechisch gebildeter Jude mit römischem Bürgerrecht und hat seinen Zeitgenossen Jesus umgedeutet vom Messias der Juden zum Messias für alle. Er interpretiert den Tod am Kreuz nicht als einen Tod für die Juden, sondern für alle Menschen. Den Bund mit Gott, den das Judentum ausschließlich auf das eigene Volk bezieht, erweitert Paulus damit auf alle Menschen. Mit diesem Verständnis wurde der jüdische Saulus im Alter von 33 Jahren zum christlichen Paulus. Auf 3 großen Missionsreisen trug er wesentlich zur Verbreitung und Etablierung des Christentums bei, ebenso durch die 13 Paulusbriefe im Neuen Testament, die ihm zugeschrieben werden. Grundlegend für seine Theologie ist die These, dass Christus „für mich" gestorben ist; wer daran glaubt, gehört zur Gruppe der Erlösten. Die persönliche Gewissensentscheidung jedes Menschen steht für Paulus über dem jüdischen Gesetz.

Die Bibel als Heilige Schrift im Christentum besteht aus dem Alten Testament der jüdischen Überlieferung und dem Neuen Testament, das auf dem Leben von Jesus Christus basiert. Der Begriff „Testament" wurde abgeleitet vom ursprünglichen „Bund". „Bund" bringt eine bestehende Verbindung zwischen Gott und den Menschen zum Ausdruck, der durch das Leben, Sterben und die Auferstehung von Jesus Christus erneuert wird.

Das Neue Testament unterteilt 27 Schriften in 4 Textgattungen:

4 Evangelien bilden inhaltlich den Hauptteil;
1 Apostelgeschichte befasst sich mit 12 Aposteln, unter denen Jesus der 13. war;
21 Briefe enthalten Anweisungen an christliche Gemeinden;
1 Johannes-Offenbarung schildert abschließend den Untergang einer bestehenden und das Entstehen einer neuen Welt als zukünftiges Ereignis und ihr Text enthält sehr viele Zahlen, die das Geschilderte erst verständlich machen.

Es gab im Christentum ursprünglich 3 „heilige" Sprachen, in denen die Bibel bis ins späte Mittelalter verbreitet wurde, nämlich Hebräisch, Griechisch und Latein. Der Mönch und Theologieprofessor Martin Luther übersetzte die Heilige Schrift vor ca. 500 Jahren ins Deutsche, machte sie mit dieser 4. Sprache „weltlich" und ihren Inhalt erstmals einer breiten Bevölkerung zugänglich. Ab 1517 (genau 500 Jahre vor der Zeitqualität 2017) strebte er eine Reform der Kirche unter Rückbesinnung auf die Evangelien an, kam dabei aber in Konflikt mit Kirchenführung und Papst. Schließlich sah er sich gezwungen, seine Gewissensfreiheit über deren Autorität zu stellen und mit seiner Reformation eigene Wege zu gehen.

Islam

Der Islam als jüngste Weltreligion ist im 7. Jahrhundert n. Chr. entstanden, als Arabiens traditioneller Vielgötter-Glaube bereits stark von den monotheistischen Religionen Juden- und Christentum beeinflusst war. Nach muslimischer Geschichtsschreibung hat der Prophet Mohammed den Text des Korans als göttliche Eingebung im Laufe von 22 Jahren etwa ab dem Jahr 610 empfangen.

Die Offenbarung an Mohammed begann damit, dass ihm auf einem Berg der Erzengel Gabriel erschien und ihn aufforderte, das erhaltene Wissen weiterzugeben. Die Verse des Korans nehmen Bezug auf das aktuelle Zeitgeschehen und auch auf biblische Gestalten wie Adam, Abraham, Noah, Josef, Moses und Jesus, die als wichtige Propheten bezeichnet werden.

Der entscheidende Vorwurf des arabischen Religionsstifters lautete, Juden und Christen hätten ihre Schriften verfälscht und Inhalte abgeändert; somit sei er, Mohammed, der Verkünder der einzig wahren monotheistischen Religion Abrahams. Sowohl Christentum, Judentum als auch Islam beziehen sich auf dieselben Überlieferungen in hebräischer Sprache. Die unterschiedliche Auslegung der Texte führte zu Differenzen und zur Bildung von 3 großen Weltreligionen.

Das arabische Wort „Islam" bedeutet wörtlich „sich ergeben" – in den Willen Gottes – und kommt im Koran 8-mal vor. An mehreren Stellen wird betont, dass es eine Gnade und Zeichen göttlicher Erwählung ist, den Islam anzunehmen und sich in den Willen Gottes zu ergeben. Für den betreffenden Menschen ist damit die Erfahrung einer Wahrheit verbunden, die seine Brust weitet und ihm dadurch Ruhe gibt. Islam hat in diesem engeren Sinn die Bedeutung einer individuellen Erfahrung von Erkenntnis und der Koran selbst unterscheidet strikt zwischen der Annahme des Glaubens und der Annahme des Islam.

Mohammed stirbt im Jahr 632 und erklärt vorher noch die durch ihn erfolgte Offenbarung für vollendet. Mit diesem Jahr sind die theoretischen Voraussetzungen abgeschlossen für eine individuelle Umsetzung durch jeden einzelnen Menschen, der auf seinem Weg zur Erkenntnis der islamischen Lehre folgt. Diese Lehre wurzelt in den Überlieferungen des Judentums und hat einen besonderen Bezug zu Abraham, der vom Ende der Verbannung und der kommenden Erlösung schon im biblischen Jahr 2018 weiß. Die Qualität dieses Jahres gilt also auch für den Moslem und bringt die praktische Vollendung der Offenbarungen Mohammeds zum Ausdruck.

632 endet die Offenbarung der Theorie und bildet die Basis für die praktische Umsetzung durch den Menschen, die mit

2018 zum Abschluss kommt. Die Jahreszahlen 632 + 2018 beschreiben mit der Summe 2650 den individuellen Menschen, der für sich den Islam annimmt. Er ist eine 50 und lebt über 10 x 10 den Äußeren Wert 26 von JHWH und damit 2 x 13.

Den Islam anzunehmen bedeutet im eigentlichen Sinn, sich dem Willen Gottes zu ergeben, der spürbar wird als Wahrheit im eigenen Inneren. Der Begriff Islam ist 8-mal in einer Schrift enthalten, auf der diese Erfahrung basiert und die im Jahr 632 fertiggestellt wird. 632 : 8 = 79, eine Primzahl. Das individuelle Erfahren der 1 summiert die 79 zu 80. Dieser Mensch sieht den Vollen Wert 80 der zeitlichen 40 als 40 + 40, als Projektion aus dem Absoluten. Die Zahl 80 demonstriert auch über die Zahlenfolge der 5. Dimension das Einsehen einer Verbindung und beschreibt mit 20 x 4 eine 10 + 10 in der irdischen Existenz.

Damit ist für diesen Menschen der „Dschihad" beendet; sein irdisches Bemühen, sein Kampf im Leben endet mit der Verbindung von 4 + 1 zu 5. Der Begriff „Dschihad" kommt im Koran 4-mal vor und gemeinsam mit seinen unterschiedlichen Verbformen insgesamt 35-mal = 5 x 7. Dschihad hat die Bedeutung von Anstrengung, Kampf, Bemühung und Einsatz. Ihm folgt meist der Zusatz „auf dem Wege Gottes", der 49-mal im Koran erwähnt wird.

All diese Zahlen machen eindeutige qualitative Aussagen. Sie werden dem gerecht, was Abraham im Alten Testament prinzipiell verkörpert und entsprechen damit klar der Absicht des Propheten und Religionsgründers Mohammed.

Hinduismus

Der Hinduismus ist keine einheitliche Religion, sondern Sammelbegriff für verschiedene religiöse Traditionen mit unterschiedlichsten Gottesvorstellungen, die den indischen Subkontinent in friedlichem Neben- und Miteinander bevölkern. Ihnen allen gemeinsam ist die Akzeptanz der Veden als absolute und unantastbare Wahrheit.

Veda oder Veden bedeutet im Sanskrit „Wissen", „heilige Lehre". Damit ist eine Sammlung religiöser Texte gemeint, auf denen die Strömungen des Hinduismus basieren. Die Rigveda als älteste der 4 Veden geht auf die Zeit um 1200–1000 v. Chr. zurück. Vedische Gesänge haben das geoffenbarte Wissen über große Zeiträume hinweg mit großer Exaktheit mündlich überliefert. Es setzt sich zusammen aus Weisheiten, welche die „Rishis", die Weisen, seinerzeit direkt vom Göttlichen „gehört" haben. Dieses Gehörte wird im Sanskrit „Shruti" genannt und bildet als zeitlose Offenbarung den Kern dieser Lehre, mit deren schriftlicher Aufzeichnung erst ab dem 5. Jahrhundert n. Chr. begonnen wurde.

Das Weltbild der Veden ist geprägt von großen zyklischen Zeiträumen, den Yugas, die sich aus vielen Unterzyklen zusammensetzen. Ähnlich wie ein Jahr aus Jahreszeiten, Monaten, Wochen, Tagen, Stunden besteht, die sich in einander verschachteln und parallel ablaufen, betonen die Veden den zyklischen Charakter der linearen Zeit.

Diese Kosmologie der Veden unterscheidet 4 Weltzeitalter, die zu einander im Verhältnis 4 : 3 : 2 :1 stehen. Das Satya-Yuga dauert 4000 Jahre, das Treta-Yuga 3000, das Dvapara-Yuga 2000 und das Kali-Yuga 1000 Jahre; insgesamt summieren sich diese Zeitangaben zu 10000 Jahren.

Am Anfang und Ende jedes Yuga steht eine Übergangsperiode, die jeweils ein Zehntel des entsprechenden Yuga beträgt und somit insgesamt eine Dauer von 4800, 3600, 2400 und 1200 Jahren ergibt. Ein gesamtes Maha-Yuga umfasst diese 4 Yugas, dauert 12000 Jahre und ist 10-mal so lang wie das Kali-Yuga. Die Zahlen 10, auch als Summe aus 1 + 2 + 3 + 4 sowie 4 und 12 prägen das vedische Weltbild ebenso wie das hebräische. Es wiederholt sich auch sinngemäß die Aussage, dass „beim Herrn ein Tag ist wie 1000 Jahre und 1000 Jahre wie ein Tag", wie es die Bibel formuliert. Denn 1000 Maha-Yugas sind ein Tag von Brahma, dem hinduistischen Schöpfergott und die 4 Yugas laufen so lange ab, bis 100 Jahre Brahmas vollendet sind. Die Zahlen 100 und 1000 markieren auch in den Überlieferungen der

Veden wesentliche Abschnitte. Tage und Jahre sind im Vedischen und im Hebräischen Ausdruckshilfen für die damit gekoppelten Zahlen und nicht als Zeitmaße wörtlich zu nehmen. Während die Zyklen der Yugas wiederholt ablaufen, entfernt sich die Menschheit in einer Art Verfall vom Goldenen Zeitalter des Satya-Yuga, um es nach einem Zustand völligen Vergessens auf einer neuen Ebene wiederzufinden. Der Abstieg vollzieht sich stufenweise in einer Abfolge vieler Leben über Treta- und Dvapara- bis hin zum Kali-Yuga, der dunkelsten Phase, in der sich die Menschheit seit dem 18. 2. 3102 v. Chr. befinden soll. Nach dem Ende des Kali Yuga folgt ein neues Goldenes Zeitalter, ein neues Satya-Yuga, und ersetzt Unordnung und Leid augenblicklich durch ein Wissen um die göttliche Ordnung.

Alternativ dazu kennt die hinduistische Überlieferung auch einen langsamen Aufstieg vom Kali-Yuga hin zu einem neuen Satya Yuga, der sich gegenläufig zum vorangegangenen Abstieg vollzieht. Im Sinne linearer Zeit sind beide Auffassungen ein Widerspruch.

Werden diese 4 Yugas als Phasen im menschlichen Bewusstsein während seiner zeit-räumlichen Existenz betrachtet, dann entspricht das Kali-Yuga einer Realitätsauffassung, die das jüdische Alte Wissen mit der Weltsicht innerhalb der Grenzen der 400 beschreibt. In diesem Sinn verstanden, ist das Ende eines Kali-Yuga vergleichbar mit dem plötzlichen Durchbruch der 10 x 10 x 10 im menschlichen Bewusstsein, dem eine langsame Annäherung an diese Schnittstelle vorausgeht. Was vor diesem Durchbruch als Widerspruch verstanden wird, zeigt sich danach als gegenseitige Ergänzung; das gilt sowohl für die Grenze der 400 als auch für das Ende des Kali-Yuga.

Als Bewusstseinsperioden verlieren diese Yugas ihre unüberschaubare zeitliche Länge und verlagern sich gewissermaßen in die Breite, in die Masse der einzelnen menschlichen Individuen. Eine unfassbar große Anzahl von Wiederholungen in einem zeitlichen Nacheinander wird zu einer ebenso unfassbar großen Anzahl einzelner Individuen, die jeweils ihre Yugas in einem zeitlichen Nebeneinander durchlaufen. Jedes

Bewusstsein für sich absolviert diese Phasen in einem großen linearen Zeitraum.

Die gängige hinduistische Lehrmeinung besagt, dass die Zeitspannen der Yugas in Jahren der Devas = Götter angegeben sind und rechnet sie durch Multiplikation mit 360 in Menschenjahre um.

Das Kali-Yuga umfasst somit 1200 x 360 = 432000 Jahre
  (360000 + 2 x 36000),
das Dvapara Yuga 2400 x 360 = 864000 Jahre
  (720000 + 2 x 72000),
das Treta Yuga 3600 x 360 = 1296000 Jahre
  (1080000 + 2 x 108000),
das Satya-Yuga 4800 x 360 = 1728000 Jahre
  (1440000 + 2 x 144000).

Die in Klammern angegebene Berechnungsweise geht von 1000, 2000, 3000 und 4000 aus und addiert die 2 Übergangsfristen. Die mathematisch nicht ganz korrekte Darstellung zeigt den Menschen als 2 im Zentrum einer Spiegelung und seine 10 als Aspekt eines Prinzips. Ein gesamter Maha-Yuga-Zyklus besteht in Summe aus 4320000 Jahren des Menschen und ist 10-mal so lang wie das Kali-Yuga mit 432000 Jahren.

All diese Zahlen stimmen in ihren Aussagen mit den hebräischen Überlieferungen überein, auch wenn sie sich unterschiedlicher Ausdrucksweisen bedienen. 360 als Zahl irdischer Zyklen bildet die Schnittstelle zwischen Absolutem und menschlicher Existenz. Diese menschliche Existenz komplettiert all ihre Lebenszyklen mit der Zahl 4320000 zu einem Ganzen. Als dieses Ganze erfasst sich die menschlichen 10, die im Kali-Yuga die identische Abbildung eines größeren Prinzips erkennt. Im Licht dieser Erkenntnis „erhellt" sich für dieses Bewusstsein die „Dunkelheit" des Kali-Yuga. Es erkennt sich selbst darin als 10 + 10, als 10 x 10 und gleichzeitig als 6 x 6 x 6, denn 20 x 100 x 216 ergibt die Zahl 432000. Es ist selbst diese 1000, für die das Kali-Yuga steht und es sieht in den anderen 3 Yugas ebenfalls Erfahrungsräume des Bewusstseins, die von den jeweiligen Zahlen definiert werden. Der Volle Wert 72 von JHWH erscheint in diesem Zusammenhang ebenso wie 144 aus 12 x 12 sowie 108 als die Hälfte von 216.

Die Zeitangaben der Yugas werden traditionell quantitativ aufgefasst und als unübersehbar große Spannen linearer Zeit angesehen. Diese Zeit fließt aus einer unbekannten Vergangenheit in eine unbekannte Zukunft und erscheint unendlich. Das menschliche Bewusstsein fühlt sich in seiner Existenz dieser verfließenden Zeit ausgeliefert und in seiner eigenen Endlichkeit davon bedroht. Für einen Menschen, der die absolute und ausschließliche Gültigkeit der auf 360 Grad begrenzten Sichtweise in Frage stellt, ändert sich dieses Verständnis von Zeit.

Er erfasst sie als ein Mittel, über das sich absolute Prinzipien in die Wahrnehmung bringen. Diese Perspektive entspricht der 1000 gemäß dem Prinzip JHWH. Die Zeitangaben von 12 x 1000 und 10 x 1000 bilden sowohl diese Prinzipien ab als auch deren Erkennen. Alle Zyklen des gesamte Maha-Yuga dauern insgesamt 12000 Jahre der Devas; diese Zahl beschreibt die Zyklen der 12 als Prinzipien des Absoluten, die zu erfassen dem menschlichen Bewusstsein als 10 x 10 x 10 möglich ist; mit 360 multipliziert entsprechen sie 4320000 Jahre des Menschen.

Maha-Yuga beschreibt das menschliche Bewusstsein als eine Einheit, die in 4 unterschiedlichen Phasen erlebt wird. Es ist damit eine Variante des 1–4-Prinzips im Alten Wissen. Solange dieser Zusammenhang zwischen 4 und 1 in der irdischen Existenz nicht gesehen wird, lebt die unbewusste 10 die 432000 des Kali-Yuga. Wird die 10 sich ihrer selbst bewusst, sieht sie sich als menschlicher Ausdruck göttlicher Prinzipien und lebt 10 x 432000 = 4320000, die Ganzheit des Maha-Yuga. 4320000 = 2 x 10 x 216 x 1000 bringt zum Ausdruck, worauf menschliche Existenz in der Dualität hinausläuft.

Das Maha-Yuga steht über die Zahlen 100 und 1000 in Bezug zu Schöpfergott Brahma, das menschliche Bewusstsein über diese Zahlen in Kontakt mit dem Schöpfungsprinzip JHWH.

Brahma bildet gemeinsam mit Vishnu und Shiva die „Trimurti", die göttliche Dreiheit des Hinduismus. Brahma ist nicht identisch mit Brahman, sondern ebenso wie die anderen beiden Gottheiten ein Aspekt davon.

Brahman ist die Bezeichnung für das Absolute, das ohne Anfang und ohne Ende existiert und als wirksame Kraft allem Dasein zugrunde liegt. Brahman wird in seinem Wesen gleichgesetzt mit Atman, dem innersten Kern des Menschen. Auch diese Gleichsetzung deckt sich mit dem Alten Wissen, wo das Schriftbild der Aleph den gegenseitigen Bezug von 1 und 10 betont.

Schöpfergott Brahma ist auf Darstellungen meist mit 4 Gesichtern und 4 Armen zu sehen; sein Bezug zur 4 der Materie ist ebenso eindeutig, wie ihn die 4 in Zusammenhang mit den Yugas erkennen lässt. Die Zuordnung der Zahl 4 zum Irdischen ist in den Veden klar ersichtlich und stimmt überein mit der jüdisch-christlich-islamischen Überlieferung. Beide definieren damit die geschaffene Welt.

Diese 4 besteht aus 2 x 2 und es begegnen sich darin Gegensätze.

Daher zeigen beide religiösen Hauptströmungen neben der grundlegenden Gemeinsamkeit auch eine gewisse Andersartigkeit. Im Hinduismus wird das gleichzeitige Miteinander verschiedener religiöser Richtungen gelebt, während im Judentum, Christentum und Islam die eigene Religion jeweils als die einzig wahre angesehen wird. Auch die Zahlen geben sich teilweise widersprüchlich, wenn die 4 dem Satya-Yuga zugeordnet wird und die 1 dem Kali-Yuga.

Das hebräische und das vedische alte Wissen als fundamentale Wurzeln menschlicher Religiosität bilden gemeinsam ab, wofür sie stehen: für eine 1, die sich als 2 darstellt und als 3 beides umfasst. Insgesamt kommen in ihnen eine gegensätzliche Spiegelung und eine sich ergänzende Gegenseitigkeit zum Ausdruck.

In diesem Sinn können auch die beiden Verkörperungen des Göttlichen betrachtet werden, die jeweils am Beginn einer Ära stehen. Auf Basis der hebräischen Tradition ist das Jesus Christus, mit dessen Geburt die moderne Zeitrechnung beginnt. Auf

Basis der vedischen Tradition ist Krishna dieses Mensch gewordene Göttliche. Er ist der Gott der Freude, Liebe und Weisheit und die 8. Inkarnation von Vishnu. Datum seines Todes ist 17. 02. 3102 v. Chr., am Tag danach beginnt das Kali-Yuga.

In der einen Tradition leitet die Geburt, in der anderen der Tod den Beginn einer Phase im Bewusstsein ein, die in beiden Fällen mit dem Erkennen einer göttlichen Ordnung endet. Identisches und gleichzeitig Unterschiedliches kommt damit wieder zum Ausdruck.

Mit dem Jahr 2018 steht prinzipiell jedem einzelnen Bewusstsein die Möglichkeit offen, grundlegende Zusammenhänge zu erkennen und durch die Verbindung von 2 mit 1 über 0 zur 3 zu werden. Die Qualität des Jahres 2017 bereitet darauf vor. 17–02–3102 und 18–02–3102 bilden diese Absicht ab. Die Option der Zeitqualitäten 2017 und 2018 ist in 17–02–3102 und 18–02–3102 bereits verschlüsselt enthalten. Gemeinsam geben diese Zeitmarkierungen über den Anfang und das Ende des Kali-Yuga Auskunft. 3102 macht deutlich, worauf es abzielt: Auf eine 3, die gleichzeitig eine 1000 ist und erreicht wird, indem 1 und 2 sich über 0 begegnen. Dieses Ziel wird realisiert, indem mit der Qualität von 17 und 18 das Wesen der 2 durchschaut wird.

Beide religiösen Strömungen basieren auf uralten Weisheitslehren und haben die Rückverbindung des menschlichen Bewusstseins zum göttlichen Absoluten zum Inhalt. Die Texte von Thora und von Veda könnten unterschiedlicher nicht sein und lassen kaum Gemeinsamkeiten finden, aber die qualitative Aussagekraft der Zahlen zeigt synonyme Darstellungen.

In Zeitangaben nicht quantitative Zeiträume und Zeitpunkte zu sehen, sondern Aussagen über den Sinn menschlicher Existenz, stellt bisher gültige Weltbilder auf den Kopf. Mit dem Ende des Kali-Yuga ist exakt diese Erfahrung gemeint; die Dunkelheit wird plötzlich vom Licht der Erkenntnis erhellt.

Das Ende dieser Phase im Bewusstsein lässt die irdische Existenz als einen komplexen Zyklus erkennen, der Anfang und Ende in sich zu einer neuen Ganzheit verbindet.

In diesem Sinn summieren sich 3102 + 2018 zu 5120 = 5 12 0 und definieren diese neue Ganzheit mit einer 50, die sich von den Kreisläufen der 12 nicht mehr begrenzen lässt, sondern sie in sich als dynamischen Antrieb erfährt. Die 12 aus 3 x 4 schafft für die menschliche 3 immer wieder Möglichkeiten, um die 4 Zyklen der Yugas im Bewusstsein zu erleben. 5 x 10 ist zwar eine völlig andere Art, die Welt zu sehen und in ihr zu leben, aber kein stagnierender, monotoner Zustand. Innerhalb des Maha-Yuga einer bewussten 10 kommt 50 stets aufs Neue über die 4 Zwischenstufen in die Erfahrung. Das Goldene Zeitalter wird verlassen, um neu gefunden zu werden.

Die Ganzheit von 5120 stellt mit 10 x 512 = 10 x 8 x 8 x 8 einen Bezug her zur Sequenz 1–8–9 der 3. Dimension. Die Zahlen 1–8–9 demonstrieren die zentrale Funktion der 8 für die Verbindung von 1 + 9 zu 10 als Absicht 3-dimensionalen Denkens. 5120 = 10 x 8 x 8 x 8 macht eine synonyme Aussage über die Zielsetzung des Kali-Yuga. Was die Zahlen für die unbewusste 10 in beiden Fällen als Zielsetzung zum Ausdruck bringen, erfährt die bewusste 10 als Realität.

Buddhismus

Diese Weltreligion hat ihren Ursprung in Indien und entstand zu einer Zeit, als Kosmologie und Gottesbilder bereits durch die Veden geprägt waren. Der Buddhismus anerkennt weder einen allmächtigen Gott noch die Unsterblichkeit einer Seele. Er bezieht sich nicht auf vedische oder andere traditionelle Überlieferungen, übernimmt aber mit Wiedergeburt und Karma wesentliche Glaubenselemente.

Das Sanskritwort „Buddhi" bedeutet „Erkenntnisvermögen" oder „Unterscheidungskraft" und ist ebenso wie „Buddha", „der Erwachte", von der Sprachwurzel „budh" abgeleitet, die „erwachen, verstehen, wissen" ausdrückt. „Buddhi" könnte auch mit „intuitiver Intelligenz" übersetzt werden und beinhaltet die Fähigkeit, Lüge von Wahrheit zu unterscheiden.

Siddharta Gautama Buddha als Gründer dieser Glaubensrichtung erklärte, dass er nicht aufgrund göttlicher Offenbarung, sondern durch eigene meditative Schau zu einem Verständnis der Natur des eigenen Geistes und aller Dinge gekommen sei. Gemäß der Überlieferung erwachte in ihm dieses Wissen im Alter von 35 Jahren.

Im Alter von 16 Jahren wurde er mit einer Prinzessin vermählt, wohnte mit ihr in einem Palast, war aber unausgefüllt und mit seiner Lebensweise unzufrieden. Mit 29 Jahren unternahm er 4 Ausfahrten in die 4 Himmelsrichtungen und kam in Kontakt mit der irdischen Realität von Alter, Krankheit, Schmerz und Tod.

Er suchte nach einem Weg zur Überwindung dieses Leides, verließ seinen Palast und verbrachte 6 Jahre mit Meditation und dem Studium unterschiedlicher Religionslehren und Philosophien. Er tat dies an einer religiösen Schule, die extreme Formen von Askese praktizierte. Da ihn Weltabgewandtheit und die Beschäftigung mit überlieferten Religionen und ihren Methoden seinem Ziel nicht näher brachten, gab er sie auf und suchte alleine weiter. Als besitzloser, meditierender Wanderer führte ihn sein Weg schließlich zur Erkenntnis.

Siddharta Gautama Buddha starb im Alter von 80 Jahren; sein Todesjahr 543/544 v. Chr. markiert den Beginn der buddhistischen Zeitrechnung.

Seine Lehre des Mittleren Pfades hat die Vermeidung von Extremen zum Grundsatz und basiert auf der Erfahrung, dass grundlegende Einsichten sich weder in der Vernachlässigung der Lebensbedürfnisse noch in einer Lebensweise finden lassen, die persönliches Wohlergehen überbetont.

Die buddhistische Lehre sieht alle Wesen einem endlosen, leidvollen Zyklus von Geburt und Wiedergeburt unterworfen. Die religiöse Praxis zielt darauf ab, diesem Kreislauf zu entkommen. 4 Edle Wahrheiten und die Übungen des Edlen 8-fachen Pfades bilden dafür die Basis.

Die Zahlen 4, 4 x 4, 8, 16 und 80 = 4 x 20 sind in der überlieferten Lebensgeschichte des Buddha und in der Anwendung seiner Erkenntnisse deutlich hervorgehoben. Ihre qualitative Aussage entspricht dem, was der Text beschreibt. Das gilt auch für die anderen erwähnten Zahlen. Mit 29 Jahren beginnt die Suche nach der 1 und führt im Alter von 35 = 5 x 7 = 5 + 30 zum Erfolg. 29 stellt mit 2 und 9 die Ausgangsbasis dar und 35 mit 3 und 5 das erreichte Ziel; 6 verbindet beides miteinander.

Grundsätzlich ist diese Biographie wie jede Überlieferung nicht wörtlich zu nehmen und das Todesjahr wurde im Nachhinein als historisches Datum offiziell in Frage gestellt. Es kann auch nicht eindeutig einem einzelnen Jahr nach dem gregorianischen Kalender zugeordnet werden und wird mit 543 oder 544 angegeben, weil beide Zeitrechnungsarten einen anderen Jahresbeginn annehmen. Gerade diese scheinbare Ungenauigkeit erweist sich in der qualitativen Aussagekraft beider Zahlen als ein wichtiger Umstand und erschließt erstaunliche Zusammenhänge.

Siddharta Gautama Buddha personifiziert den Umstand, dass Erkenntnis eine sehr individuelle Erfahrung ist. Der Name Siddharta hat die Bedeutung von „der sein Ziel erreicht hat". Erst der ganz individuelle Weg hat das Bemühen von Siddharta Gautama zum Erfolg geführt und ihn zum Buddha werden lassen; diese Tatsache bringt ihn mit der Qualität der 17 und dem Jahr 2017 in Verbindung.

Dem voraus geht eine Trendwende, weg von äußeren Vorgaben, weg von traditionellem Denken und materialistischer Ausrichtung und hin zum eigenständigen Denken und Handeln. Diese Wende bringt die Zeitqualität von 2016 mit Buddha in Zusammenhang.

Sein Tod im Alter von 80 = 20 x 4 Jahren macht deutlich, dass erreicht und abgeschlossen ist, worauf der Erkenntnisprozess abzielt. Die Zeitangabe 543/544 v. Chr. markiert mit einer neuen Zeitrechnung den Beginn für die Umsetzung dessen, worauf buddhistische Lehre ausgerichtet ist.

543 und 544 stehen für den Beginn dieser Umsetzung, 2016 und 2017 für den Abschluss. Dass sie das Bewusstsein zu einer Ganzheit führen, bringen sie mit 543 + 2017 = 2560 und 544 +

2016 = 2560 zum Ausdruck. 2560 + 2560 ergeben wieder dieselbe Zahl 5120, die sich im Hinduismus durch die Addition von 3102 + 2018 zeigt.

2560 als 10 x 256 = 10 x 4 x 4 x 4 x 4 zeigt Bezug zur 4. Dimension und entspricht einem Bewusstsein, das die Zusammenhänge im 3-Dimensionalen überblickt und das Wesen der 4 = 2 x 2 durchschaut. Dieser Blick auf die Dualität ist gleichbedeutend mit dem Begriff „Erwachen" im Buddhismus.

2560 setzt sich aus denselben Zahlen zusammen wie 2650, dem Ergebnis aus 632 + 2018 im Islam. Auch diese beiden Religionen unterscheiden sich also nur äußerlich voneinander, in der Wahl und Interpretation der Worte. Die Zahlen lassen eine grundsätzliche Zusammengehörigkeit erkennen, und die Differenz 90 aus 2650 – 2560 informiert darüber, worin die Gemeinsamkeit besteht. Das Herausgefischt-Werden als 50 aus dem Zeitlichen der 40 ist eine Erfahrung, auf die Buddhismus und Islam gleichermaßen zusteuern.

Die Sprache der Zahlen macht klar nachvollziehbar, dass 5 große Weltreligionen ein gemeinsames Ziel haben, das in 4 + 1 zum Ausdruck kommt und für jede 10 gilt.

Die 3 Weltreligionen Judentum, Christentum und Islam haben 1 Wurzel, wodurch sich der grundsätzliche Zusammenhang von 1 und 3 bestätigt.

Das Judentum bietet den übrigen 4 Weltreligionen über seine besondere Sprachform das Erfassen dessen an, was die 1 durch alle 5 zum Ausdruck und zur Umsetzung bringen will.

Dieser Umstand bestätigt das Prinzip 4 + 1 = 5 und betont, dass auch 4 eigentlich 4 x 1 und damit gleichwertig mit 1 ist.

9. KAPITEL

Der Mensch in Zahlen

666 – eines Menschen Zahl

Die Zahl 666 ist eher negativ besetzt. Das verdankt sie der Erwähnung in der Johannes-Offenbarung 13:18 als Zahl des Tieres: „Hier ist die Weisheit. Wer Verständnis hat, berechne die Zahl des Tieres! Denn es ist eines Menschen Zahl; und seine Zahl ist 666."

Mit dem „Tier" ist in der Bibel der Körper des Menschen in dieser Welt gemeint, seine ganze materielle Erscheinung, so versteht es das Alte Wissen. „Leben" und „Tier" sind im Hebräischen dasselbe Wort „chajah". Dieser Begriff steht für das rein biologisch in Erscheinung tretende und in diesem Sinn „tierische" Leben.

Im Gegensatz dazu entspricht dem Leben des Menschen das Wort „chajim", was ein doppeltes Leben ausdrückt, ein körperliches und ein darüber hinausgehendes.

666 wird in traditioneller theologischer Sicht ausgelegt als das Böse schlechthin, das mit verschiedenen Namen belegt wird und gegen das der Mensch sein Leben lang zu kämpfen hat. Alles Negative, Hasserfüllte, Abzulehnende und auch jener Aspekt im Menschen, der als „Erbsünde" in ihm angelegt ist, wird diesem Bösen zugeordnet. Damit verbunden ist ein negativer Blick des Menschen auf sich selbst. Schuld, Sünde und darauf folgende Strafe sind wesentliche Bestandteile dieses religiösen Denkens. Aber was sind Schuld und Sünde eigentlich?

Die Schöpfungsgeschichte der Bibel erzählt von einer Erbschuld, die der Mensch auf sich geladen hat. Sie besteht darin, dass Adam und Eva gegen das Verbot verstoßen, vom Baum der

Erkenntnis von gut und böse zu essen. Danach folgt die Vertreibung aus dem Paradies durch einen strafenden Gott.

Heute wird nachvollziehbar, dass mit diesen Bildern ein grundlegendes Geschehen beschrieben wird. Jetzt ist es möglich zu erfassen, dass es notwendig war, die Einheit, das Paradies, die 1 zu verlassen und in die 2 zu gehen, um auf einer neuen Ebene wieder zur 1 zurückkehren zu können. Mit Schuld im moralischen Sinn hat das eigentlich nichts zu tun. Der Mensch fühlt sich schuldig für ein Verhalten, das sein eigener verborgener Anteil veranlasst. Er handelt, wie er handeln muss und kann gar nicht anders. Der Mensch setzt um, was die absolute 1 durch ihn zum Ausdruck bringen will. Das Empfinden von Schuld dauert so lange, bis der Mensch erkennt und für sich akzeptiert, aus beiden Anteilen zu bestehen, aus Paradies und Vertreibung, und damit beides in sich zu tragen, weil das eine ohne das andere nicht existieren kann.

Er weiß dann auch, dass es ihm in dieser Welt der Zweiheit gar nicht möglich ist, nur das Gute zu leben. Der eine Pol bringt immer den anderen mit sich, damit diese Welt der Dualität überhaupt bestehen kann. Der Mensch strebt nach dem Guten, dem Hellen, dem Schönen und Erhebenden, das ist in ihm angelegt und macht ihn eigentlich aus. Er kann diese positive Seite aber nicht ausschließlich leben. Er kann das Böse in sich und um sich herum nicht eliminieren, denn es lässt sich im wahrsten Sinne des Wortes nicht aus der Welt schaffen. Böses kann nur grundsätzlich als Gegenteil des Guten erkannt und in seiner Notwendigkeit für diese Welt akzeptiert werden. Das zu erkennen und einzusehen ist ein individueller Prozess, den jeder einzelne für sich absolviert.

Es ist der Zweck linear ablaufender Zeit, dass der Mensch seine ganz persönlichen Erfahrungen darin macht und dabei fähig wird, bewusst zu erfassen, was sein eigentliches Selbst ist. Dann ist für ihn der Kampf „gut gegen böse" beendet, weil das Verstehen der Zusammenhänge die Gegensätze versöhnt und als Teile einer Einheit sehen lässt. Der Mensch ist dann im wahrsten Sinne des Wortes „jenseits von gut und böse".

Daher wird auch die 666 solange als die Zahl des Tieres, des Teufels, des Bösen angesehen, bis der Mensch ihre eigentliche Aussage bei sich selbst wahrnimmt und akzeptiert als „eines Menschen Zahl". Der Mensch als Individuum ist die 666. Seine einzigartige Existenz im Absoluten, im Wesentlichen, im Nichtbewussten ist diese Zahl und sie hat zwei Gesichter in der Welt der Dualität.

Da ist auf der einen Seite der Aspekt des Tieres. Das Körperliche ist am Irdischen und der Erhaltung dieser irdischen Existenz orientiert. Dieser erdwärts gerichtete tierische Teil des Menschen entspricht dem Prinzip der 400 und trägt in sich die Tendenz zum „immer noch mehr". Es ist ausgerichtet auf immer noch mehr Besitz, Macht, Geld, Ruhm, Einflussnahme, Lustbefriedigung und Vergnügen. Es wird nicht satt am bereits Erreichten, im Gegenteil. Im Extremfall entwickelt sich der Mensch zur grausamen Bestie, der jedes Mittel recht ist, um ihre Sucht nach „immer noch mehr" zu befriedigen.

Der Pol des Bösen wird auf diese Weise gelebt und findet in Kriegen, Hunger, Not und Elend seinen Ausdruck in der Welt.

Auf der anderen Seite trägt jeder Mensch in sich die Erinnerung an die verlorene Einheit. Die Suche danach und der Wunsch, sie wiederzufinden, prägen und färben seine irdische Existenz. Diese Veranlagung drängt ihn dazu, das Gemeinsame vor das Trennende zu stellen. Sie zeigt sich in jeder Geste und jedem Gedanken, der auch das „Du" sieht und das verbindende „Wir" vor das egoistische „Ich" stellt. Diese Tendenz hin zum anderen und zur Einheit mit ihm ist das Gegenteil des „immer noch mehr". Sie entspricht der 1, die der 400 gegenübersteht und findet ihr Ideal im Bild eines guten, liebenden Gottes.

Der Mensch sieht sich gerne als Verbündeter dieses Guten und als Feind des Bösen. Er neigt dazu, das Böse bei sich nicht sehen zu können und projiziert es nach außen, auf andere Menschen oder die Lebensumstände. Was nicht in seine Vorstellung eines guten, liebenden Gottes passt, projiziert er ebenfalls von ihm weg und schafft mit der Gestalt des Teufels einen Gegenpol zu Gott.

Mit der Erkenntnis, dass *alles* Geschehen in dieser Welt der Materie verursacht und gelenkt wird von einer einzigen Kraft im Wesentlichen, im Ursprung, kann sich diese Kategorisierung in gut und böse nicht mehr halten. Was wäre das für ein allmächtiger Gott, der ständig im Kampf läge mit einem fast ebenbürtigen Widersacher?

Die von Dualität gefärbte Trennung in gut und böse, in Gott und Teufel, entstammt einer Bewusstseinsstufe, die nicht mehr aktuell ist, sobald das Denken von 2 zu 3 wechselt. Es wird ihr die Gültigkeit entzogen, wenn die eigene Beobachtung es als prinzipielle Tatsache einsehen lässt, dass eine einzige Instanz, die in der christlichen Kultur die Bezeichnung Gott trägt, „wie im Himmel so auf Erden" alles Geschehen verursacht. Wie sollte es anders sein? Wenn Böses existiert, dann doch nur, weil diese Instanz es zulässt und sogar selbst in die Welt setzt, damit es diese Welt überhaupt gibt.

Der Sinn des Irdischen ist es zu erkennen, dass der Mensch nicht von dieser Welt ist, dass sein physisches Leben nicht alles ist, sondern nur die Erfahrung eines rein geistigen und für den menschlichen Verstand eigentlich nicht vorstellbaren Wesens, das er im Wesentlichen selbst ist. Gut und böse im Wechsel sind der Weg zu dieser Einsicht.

Etwas im Menschen weiß das und dieses Etwas ist gleichzeitig auch der wesentliche Aspekt der 666. Diese Zahl symbolisiert die Verbindung von Irdischem mit Absoluten in einem 3-dimensionalen menschlichen Dasein.

Die 6 im Namen JHWH, 10–5–6–5, bietet die Option für diese Verbindung an. Sie umzusetzen ist Aufgabe des Menschen. 666 bringt mit 6 x 111 deutlich zum Ausdruck, dass die Verbindung und die Erkenntnis darüber abgeschlossen sind.

Als 3-fache 6 steht 666 für eine 3-fache Verbindung, die ausgehend von 10–5–6–5 das Ziel erreichen lässt: $1 + 4 = 5$, $5 + 5 = 10$, $10 + 10 = 20$

Die 3-fache 6, die versöhnende und verbindende „Waw" auf allen Ebenen bringt den Sinn der menschlichen Existenz zum Ausdruck. Sie tut das auf ähnliche Weise wie die 3-fache 0 von 1000.

Die eigentliche, verborgene, im Absoluten angelegte Absicht der 666 wird nun verstanden: 222111, eine 3-fache 21, die die Rückkehr von der Dualität zur Einheit ausdrückt, von der 2 zur 1, auf allen Ebenen der 3-dimensionalen Existenz. Diese 222111 ist die Summe aller Erlebnisse, Ereignisse, Erfahrungen, die bis zum Erreichen der 666 auf dem Weg lagen: 666 + 665 + 664 ... + 2 + 1 = 222111. Die Not-Wendigkeit dieses Weges und jedes einzelnen Schrittes wird eingesehen, wenn das Ziel erreicht ist. Im Rückblick werden gerade jene Situationen als wertvoll und richtungsweisend erkannt, die als böse, weil schmerzlich, erlebt wurden. Es relativiert sich alles. Nun wird eingesehen, dass die Sucht nach „immer noch mehr" eigentlich eine vergebliche Suche nach Einheit war; vergeblich deshalb, weil in der falschen Richtung gesucht wurde.

Der Mensch entfernt sich aus der Einheit, geht ins Materielle, in die Vielheit, um sich darin zu verlieren. Das soll so sein, ist weder gut noch böse, sondern einfach seine Veranlagung. Er ist dazu da, so lange in die „falsche" Richtung zu laufen, bis die Einsicht kommt, dass es hier und so einfach nicht weitergeht. Ein „toter Punkt" ist dann erreicht, das Ende einer Sackgasse und an dieser Stelle verpuffen jede Hoffnung, alle Perspektiven und alles Wollen in einer Leere.

Dieses Erleben leitet einen Prozess ein, den man betrachten könnte im Bild eines Kreuzfahrtschiffes, das auf hoher See ein Brems- und Ausweichmanöver einleitet. Es ist ein schwerfälliger, langsamer, manchmal kaum wahrnehmbarer Vorgang, dieses Bremsen und Abdrehen. Der Kapitän hat in weiser Voraussicht die notwendigen Maßnahmen schon veranlasst, bevor der Passagier den Eisberg sieht, auf den er mit dem Schiff zusteuert. Er hatte keinen Blick dafür, keine Aufmerksamkeit für so „ernste Dinge". Schließlich war er zum Vergnügen unterwegs und widmete sich dem voll und ganz. Das war ja auch sein gutes Recht.

Das Alltagsdenken entspricht dieser Rolle des Passagiers, der lebt, um glücklich zu sein und Spaß zu haben. Aber da ist noch eine andere Ebene im Bewusstsein, die „Crew", die dafür sorgt, dass die Richtung stimmt. Und die einmal eingeschlagene Route stimmt so lange, bis der Eisberg auftaucht. Dann ist Zeit für eine Richtungsänderung und die Crew sorgt dafür. Die Anweisungen des Kapitäns kommen rechtzeitig und werden so umgesetzt, dass keine wirkliche Gefahr besteht.

Aber der Eisberg gerät in das Blickfeld des Passagiers und jetzt hört der Spaß für ihn auf. Das Vergnügen wandelt sich in Todesangst, die Lebenslust in Panik. Der Reisende kennt nicht die Anordnungen, die rechtzeitig dafür sorgten, dass es zu keinem Untergang kommen kann. Aber der Untergang steht ihm vor Augen. Jetzt sind seine Sinne nicht mehr betäubt vom Lärm des Vergnügens, sie sind angesichts des drohenden Nichts geschärft für die momentane Situation. Er hört jetzt die beruhigenden Worte des Kapitäns, doch Glauben schenkt er dem, was er sieht. Das Schiff treibt in seiner massigen Trägheit immer noch auf den Eisberg zu. In dieser und jeder bedrohlichen Situation ist der Mensch als Passagier stumm vor Angst, beobachtet wie gelähmt oder erhebt verzweifelte Anschuldigungen. Äußerlich erscheint die Lage aussichtslos, aber eigentlich leitet das Schiff bereits unbemerkt eine Bewegung zur Seite ein, weg vom drohenden Untergang.

Dieses Bild lässt sich umlegen auf die Erfahrungen im Leben. Vor allem kritische Situationen bewirken eine Richtungsänderung, schärfen die Sinne und machen wachsam für die leise Stimme des inneren „Kapitäns". Dadurch lernt der Mensch, seiner Intuition, seinem feinen Empfinden, das in jedem Moment des Lebens „ja" oder „nein" sagt, zu folgen. Es bringt ihn sicher nach Hause.

Das Böse treibt den Menschen vor sich her und immer wieder unerwartet in die Enge. Bedrohliche, unangenehme und schmerzliche Situationen werden erlebt in Form von Angst, Scham, Reue, Verzweiflung und Einsamkeit. In unzähligen Varianten tauchen plötzlich solche „Eisberge" im Leben auf und lassen die Lage hoffnungslos, sinnlos und ausweglos erscheinen. Wiederholt wird ein scheinbarer „point of no return" erreicht. Dann hört der Spaß auf, das Lachen verstummt und die Aufmerksamkeit wechselt ihre Richtung.

Das sind die Phasen, die eine kaum merkliche Richtungsänderung in der Lebenseinstellung bewirken und es sind viele davon notwendig, endlos viele, so scheint es. Der Weg ist lang über das Meer der Zeit und die Orientierung schwierig. Irgendwann aber, an einem dieser besonders kritischen Punkte, wenn man am allerwenigsten damit rechnet und wieder einmal jede Hoffnung aufgegeben hat, kommt Land in Sicht. Mit einem letzten entscheidenden Manöver ist das Ende der Kreuz-Fahrt absehbar. Das Wort „Kreuz" zeigt in diesem Zusammenhang einen weiteren Bezug zum menschlichen Bewusstsein. „Aufkreuzen" bedeutet beim Segeln, im Zick-Zack-Kurs auf ein Ziel zuzusteuern und den Gegenwind, der eine direkte Linie verhindert, als Antriebskraft zu nutzen.

Auch in diesem Sinn ist „Kreuz" ein Symbol für das Leben des Menschen. Er kreuzt auf seiner Reise über das Meer der Zeit so lange auf gegen die Widerstände, die ihm wie Gegenwind das Vorwärtskommen erschweren, bis er das Ziel vor Augen hat. Es dauert dann noch einige Zeit, bis das Schiff anlegt. Diese Zeit ist notwendig, um wirklich wahrhaben und glauben zu können, dass der Heimathafen wartet.

Für jeden Menschen sind Kurskorrekturen auf dem Weg nach Hause ein einzigartiges, sehr persönliches Geschehen. Jeder erlebt sie zu seiner Zeit und auf seine Weise. In welchem Moment der „verlorene Sohn" dann schließlich heimkommt, bestimmt sein nichtbewusster, absoluter Aspekt. Er hat den freien Willen zu bestimmen.

Durch die Genialität der Zahlen lässt sich der Sinn der menschlichen Existenz mit folgendem rechtwinkligen Dreieck darstellen:

Die eine Seite steht für die Ausgangsposition als Mensch, 693 beträgt diese Seitenlänge: Der Mensch wird als 6 in die Welt gestellt, um als 9 zu erkennen, dass seine grundsätzliche Qualität die 3 ist.

Die andere Seitenlänge, der Weg als Mensch, beträgt 1924 und bildet dazu einen rechten Winkel: Als individuelle 19 erkennt der Mensch die Grenzen einer Welt der 24.

Die Hypotenuse verbindet Veranlagung und Prozess, ist 2045 lang und drückt damit die erfüllte Zielsetzung aus: Der Mensch wird zur 20, zum Menschen, der die 10–5–6–5 zur 10–10 und damit zur 20 verbindet. Die 9 als in ihm angelegte Erkenntnisfähigkeit hat damit ihr Ziel 45 = 9 x 5 erreicht und erkennt das Prinzip der Projektion.

Diese Spiegelung von Prinzip und Erfahrung bildet die 666 als 666.666 ab. Das ist genau der Flächeninhalt dieses Dreiecks.

Mensch = Adam in Zahlen

Die eingangs bereits errechneten Zahlenwerte können nun einiges über den Menschen = Adam aussagen. In seinem äußeren Erscheinen ist er ein irdisches Wesen. Sein Körper ist aus Erde (= adama 1–4–40–5) gemacht und kehrt wieder dorthin zurück. Die in seinem Namen verborgenen Zahlen erzählen vom Sinn seines Daseins auf der Erde.

Bei der Betrachtung von Adam findet Eva als der weibliche Aspekt des Menschen keine Berücksichtigung, weil dieser Aspekt für die Entwicklung der 1 in der materiellen Welt der 4 nicht relevant ist. Eva ist die irdische Erscheinung und damit der Leib, der wieder zu Staub wird, umfasst aber auch das Denken und die Wahrnehmungsfähigkeit der Sinne.

Adam ist der „innere" Menschen und entspricht der 1; Eva ist die 2, der „äußere" Mensch, der aus der 1 hervorgeht und dieser 1 eine physische Erscheinung gibt. Eva wird im Hebräischen „chawa" geschrieben, 8–6–5 mit dem Äußeren Wert 19. Dieses Wort sieht das Alte Wissen in naher Verwandtschaft mit dem Wort für Tier, „chaja".

Eva personifiziert den physischen Aspekt des Menschen, durch dessen Opferung der Mensch sich dem Göttlichen annähert. Das blutige Tier- und auch Menschenopfer ist eigentlich ein Missverstehen des Begriffes „Opfer", kann aber innerhalb der Weltsicht der 400 nur auf diese Weise aufgefasst werden. Eigentlich ist damit gemeint, die 1 wichtiger zu nehmen als alles Körperliche und Materielle, um den Sprung von 19 zu 20 zu bewältigen.

Die Zahlenfolge für „Adam = Mensch" 1–4–40 ist eine Kombination von 1 = Einheit, 4 = Materie und 40 = Zeit. 1–4–40 ist die Kurzformel für das 1–4-Prinzip in der Zeit (= 40). Durch den Menschen wird dieses 1–4-Prinzip im Fluss linearer Zeit lebendig. Er erlebt die Dualität mit ihren Zyklen, eingeteilt in Tage zu 2 x 12 = 24 Stunden; das sind 1440 Minuten mit je 5 x 12 = 60 Sekunden.

Das Prinzip 12 mit der Aussage von 1 + 2 und 3 x 4 bringt sich im Zeitmaß zum Ausdruck und läuft darauf hinaus, durch das menschliche Denken erfasst zu werden; Adam 1–4–40 trägt die Veranlagung zu 12 x 12 x 10 = 1440.

1–4–40 bildet als Summe von 1 + 4 + 40 den Äußeren Wert 45. Er steht für das Erscheinende und Offensichtliche in der diesseitigen, physisch wahrnehmbaren Welt. 45 = 9 x 5 ergibt sich auch durch die Addition der 9 mit allen Zahlen, die ihr vorausgehen. Gemeinsam mit ihnen zeigt 9 ihre Absicht: 9 + 8 + 7 + 6 + 5 + 4 + 3 + 2 + 1 = 45.

Zahlen machen mit ihren qualitativen Aussagen wiederholt deutlich, dass das Prinzip der Erkenntnisfähigkeit (= 9) auf den Menschen (= 45) und sein Leben auf der Erde (= 50) ausgerichtet ist. In jeder menschlichen Existenz in Zeit und Raum (= 1 + 4 + 40) soll sich das Prinzip der 9 erfüllen. Die Zahl 45 bestätigt über die Ziffernsumme 9 ihre Kernaussage. Die Absicht der 9 besteht im Erkennen der 5 und dem irdischen Leben als 5 x 10.

Das menschliche Bewusstsein ist darauf ausgerichtet, während seiner Existenz im linearen Zeitlichen (40) die Beziehung des Irdischen (4) zum Jenseitigen (1) zu erleben und zu einer Ganzheit (5) zu verbinden, was ebenfalls zum Ausdruck kommt durch die Zahl 45, diesmal zusammengesetzt aus 40 + 5. 45 bringt all diese Aspekte auf einen gemeinsamen Nenner und ist als Sinn menschlichen Lebens in der Zahlenfolge 1–4–40 bereits angelegt.

Der Volle Wert 625 (111 + 434 + 80) von Adam ist die Zahl des Absoluten im Menschen und erzählt über das Verborgene, das die Qualität der 9 ins Bewusstsein holt. 625 ist das Produkt von 5 x 5 x 5 x 5, einer 5 in der 4. Potenz und zeigt den Zusammenhang mit der Kompetenz der 4. Dimension. Von seinem Ursprung her ist menschliches Leben darauf ausgerichtet, über die Grenzen des 3-Dimensionalen hinauszublicken, hinein in das Hintergründige des äußerlich Erscheinenden. Die 9 zielt ab auf die Sichtweise der 4. Dimension auf Basis der 5.

625 – 45 = 580 ist der Verborgener Wert von Adam und steht für den Weg zu einer Sichtweise, die Äußeres und Absolutes verbindet. Die Zahl 580 gibt im Alten Wissen die Zeitdauer dieser Welt an und symbolisiert das Ende einer Weltsicht, die auf das Zeitliche begrenzt ist.

Die 10 reduziert ihre Realität so lange auf die 40, bis eine 3-fache 6 sie darüber hinausführt: 10 x 40 = 400 ergänzt sich mit 3 x 6 x 10 = 180 zu 580.

Der Atbaschwert von Adam ist 510 (400–100–10). Grundsätzlich bringt der Atbasch zum Ausdruck, dass die erscheinende Welt nur etwas Halbes ist und die andere Hälfte im Absoluten liegt. Die rein geistige, dem Erscheinenden gegenüberliegende Hälfte steht im Sinne der polaren 2 im Gegensatz zum Irdischen. Das eine steht dem anderen als Gegenteil gegenüber; die 400 ist Gegen-Teil der 1, die 300 Gegen-Teil der 2 usw.

Auf den Menschen bezogen kommt dieses Gegen-Teil über die Zahl 510 zum Ausdruck. Der Atbasch 510 von Adam entspricht dem Verborgenen Wert 510 von „maschiach" = Messias. Die absolute Hälfte des Menschen geht im Leben auf dem Weg des Messias von der äußeren, erscheinenden Welt zum ursprünglichen Absoluten. 510 ist der Weg des Jesus Christus, der von sich ja sagt: „Ich bin der Weg und die Wahrheit und das Leben."

Er geht seinen Weg als verborgene Hälfte jedes physisch erscheinenden Adam. Indem also der einzelne Mensch sein irdisches Leben (45) lebt, geht in ihm unbewusst der Messias als innere, unbewusste 10 den Weg zurück zum geistigen Ursprung (510). Er geht ihn mit dem Ziel, als 10 über 5 die Erfahrung von 10 x 10 zu machen, was 510 mit 5 x 100 + 10 zum Ausdruck bringt.

Diesen Weg geht der Mensch so lange „blind", bis er zeitliche und zeitlose Existenz als einander ergänzende Hälften „sieht". Dann verbindet er beide Hälften, was Äußerer Wert 45 + Atbasch 510 in Summe mit 555 ausdrücken. 5 x 111 definiert den Menschen, der beide einander gegenüberliegenden Aspekte von Adam, den bewussten und den bisher unbewussten, in sich vereint.

555 kommt also zustande, indem der Mensch in seiner Funktion als 6 die 5–6–5 zu 10 verbindet. Eine 5 summiert sich mit der anderen zu 10. Die Spiegelung von 10 zu 10 führt zur Selbst-Erkenntnis und gleichzeitig mit einer dritten 10 zur Antwort auf den Grund dieser Spiegelung, auf den Grund jeder Begegnung und jeden Erlebens. Damit erfüllt sich die 10 im 3-Dimensionalen und wird als 10 x 10 x 10 zu 1000.

Gleichzeitig hat nun die 5 ihre Aufgabe im 3-Dimensionalen erfüllt, was sich in Zahlen darstellt als 555. Eine 5 ist der anderen 5 durch die 6 begegnet, beide haben sich als gegenseitige Entsprechungen wahrgenommen und erkennen darin den Sinn dieser Spiegelung, was sich durch eine dritte 5 darstellt. 1000 und 555 machen synonyme Aussagen.

Beide beschreiben ein Erkennen der 1 in allem, was das Leben mit sich bringt. 1000 zeigt diese Art der Wahrnehmung mit (9 + 1) x (9 + 1) x (9 + 1). 555= 5 x der Volle Wert 111 der 1 = Aleph bringt als Variante eine Sichtweise zum Ausdruck, die alles Irdische mit der 1 verbindet.

Der Volle Wert 111 von Aleph er-zählt, dass 1 und 3-fache 1 einander im Absoluten entsprechen. Im 3-Dimensionalen alles aus der 1 kommend zu betrachten, ist der menschlichen 3 möglich, die 2 x 1 + 1 x 1 zu einer 3-fachen 1 vereint. Das ist die Aussage der 111.

„Eines Menschen Zahl" ist 666. Mit 6 x 111 ist der Mensch gemeint, der im 3-Dimensionalen alles mit der 1 in Zusammenhang bringt. Gleichzeitig drückt die 3-fache 6 von 666 aus, dass das Prinzip 6 gelebt wird. 6 x 111 = 666 verweist darauf, dass sich in allen 6 Dimensionen ein Wirken der 1 äußert. 666 hat als Ziel 222111, eine 3-fache 21, ein 3-faches und damit im

Irdischen maximales Miteinander von 2 und 1, eine 3-fache 3 x 7 und ein Nebeneinander von 222 und 111.

In verschiedenen Varianten wird ein und dieselbe Aussage gemacht und damit die Zielsetzung des Menschseins beschrieben. 111 zielt mit allen vorausgehenden Zahlen auf 6216 ab, die als 6 21 6 eine 2-fache 6 im Außen und die 21 im Inneren zeigt. Sie beschreibt damit den Menschen, der als 2 nach außen hin die Qualität der 6 lebt und in seinem Innersten als 3 in der Welt der 7.

111 weist über 6216 wieder auf den Willen des Absoluten und den Sinn des Menschseins in dieser Welt hin: in der äußeren Dualität als verbindende 6 zu leben und dadurch in sich die 2 mit 1 zu kombinieren. Dass die 6 in der Dualität darauf hinauswill, von der 10 x 10 x 10 als 6 x 6 x 6 gelebt zu werden, bildet 6216 mit 6 x 1000 + 216 ab. 111 macht mit der Ziffernsumme 3 seine Kernaussage, 6216 mit der Ziffernsumme 6 und betont damit die Qualität der 6 für die Rückverbindung zur 1.

Die Sprache der Zahlen bedient sich kreativer Ausdrucksvarianten, um Querverbindungen und gemeinsame Zielsetzungen von verschiedenen Seiten zu beleuchten.

13 definiert die 10 im Bewusstsein der 3 und zeigt mit 12 + 1, dass dieser Mensch innerhalb der Gesetzmäßigkeit der 12 lebt und mental darüber hinausgeht. Die 13 und mit ihr der Mensch als der 13. leitet eine Bewegung ein, die den Kreis zur Spirale macht. Jesus ist der 13. im Kreis seiner 12 Apostel.

Innerhalb der 12 begegnet die 6 nur der Dualität und die Kombinationsgabe des Menschen bleibt beschränkt auf Grenzen, die deren Gesetzmäßigkeiten vorgeben. 6 x 2 = 12 erzählen, dass Prinzip 6 + gelebte Umsetzung der 6 vorerst unbewusst und auf die 12 begrenzt bleiben.

6 + 6 + 6 als Variante von 666 zeigt eine dritte 6 und bildet mit 3 x 6 = 18 ab, dass die menschliche 3 eine Antwort auf die 2 gefunden hat.

Der 13. bringt den Durchbruch, weg von der 12 und hin zur 18, hin zur 3-fachen 6, die sich in 3-facher Version zeigt: 666, 6 + 6 + 6 oder 6 x 6 x 6.

Das hebräische Wort für Liebe besteht aus der Zahlenfolge 1–5–2–5 und hat als Äußeren Wert 13, genauso wie das Wort für Eins, „echad" 1–8–4. Das Alten Wissen zeigt den Zusammenhang der 13 mit Liebe und Einheit und lässt wissen: „Die ‚13' kommt, man braucht deshalb nicht beunruhigt zu sein. Sie kommt vielleicht anders, als man sich das vorstellen kann, aber in jedem Fall kommt sie besser und größer, als man es sich überhaupt vorstellen *könnte*." (Weinreb, „Schöpfung im Wort", S. 430)

Die 13 durchbricht den Kreislauf der 12, um die bewusste Verbindung von 4 + 1 zu ermöglichen. Das 1–4-Prinzip zeigt sich im Menschen und ebenso in den biblischen Jahreszahlen: Das Jahr 5760 entspricht nach der jüdischen Zeitrechnung dem Jahr 2000 und 5760 steht die Zahl 1440 im Verhältnis 4 zu 1 gegenüber. Die 5760 = 4 x 1440 Jahre entsprechen dem Leben des Menschen (1–4–40) in der Welt der 4.

Mit dem Jahr 2000 „kommt die 13", die 12 + 1 kombiniert und 4 + 1 ermöglicht, damit die menschliche 4 x 1–4–40 sich als 1–4–40 sehen kann.

Nach 5760 irdischen „Jahren" ist es möglich, 1440 absolute „Jahre" zu leben. Damit ist gemeint, dass der Mensch im Irdischen seine Absolutheit erlebt. Er erfasst sich selbst als 1–4–40, als 1 in Kombination mit Materie = 4 und Zeit = 40. Dadurch werden 1 + 4 + 40 bewusst zu 45, dem Äußeren Wert von Adam.

Als Variante zeigt die Jahresqualität 2000 als Produkt aus 5 x 40 x 10 den Menschen (1–4–40), der sich über 5 (1 + 4) im Zeitlichen (40) als 10 erfasst. Seine Sicht auf die Welt der 400 verändert sich dadurch.

Diese Veränderung beschreibt 5760 als Kombination von 5260 + 500. Der Mensch überschreitet mit 500 = 5 x 10 x 10 mental die Grenze der 400 und lebt, was 5 26 0 und 52 60 zum Ausdruck bringen:

50 = 5 + 0, 2 x 13 = 26, 4 x 13 = 52 = 2 x 26, 2 x 30 = 6 x 10 = 60 sowie 5 x 10 x 10 x 10 + 10 x 26. Die Qualität der 13 und der Äußere Wert 26 von 10–5–6–5 prägt diese Existenz.

5260 besteht aus denselben 4 Zahlen wie 2560, der Summe aus 543 + 2017 sowie 544 + 2016 im Buddhismus. Dasselbe gilt für 2650, dem Ergebnis aus 632 + 2018 im Islam. Im Hinduismus bildet sich aus 3102 + 2018 die Zahl 5120, die geteilt durch 2 ebenfalls 2560 ergibt.

In verschiedenen Kombinationen bilden die 5 Zahlen 25, 26, 50, 52 und 60 in 5 Weltreligionen Prinzipien ab, denen menschliches Bewusstsein folgt, um sie umzusetzen. Sie ergeben sich aus spezifischen Daten in Kombination mit aktuellen Zeitqualitäten und betonen so, dass die Sprache der Zahlen für Menschen aller Glaubensrichtungen gilt.

25, 50, 26 und 60 erklären mit 5 x 5, 5 x 10, 2 x 10+3 und 2 x 3 x 10, was dieses Bewusstsein für sich umgesetzt hat und 52 = 4 x 13 betont, dass es diese Umsetzung mit seinem Leben in der Materie vereinbart.

Für alle Glaubensrichtungen gilt die Erfahrung von 5 x 10 x 10. Diese 500 kombiniert 2560 im Hinduismus und Buddhismus zu 3060.

3060 macht Aussagen mit 1 x 30 neben 2 x 30, mit 30 + 60 = 90 und 3 x 1000 + 5 x 12. Die Ziffernsumme 9 beschreibt Menschen, die als 3 auf die absolute 3 ausgerichtet und bemüht sind, sie zu erkennen.

Im Islam ergänzt sich 500 mit 2650 zu 3150 und meint ein Bewusstsein, das 3 und 0 lebt, weil es sich der Bedeutung des Wortes „Islam" entsprechend in seinem Inneren in den Willen Gottes ergibt und als 30 aus 6 x 5 der 10 + 5 aus 10–5–6–5 folgt.

Alle großen Glaubensgemeinschaften beschreiben mit diesen Zahlen einen Menschen, der seine Kombinationsfähigkeit im 3-Dimensionalen maximal umgesetzt und so das Prinzip 6 erfüllt hat. Er kann jetzt wie folgt betrachtet werden:

1–4–40 Adam = Mensch = der Mensch als Gesamtheit, in seiner generellen Veranlagung und Ausrichtung

+ 666 „eines Menschen Zahl", d. h. jedes einzelnen Menschen, erreicht durch sein individuelles Leben

Die Summe beider Zahlen 1440 + 666 ergibt 2106. Das ist die Zahl des Menschen, der eine neue Ganzheit lebt. 21 06 besteht aus 21 und 06.

21 ist das Ziel von 06, denn 6+5+4+3+2+1 = 21. Dieses Bewusstsein umfasst und kombiniert in sich beides, Veranlagung und erreichtes Ziel, 1-4-40 und 666, 06 und 21, 2 und 1. Dieser Mensch ist die 6, die das Dies- und Jenseitige im Zeitlichen verbindet.

21 06 ist kein Widerspruch, sondern eine Kurzformel für die Umsetzung des menschlichen Lebenssinnes und durchaus im Diesseitigen erlebbar, denn die 21 steht auf der linken, der erscheinenden Seite dieser Zahl.

2106 besteht als 2 10 6 aus dem äußeren Ziffernpaar 26, das die 10 umschließt. Das stellt den Bezug zu 10–5–6–5 her. Der Mensch, der in seinem Leben die 5 diesseits mit der 5 jenseits verbunden hat zur 10 in sich, der in seinem inneren Sein diese Einheit spürt, lebt im Äußeren trotzdem die 2 und die 6. Nach außen besteht kein Unterschied zwischen ihm und jenen, die diese Verbindung noch vor sich haben. Er ist genauso eingebunden in das Leben innerhalb der 2, der Dualität, und der 6, der Verbindung von Dies- und Jenseits. Es fühlt sich jetzt nur anders an. Die 1 ist im individuellen Leben dieses Menschen als 10 erfahrbar geworden. Damit ist eingetreten, was in 10–5–6–5 angelegt ist und mit der Jahresqualität 2 01 6 als Ahnung begonnen hat. Als 26. Geschlecht hat diese 10 nun die Offenbarung erfahren.

Der Mensch = Adam begegnet nicht als 1–4–40 seinem Ursprung, sondern mit der integrierten Erfahrung der 6 auf allen Ebenen seines irdischen Seins. 666 ist die Zahl des Menschen, der in der 3-Dimensionalität seine Kombinationsgabe maximal genutzt und Antwort auf den Sinn dieser Existenz gefunden hat.

Die Individualität dieses Menschen demonstriert die 666 durch ihren Bezug zu den Primzahlen. 666 ist die Summe aller Quadrate der ersten sieben Primzahlen 2, 3, 5, 7, 11, 13 und 17.

Damit machen sie folgende qualitative Aussage: Mit dem Erreichen der Primzahl 19 überblickt der einzelne Mensch seine persönlichen Erfahrungen in der Vielfalt des Lebens als notwendige Stufen auf dem Weg zur Erkenntnisfähigkeit. Diese Rückschau auf Erlebtes stellt sich dar durch die Multiplikation der Primzahlen mit sich selbst. Persönliche Erfahrungen und das Erkennen ihrer Sinnhaftigkeit treffen aufeinander und die Primzahlen betonen die Einzigartigkeit beider Faktoren.

666 steht für die Gesamtheit dieser persönlichen Rückschau, die sich mit der erkannten grundsätzlichen Veranlagung von 1–4–40 kombiniert. Daraus bildet sich eine neue Ebene des Menschenseins, die anders erlebt wird als die vorherige und sich mit 2106 definiert.

Die Zahlen verdeutlichen, dass der Mensch das Prinzip 6 x 6 x 6 = 216 mit 2106 lebt. Die prinzipielle Option 216 wird mit 2106 für die 10 zur lebendigen individuellen Erfahrung und basiert auf der persönlichen Bereitschaft, gegen Null zu gehen.

Die Zahl 0 drückt in ihrer Qualität eine Erweiterung aus, eine höhere Ebene, einen neuen Erfahrungsbereich. Der quantitative Wert von Null ist im wahrsten Sinne des Wortes gleich Null, steht aber qualitativ für eine neue, bereichernde Ebene und Erkenntnisgewinn.

Was im materiellen Sinn selbst keinen Wert für sich beansprucht und andere Zahlen vergrößert, indem es sich hinter sie stellt, bedeutet qualitativ einen Mehrwert. In Bezug auf den menschlichen Charakter entspricht dieser Umstand dem Bibelwort „Wer sich selbst erniedrigt, der wird erhöht werden".

Die Zahlen 2106 und 190 machen synonyme Aussagen, beide beschreiben ein Leben im Irdischen unter ständigem Bezug zur Einheit. 90 „Jahre" nach einer Trendwende im Jahr 2016 ist mit 2106 das Ziel erreicht, der individuelle Mensch, der die 100 lebt, sieht sich als 50 aus der 40 „herausgefischt", symbolisiert durch die Zahl 90 als „Angelhaken".

Er erlebt die einmal erreichte Ebene 2106 aber nicht kontinuierlich, sondern fällt immer wieder zurück in den Modus der Qualität 2016, um dann über 90 erneut 2106 zu erfahren. Über 90 kombiniert er beides. Sein Leben geht weiter wie bisher, hat aber eine neue Bewusstheit und damit eine neue Qualität.

Dasselbe gilt für den Menschen, der 190 lebt. Nach der erstmaligen Erfahrung von 90 + 100 wechseln sich Herausgefischt-Werden und Herausgefischt-Sein in seinem Alltag immer wieder ab. 190 ist die Summe von 19 und allen Zahlen, die ihr vorausgehen. Das Ziel der 19 ist also sie selbst auf einer neuen, bewussten Stufe. Das ist einzigartig und kommt bei keiner anderen Zahl vor. 19 x 10 ist das Potenzial und die Ausrichtung der 19; menschliche Erkenntnisfähigkeit zielt darauf ab, kontinuierlich im Alltag gelebt zu werden. 19 x 10 definiert eine 10, die wiederholt erkennt, was die 19 aussagt: 1 + 9 = 10 zu sein. 190 meint ein vielfaches Aufeinandertreffen von 1 + 9 x 10.

Die 9 zeigt auf 3-fache Weise ihre Relevanz für die menschliche Existenz:

9 x 5 = 45 definiert den Menschen = Adam grundsätzlich;

19 erzählt mit 1 + 9 und 10 + 9 wessen er sich bewusst werden kann;

9 in 190 betont die kontinuierliche Gültigkeit von 19 für die 10.

Eine 3-fache 9, die auf das Erkennen der 1 ausgerichtet ist, lässt sich darstellen als 999 + 1 und komplettiert den Menschen zu 1000.
Dieser Mensch lebt als 26 = 2 x 13 und begegnet der Dualität in einer emanzipierten Weise. Er zeigt eigenständiges Denken und Handeln, das sich an der Intuition orientiert, lässt sich nicht durch die Zyklen der 12 begrenzen und geht darüber hinaus.
Jedes Bewusstsein, das 190 und 26 = 2 x 13 lebt, entspricht als 10 dem Prinzip 216 und der Aussage der Zahl 666, denn 190 + 26 = 216 = 6 x 6 x 6.
Dieser 13 eröffnet sich eine neue Erfahrungsebene, die über 12 hinausgeht und sich davon abhebt. 13 ist 12 + 1 und erweitert die Kreisform der 12 spiralförmig nach oben, hin zum Absoluten. Das erhebende Gefühl der so erfahrenen „Auferste-

hung" führt nicht zu Überheblichkeit. Eher ist eine Haltung von Demut, Achtsamkeit und Wachheit mit dem bewussten Stehen zwischen Erde und Himmel verbunden.

Das intuitive Denken und Beobachten ist anfänglich auf die eigene Existenz ausgerichtet und erweitert sich zunehmend auf das Umfeld. Andere Menschen und ihr Verhalten werden ebenfalls aus einer Position der Übersicht betrachtet und so akzeptiert, wie sie sind. Nichts und niemand muss mehr korrigiert oder gerettet werden. Alles darf sein, so wie es ist.

Wer aus der Warte der 10 + 3 das tägliche Leben beobachtet, ruft sich immer wieder in Erinnerung, dass es Ausdruck eines absoluten Willens ist. Er streicht seine persönlichen Änderungswünsche und kann sich damit zufriedengeben, dass alles genauso ist, wie es sein soll.

„Es ist alles sehr gut", sagt Gott nach vollendeter Schöpfung und ruht am 7. Tag. Genauso ruht der Mensch, wenn er erkennt, dass es für ihn nichts zu tun gibt, weil alles vom Absoluten her durch ihn getan wird. Dieses Ruhen bedeutet ein Aufhören von Kritik und Nörgelei und stoppt ein Denken, das Verbesserungsbedarf sieht. Das eigene Zurückfallen in alte Denk- und Verhaltensmuster wird gelassen gesehen, denn es ist in der Welt der Dualität nicht möglich, nur den gewünschten Pol zu leben.

Dieses Ruhen meint auch jenes Handeln im Nicht-Handeln, von dem die östliche Philosophie spricht und es als „Wu-Wei" bezeichnet. Es ist damit ein natürliches, intuitives und spontanes Tun gemeint, das als übereinstimmend mit dem eigenen innersten Wesen erlebt wird.

Schuld

Die Vorstellung von richtig und falsch, gut und böse relativiert sich nun. Kritik, Schuldzuweisungen, der Wunsch nach einer besseren Welt verlieren ihre Basis und gehen über in ein gelassenes Beobachten. Der Mensch, der herausgefischt ist aus der Zeit, sieht die Dinge anders.

Die Früchte vom Baum der Erkenntnis von gut und böse sind für ihn nicht mehr verlockend, sie verlieren zunehmend ihre Anziehungskraft. Er wendet sich dem Baum des Lebens zu und erkennt, dass gut und böse zum Leben dazugehören. Im Alten Wissen wird gesagt, dass beide Bäume gemeinsame Wurzeln haben und die Aufgabe des Menschen darin besteht, diese beiden Bäume in sich selbst zu verbinden.

Der Baum der Erkenntnis von gut und böse ist der „Baum der 2", er wird dann gemeinsam gelebt mit dem Baum des Lebens, der „Baum der 1" ist. Das Leben des Menschen wird zu einem „Baum der Frucht ist und Frucht macht", wie die Überlieferung sagt. Das bewusste Erleben der Dualität als Ausdruck der Einheit lässt diesen neuen „Baum der 3" wachsen.

Schöpfung besteht grundsätzlich darin, anders zu sein als die Einheit. Denn mit der Schöpfung teilt sich die 1, existiert im Prinzip weiter, äußert sich aber in der Schöpfung durch die 2 und Vielfachen davon. Das Viele muss anders sein als die 1, muss sich davon unterscheiden, sonst würde es nicht existieren.

Der Mensch mit seiner ganz individuellen Persönlichkeit und seinem einzigartigen Aussehen kann nur existieren, indem er sich von einer Vollkommenheit der göttlichen Einheit unterscheidet. „Fehler" als Abweichungen von dieser Perfektion sind unerlässlich, damit es überhaupt individuelle Menschen gibt. Damit ist kein persönliches Versagen verbunden, diese Abweichungen von einem Ideal bilden einfach die Voraussetzung für menschliche Existenz.

Daraus resultiert die radikale Schlussfolgerung im moralischen Sinn: Der Mensch kann gar nichts falsch machen, denn die Art und Weise, wie sich das Absolute durch ihn ausdrückt, hat nichts mit Schuld zu tun, sondern mit Einzigartigkeit.

Jahwe hat sich Moses im brennenden Dornbusch vorgestellt als „Ich bin, der ich bin", wie die Bibel es formuliert. Diese Aussage gilt für jeden einzelnen Menschen, denn jeder ist eine Verkörperung der fraktalen Struktur 10–5–6–5. „Er ist, der er ist" und er ist genau so gemeint. Selbstakzeptanz ist alles, was das

Individuum erreichen kann und sie ist gleichbedeutend mit Selbst-Erkenntnis.

Eine angestrebte Vollkommenheit ist ein Idealbild, das für den einzelnen Menschen unerreichbar ist. Der Mensch sehnt sich so lange nach der Vollkommenheit, bis er erkennt, vollkommen zu sein. Jeder ist auf seine Weise vollkommen und winziger Teil einer absoluten Vollkommenheit.

In allen Menschen gemeinsam zeigt sich eine göttliche Vollkommenheit, die dadurch entsteht und sich darin äußert, dass jeder so ist, wie er ist. Die persönliche Vollkommenheit jedes Menschen ist sein einzigartiges Sein und all diese einzigartigen, auf ihre Weise perfekten Menschen bilden die Vollkommenheit Gottes. Für das Individuum ist keine Vollkommenheit im Sinne von Fehlerlosigkeit möglich. Das Gefühl der Schuld ist so lange die treibende Kraft im Leben, bis es von der Einsicht abgelöst wird, dass alle menschliche „Unzulänglichkeit" gottgewollt ist.

Im Erkennen einer Ganzheit, die aus einer Vielfalt an Einzigartigem besteht, liegt der Unterschied zur ursprünglichen Einheit, in der das Individuum nicht zu einem bewussten Erleben fähig war.

Die ursprüngliche, unbewusste Einheit der 1 ist das „Paradies". Die erfahrbare, bewusste Ganzheit ist in der 1, der Aleph, als 10/10 angelegt, kommt über die Kof = 100 = 10 x 10 in die Umsetzung und erfüllt sich mit der 10 x 10 x 10 = 1000 = Elef.

Diese alles umfassende Ganzheit ist Absicht, Ursprung und Ziel der menschlichen Existenz. Sie findet ihren Ausdruck im Begriff „Elohim", der in den Texten der hebräischen Schöpfungsgeschichte mit „Gott" übersetzt wird. Elohim ist ein Plural, der aber nicht mehrere Götter meint, sondern im Alten Wissen als Überbegriff für eine Komplexität verstanden wird, die sich in einer einzigen Schöpfungsmacht äußert. Dieser Elohim sagt: „Lasst uns Menschen machen in unserm Bild, uns ähnlich." Elohim vereint die Vielheit aller Möglichkeiten in sich zu einer Gesamtheit.

Die Erkenntnis des Menschen, selbst Teil dieser Gesamtheit zu sein, ist der entscheidende Unterschied zur unbewussten Einheit. Elohim ist sich seiner Teile bewusst und wenn der Mensch als Teil Elohims sich der Ganzheit bewusst wird, hat der Schöpfungsgedanke sich realisiert.

Wer anerkennt, Bild und Gleichnis zu sein, erfasst sein eigenes Dasein als selbstähnlichen Partikel einer unvorstellbar komplexen fraktalen Struktur. Im Alten Wissen wird der Mensch selbst Elohim genannt, wenn er das Wirken dieser Struktur Elohim in seinem persönlichen Leben und im Leben generell anerkennt.

Elohim ist die Mehrzahl von „Eleh" = Gott und auch Ausdruck für eine Vielheit von Kräften, die man als Götter oder als Götzen übersetzt. Diese Vielen bilden so lange einen Gegensatz zum Einen, bis sie als Aspekte der Ganzheit verstanden werden. Denn Vielheit ist als Gegen-Teil ein Ausdruck der Einheit. Die Zahl 1 ist in 2 und jeder anderen Zahl enthalten. Auch die größte denkbare Zahl ist kein Widerspruch zur 1, sondern eine Variante davon. Im Alltagsdenken ist 1 die kleinste Zahl, aber im Absoluten ist sie jene, die alle anderen Zahlen beinhaltet, aus der alle anderen hervorgehen.

Innerhalb der Dualität muss der Verstand widersprüchlich wahrnehmen und hat keine andere Wahl; also steht ein Vielgötter-Glaube im Gegensatz zu einer monotheistischen Religion. Genauso sieht sich der Mensch als unvereinbar mit dem Göttlichen, für ihn ist der Himmel oben und die Erde, auf der er lebt, unten. Alles in dieser Welt ist in Gegensätze gespalten, um dem menschlichen Bewusstsein zugänglich zu sein. Die 1 hat sich in unendliche viele 2 und ihre Vielfachen zersplittert, um diese Wahrnehmung zu ermöglichen.

Liebe

Innerhalb der Dualität kann nicht nur die positive, gute Seite gelebt werden. Die negative, böse ist ihre andere Hälfte und kann trotz aller Bemühungen nicht eliminiert werden. Der einzelne Mensch kann nicht seiner Vorstellung von Perfektion entsprechen, genauso wie diese Welt kein Paradies sein kann, in dem nur das Gute, warmherzige Liebe und Harmonie herrschen. Das Gegenteil ist immer Teil dieser dualen Wirklichkeit, sonst würde und könnte sie nicht existieren. Der Mensch kann darin aber zur Einsicht gelangen, dass diese Welt die perfekte Basis für Selbst-Erkenntnis bildet, indem sie so ist, wie sie ist. Unter diesem Aspekt muss in ihr nichts verbessert werden, denn alles ist in der Form richtig und wichtig, wie es sich zeigt. Dasselbe gilt auch für ihn persönlich. Alles hat seine Not-Wendigkeit, auch das Unerwünschte in seinen vielen Formen.

Christus hat als zentrale Botschaft formuliert: „Du sollst den Herrn, deinen Gott, lieben aus deinem ganzen Herzen und mit deiner ganzer Seele und mit deiner ganzen Kraft und mit deinem ganzen Verstand und deinen Nächsten wie dich selbst."

Dieses „Du sollst lieben" ist nicht aus bewusster Anstrengung möglich. Der Mensch kann Gefühle nicht mit Absicht empfinden. Er kann sie wahrnehmen, unterdrücken oder ausleben, aber sie lassen sich nicht wirklich beeinflussen. Nicht zum Ausdruck gebrachte Ablehnung ist immer noch Ablehnung und spontan empfundener Ekel lässt sich zwar verbergen, aber nicht verhindern. Gerade im Bereich der Gefühle und Emotionen ist sehr gut zu beobachten, wie etwas geschieht, das sich dem Willen und der bewussten Kontrolle des Menschen entzieht.

Deshalb ist dieses „Du sollst lieben" keine Aufforderung im Sinn eines auszuführenden Befehls. Es ist vielmehr ein Versprechen und weist auf eine Veranlagung hin, die in jedem einzelnen darauf wartet, gelebt zu werden. „Du sollst" meint: „In deinem Leben soll sich das so ereignen", „Liebe ist das Wichtigste, das durch dein Leben zum Ausdruck gebracht werden soll und wird."

Tatsächlich ist es ein Grundbedürfnis, zu lieben und geliebt zu werden. Tief in sich trägt das Bewusstsein die Erinnerung an die Einheit aller Gegensätze und sucht sie ein Leben lang. Jeder ist auf der Suche nach Liebe, in sich selbst und im Außen, sie ist Antrieb und Ziel zugleich und zeigt sich auf unterschiedlichste Weise im Leben. Menschen sind einander zugetan innerhalb der Familie, im Freundeskreis und in der Partnerschaft. Warum gerade jener Mensch geliebt wird und der andere nicht, bleibt ein Rätsel. Tiere mag man, die Natur, Berge, eine schöne Landschaft, Musik und viele andere Dinge, die Freude machen. Diese Veranlagung im Menschen ist stärker als ein Denken, das geprägt ist vom bewertenden Polaren. Zuneigung schlägt eine Brücke zum Du, indem sie Trennendes ignoriert und Anziehendes wahrnimmt. Dieser Fokus macht den Blick weicher, die kritische Wahrnehmung unscharf. „Liebe macht blind", sagt man. Sie öffnet die Augen für das Liebenswerte und nimmt das Abzulehnende einfach nicht wahr.

Im Menschen ist dieses Gefühl verankert als seine wahre Natur und es ist gleichzeitig sein Kompass, der ihn nach Hause führt. Aber eigentlich ist dieses menschliche Lieben eine Vorstufe und sehr an die duale Welt gebunden.

Bedingt durch die Polarität ist es unausweichlich, auch Gegenteiliges zu empfinden, auch Ablehnung, Missgunst oder Hass in Kombination mit einem bewertenden und urteilenden Denken. Wenn der Mensch Zuneigung spürt, ein warmherziges Gefühl, dann ist das jener Aspekt in ihm, der das Verbindende lebt. Durch Kälte und Feindseligkeit äußert sich die trennende Seite. Beides ist in jedem Menschen da. Keiner ist nur gut oder nur böse und vor allem ist jeder perfekt, so wie er eben ist. Jeder ist in seiner Einzigartigkeit ein unverwechselbarer Ausdruck des Absoluten. Das gilt es anzuerkennen, vor allem auch für sich selbst.

Wenn gesagt wird, dass Gott gleichzusetzen ist mit Liebe, dann gilt das vor allem für zwei Aspekte, die sich im Menschen zeigen.

Einmal ist es das Bedürfnis nach Einheit, nach Vereinigung mit dem fehlenden Teil in der Welt der Dualität. Es äußert sich in dem Wunsch, gesehen, angenommen und geliebt zu werden. Dieses Bedürfnis entsteht mit dem Verlassen der Einheit, befriedigt wird es mit der Rückkehr zur Ganzheit. Unterwegs ist Liebe in schönen, erfüllenden, warmen Gefühlen und erhebenden Momenten erfahrbar, die aber nicht von Dauer sind und sich immer wieder verlieren.

Seine endgültige Antwort findet dieser Wunsch durch die Anerkennung eines göttlichen Aspekts in der eigenen Existenz. Die damit verbundene Empfindung ist treffend beschrieben mit der Definition von „Islam" als die Erfahrung einer Wahrheit, die innerlich weit macht und Ruhe gibt.

Durch sie zeigt sich der zweite und eigentliche Aspekt von Liebe: eine reife, bedingungslose Liebe. Sie unterscheidet sich von allen Formen menschlicher Zuneigung, Sympathie, Herzlichkeit, Leidenschaft und was sonst noch unter Liebe verstanden wird. All diese Gefühle bereichern das menschliche Dasein und haben ihre Berechtigung. Sie bewegen sich aber im Spannungsfeld des Gegensätzlichen und richten sich auf einen Aspekt aus unter Ausschluss seines Gegenteils.

Bedingungslose Liebe ist gelassen, sie lässt zu und lässt sein, sieht auch das Abzulehnende und nimmt es an, wie es ist. Sie ist das „Liebe deinen Nächsten wie dich selbst", weil sie nicht mehr trennt zwischen gut und böse, zwischen du und ich, zwischen innen und außen. Für sie darf alles so sein, wie es ist.

Diese annehmende und verständnisvolle Akzeptanz wirkt gütig, sanft und barmherzig. Nach jüdischer Überlieferung sind das die Eigenschaften Gottes im Zeichen 10–5–6–5; sie stehen über den Gesetzmäßigkeiten der polaren äußeren Welt. Altes Wissen setzt bedingungslose Liebe gleich mit höchster Weisheit, die der Mensch fähig ist zu erlangen.

Bedingungslose Liebe für andere hat zur Voraussetzung ein ehrliches Einverstanden-Sein mit der eigenen Persönlichkeit, die bisher als unvollkommen, weil fehlerhaft oder schuldig wahrgenommen wurde.

Selbstakzeptanz sagt „ja" zu sich selbst und zu anderen, sie sagt: „Es ist, was es ist und es darf so sein, wie es ist."

Bedingungslose Liebe ist gelassen und gleichgültig in dem Sinn, dass sie zulässt und allem die gleiche Gültigkeit zugesteht. Denn sie weiß, alles dient dem einen Ziel des Menschen, nach dem Verlassen der unbewussten Einheit den Weg zu finden zu einer neuen bewussten Ganzheit.

Jeden Menschen anzunehmen, wie er ist, bedeutet nicht, frei zu sein von Emotionen. Die Wahrnehmung des Negativen berührt das eigene Empfinden weiterhin unangenehm, kann verletzend sein und zornig machen. Gleichzeitig ist aber das Wissen da, dass alles seine Existenzberechtigung und Notwendigkeit hat. Diese Einsicht umarmt nicht nur das Gute und verstößt das Böse, sondern akzeptiert, was gerade sein soll. Dazu gehören eigene und fremde „Schwächen", menschliche „Mängel" und „Fehler" sowie die „Ungerechtigkeiten" des Lebens. All das mag sich kurzfristig emotional und mental in den Vordergrund drängen, wird aber im Grunde nicht mehr bekämpft und erhält dadurch keine unnötige Aufmerksamkeit. Denn der Mensch weiß, dass alles so ist, wie es sein soll, weil es von einem Absoluten so gewollt und not-wendig ist.

Dieses Bewusstsein akzeptiert, ohne zu bewerten und richtet sich selbst immer wieder neu aus an der eigenen inneren Führung. Es beobachtet und betrachtet seine Gedanken und Gefühle, lässt zu, was gerade sein soll. Negative Emotionen und ablehnendes Denken verlieren sich von selbst, wenn sie keine übermäßige Beachtung erhalten und die Aufmerksamkeit wieder dem folgt, was sich stimmig, leicht, wahr und gut anfühlt.

Dieses bedingungslose Annehmen unterscheidet sich von allen Varianten der Liebe, die jeweils nur einen speziellen „liebenswerten" Aspekt in den Vordergrund stellen und ihn bevorzugen. Derartige Gefühle sind wie alle Emotionen und Empfindungen Ausdrucksformen eines Erlebens in der Welt der Dualität. Sie verlieren auch nicht ihre Berechtigung, wenn das Bewusstsein über die Grenzen dieser Welt hinausgeht. Sie bleiben bestehen, werden ergänzt und gemildert durch eine entspannte Stimmung, die Gegensätzliches integriert und die Zugkraft der Pole entschärft.

10. KAPITEL

Biblische Terminologie und Zahlen

Grundsätzlich haben alle religiösen und damit auch die christlichen Begriffe mit dem Erleben als Mensch zu tun, eigentlich benennen sie Möglichkeiten bewusster Erfahrung. Sie mit dem eigenen persönlichen Leben in Verbindung zu bringen, ist in der Weltsicht der 400 befremdlich, wenn nicht sogar undenkbar. In ihrem lebensnahen Sinn werden biblische Begriffe erst nachvollziehbar und als Symbole der eigenen Existenz akzeptiert, wenn die Zeit für einen Wechsel der persönlichen Sichtweise reif ist.

Solange sie nicht im eigenen Leben zur Erfahrung werden, sind diese Vorgänge kaum verständlich und ohnehin nur symbolhaft in Bildern mitteilbar. Ein innerer Prozess, der Absolutes in der Welt real erlebbar macht, wird von der Sprache der Zahlen allgemeingültig beschrieben. Sie macht auch Begriffe religiöser Terminologie als Phasen im menschlichen Bewusstsein objektiv anschaulich und logisch nachvollziehbar.

Die Welt der Materie hat ihren Ursprung im Absoluten. Dort sind 2 und 2 x 2 als Prinzip angelegt. Das rein Geistige als 1 bleibt abstrakt. Dem Menschen fehlt der erlebbare Bezug dazu, die 2 stellt ihn her und macht die 1 wahrnehmbar.

Durch die 2 nimmt die 1 eine Gestalt an, die dem menschlichen Bewusstsein entspricht. Die 2 personifiziert die 1 und die Religionen zeigen diesen Umstand durch Aspekte des Göttlichen in Menschengestalt.

Im christlichen Glauben ist Jesus als „Sohn Gottes" Mensch geworden. Er ist sich dessen bewusst und verkörpert die menschliche 3.

Seine Mutter Maria, die „Mutter Gottes", lässt die 1 als 2 menschlich werden; „Gott Vater", die 1, ist geprägt vom Bild des bärtigen, alten Mannes, wie ihn Michelangelo in der Sixtinischen Kapelle abbildet.

Die 1 wird lebendig durch die 2, bekommt ein Gesicht, einen Namen, eine Gestalt. Es ist das Wesen der 2, dass sie alles ins Erlebbare bringt, was in der 1, dem Ursprung, abstrakt angelegt ist. Die 2 ist in diesem Sinn das weibliche, mütterliche Prinzip, das hervorbringt, sei es mit 2 x 2 Materie oder mit 2 + 1 ein neues Bewusstsein.

Wenn im Alten und Neuen Testament von „Weib" oder „Frau" die Rede ist, dann ist damit nach dem Alten Wissen der körperliche Mensch gemeint. Der weibliche Aspekt des Absoluten, den die „Mutter Gottes" verkörpert, gilt für die menschliche 2 generell. Als solche ist die Frau dem Mann, das Physische dem Absoluten zu Gehorsam verpflichtet. Das Physische kann aus sich selbst heraus nicht existieren, ist immer ein Ausdruck des Geistigen und ihm deshalb untergeordnet.

Was in uralten Schriften, auch aus anderen Kulturkreisen in Bezug auf die Frau gesagt wird, widerspricht also nicht der Gleichberechtigung von Mann und Frau, im Gegenteil. Der Begriff Mann ist darin immer ein Synonym für das Innere, das Jenseitige, das Absolute und Frau für das Zeitliche, das Äußere, das Irdische. Jeder Mensch ist beides; jeder, ob selbst männlichen oder weiblichen Geschlechts, trägt in sich einen geistigen = männlichen Aspekt und einen irdischen = weiblichen.

Das Weibliche, die 2, ist das empfangende, gebärende, umhüllende und formgebende Prinzip und bringt hervor, was die 1 kreiert. Das Prinzip 2 ist das Mütterliche, das Kinder zur Welt bringt im wahrsten Sinne des Wortes. Das Prinzip 2 im Absoluten macht sich in der Spiegelwelt des Irdischen deckungsgleich als 2 x 2 = 4 sichtbar. 2 x 2 bildet ab, dass die 2 sich selbst und damit auch die 1 in die Materie gebiert.

Die 2 ist die Mutter aller Materie und gleichzeitig des Göttlichen, denn durch 2 x 2 kommt die 1 als Materie in die Geburt. Materie hat als Wort einen direkten Bezug zum lateinischen Begriff Mater, der mit Mutter und ebenso mit Frau oder Gattin übersetzt wird.

Die 2 ist die weibliche, erscheinende Seite des Göttlichen. In diesem Sinn haben die Begriffe „Mutter Gottes" und „Mutter Erde" einen sehr engen Bezug zueinander.

Jesus erscheint in der physischen Welt als Sohn von 1 und 2, von Gott und Materie, und ist damit Symbol für den Menschen an und für sich. Seine Mutter Maria verkörpert die Materie, sein Vater das Göttliche, rein Geistige. Die „Unbefleckte Empfängnis" steht für ein Gezeugt- und Geboren-Werden aus dem Geist, das jedem Menschsein zugrunde liegt. Eine zwischen 1 und 2 wirkende Kraft, im Christentum als „Heiliger Geist" bezeichnet, verbindet beides, durch ihn kommt das Geistige im Materiellen in die Geburt.

Unbefleckte Empfängnis durch den Heiligen Geist ist Voraussetzung für alles äußerlich Erscheinende. Jeder Gedanke, jedes Gefühl, alle Begegnungen und Ereignisse und natürlich auch der Mensch selbst entstammen der abstrakten jenseitigen Ebene. Im Physischen kommt alles zustande durch den Heiligen Geist, der 1 mit 2 verbindet und dem Prinzip 3 entspricht. 3 x 3 = 9 bringt zum Ausdruck, dass das von der menschlichen 3 erkannt wird.

Das Alte Wissen setzt unter Bezugnahme auf das Neue Testament dieses Erkennen gleich mit Pfingsten. Der Begriff „Pfingsten" stammt aus dem Griechischen und hat die Bedeutung von „50. Tag". Im Judentum wird am 50. Tag nach dem Pessachfest die Offenbarung der Tora gefeiert, im Christentum am 50. Tag der Osterzeit das Kommen des Heiligen Geistes. Pfingsten ist das 3. Hauptfest der Kirche, 10. 5. und 13. 6. begrenzen den möglichen Zeitraum dafür im christlichen Kalender.

Die Bibel beschreibt den Heiligen Geist mit unterschiedlichen Bildern. Zu Pfingsten sind es Feuerzungen, die sich auf die versammelten Jünger niederlassen. Jesus sieht nach seiner Taufe „den Geist Gottes wie eine Taube herniederfahren und auf ihn kommen".

Der Heilige Geist zeigt sich symbolisch über dem Kopf, wenn dem Denken des Menschen mit 5 x 10 Zusammenhänge klar werden. Die Zeitqualitäten 50 und 10. 5. machen qualitativ diese Aussage, 13. 6. ergänzt sie.

Das Bild von der „Taufe Jesu" schildert den Moment dieser Einsicht. Die Taufe Jesu symbolisiert wie seine Geburt einen Impuls für die Menschheit. Die „Stimme aus den Himmeln", die sagt: „Dieser ist mein geliebter Sohn, an welchem ich Wohlgefallen gefunden habe", beendet die Taufe Jesu und erzählt darüber, dass die 3 sich als 2 + 1 erfasst.

Damit ist ein Impuls gesetzt, der sich in jedem Menschen im Moment der Selbst-Erkenntnis als innere Gewissheit erfahrbar macht. Das Herabkommen des Heiligen Geistes auf die Jünger zu Pfingsten ist ein Bild für diese Art von Erfahrung, die jeder einzelne ganz persönlich für sich erlebt. Die Feuerzungen „setzten sich auf jeden einzelnen von ihnen", wie die Apostelgeschichte betont.

Mit dem Heiligen Geist erfüllt fangen sie an, „in anderen Sprachen zu reden, wie der Geist ihnen gab auszusprechen". Das Verständnis wird mit dieser Erfahrung ein anderes, umfassenderes, bleibt für viele unverständlich und entspricht doch jedem einzelnen Menschen.

Mit jedem Menschen wird ein Partikel des Absoluten in die Welt der Dualität geboren. Die Erkenntnis beides zu sein, Geist und Materie, göttlicher Aspekt und Mensch, bildet Jesus als irdische 3 prinzipiell ab. Er verkörpert die 13 = 10 + 3, die jedem Menschen bewusst werden und ihm die Einsicht geben kann, „Sohn Gottes" zu sein.

Mit dieser ganz persönlichen Einsicht beschränkt sich die Vorstellung des Göttlichen, des jenseitig Wirkenden nicht mehr auf eine geistige Sphäre außerhalb des eigenen Seins. Traditionelle Auffassungen davon haben sich tief eingeprägt und bleiben vorläufig weiterhin bestehen. Diese Bilder finden ihre Entsprechung aber auch im eigenen täglichen Leben als Mensch und werden als Impulse im persönlichen Denken und Handeln wahrgenommen. Die eine Auffassung schließt die andere nicht aus. Die menschliche 3 erfährt eine Art „Dreifaltigkeit", die Dies- und Jenseits vereint.

Die Dreifaltigkeit Gottes mit Vater–Sohn–Heiliger Geist entspricht den Zahlen 1–2–3; dieselben Zahlen beschreiben den

Menschen als Miteinander von Göttlichem Anteil–Körperlichem Anteil–Seele.

3 x 3 = 9 meint die Fähigkeit, in sich selbst als körperlicher Mensch = Sohn = 2 die Verbindung mit einem Göttlichen Anteil = Vater = 1 über die Kontaktebene Seele = Heiliger Geist = 3 zu erkennen.

Seele und Heiliger Geist sind Begriffe für die direkte Kommunikation von 3 zu 3; die aktive Schnittstelle zwischen beiden ist 9 aus 3 x 3.

Eine Variante dazu zeigt das Schriftzeichen der Aleph: Die obere 10 steht für Vater = Gott = 1, die untere 10 für Sohn = Mensch = 2, die spiegelnde und verbindende Linie kann als Heiliger Geist = Seele = 3 gesehen werden. Die 6 als eigentliche Spiegelfläche in der Aleph ist eine als 2 x 3 „getarnte" 3 in der Welt der 2.

Das Wahrhaben der 3 lässt mit Emotionen anders umgehen. Nach wie vor entzieht sich ihr Auftreten einer bewussten Kontrolle, sie werden aber nicht unkontrolliert ausgelebt, sondern als innere Lenkung verstanden. Gefühle und Emotionen dienen der Intuition zur Orientierung und werden wertfrei beobachtet.

Indem sie entweder als befreiend oder bedrückend wahrgenommen werden, geben sie eine innere Richtung an. Erhebend, nach oben weisend, sind sie Indiz für ein „Ja"; die Richtung stimmt. In der Gegenrichtung, nach unten ziehend, liegt das „Nein"; das ist die falsche Richtung. Dazwischen befinden sich einige Abstufungen von „Vorsicht!".

Als Richtungsweiser eindeutig objektiv definieren lassen sich Gefühle und Emotionen nicht. Ein Wutausbruch kann sich sehr gut anfühlen, als befreiend und erleichternd erlebt werden, in einer anderen Situation aber als völlig falsch.

Denken und Fühlen bewirken menschliches Handeln und begleiten es. Jede Aktivität des Menschen ist gefärbt von seinem Empfinden, sei es Freude oder Unlust, Sanftheit oder Aggression, Interesse oder Gleichgültigkeit, vielleicht auch Langeweile; alle nur erdenklichen Gemütszustände motivieren und untermalen das Tun.

Im Nachhinein fühlt sich manches nicht gut an, wird vernunftbetont betrachtet und ist dann Quelle von Reue, Bedauern und Schuldgefühlen unter dem Motto „Das hätte ich doch besser sein lassen ...“.

Es läuft ein mentaler Prozess ab, der ein Abwägen von richtig oder falsch zum Inhalt hat und mit einer abschließenden Beurteilung endet. Es ist ein innerer Gerichtsprozess, der sich abwickelt und er hat zu tun mit dem Begriff „Jüngstes Gericht“.

Das Jüngste Gericht ist im christlichen Verständnis ein drohender Strafprozess vor einem allwissenden und allmächtigen richtenden Gott und findet statt am „Jüngsten Tag“, der in ferner Zukunft im Jenseits vermutet wird.

Das Alte Wissen verweist darauf, dass jeder gegenwärtige Moment der Jüngste Tag ist. Das Jetzt ist der jüngste Augenblick, alle anderen sind älter, sie liegen weiter zurück. Das Jüngste Gericht ist nach dieser Auffassung die Bewertung in jeder aktuellen Situation. Es ist die Be- und Verurteilung, der sich der Mensch in seinem Leben ständig selbst aussetzt, und das Urteil spricht der eigene innere Richter.

Der Mensch selbst verurteilt und bestraft, und zwar sich selbst und ebenso andere, und das lebenslänglich. Einerseits ist er unzufrieden, weil er seinen Vorstellungen von sich selbst und seinen hohen Ansprüchen nicht genügen kann. Andererseits projiziert er eigene Unzulänglichkeit nach außen und ist mit Gott und der Welt nicht einverstanden. Diese Bewertung ist not-wendig und das Jüngste Gericht begleitet den Menschen bis ans Ende seiner Weltsicht der 400.

Die Johannes-Offenbarung hat dieses Jüngste Gericht zum Inhalt; die darin geschilderten Schrecken sind Phasen des Erlebens und innerer Kämpfe. Das Bewusstsein befreit sich allmählich von seinen Bindungen an die Materie und dieser Vorgang wird dargestellt in Bildern von Krieg, Vernichtung und Zerstörung. Das rein materielle Wahrnehmen, das an die Erdegebunden-Sein und das Leben im Meer der Zeit werden in der gesamten Apokalypse durch furchterregende Bilder und Wesen bildhaft gemacht. Das Tier als Symbol für das Körperliche bestimmt das Denken und Handeln aller Menschen, denn alle tragen dieselben Zeichen an Stirn und Hand.

Die Furcht vor dem Tod bewirkt, dass das Bild des Tieres angebetet wird, dass dem Festhalten am materiell Sichtbaren alle Aufmerksamkeit gewidmet wird. Das Opfern des Tieres, von dem in den Überlieferungen wiederholt die Rede ist, wird missverstanden und reduziert sich in zahlreichen Kulturen auf die Ausführung von blutigen Tier- und auch Menschenopfern. Das „Tier" wird schließlich besiegt, der Satan nach „1000 Jahren" endgültig vernichtet und die bestehende Welt geht unter.

Danach lässt Offb. 21.1 wissen: „Und ich sah einen neuen Himmel und eine neue Erde; denn der erste Himmel und die erste Erde sind vergangen, und das Meer ist nicht mehr." Das Meer der 400 ist im Bewusstsein des Menschen, der die 1000 lebt, nicht mehr so wichtig. Die Begriffe „Himmel" und „Erde" werden von ihm neu definiert und erfahren.

Die Ein(s)-sicht, dass alles Erleben, jedes Gefühl und jedes Sein ein Ausdruck des Absoluten ist, lässt nun das scheinbar Unvollkommene anders sehen. Es gibt in dieser Sicht der 1 nichts zu verbessern, keine Welt muss mehr vor dem drohenden Untergang gerettet werden, sobald erkannt wird, dass deren Geschick in höherer Verantwortung liegt. Der Mensch glaubt so lange, Verantwortung zu tragen, bis er einsieht, dass sein begrenztes irdisches Bewusstsein nicht die Kompetenz dazu hat.

Mit diesem neuen Verständnis ist ein befreiendes Loslassen verbunden, ein vertrauensvolles und erleichterndes Sich-Fallen-Lassen in die Weisheit des Lebens, die aus dem Absoluten alles leitet. Diese Lenkung im eigenen Leben wahrzunehmen und auch überall dort, wo man Verbesserungswürdiges sieht, ist eine ungewohnte und befreiende Erfahrung.

Der Mensch kann auf den Lauf der Welt weder wirklich Einfluss nehmen noch etwas verhindern, er kann wahrnehmen und akzeptieren. Das Dunkle erfüllt seinen Sinn als Hintergrund für das Licht. Alles Negative hat seine Berechtigung als Gegensatz zum Positiven. Man kann persönlich auf Distanz dazu gehen, aber es lässt sich nicht aus der Welt schaffen.

Mit dieser Sichtweise hört der Kampf auf, den der Islam als „Dschihad" bezeichnet. Es wird ruhig und friedlich im eigenen Inneren, sobald es nichts mehr abzulehnen und zu vernichten gibt, weil alles sein darf, wie es ist. Die drückende Last von Schuld, Sünde und Verantwortung löst sich. Sie ist erlöst, weil erkannt wird, dass der Wunsch, „Dein Wille geschehe", bereits Wirklichkeit ist und es immer war.

Diese Einstellung befreit von Zwang oder Furcht und schenkt Gelassenheit und Ruhe, im Alten Wissen gleichbedeutend mit „Liebe zu Gott". Was lange Zeit als Gebot, Auftrag oder Pflicht missverstanden wird, erweist sich als die wichtigste menschliche Veranlagung. Die Freude am Entdecken der 1 in der Welt der 2 und das Staunen über damit verbundene „Wunder" sind Aspekte dieser Liebe und entsprechen im Alten Wissen dem Begriff „Gottesfurcht". Es ist damit eine freudige, staunende Ehrfurcht gemeint.

Gott zu fürchten und aus Angst vor Strafe und seinem Zorn „brav" zu sein, entspricht nach der Überlieferung einem Handelsvertrag. Solche Verträge gelten innerhalb der Gesetzmäßigkeit der 12, auch zwischen den Menschen, die dadurch zu Händlern werden. Die 13 überwindet dieses Gesetzmäßige von Ursache und Wirkung, von Schuld und Strafe, von Brav-Sein und Belohnung. Die 13 bringt das Unerwartete, das nicht Berechenbare. „Jesus wirft die Händler aus dem Tempel seines Vaters"; die 13 im Menschen sorgt dafür, dass das gesetzmäßige Handeln endet. Es wird abgelöst von einem intuitiven, nicht berechnenden Tun, das ohne äußere Beweise, Vorgaben und Maßstäbe auskommt und nur einem inneren Bedürfnis oder einem Spüren von richtig oder falsch folgt.

Der Mensch erkennt und anerkennt so das Wirken einer höheren Ordnung. Er beobachtet im Zusammenspiel von eigenem Denken und Fühlen mit Unerwartetem und Überraschendem ein harmonisches Ganzes. Zufälliges und Geplantes lassen dabei ein Ineinander-Greifen erkennen, das alles andere als zufällig im Sinne von willkürlich ist.

Als 1 auf der 4 der Materie festgenagelt zu sein, ist das Kreuz, das jeder Mensch in diesem Leben trägt. Es macht den Sinn dieses Lebens sichtbar. Jede einzelne „Kreuzigung" ist dazu da, das Irdische mit dem Jenseitigen zu verbinden. 4 + 1 stellt sich dar durch den Querbalken im rechten Winkel zum stehenden Balken. Das Irdische = Waagrechte bildet einen Gegensatz zum Absoluten = Vertikalen und begegnet sich doch an einem Punkt zur Kreuzform. Der Mensch als 6 ist dieser Kreuzungs- und Verbindungspunkt.

Das Ans-Kreuz-Genagelt-Sein als 6 im Diesseitigen dauert am „6. Tag" von der „6. bis zur 9. Stunde", begleitet von einer Finsternis, die eine Finsternis im Bewusstsein ausdrückt. Das Bewusstsein kann das Licht der 1 nicht wahrnehmen und erlebt stattdessen Vernichtung und Tod. Erst in der 9. „Stunde" reißt der Vorhang im Tempel entzwei und der Blick auf das Wesentliche wird frei. Der Mensch kann nun im Licht der Erkenntnis die 1 in sich selbst sehen, in seinem eigenen innersten „Tempel". Zur 9. „Stunde", wenn das Leiden am Kreuz der Welt ein Maximum erreicht hat, erkennt der menschliche Geist in sich die Verbindung mit dem Ursprung. Er nimmt sich selbst als Kreuzungs- und Verbindungspunkt wahr; diese 6 ist die Antwort auf die Kreuzigung am 6. „Tag" zur 6. „Stunde" und komplettiert die 666.

Der Mensch lebt als 6 am 6. „Tag" zur 6. „Stunde" seinen Daseinsgrund und erkennt ihn zur 9. „Stunde". Dann sieht er ein, dass sein Leben in der von 12 = 6 + 6 geprägten Welt not-wendig ist und hat eine Antwort darauf. Eine dritte 6 komplettiert 666 zur Zahl des Menschen, der die großen Fragen beantworten kann, die sich in der Welt der 12 stellen: „Woher komme ich? Wohin gehe ich? Was ist der Sinn meines Lebens?"

Das Abschneiden der 1 von der 4, die „Kreuzabnahme", die „Grablegung" und die anschließende „Auferstehung" sind ein Geschehen nach dem Tod der rein materiellen Sichtweise. Die 1 ist nicht mehr an die 4 genagelt, sie fühlt sich dieser Welt der 4 nicht mehr hilflos ausgeliefert.

Nun anerkennen sich 1 und 4 gegenseitig als Aspekte des Menschseins und verbinden sich bewusst: 1 + 4 = 5. Mit 5 wird das Leben der 1 in der Welt der 4 anders.

Auferstehung löst die Kreuzigung ab. Die 1 steht bewusst in der 4 und erfährt sie als Basis. Auch im übertragenen Sinn gibt die Welt der Materie einem Denken festen Boden unter den Füßen, das nach „oben" hin ausgerichtet ist. Der Mensch steht mit beiden Beinen fest im Leben und orientiert sich an dem, das ihm ein-fällt und zu-fällt.

Er erlebt eine neue Lebendigkeit und unterscheidet sich damit von den „Toten", die noch als 1 in der 4 leben, ohne es zu wissen. Sie werden ebenfalls auferstehen. Die „Auferstehung der Toten" gilt für alle und ist ein anderes Bild für das Geschehen zu Pfingsten, am 50. Tag. Beide beschreiben auf synonyme Weise, dass sich 1 + 4 bewusst zu 5 verbinden und 10 mit 40 zu 50.

„Blut" und „Wein"

Den Menschen = Adam als 1–4–40 von der 1 zu trennen, bedeutet, sein Blut zu vergießen, denn Blut schreibt sich in Zahlen 4–40. Darauf weist das Alte Wissen hin. Jesu Blut wurde im Prinzip vergossen, indem er Mensch wurde. Er hat zwar seine Verbindung zur 1 betont –„Ich und der Vater sind eins" –, aber man konnte diese Verbindung nicht sehen.

Das Vergießen seines physischen Blutes ist Folge und Ausdruck der Unfähigkeit, einen jenseitigen Aspekt wahrzunehmen. Blutvergießen prägt die äußere Welt der 400, sie ist voll davon. Ungesehen vollzieht sich parallel zur Kompensation dieses Geschehens eine Metamorphose, deren Produkt Wein ist.

Den Ausgleich zum Vergießen von Blut symbolisiert das Trinken von Wein und bringt damit eine abgeschlossene Umgestaltung zum Ausdruck. Blut, das sich zuerst aus dem Körper des Menschen entfernt, kommt wieder dorthin zurück, allerdings verwandelt. Der Körper macht sichtbar, was im Geistigen geschieht: Das Trennen der 1 von 1–4–40 führt zu 4–40. Die 1 wird entfernt, um auf neue Weise wieder hinzugefügt zu werden und bleibt vorerst unbemerkt erhalten. Im tiefsten Sein des Menschen steht der Weinstock, dessen Frucht zu Wein wird.

Wein ist ein Symbol für die 1, die als 2 in der Welt der Materie lebt, um dort zur 3 zu werden. „Ich bin der wahre Weinstock und mein Vater ist der Weingärtner", wird Jesus in der Bibel zitiert. Zum Bibelwort „Ich bin der Weinstock, ihr die Reben" sagt das Alte Wissen: „Der Weinstock, das Geistige, Jenseitige in uns kann nur Frucht tragen, wenn die Reben beschnitten werden." Reben symbolisieren Wildwuchs im materiellen Sinn, stehen für eine Tendenz zum Vielen. Ihr Wachstum im Bewusstsein wird immer wieder begrenzt, um sich nicht unkontrolliert in Wucherungen zu verlieren.

Jeder Mensch erlebt auf seine ganz persönliche Weise den Prozess der „Wein-Werdung". Seine „Reben" werden beschnitten, um Frucht zu bringen, sein Denken und Wollen wird immer wieder reduziert auf das, was im Leben wirklich wesentlich ist. Wildwuchs wird zurückgestutzt, wenn äußere Ziele und Wünsche in Ernüchterung enden angesichts von Krankheit und Tod. Ein innerliches Reifen geht mit solchen Erfahrungen einher, jeder solche Einschnitt im Leben lenkt die Kraft bewusst oder unbewusst nach innen, hin zum Weinstock. Wiederholt wird ein Wollen, das sich auf Materie ausrichtet, zurückgestutzt. Das Beschneiden der Reben sichert das Reifen der Trauben und eine reiche Ernte.

Ganz ohne Vorwarnung, nach einer Periode im hellen, wärmenden Sonnenlicht, werden die reifen Früchte schließlich vom Weinstock geschnitten, getreten und gepresst und ihr Saft im Dunkeln vergoren. Dieser Vorgang macht ebenfalls menschliches Erleben bildhaft.

Unerwartet wirft das Leben hinein in schmerzliche Situationen, die als bedrohlich wahrgenommen werden und mit denen nicht zu rechnen war. Was der Prozess von Pressen und Treten bildhaft macht, wird vom Menschen als etwas erlebt, dessen Sinn er nicht versteht und dem er machtlos ausgeliefert ist. Die Johannes-Apokalypse beschreibt die Stunde der Ernte und spricht vom Engel, der seine Sichel an die Erde legt, den Weinstock liest und die Ernte „in die große Kelter des Grimmes Gottes" wirft.

Dieser Vorgang trifft den Menschen unerwartet, er fühlt sich hilflos, erlebt die Trennung vom Weinstock als tödliche Bedrohung und verliert jede Zuversicht in einer endlos scheinenden Phase innerer Finsternis.

Diese Erfahrung entspricht der 9.„Stunde", wenn der Gekreuzigte verzweifelt ruft: „Mein Gott, mein Gott, warum hast du mich verlassen?"

Im Empfinden größter Not wendet sich der Mensch als 2 an die 1, von der er sich verlassen und verraten fühlt und die trotzdem das einzige bleibt, worauf er ausgerichtet ist. Der ursprüngliche Trennungsschmerz von 1 und 2, der unbewusst als in der motivierenden 3 angelegte Sehnsucht wirkt, äußert sich nun bewusst. In der Situation der 9 begegnen einander auf diese Weise unbewusste und bewusste 3. Die ver-zwei-felte Frage der 2, warum die 1 sie verlassen hat, beschäftigt das Denken.

9 = 3 x 3 sagt, dass die motivierende 3 als Ursache des menschlichen Unterwegs-Seins in Zeit und Raum ins Denken durchbricht, dass Prinzip und dessen Bewusstwerdung aufeinanderprallen. Diese Begegnung ist konfliktreich, denn die in der motivierenden 3 enthaltenen Spannungszustände entladen sich. Das Zusammentreffen von Motivation und Zielsetzung wird mental und gefühlsmäßig als Eskalation dieser Spannungszustände erlebt. Die Widerstände zwischen 1 und 2 erreichen ein Maximum, bevor sie in sich zusammenfallen und den Weg freigeben für ein Miteinander. Das letzte Aufbäumen der 2 ist eine äußerst schmerzhafte Erfahrung. Lange ist sie begleitet von heftigen Emotionen und verebbt schließlich in einem Gefühl von Resignation.

Parallel erreicht in diesem Kräftewirken auch die Ausrichtung auf die 1 eine Zuspitzung. Das Angezogen-Werden von der 1 ist in der Phase der 9 so stark, dass es sich allen Widerständen zum Trotz letztlich durchsetzt. Das ist die Geburtsstunde der 10, die ganz unerwartet und überraschend auf die Phase der 9 folgt.

Die Symbolik des Weines beschreibt diesen Bewusstseinsprozess sehr treffend. Der Ablauf ist langwierig und geheimnisvoll, bis endlich Wein entsteht, er ist das Ergebnis langer Reifevorgänge, die dem Leben des Menschen gleichen. Auch sein

Beschnitten-, Getreten-, Gepresst- und Vergoren-Werden endet in einem langen Lagern im Dunkeln– in Ungewissheit, Schmerz und Angst. Wenn die Zeit reif ist, verlässt der Wein die Dunkelheit des Fasses, kommt ans Tageslicht und wird getrunken. Dieses Trinken des Weines entspricht dem Wahrnehmen der 1 im Licht des menschlichen Bewusstseins und dem Integrieren dieser 1 ins körperliche Leben; 2 + 1 = 3, 4 + 1 = 5 und 9 + 1 = 10 machen diese Aussage.

Jesus Christus erklärt beim Letzten Abendmahl, dass der Wein sein Blut ist, das „für viele vergossen wird zur Vergebung der Sünden" und dass von diesem Wein alle trinken sollen.

Unter Sünde versteht das Alte Wissen das Sich-Entfernen vom Ursprung, es ist die Sünde des Verlorenen Sohnes, der hinauszieht in die Welt der Vielheit. Dieses Sich-Entfernen findet Ausdruck im Wort Blut 4–40 als Symbol für den Menschen = Adam, 1–4–40, ohne Verbindung zur 1.

Das Sich-Entfernen vom Ursprung gelangt an eine Grenze, an der sowohl der Ursprung als auch die Verbindung dazu völlig vergessen scheinen, der Mensch droht sich in einer Vielheit zu verlieren. An dieser Grenze sind die Trauben reif zur Ernte und der Mensch reif zur Umkehr. Damit er sich nicht in der Vielheit verliert, sorgt ein Gefühl des Verlorenseins für eine Richtungsänderung. Die Wende wird eingeleitet, wenn die Spannung ihre maximale Ausdehnung erreicht hat, wenn das „Gummiband", das mit dem Ursprung verbindet, zu zerreißen droht. Aber es zerreißt nicht, im Gegenteil, es zieht den Menschen zurück und der Mensch lässt sich von diesem Ziehen leiten.

Umkehr und Rückweg sind in der Zahlenfolge des hebräischen Wortes für Wein sichtbar: „jajin" 10–10–50 hat den Äußeren Wert 70 und zeigt mit 10 x 7 den Menschen in der Welt der 7, die für diese Vielheit steht. Gleichzeitig beschreibt 10–10–50 den Weg, der zur Ein(s)sicht führt als Kombination von 50 und 10-10; darauf zielt der Prozess des Wein-Werdens ab.

Die Symbolik des Weines zeigt das Viele als Ausgangsbasis für eine Metamorphose. Das Viele wird von den Trauben bildhaft gemacht, die in großer Anzahl gepresst und zu Wein werden. Sie werden einem Veränderungsprozess unterzogen, der sie zu vernichten scheint, es aber nicht tut. Anstelle der Vernichtung zeigt sich am Ende des Prozesses etwas völlig Neues.

Die Geschichte von Noah, der in seiner Arche die Sintflut überdauert, stellt ebenfalls den Zusammenhang zum Wein her. Der hebräische Ausdruck für Arche ist „teba" und hat nach Altem Wissen die Bedeutung von „Wort". Noahs Arche ist ein Symbol für das Wort Gottes. Im „Wort" ebenso wie im Menschen verbirgt sich die 1 und überdauert darin die Sintflut des Zeitlichen. Die ursprüngliche Einheit zwischen Gott und Mensch verliert festen Boden unter den Füßen, die 2 wendet sich von der 1 ab und dem Leben in Zeit und Raum zu.

Noah ist wie Adam ein Archetyp. Noah symbolisiert den Menschen, der als 2 seiner Intuition folgt und damit zur 3 wird. Die Stimme der 1 hat ihn außergewöhnliche Maßnahmen ergreifen lassen, um im alles überflutenden Zeitlichen nicht unterzugehen und danach andere Möglichkeit des Lebens zu erfahren.

In seiner eigenen inneren „Arche" bleibt die 1 ebenso lebendig wie im geschriebenen Wort Gottes und wartet darauf, dass das alles bedeckende Wasser, die lineare Zeit, sich zurückzieht. Wenn die Flut dieses Zeitlichen allmählich ihre Dominanz verliert, gibt sie dem Bewusstsein die Sicht frei auf eine Basis für neues Leben. Beide, bewusster Mensch und tierisches, körperliches Leben, betreten nun gemeinsam als 3 Neuland. Die 1 bekommt nun in der 3, die Noah verkörpert, festen Boden unter den Füßen.

Dieser Noah geht nach der Sintflut an Land und legt einen Weinberg an. Das hebräische Wort für Weinberg 20–200–40 hat den Äußeren Wert 260. Diese Zahl gibt einen deutlichen Hinweis auf die Wirkung der 13 für die herkömmliche, auf die 12 bezogene Weltsicht. Im Menschen, der als 20 die 13 lebt, ist die Sintflut des Zeitlichen zu Ende. Jetzt besteht seine Arbeit darin, bewusst einen Weinberg anzulegen und er tut das als 10 x 26 oder 20 x 13 = 260.

Diese Arbeit ist nicht so sehr zu verstehen als ein äußeres Tätig-Sein, sondern meint in erster Linie eine bewusste gedankli-

che Beschäftigung mit Zusammenhängen, die über die Gesetzmäßigkeit der 12 hinausgehen. Im Übergang von der Weltsicht
der 12 zu jener der 13 kommt einiges ins Wanken, was bisher
als feste Tatsache galt. Die Bibel beschreibt diese Veränderung
in der Wahrnehmung mit einem treffenden Bild: Noah trinkt
von diesem Wein, den er anbaut und wird davon berauscht.

Für den Menschen, der sich mit ganz konträren Sichtweisen
beschäftigt, gerät manches, auch seine inneres Gleichgewicht,
ins Wanken. Der Blick auf die Welt der Materie verliert die eindeutige Klarheit und wird unscharf. Manches wird doppelt gesehen, einmal aus der bisherigen und einmal aus einer ganz
neuen Perspektive. Worte werden undeutlich, es fällt schwer,
in verständliche Formulierungen zu fassen, was im eigenen Bewusstsein gerade an Umbrüchen stattfindet.

Das lineare Denken als 10 + 2, das sich auf Gesetzmäßiges
der 12, auf Ursache und Wirkung bezieht, wird von der Erfahrung beeinträchtigt, die Wein symbolisiert. Es ist wie benebelt
davon und fällt schließlich in Schlaf. Ist der mentale Widerstand
gebrochen, wird der Blick für die 10 + 3 frei auf eine sprichwört-
lich im Wein liegende Wahrheit.

In diesem Sinn vom Wein berauscht, in Kenntnis der Wahrheit, entblößt sich Noah in seinem Zelt. Im übertragenen Sinn
sieht und akzeptiert sich die menschliche 3 so, wie Gott sie geschaffen hat. Adam und Eva im Paradies sind ebenfalls entblößt, es fehlt ihnen aber das Wissen darüber. Das Entblößen
von Noah ist eine Folge des Weins und macht eine mentale Veränderung deutlich:

Die menschliche 3 erfasst sich als Ausdruck einer absoluten
3, als Mensch im Bild und Gleichnis Gottes. Dieser Mensch hat
keinen Makel, keine Unzulänglichkeit, keine Blöße, die er und
andere nicht sehen sollen und die deshalb zu bedecken wäre.
Abweichungen von einem perfekten Idealbild versteht die 3
als Zeichen von Individualität, die sie auch anderen zugesteht.

Adam und Eva im Paradies verkörpern das Erleben einer unbewussten Einheit mit dem Absoluten. Nach dem „Sündenfall",
nach dem Verlassen der Einheit bestimmt die Polarität von gut

und böse die Wahrnehmung. Ohne bewusste Verbindung zum Absoluten ist der Körper „nackt", sagt das Alte Wissen; es ist eine tief wurzelnde Scham damit verbunden, diese Nacktheit wahrzunehmen. Ohne 1 „schämt" sich die 2 und ahnt insgeheim ihre Unvollkommenheit. Nach dem Sündenfall sehen Adam und Eva, dass sie nackt sind und bedecken sich.

Der Mensch als 10 + 2 gibt sich nicht gerne eine Blöße, deshalb hält er sich bedeckt und zeigt nicht offen, was er denkt und wie er wirklich ist. In diesem Sinn ist auch Kleidung mehr als nur funktionelle Körperbedeckung. Sie dient auch dazu, die Erscheinung optisch aufzuwerten und so das Selbstwertgefühl zu heben. Dann lässt sich über persönliche Unzulänglichkeiten leichter hinwegsehen.

Noah entledigt sich seiner Kleidung im übertragenen Sinn. Die 10 + 3 ist sich ihrer Verbindung zum Absoluten bewusst und daher nicht nackt. Sie hat nicht das Bedürfnis, Unzulänglichkeiten zu verbergen, weil sie sich so akzeptiert, wie sie ist. Noah stellt bewusst den ursprünglichen Zustand von Adam und Eva wieder her, indem er sich entblößt.

Noah nackt zu sehen, ist das „Vergehen" von Noahs Sohn, dem späteren Stammvater der Kanaaniter. Dieser Sohn ist nicht fähig, Noah als 3 und als Verbindung von 2 + 1 zu sehen, er sieht nur den nackten Körper. Er nimmt als 10 + 2 und nicht als 10 + 3 wahr, das wird ihm vorgeworfen.

Seine beiden Brüder hüten sich vor dieser Sichtweise, vermeiden es, Noah nackt zu sehen und werden dafür gelobt. Die eigene Sichtweise gibt Aufschluss über eine fehlende oder bestehende Verbindung zur 1. Ebenso wie die Schönheit im Auge des Betrachters liegt, tut es auch die Nacktheit. Im Sehen der Nacktheit äußert sich die eigene Nacktheit. Jedes Sehen ist eine Projektion des eigenen Inneren nach außen. Die 3-dimensionale, runde Welt ist ein Hohlspiegel.

Im Neuen Testament verwandelt Jesus bei der Hochzeit zu Kanaan Wasser in Wein. Das ist ein Hinweis darauf, dass die Nachkommen des Bruders, der die Nacktheit sah und damit nur das rein Körperliche wahrnehmen konnte, diese Sichtweise später ändern.

Das Wasser als Symbol für die Zeit wird zu Wein durch den Menschen, der die 13 lebt und den Jesus verkörpert. Diesseitige 12 + absolute 1 erkennen sich gegenseitig und dieses gegenseitige Erkennen wird dargestellt als Hochzeit, darauf weist das Alte Wissen hin.

Es ist ein gebräuchlicher Begriff in der Bibel, dass sich Frau und Mann „erkennen" im Sinne von Vereinigung. Aus der Vereinigung dieser Gegensätze entsteht etwas Drittes als Kind. In Zahlen ausgedrückt wird 1 + 4 zu 5 oder 1 + 2 zu 3. Es wird auch $a^2 + b^2$ zu c^2, 3 x 3 + 4 x 4 zu 5 x 5 und damit aus 3. und 4. Dimension gemeinsam eine 5. Aus 2 Söhnen von Noah, die die Verbindung zur 1 sehen, werden 3; die 2 wird zur 3, die Dualität zur Dreiheit.

Jesus verwandelt bei dieser Hochzeit Wasser zu Wein. Die Grundlage physischen Lebens wird zum Symbol eines Lebens, das Zeitliches und Ewiges kombiniert. In diesem Sinn gewinnt auch das Trinken des Weines als „Blut Christi" beim Letzten Abendmahl eine umfassendere Bedeutung. Wein als Zeichen einer neuen Verbindung kommt im Bibelwort zum Ausdruck: „Dieser Kelch ist der neue Bund in meinem Blut, das für euch vergossen wird."

Es ist unverzichtbar, das Blut zuerst zu vergießen, um es dann in Wein zu verwandeln. Menschliches Leben ist Verwandlung von Blut in Wein. Das Vergießen des Blutes ist ein Bild für jeden Menschen auf seinem Weg fort vom Ursprung. Und das Blut zu Wein verwandelt er, indem er in die andere Richtung unterwegs ist. Beides trifft für alle zu, beides ist sinnvoll. Weggehen ist notwendig, um wieder heimkehren zu können.

Die Rückkehr zeigt sich auch im Atbasch-Wert von 4–40 als der dem Blut gegenüberliegenden Seite. Seine unsichtbare, absolute Hälfte definiert sich mit 100–10. 110 ist gleichzeitig der Verborgene Wert der Aleph, ihr Weg von der 1 zur 111. Was sich irdisch als Blut darstellt, als Vergessen des Ursprungs, ist auf der anderen Seite identisch mit dem, was die 1 will. Absolutes Ziel der 1 ist ihre Ver-3-fachung, hier ausgedrückt als 111. Das diesseitige Blutvergießen ist nur die eine Hälfte des Menschseins, die andere Hälfte besteht darin, den Bogen zu spannen von 1 zu 111 und Blut in Wein zu verwandeln.

Der Mensch als 10 geht diesen Weg der Wein-Werdung über die 100. Die 10 muss das Nadelöhr der 10 x 10 passieren, um sich mit der 1 zu 111 kombinieren zu können. Wenn es am 6. Tag zur 6. Stunde ganz dunkel wird, wenn Glaube, Liebe und Hoffnung vernichtet scheinen, wenn die Kreuzigung unerträglich wird, dann kommt unerwartet und „wie ein Dieb in der Nacht" die Wende.

Das ist die Stunde der 9, aus der die 10 geboren wird und in der Begegnung mit sich selbst zur 100 wird, dem Nadelöhr zur anderen Seite. Der Vorhang im eigenen inneren Tempel reißt entzwei, die Sicht wird frei auf bisher Verborgenes. Was am Kreuz stirbt, ist das Vergessen des eigenen Ursprungs. Die körperliche Existenz bleibt erhalten und erlebt die Auferstehung von den Toten mit der Ein(s)sicht: „Ich und der Vater sind eins." Die 10 erkennt sich mit 10 x 10 selbst als 1 + 0 und weiß: Ich bin genauso eine 1 wie der Vater.

Jesus sagt: „Ich bin der Weg und die Wahrheit und das Leben. Niemand kommt zum Vater als nur durch mich." Er hat vorgelebt, was für alle Menschen gilt als Töchter und Söhne des Vaters, die er ja auch Brüder und Schwestern nannte. Er hat deutlich gemacht, was es heißt, als Sohn Gottes in dieser Welt der Dualität zu leben, die ihren Ursprung vergessen hat. Der jenseitige Anteil erlebt in dieser Welt Verfolgung, Verleumdung, Verrat. Die 1 wird ans Kreuz der 4 genagelt; in jedem Menschen erlebt die 1 auf andere Weise ihre Kreuzigung im Diesseits.

Jesus wird auch zitiert mit der Aussage: „Wer mir nachfolgen will, verleugne sich selbst, nehme jeden Tag sein Kreuz auf sich und folge mir nach." Im irdischen Leben verleugnet jeder sein wirkliches Selbst, indem er seinen Ursprung vergisst. Er trägt sein tägliches Kreuz und nimmt die Herausforderungen an, vor die ihn das Leben in dieser Welt stellt; er erträgt Ungerechtigkeit, Ablehnung, Angst, Schmerz und Tod. Er folgt Jesus nach, indem er die innere Orientierung bewahrt, auf die Stimme seiner Intuition hört, die ihn leitet und ihn irgendwie doch ahnen lässt, dass dieses Leben in Zeit und Raum nicht alles sein kann.

„Leib" und „Brot"

Die Entwicklungsstufen vom Korn zum fertigen Brot sind vergleichbar mit denen des Weines und beides sind Sinnbilder für die leibliche Existenz des Menschen. Aus irdischer Sicht schmerzhafte oder mühevolle Erfahrungen entsprechen dem Sterben des Weizenkorns im Dunkel der Erde und dem wiederholten Beschneiden der Reben, beides mit dem Ziel, reiche Frucht zu bringen. Das Leben des Menschen ist wie ein Wachsen und Reifen, ein Geerntet-Werden, ein Gemahlen- und Gepresst-Werden, ein langes Lagern im Finstern, in dunkler Erde oder dunklen Fässern, ein Ausgesetzt-Sein den Elementen Wasser und Feuer.

Der Weg zum Brot beginnt damit, dass das Weizenkorn in die Erde fällt und als Same stirbt, um eine lebendige Pflanze zu werden. In ihr kommt das unsichtbare Erbgut des Samens in die wahrnehmbare Erscheinung. Ihr Leben besteht darin, zu wachsen, zu blühen und schließlich Früchte und Samen zu bilden. Die Pflanze löst sich auf, das Unsichtbare, das die äußere Erscheinung ermöglicht und bestimmt, bleibt im neu gebildeten Samen erhalten.

Für das Samenkorn der Traube gilt Ähnliches. Beide Pflanzen, Weizen und Wein, graben ihre Wurzeln tief in die Erde, finden dort Halt und Nahrung, um sich entfalten und entwickeln zu können. Sie wachsen nach oben, diese Richtung ist in ihnen angelegt. Von oben wird ihr Wachstum gefördert durch Licht und Regen. Regen ist im Alten Wissen ein Synonym für Gottes Wort, für das Jenseitige, das verborgen wirkt.

Phasen der Ruhe und des Wohlbefindens enden ohne Vorwarnung am Punkt maximaler Reife. Das Korn wird nach Tagen in Luft und Sonne plötzlich geschnitten, gedroschen und vermahlen. Ähnlich ergeht es den Trauben, die geerntet und gepresst werden. Der Zustand verändert sich extrem, bevor Brot und Wein entstehen können. Der Mensch macht in seinem Leben vergleichbare Erfahrungen.

Hätte das Weizenkorn ein Bewusstsein, es könnte nicht verstehen, was mit ihm geschieht und warum das notwendig ist.

Dem Menschen geht es nicht viel besser. Erst im Nachhinein wird ihm die Notwendigkeit der einzelnen Abschnitte in seinem Leben klar. Im Rückblick wird ihm bewusst, jeder Schritt hinaus war auch ein Schritt auf dem Heimweg. Er hat gelernt, Glück zu erfassen, weil er auch Unglück erfahren hat und sieht in schmerzlichen Erlebnissen den Kontrast zu erlebter Freude; denn Licht lässt sich nur begreifen, wenn auch Dunkelheit erlebt wird.

In Summe besteht der Weg aus sehr vielen Schritten, genauso wie eine Vielzahl an Weizenkörnern erforderlich ist, um Brot zu backen und eine Unmenge an Trauben, um daraus Wein zu machen. Das Viele ist notwendig, um daraus das Eine entstehen zu lassen. Auch das bringt die Symbolik von Brot und Wein zum Ausdruck.

Das neue Eine entsteht aus dem ursprünglichen Einen, dem Samen der Weintraube oder dem einen Weizenkorn, ist aber nicht identisch damit. In einem langen Umgestaltungsprozess entwickeln sich viele Versionen des ursprünglichen Einen gemeinsam zu einer neuen Ganzheit. Weintraube und Weizenkorn sind Bilder für die 1, Wein und Brot für die 1000.

Das Kneten des Teiges ist die letzte Phase vor dem Backen. Der feinvermahlene Weizen wird mit Wasser vermischt und dann mit den Händen durchgearbeitet. Die 1 vermengt sich in Form unzähliger Partikel, in Gestalt vieler einzelner 10 mit dem Zeitlichen, dem „Wasser" der 40. Ein Prozess, der mit Anstrengung verbunden ist, mit Mühe und Schweiß, verbindet beides zu einer homogenen Masse, aus 10 x 40 wird 400. Die ein oder andere Träne, ob aus Freude oder aus Kummer, bringt Salz in den Teig des Lebens. Wenn die 400 erreicht ist, wenn der Teig fertig geknetet ist, steht ihm sein Ende bevor. Er wird großer Hitze ausgesetzt, wird darin aber nicht vernichtet, sondern zu Brot.

Der Teig weiß nichts von Weizenkorn und Brot, die 400 kennt weder Ursprung noch Zielsetzung. Der Mensch übersteht die Feuertaufe am Ende der 400 und wird zur 1000.

Die Zeit im Ofen erlebt der Mensch als Feuerprobe, die ihm noch einmal alles an Vertrauen und Glauben abverlangt. Das fertige Brot kommt aus dem Ofen, wenn 10 x 10 x 10 sich gegen alle Widerstände durchgesetzt hat. In diesem Moment kommt der Erlöser in Bethlehem, „Beth Lechem", dem „Haus des Brotes" zur Welt. Der Körper des Menschen ist dieses Haus. Dort wird der Sohn Gottes geboren in einfachen, alltäglichen, menschlichen Verhältnissen. So sagt es das Alte Wissen.

In Zahlen wird „Beth Lechem" 2–10–400 30–8–40 geschrieben, der Äußere Wert 490 zeigt die 10 an der Grenze zu 500. Die „Beth" = 2 ist das „Haus Gottes" und bringt durch ihre Zahlenfolge 2–10–400 zum Ausdruck, auf welche Weise Gott in ihr wohnt: als 10 vom Anfang bis zum Ende der Dualität, von 2 bis 400.

Danach wird Gott in der 2, im Körper, erfahrbar durch das Brot „Lechem" 30–8–40. Der Äußere Wert 78 beschreibt diese 10 mit 10+3 x 6 und der Zahlenaufbau lässt wissen, dass sie die Qualität der 6 als Miteinander von 10 x 3 und 10 x 4 lebt in der Welt der 8, die sie als 2 x 2 x 2 versteht.

Das Neue Testament sagt zur Beziehung zwischen Körper = Leib und Brot: „Und er nahm Brot, dankte, brach und gab es ihnen und sprach: Dies ist mein Leib, der für euch gegeben wird. Dies tut zu meinem Gedächtnis!"

Beim Letzten Abendmahl bekommen die Menschen mit diesen Worten gleichzeitig das Brot, um es anzunehmen und zu essen. Sie verleiben es sich im konkreten Wortsinn ein. Ein Impuls wird damit gesetzt, der im Leib = Körper jedes physischen Menschen seine Wirkung tut.

„Brot" und „Wort" gehören zusammen, ergänzen und bedingen einander. Das Brot könnte ohne das begleitende Wort nicht „gegessen" werden, das Bewusstsein könnte es nicht integrieren im Sinne von nachvollziehbarem Verstehen. Die persönlichen Erfahrungen im Leben, das eigene Erdulden und Erleiden des Brot-Werdens erklären sich durch das Wort. Umgekehrt erlauben nur diese individuellen, einzigartigen Erlebnisse, das Wort in seiner Tiefe und absoluten Gültigkeit als wahr zu erfassen. Brot und Wort bestätigen und ergänzen sich gegenseitig.

Das Wort Gottes im weitesten Sinn, als das sich Altes Wissen versteht und das jeder religiösen Tradition zugrunde liegt, setzt grundsätzlich die Menschheit über wesentliche Prinzipien in Kenntnis.

Beschäftigt sich der einzelne Mensch mit solchen Informationen, hat Interesse daran und spürt eine darin enthaltene Weisheit und Wahrheit, dann nimmt er diese Inhalte in sich auf. Er ver-leibt sich mental und auch auf einer tieferen Ebene ein, was darin lebt und verbindet es mit dem eigenen körperlichen Dasein.

Leib und Wort finden zueinander, wenn der Mensch das Bedürfnis dazu hat und intuitiv im Wort etwas wahrnimmt, das mit seinem persönlichen Leben zu tun hat. Er erfährt „am eigenen Leib" als 2 im Wort der 1 die bestehende Verbindung, weil sein Innerstes davon angesprochen und ein Echo in ihm ausgelöst wird.

Die allmähliche Umgestaltung von „Leib" zu „Brot" geschieht durch das individuelle Leben selbst und entzieht sich der bewussten Beobachtung. Erst wenn das Brot fertig ist, wird im Rückblick klar, dass die 2 des Leibes und die 1, von der das Wort spricht, in der ganz persönlichen menschlichen Existenz zu einer 3 zusammengefunden haben. Dem Menschen wird bewusst, dass ihm ein Leib gegeben ist, damit daraus Brot hervorgeht. Er erkennt, dass er als 2 existiert, um die 3 lebendig werden zu lassen. Die entscheidende „Wandlung" geschieht durch die Erinnerung daran, selbst Mensch gewordener Sohn Gottes und damit 2 + 1 zu sein. Das Wort holt ins Gedächtnis, dass jeder einzelne Mensch mit seiner individuellen Brot-Werdung tut, was Jesus ihm vorgelebt hat. „Dies ist mein Leib, der für euch gegeben wird. Dies tut zu meinem Gedächtnis!"

Das Brot entsteht durch die „Opferung" des Teiges; das Wahrhaben des Erlösers im eigenen Denken setzt die Bereitschaft voraus, die 400 zu „opfern". Diese Bereitschaft ermöglicht das Passieren des Nadelöhrs der 100.

Im Alten Wissen hat „Opfer" die Bedeutung von „heranbringen". Damit ist gemeint, dass der Mensch sich dem Absoluten annähert, indem er bereit ist, Opfer zu bringen und Opfer zu sein. Wiederholt gelangt er an die Grenzen des Erträglichen, ist bereit, es auszuhalten und sein Bestes zu geben. Er lässt zu, dass sein eigenes Wohlergehen gegen Null geht und opfert auf diese Weise sein Leben. Das Menschenopfer ist im eigentlichen Sinn nicht als grausames Blutvergießen gemeint, sondern als ein Abgelöst-Werden von der Schwerkraft des Irdischen, das sich Schritt für Schritt vollzieht.

Gemahlene Weizenkörner werden mit Wasser vermengt und der Hitze ausgesetzt, um zu Brot zu werden. Traubensaft verändert sich durch Gärung, die das Stoffliche ohne zerstörende Fäulnisbildung umwandelt. Ähnliche Wasser- und Feuertaufen übersteht der innere Mensch. Auf das Bewusstsein wirken ebenfalls verändernde Reifeprozesse, ohne es zu vernichten. Das Irdische bleibt erhalten, aber es hat eine andere Qualität, wurde veredelt durch einen komplexen Prozess. Dieser Prozess erscheint endlos und findet doch schließlich seinen Abschluss.

Ganz unerwartet, in einer Phase absoluter Ausweglosigkeit und mit dem Gefühl, vor einer unüberwindlichen Mauer zu stehen, kommt eines Tages die Wandlung. Mit dieser letzten entscheidenden Wende wird das Leben im Leib zu Brot und das vergossene Blut zu Wein.

Ohne zu verstehen wie, wird das Nadelöhr der 100 gerade dann durchquert, wenn eine innere Enge ihr Maximum erreicht. Die blockierende Mauer ist überwunden und löst sich auf. Eine gravierende Veränderung tritt ein, die von der Zahl 1000 definiert wird.

Wofür 10 x 10 x 10 steht, wird als große Gnade empfunden, als eine innere Auferstehung im Sinne von sich erheben, sich lösen von Schwere und sich aufrichten hin zum Leichten und Befreienden. Mit einem Gefühl von Freude, Frieden, Gelassenheit und dem Wissen „Alles ist gut" wird ein inneres Weit-Werden gespürt, wo vorher Enge und Druck war.

Diese Auferstehung vollzieht sich nicht physisch und ist auch kein kontinuierliches Gefühl. Sie ist ein inneres Hell-Werden nach langer, scheinbar endloser Finsternis, wie das Aufgehen einer „inneren Sonne", nachdem die Hoffnung darauf bereits aufgegeben war. Das innere Licht der 1 erscheint überraschend, an unerwarteter Stelle und bringt mit sich ein Gefühl absoluten 1-Seins.

Diese einmalige Erfahrung ist extrem, sehr eindrücklich und prägt das ganze weitere Leben. Ihr Nachhall ist manchmal sehr, manchmal weniger spürbar. Das Gefühl von 1-Sein ist nicht dauerhaft, es wechselt ab mit dem Erleben von 1-Werden. Beides ist nun Teil eines Alltags, der als „Himmel" auf Erden erlebt wird.

Dieser Himmel ist nicht eine weltfremde Zone voller Glückseligkeit. Eine vielleicht lebenslange Schwere ist nicht umgeschlagen in ein weltfernes Abgehoben-Sein, eine ständige dumpfe Angst hat sich nicht aufgelöst in eine verzückte Euphorie. Der Himmel ist ein ausgewogenes Miteinander von Materie und Geist, von Dies- und Jenseits. Mit beiden Beinen fest am Boden der irdischen Realität zu stehen und dabei ein Verbundensein nach „oben" zu erfahren, definiert diesen neuen Alltag.

Das innere Aufgerichtet-Sein zwischen Himmel und Erde ermöglicht eine neue Sicht auf Ereignisse, die das Leben mit sich bringt und die es ausmachen. Es relativiert alles Erlebte, einschließlich Emotionen.

3 ist in diesem Alltag Antrieb zur Bewegung und auch erreichtes Ziel. Beide Versionen existieren innerlich synchron, äußerlich zeigen sie sich zeitversetzt. 1000 hat 400 als Grundhaltung des Bewusstseins abgelöst, aber nicht eliminiert. Beide werden abwechselnd gelebt und 1000 macht sich auf Basis der 400 wiederholt punktuell erfahrbar. Schnittstelle ist das menschliche Bewusstsein mit der Qualität der 6, das immer wieder die Erfahrung von 10 x 10 macht: 400 + 6 x 100 = 1000.

Dieses Bewusstsein entspricht dem Bild von Kanaan, an dessen Grenze ein Altar steht. Sowohl die alte Welt der 2 als auch die neue, in der die 3 bereits existiert, bleiben über diesen Altar in Kontakt.

Auf andere Weise wird dieser Zusammenhang zum Ausdruck gebracht durch die Äußerung Jesu: „Denn wo 2 oder 3 versammelt sind in meinem Namen, da bin ich in ihrer Mitte." Wer sich einmal seines 3-Seins bewusst geworden ist, für den ist dieser

Umstand der Mittelpunkt seines Lebens, unabhängig davon, ob im Denken gerade 2 oder 3 anwesend ist.

Brot und Wein sind Symbole für eine neue Art von Leben. Leib, Wasser und Blut bestehen weiter, haben aber ihre Dominanz im Bewusstsein eingebüßt. Materie, physisches Leben und Zeit werden jetzt als etwas betrachtet, das Einblicke in hintergründige Zusammenhänge ermöglicht. Ihr Wert liegt nun darin, Ein(s)sicht zu gewähren, die 1 zu sehen im eigenen Dasein und auch überall in der Welt. Punktuelle Begebenheiten lassen das Wirken einer absoluten harmonischen Ordnung nachvollziehen.

11. KAPITEL

Zahlen in der griechischen Mythologie

Das Weltbild des europäischen Abendlandes basiert auf 2 großen Mythensträngen. Das Alte Testament der Bibel ist einer davon. Der andere Mythenstrang besteht aus den beiden Epen, die Homer als dem frühesten Dichter des westlichen Kulturraumes zugeschrieben werden. „Ilias" und „Odyssee" sind die ersten umfangreichen Niederschriften in der griechischen Geschichte und gehören zu den ältesten und einflussreichsten Dichtungen des westlichen Kulturraumes. Beide Werke werden in das 8. oder 7. Jahrhundert v. Chr. datiert.

Sowohl Ilias als auch Odyssee sind fiktionale Erzählungen in Zusammenhang mit dem Trojanischen Krieg. Ihr Inhalt ist nicht historisch wörtlich zu nehmen, sondern mythologisch zu verstehen. Homer bedient sich in beiden Epen einer sehr komplexen Erzählweise. Er berichtet nicht in chronologischer Reihenfolge über die geschilderten Ereignisse, sondern arbeitet mit Rückblenden, Einschüben, Perspektiv- und Erzählerwechseln und Parallelhandlungen.

Beide Epen sind in jeweils 24 „Gesänge" gegliedert und in Versform verfasst, und zwar im epischen Hexameter, wörtlich „Sechs-Maß". Es teilt jeden Vers des Epos in 6 Einheiten zu je 3 Silben. Davon ist 1 betont und 2 Silben sind unbetont. Die letzte dieser 6 Einheiten ist auf 2 Silben verkürzt, es fehlt die zweite unbetonte Silbe. Ein Vers besteht somit aus insgesamt 17 Silben und lässt indirekt erkennen, dass 1 Silbe noch zu ergänzen und mit 18 die Symmetrie von 6 x 3 komplett wäre.

Die äußere Struktur dieser Epen bedient sich der Grundelemente 3, 6, 1 + 2. Die qualitative Aussage dieser Zahlen erschließt sich der menschlichen 17, die darin eine Äußerung der

1 wahrnimmt. Sie tut das als 3-fache 6 und versteht als solche, dass diese beiden uralten Schriften mit dem eigenen Mensch-Sein zu tun haben.

Ilias

Die Ilias erzählt über die Taten, Kämpfe und Gespräche menschlicher Helden, die Halbgötter sind. Sie entstammen Sippen, an deren Gründung ein Gott beteiligt war. Als Halbgötter stehen diese Menschen unter dem ständigen Einfluss von Göttern, die ihrerseits sehr menschliche Züge zeigen, die sich streiten, einander betrügen, hassen oder lieben, miteinander diskutieren und Beschlüsse fassen. Der Olymp als ihr Wohnsitz bildet neben der irdischen eine zweite Realitätsebene. Dort werden die eigentlichen Entscheidungen getroffen und auf der Erde von den Helden lediglich vollzogen. Als eine den Göttern übergeordnete Instanz nennt die Ilias das Schicksal, ihm müssen auch die Götter sich unterwerfen.

Götter und Göttinnen sind bei Homer real existent und verkörpern ganz spezielle Erfahrungen, Eindrücke und Gefühle einzelner oder mehrerer Personen. Zu manchen besonderen Anlässen manifestieren sie sich als etwas, das in einer starken Intensität am eigenen Leib spürbar wird und dessen Anwesenheit sich förmlich aufzwingt. Götter und Göttinnen personifizieren ein Wirken, das sich des ganzen Menschen bemächtigt, aber nicht aus ihm heraus entsteht. Diese göttliche Präsenz ist eine Art von verdichteter Atmosphäre, die als von außen kommend erlebt wird. Sie ist etwas, das in den Menschen eindringt, all seine Sinne betrifft und ihn tief berührt. Die Ilias schildert das Auftreten eines Gottes oder einer Göttin als machtvollen Vorgang, als Befehl, dem der Mensch ganz selbstverständlich Folge leistet.

Inhaltlich berichtet die Ilias über den Kampf um die Stadt Troja, und zwar konkret über insgesamt 51 Kampftage nach einer bereits 9 Jahre dauernden griechischen Belagerung der Stadt.

Vom Beginn des 10. und letzten Kriegsjahres werden 15 Tage und 5 Nächte ausführlich erzählt, vorausgehende und nachfolgende Ereignisse einbezogen und das aktuelle Geschehen mit Hintergrundinformationen ergänzt.

Die Handlung beginnt am 10. Tag mit der Entzweiung von Achilleus und Agamemnon. In den Lagern der Griechen wütet die Pest; sie wurde vom Gott Apollon ausgelöst und dauert bereits 9 Tage. Achilleus ist ein wichtiger Anführer des Heeres und beruft nun eine Versammlung aller königlichen Helden ein, um einen Weisen über die Ursache der Seuche zu befragen. Es stellt sich heraus, dass der Grund dafür bei Agamemnon liegt, dem Oberbefehlshaber der Griechen. Er hat die Tochter eines Priesters von Apollon als Beute genommen und verweigert die Rückgabe. Nun stimmt er der Rückgabe der jungen Frau zu, um die Pest zu beenden, fordert dafür aber Ersatz. Achilleus soll ihm dafür seine weibliche Beute überlassen. Achilleus wehrt sich erzürnt dagegen und will sein Schwert gegen Agamemnon ziehen. In diesem Moment erscheint am Himmel nur für Achilleus sichtbar die Göttin Pallas Athene, berührt ihn und erklärt ihm, dass sie gekommen ist, seinen Zorn zu besänftigen, was auch augenblicklich geschieht. Achilleus fügt sich und die geraubte Tochter des Priesters wird noch am selben Tag zurückgegeben.

Achilleus muss Agamemnon seine schöne Sklavin überlassen, ist darüber sehr verärgert und zieht sich vom Kampfgeschehen zurück. Seine Mutter, die Meeresgöttin Thetis, bittet Zeus um die Wiederherstellung der verletzten Ehre ihres Sohnes. Zeus kommt ihrem Wunsch nach, indem er den Trojanern die Oberhand über die Griechen zugesteht, solange Achilleus nicht am Kampf teilnimmt.

Der Tod seines Freundes Patroklos am 26. Tag veranlasst Achilleus, wieder zu den Waffen zu greifen. Patroklos nahm in der Rüstung von Achilleus am Kampf teil und wurde vom trojanischen Königssohn Hektor getötet. Achilleus versöhnt sich mit Agamemnon, bekommt seine Sklavin zurück und zieht in den Kampf, um den Tod seines Freundes zu rächen.

Parallel zu den blutigen Auseinandersetzungen zwischen den feindlichen Lagern trojanischer und griechischer Helden tobt eine Götterschlacht.

Hektor tritt vor den Toren Trojas gegen Achilleus zum Kampf an, flüchtet aber zunächst vor ihm. Die Götter entscheiden über den Ausgang des Duells und ihre Schicksalswaage wendet sich gegen Hektor.

Achilleus tötet Hektor, nachdem dieser fliehend 3-mal Troja umrundete. Dem letzten Wunsch Hektors nach einer ehrenvollen Bestattung kommt Achilleus nicht nach, sondern schleift die Leiche 12 Tage lang hinter seinem Wagen her.

Am 40. Tag beschließen die Götter, dass Hektors Körper seinem Vater Priamos zur Bestattung übergeben werden soll. Achilleus akzeptiert und trifft sich noch am selben Tag mit Priamos. Im Gespräch lernen sich die beiden kennen und schätzen. Sie trauern gemeinsam, der eine über Patroklos, der andere über Hektor, und beklagen das grausame Schicksal, das die Götter ihnen auferlegt haben.

Die Erzählung der Ilias endet damit, dass am 50. Tag Hektors Leiche dem Feuer übergeben und am 51. Tag seine Überreste bestattet werden.

Eine weitere unerwartete Versöhnung hat eine Nebenhandlung zum Inhalt: Der griechische Held Diomedes und der trojanische Held Glaukos treffen in der Schlacht aufeinander. Aufgrund von Glaukos strahlender Gestalt befürchtet Diomedes, einem Gott gegenüberzustehen und fragt Glaukos, wer er ist. Dieser erzählt von seinen Ahnen, wodurch Diomedes erkennt, dass zwischen ihren Vorfahren ein Gabentausch stattgefunden und eine Verbrüderung bewirkt hat. Im Wissen um eine bestehende Verbindung anerkennen sie sich gegenseitig als Brüder und verzichten auf den Kampf. Sie erneuern den Bund, indem Glaukos seine goldene gegen die eherne Rüstung des Diomedes tauscht – „Gold gegen Bronze, den Wert von 100 Rindern gegen den von 9."

Die Helden der Ilias erleben sich in ein Feld von Kräften eingebunden, die sie nicht kontrollieren können. Götter und Göttinnen verursachen alle starken Gefühle und schaffen einen

Raum, in dem sie den Menschen von Erlebnis zu Erlebnis führen, ein ganzes Leben lang. Den Menschen definiert seine rein physische Existenz, in der er keine persönliche Verantwortung für sein Tun und Handeln trägt; er erfährt sich geleitet von einer Ebene außerhalb seines Einflussbereiches.

Die griechische Mythologie kennt die viel älteren ägyptischen Götter und belegt sie mit anderen Namen. Diese Göttergestalten tragen persönliche Züge und sind gleichzeitig von allgemeiner Gültigkeit.

Pallas Athene als Göttin der Weisheit ist ein göttliches Prinzip, das in jeder weisen Person zum Ausdruck kommt; Demeter, die Göttin der Fruchtbarkeit, personifiziert, was jedes einzelne Getreidekorn in sich trägt. Das Einzelne entspricht ebenso dem Göttlichen wie das Gesamte. Der gleiche Gott kann sich an verschiedenen Orten zur gleichen Zeit manifestieren als Ausdruck dessen, was er ist.

Götter beschreiben Prinzipien und Bewusstseinszustände. Götternamen stehen für unterschiedliche Erfahrungen und Gefühlsintensitäten, sie sind gleichzusetzen mit dem Erlebten: Frieden ist Eirene, Gerechtigkeit ist Dike, Ordnung ist Eunomia. Jeder Krieg ist gleichzusetzen mit dem Gott Ares, in jeder Liebe wirken Eros oder Aphrodite. Hermes ist überall anwesend, wo aufmerksame Stille herrscht, Phobos ist Angst und Panik. Apollon als Gott des Lichts lässt in klaren Momenten Zusammenhänge einsehen, die lange im Dunkel des Unbewussten lagen.

Die Ilias schildert auf diese Weise ein dynamisches Weltbild, in dem überall in unterschiedlicher Ausprägung Götter wirken. Jede Form von Materie, jeder Stein, jede Pflanze ist äußere Hülle für eine solche wirkende Kraft. Auf ähnliche Weise wird auch der Mensch als Gefäß für göttliche Energien angesehen, die seinen Charakter färben und sein Handeln bestimmen. Das Göttliche ist täglich erleb- und wahrnehmbare Realität und nicht Inhalt eines Glaubens. Es gibt kein theoretisches Konzept vom Göttlichen, von Glauben oder Religion.

Der Trojanische Krieg und die Geschichten, die sich um ihn ranken, sind wie die uralten hebräischen Schriften mythische

Fiktion und haben symbolischen Charakter. Der Text der Ilias basiert wie die Erzählungen des Alten Testaments auf mündlichen Überlieferungen mit lange zurückreichender Tradition. Mit nachvollziehbaren, eindrücklichen Bildern wird zeitlos gültiges Wissen in einen historischen Bericht gekleidet, damit es die Zeiten überdauert. Im Sinne von C. J. Jung bildet dieses Epos mit seinem mythologischen Inhalt eine Brücke zwischen unbewusst existierender Realität und deren bewusstem Erkennen. Die Ilias erzählt ebenso wie das jüdische Alte Wissen von Prinzipien, die menschlicher Existenz und menschlichem Bewusstseins zugrunde liegen.

Die beiden Wurzeln abendländischen Denkens wirken auf den ersten Blick widersprüchlich und einander völlig fremd. Bei näherer Betrachtung und unter Einbeziehung der Zahlen ergänzen sie einander.

Grundsätzlich verkörpern die Göttergestalten der Ilias unsichtbares Wirken und kategorisieren es. Kräfte ganz unterschiedlicher Qualität bekommen menschliche Gestalt, um sie anschaulich und nachvollziehbar zu machen. Einzelnen Göttinnen und Göttern werden spezifische Eigenschaften zugeordnet. Ihre Auseinandersetzungen und Intrigen bringen bestehende Differenzen und Disharmonien zum Ausdruck, die zwischen diesen Kräften bestehen.

Im Menschen macht sich das göttliche Kräftewirken durch Impulse bemerkbar, die gehört, gespürt oder als Bild gesehen werden und denen ganz direkt und unmittelbar entsprochen wird. Die Gottheiten geben den Impulsen eine Gestalt, sie personifizieren die inneren Regungen, die der Mensch als Emotion, Empfindung, Einsicht oder plötzlichen Gedanken wahrnimmt, und denen er folgt.

Dem Menschen der Ilias fehlt der Selbstbezug zum eigenen Inneren. Er erlebt sich eingebettet in ein äußeres Kräftewirken, das er unmittelbar physisch wahrnimmt und von dem er abhängig ist.

Abstraktes Denken kennt er nicht, ringt aber darum und dieses Ringen wird symbolisiert durch den Kampf von Helden.

Als Halbgötter erleben sie sich hineingestellt in eine Einheit von Mensch, Gott und Natur. Diese Einheit besteht, kann aber noch nicht verstanden werden. Sie zu erfassen setzt voraus, in Distanz dazu zu gehen, sie aus einer Warte zu betrachten, die außerhalb dieser Einheit liegt, aus Perspektive der 2.

Die 2 ist zwar in der Einheit schon vorhanden, ist die Basis für jede menschliche Existenz, kann aber noch nicht vom menschlichen Verstand wahrgenommen werden. Die Einheit enthält dieses Gegensätzliche, genauso wie die Aleph eine doppelte 10 in sich trägt. In der Einheit nimmt sich das einzelne Ich aber nicht als solches wahr, es blickt nur nach außen und projiziert sein Innenleben auf Göttergestalten.

Das Ringen um eine zweite und damit innere Perspektive wird bildhaft gemacht durch den Trojanischen Krieg. Die belagerte Stadt Troja ist Sinnbild für den Kampf um die Selbstwahrnehmung der menschlichen 10.

Die Erzählung beginnt am 10. Tag des 10. Jahres nach 9 Jahren Belagerung und markiert den Sprung von 9 zu 10. Die Grundlagen menschlicher Existenz, die das Hebräische Alphabet mit den Zeichen 1 bis 9 definiert, sollen auf eine erfahrbare Ebene gehoben werden, auf die Ebene der 10 des menschlichen Bewusstseins.

Den Kampf um Selbstwahrnehmung führen Wesen, die halb Mensch und halb Gott sind und deren Existenz aus der praktischen Umsetzung göttlichen Willens besteht. Sie erfassen diesen göttlichen Aspekt außerhalb von sich und als Grundlage ihres Lebens. Göttergestalten stehen am Beginn der Ahnenreihe und sind Entscheidungsträger für das irdische Dasein.

Damit wird eine Wirklichkeit beschrieben, die in der Einheit gilt. Diese Realität stellt der Mythos dem menschlichen Denken symbolhaft zur Verfügung, um sich damit auseinanderzusetzen und sie letztlich zu begreifen.

Die Realität der ursprünglichen Einheit ist geprägt vom unmittelbaren Wirken göttlicher Kräfte in der Natur und im Menschen. Der menschliche Held lebt in dieser Wirklichkeit als Halbgott, er weiß sich als Mensch gelenkt von einem Göttlichen, von dem er auch abstammt. Der Halbgott macht die vor- und unbewusste Veranlagung des Menschen bildhaft und ist Archetyp der menschlichen 10, als die er sich letztlich erfasst. Diese 10 bleibt ihm lange Zeit ebenso unbewusst wie die Prinzipien, die ihr vorausgehen.

Der Kampf um Troja hat das Prinzip 10 zum Inhalt. Die Ilias schildert die Voraussetzungen, unter denen sich das Prinzip 10 ausgestaltet. Das Epos erzählt über die Grundlagen menschlichen Bewusstseins, außerdem erklärt es, zu welcher Realitätsauffassung die 10 zurückkehrt, die sich bewusst als solche erkennt.

Der menschliche Held kämpft innerhalb der Einheit als vorbewusster Halbgott um bewusste Wahrnehmung als 10; das ist der Inhalt der Ilias. Die am 10. Tag des 10. Jahres beginnende Erzählung deutet bereits an, dass dieses Bewusstsein auf die Selbstwahrnehmung als 10 abzielt. Das Ringen darum und das Erfassen eines absoluten Kräftewirkens im Leben als Mensch ist Teil des Prinzips, das die menschliche 10 ausmacht.

Nachvollziehen und wahrhaben kann eine solche Wirklichkeit erst ein Bewusstsein, das sich selbst als 10 erfasst und das Kräftewirken aus eigener Erfahrung kennt. Bis es so weit ist, werden im Bewusstsein „Kämpfe ausgefochten", die jenen um Troja entsprechen.

Die Ilias berichtet nicht über das Ende des Kampfes und die Eroberung von Troja. Sie geht nicht darauf ein, wie sich der Sprung von 9 zu 10 konkret vollzieht, sondern schildert, unter welchen Umständen sich ein menschliches Bewusstsein selbst als 10 erfahren lernt.

Der mit einer Entzweiung von Agamemnon verbundene Zorn des Achilleus ist das Hauptmotiv der Ilias. Im Hintergrund ist Gott Apollon indirekt der Auslöser dafür. Apollon, Agamemnon und Achilleus sind 3 Namen, die mit „A" beginnen; sie definieren die Ausgangssituation für das nachfolgende Geschehen. Dieser 3-fache griechische Buchstabe „Alpha" hat seine Wurzeln in der hebräischen „Aleph". Das Prinzip der Teilung von 1 in 2 zeigt das Schriftbild der Aleph durch die beiden 10, die sich in ihr spiegeln. In der Ilias symbolisieren Achilleus und Agamemnon die irdische, entzweite 10 und Apollon die göttliche 1, aus der die Entzweiung hervorgeht. Dieses Epos beschreibt das Prinzip der 2 und mit der Versöhnung von Achilleus und Agamemnon das Prinzip der 3.

Die menschliche 10 erlebt diese Prinzipien auf 3-fache Weise und die Ilias berichtet darüber. Sie schildert, dass es das Prinzip der Entzweiung ist, die 10 + 2 aus der 1 heraus in die Wahrnehmung kommen lässt. Dieses Prinzip der Entzweiung lebt der Mensch als 10 + 2 so lange, bis es mit 10 + 3 seinen versöhnlichen Abschluss findet.

Die Entzweiung heraus aus der 1 ermöglicht die Selbstwahrnehmung als Mensch. Der Blick nach außen und nach innen wird dadurch möglich, ist aber ein konträrer. Die Entzweiung als Prinzip des Menschseins wird im Epos sehr detailliert durch blutiges Schlachtgetümmel geschildert. Griechische und trojanische Helden bekämpfen sich gegenseitig und die Ilias gibt keine Auskunft darüber, warum sie das tun.

Als Momentaufnahme zeigt dieses Gegeneinander ein Weltbild, das sehr wirklichkeitsgetreu dem Milieu entspricht, in das sich die 10 + 2 hineingestellt erlebt. Der Mensch versteht nicht, warum das Leben so ist wie es ist, kämpft dagegen an und entspricht auch mit diesem Kampf der Entzweiung. Die Auseinandersetzungen um Troja symbolisieren Lebensumstände innerhalb einer von gegensätzlichen Polen geprägten Existenz. Sie sind die Basis für 10 + 3, für eine mögliche Selbst-Erkenntnis des Menschen, die Einsicht gibt und Versöhnung bringt.

Das Gegeneinander dauert so lange, bis eine bestehende Gemeinsamkeit bewusst wird und eine Veränderung zum Miteinander bewirkt. Das kommt zum Ausdruck zwischen Achilleus und Agamemnon, zwischen Glaukos und Diomedes und ebenso zwischen Achilleus und Priamos.

Besonders Glaukos und Diomedes machen anschaulich, dass bereits eine brüderliche Verbindung zwischen vermeintlichen Gegnern besteht.

Die Zahlen dieses Epos ergänzen und erklären mit ihren qualitativen Aussagen den Text und definieren das Geschehen auf ihre Weise:

9 und 10 sind prägnante Zahlen der Ilias: 9 Tage lang wütet die Seuche und 9 Jahre dauert bereits der Trojanische Krieg; am 10. Tag endet die Seuche und nach 10 Jahren der Krieg. Glaukos und Diomedes erneuern den bestehenden Bund, indem sie ihre Rüstungen tauschen: „Gold gegen Bronze, den Wert von 100 Rindern gegen den von 9." 12 Tage lang sind die Götter nicht auf dem Olymp anwesend, am 21. Tag sind sie wieder zurück. An 12 Tagen schleift Achilleus den Körper von Hektor, nachdem er ihn am 4. Tag der Schlacht getötet hat. Die 12 beschreibt einen Zustand, in dem der „Zorn" ausgelebt wird, in dem das polare Gegeneinander im Bewusstsein dominiert und der göttliche Aspekt abwesend ist. Aus 2 x 12 = 24 „Gesängen" besteht das Epos, das Kampf und Tod zum Inhalt hat.

Am Ende des 40. Tages endet der „Zorn". Achilleus und Priamos, der 6. und letzte König von Troja, versöhnen sich sogar; das lineare Zeitliche der 40 läuft auf die Versöhnung von 2 + 1 zu 3 und von 49 + 1 zu 50 hinaus. Dass diese 50 für die Wahrnehmung vorerst verloren scheint und erst mit Hilfe der 19 die 1 im Bewusstsein „geboren" wird, verschlüsselt der Text der Ilias, indem er Priamos sagen lässt: „Ich unseliger Mann! Die tapfersten Söhn' erzeugt ich weit in Troja umher, und nun ist keiner mir übrig! 50 hatt' ich der Söhn', als Argos' Menge daherzog. Ihrer 19 wurden von 1 Mutter geboren ..."

Nach der Versöhnung am 40. Tag werden 9 Tage lang bis zum 49. Tag die Vorbereitungen für Hektors Bestattung getroffen, die am 50. Tag stattfindet. Die Tage 41–49 sind mit 90 Versen beschrieben und entsprechen mit ihrer inhaltlichen Symbolik genau der qualitativen Aussage dieser Zahl für das Bewusstsein. 90 stimmt ein auf den endgültigen Abschied von einem bestehenden Weltbild, der mit dem Wechsel von 49 zu 50 vollzogen wird. Das gesamte bild- und wortreich geschilderte Kampfgetümmel der Ilias findet sein Ende mit diesem 50. Tag; diesem Tag sind „nur" 3 Verse gewidmet. Dieser Schluss bringt zum Ausdruck, dass das Epos auf die 50 abzielt, die mit der 3 gleichzusetzen ist. Die 3-malige Umrundung von Troja, die dem Zweikampf von Achilleus und Hektor vorausgeht, symbolisiert die 3 als Antrieb.

Der 51. Tag mit seinen 17 Versen betont lediglich, dass der Abschied von einem „toten" Weltbild ein sehr individuelles Geschehen für jedes einzelne Bewusstsein ist, denn 51 = 17 x 3. Der 51. Tag beendet alles, was an 15 Tagen und in 5 Nächten der Erzählung ausführlich geschildert wurde. Diese 15 + 5 ergeben ebenso 20 wie die 10 + 10 von 10-jährigem Krieges und 10. Tag, an dem sich Agamemnon und Achilleus entzweien.

Diese Zahlen verweisen auf das Prinzip JHWH, ebenso wie der 26. Tag, der die entscheidende Wende bringt; 15 und 51 stellen Basis und Ziel dieser Wende in „gewendeten" Zahlen dar.

Die Eroberung von Troja

Nach fast 10-jähriger Auseinandersetzung und Belagerung wird Troja schließlich von den Griechen durch eine List eingenommen. Ein nur in Fragmenten erhaltenes episches Gedicht, das nicht Homer zugeschrieben wird, berichtet darüber, ebenso einige spätere Quellen:

Der griechische Held Odysseus ersinnt die kriegsentscheidende List, ein riesiges Holzpferd zu bauen. Scheinbar die Belagerung aufgebend, wird es von den Griechen vor die Tore Trojas gestellt, als angebliches Dankopfer an die Göttin Athene für eine sichere Heimfahrt. Die Trojaner ziehen das Pferd, in dem einige Kämpfer unter Führung von Odysseus versteckt sind, in die Stadt. Über die Anzahl der Männer sind sich die Quellen nicht einig, sie wird mit 23, 30, 50 oder gar 3000 angegeben. Nach der Siegesfeier der Trojaner können die im Pferd verborgenen Griechen unbemerkt das Stadttor öffnen und die zurückgekehrte eigene Armee in die Stadt lassen. Troja wird von den Griechen eingenommen, niedergebrannt und seine Bevölkerung vernichtet.

Troja ist die mythische Darstellung eines Inneren, um dessen Existenz gerungen wird. Die Eroberung von Troja symbolisiert, dass das menschliche Bewusstsein dieses Innere grundsätzlich erfasst, integriert und es zu einem Teil von sich selbst macht. Diese Integration ins äußere Dasein hat zur Folge, dass der Widerstand überwunden und der Kampf zu Ende ist.

Troja als prinzipielles Inneres ist ein Bild für die 1, die in der 10 unerkannt lebt, um erkannt zu werden. Die Entführung der Schönen Helena nach Troja als Motiv für den Trojanischen Krieg symbolisiert diese 1, die von der menschlichen 10 „zurückerobert" wird. Helena, etymologisch die „Lichtvolle", zeigt vom Wortstamm her eine Verbindung zum Sonnengott Helios. Die seit der Antike gebräuchliche Bezeichnung „Hellenen" für die Griechen lässt den Schluss zu, dass sie mythologisch den Menschen symbolisieren, der als 10 dem Licht der 1 physische Gestalt verleiht. Die Griechen entsprechen mit dieser Symbolik den Hebräern in den Überlieferungen des Judentums. Beide Völker sind archetypisch gemeint.

Apollon, der Gott des Lichts, steht im Trojanischen Krieg auf Seiten der Trojaner. Pythagoreer und Platoniker, die Apollon besonders verehrten, waren überzeugt, sein Name habe eine philosophische Bedeutung. Sie deuteten ihn als A-pollon, „der Nichtviele", zusammengesetzt aus a = „nicht" und *pollón* = „viel". Darin sahen sie eine Anspielung auf das Eine und Höchste, das Prinzip des absoluten Transzendenten, das Gegenteil der Vielheit und deuteten Apollon als Götternamen des „Einen".

Odysseus wird beschrieben als „polytropos"; „tropos" = wenden, „poly" = viel. Er ist derjenige, der vieles wendet. Mit Täuschung arbeitet er und macht die ersten Schritte weg von der unbewussten Einheit und hin zu einem Dialog mit der Götterwelt, weg vom unbedingten Gehorsam hin zu einem Verweigern und Simulieren.

Sein Verhalten wird autonomer, individueller, zeigt Ansätze von Eigenverantwortung. Das setzt eine bereits bestehende Innenwelt voraus, die Gedanken entwickelt. Sein Blickfeld umfasst nicht wie bisher nur das physische Äußere, sondern erweitert sich auf einen imaginären Bereich, einen visuellen Innenraum, in dem er eigenständige Vorstellungen und Ideen pflegt. Anstatt mit Waffen siegt er durch seinen Verstand.

Während das allgemeine Heldenbild der Ilias eine Weltsicht zeichnet, in dem System und Teil eine Einheit bilden, kommt es bei Odysseus zu einer Aufspaltung. Seine Wahrnehmungswelt umfasst 2 Bereiche, eine individuelle Innenwelt, die eigene Gedanken und Vorstellungen entwickelt und eine Außenwelt mit einer allgemein gültigen Struktur und Ordnung.

Eine prinzipiell bestehende Innenwelt wird in der Ilias symbolisiert durch Troja. Zugang zu diesem Troja wird durch Odysseus möglich, der das Prinzip einer existenten Innenwelt selbst lebt. Er verkörpert die mit dieser Innenwelt verbundenen Fähigkeiten.

Das Innere des Trojanischen Pferdes macht diese Verbindung zwischen Prinzip und menschlichem Bewusstsein bildhaft. Seiner Bedeutung entsprechend ist es ein menschliches Bauwerk von immenser Größe. Der Wert seiner Dimension ist nicht ein äußerer, sondern ein innerer; auch das kommt im Mythos unübersehbar zum Ausdruck.

Odysseus ist der Archetyp des lebenden menschlichen Bewusstseins. Achilleus und Archimedes personifizieren das theoretische Prinzip von 10–10, Odysseus verkörpert die tatsächlich lebende individuelle 10, die sich auf dem Meer der Zeit auf die Heimfahrt macht, um als 20 ihr Ziel zu erreichen. Wie langwierig, gefahr- und mühevoll sich diese Reise gestaltet, schildert Homer in seinem zweiten großen Epos.

Die Odyssee

„Sage mir, Muse, die Taten des vielgewanderten Mannes,
Welcher so weit geirrt, nach der heiligen Troja Zerstörung,
Vieler Menschen Städte gesehn und Sitte gelernt hat,
Und auf dem Meere so viel unnennbare Leiden erduldet,
Seine Seele zu retten und seiner Freunde Zurückkunft.
Aber die Freunde rettet' er nicht, wie eifrig er strebte;
Denn sie bereiteten selbst durch Missetat ihr Verderben:
Toren! welche die Rinder des hohen Sonnenbeherrschers
Schlachteten; siehe, der Gott nahm ihnen den Tag der Zurückkunft.
Sage hievon auch uns ein weniges, Tochter Kronions."

Mit 10 Eingangsversen beginnt Homer die Erzählung über Odysseus, dem König von Ithaka, der nach 10-jährigem Krieg und einer 10-jährigen Irrfahrt nach Hause zurückkehrt. Eine 3-fache 10 deutet gleich zu Beginn die 3 und die 1000 als Ziel für jeden menschlichen Odysseus an.

Schon in der Ilias ruft Homer am Beginn der Niederschrift eine Instanz an, die einmal als Göttin, einmal als Muse übersetzt wird. Damit kommt zum Ausdruck, dass der Inhalt beider Epen nicht seiner menschlichen Phantasie entstammt, sondern der Eingebung aus einem Bereich, den er dem Göttlichen zuordnet.

Die 24 „Gesänge" der Odyssee unterteilen sich in 2 Gruppen zu je 12; bis zum 12. Gesang besteht die Handlung aus 2 getrennt geführten Strängen, die mit dem 13. Gesang zusammengeführt werden. Einmal wird über die Reise von Odysseus erzählt und einmal über das Geschehen in der Heimat während seiner Abwesenheit; der 13. Gesang beschreibt seine Ankunft in Ithaka.

Odysseus selbst wird ebenfalls indirekt als der 13. beschrieben, wenn im Schiffskatalog der Ilias erwähnt wird: „Odysseus führte die Kephallenen ... ihm folgten 12 Schiffe." Dieser Katalog lässt auch wissen, dass jedes Schiff 120 Männer an Bord hat.

Eine zentrale Rolle im Epos nehmen die Gesänge 9–12 ein, in denen Odysseus das Geschehen nach dem Fall von Troja schildert: Er verlässt mit seinen Schiffen Troja, verliert bei den Kikonen von jedem Schiff 6 Männer und treibt anschließend hinaus auf das offene Meer, wo 9 Tage lang „schreckliche Winde" toben. Am 10. Tag landet er bei den Lotophagen und muss einige seiner Männer zur Weiterfahrt zwingen, denn „wer von ihnen aß die honigsüße Frucht des Lotos, der vergaß die Heimkehr".

Dem Land der Kyklopen nähert er sich nur mit 1 Schiff und nimmt zur Erkundung die 12 besten Männer mit. Der Kyklop Polyphem, ein Riese mit nur 1 Auge auf der Stirn, nimmt Odysseus und seine 12 Begleiter gefangen und sperrt sie in eine Höhle. Mit einem Stein, den „die Gespanne von 22 starken und 4-rädrigen Wagen" nicht hätten bewegen können, verschließt der Riese die Höhle. Als Polyphem 3 x 2 der Männer tötet und frisst, beschäftigt sich Odysseus mit „1000 Entwürfen Rache zu üben". Er entschließt sich, den Riesen mit Wein schläfrig zu machen – „3-mal schenkt ich ihm nach und 3-mal leerte der Dumme" – und ihm dann, gemeinsam mit „4 von meinen Gefährten, ich selbst war der 5.", einen glühenden Pfahl ins Auge zu stoßen.

Danach ersinnt Odysseus „1000 Entwürf' und Listen", um zu entkommen. Versteckt unter den Bäuchen von jeweils 3 zusammengebundenen Widdern fliehen die verbliebenen 6 Gefährten aus der Höhle, Odysseus wählt für sich nur 1 Widder, dafür den stärksten Bock; 3 x 6 = 18 + 1 = 19. Mit der erfolgreichen Flucht endet der 9. Gesang.

Im 10. Gesang des Epos begegnet Odysseus dem König Aiolos, der auf seiner schwimmenden Insel in märchenhaftem Frieden wohnt und seine 6 Söhne und 6 Töchter miteinander verheiratet hat, um Glück und Harmonie zu vollenden. 1 Monat ist Odysseus bei Aiolos zu Gast und bekommt von ihm, verschlossen „im dichtgenähten Schlauche vom 9-jährigen Stiere", Winde mit, die seine Heimfahrt sichern sollen.

Odysseus steht 9 Tage und 9 Nächte am Steuer und kann am 10. Tag bereits Ithaka sehen, als er übermüdet in Schlaf fällt. Seine Gefährten öffnen den Schlauch aus Neid und Gier, weil sie darin Gold vermuten. Im aufkommenden Orkan der entweichenden Winde wird Odysseus mit seinen Schiffen kurz vor dem Ziel abgetrieben.

In seiner ersten Verzweiflung überlegt er, sich ins Meer zu stürzen, beschließt aber, sein Schicksal „schweigend ... zu erdulden". Die Winde werfen ihn zurück zur Insel von König Aiolos, der ihn jetzt verjagt.

Nach 6 Tagen und 6 Nächten gelangt Odysseus mit seinen Schiffen zu den Laistrygonen. 2 + 1 Kundschafter sendet Odysseus aus, 1 wird getötet, 2 fliehen zurück zum Schiff. Im Hafen wird seine gesamte Flotte vernichtet, weil „nicht Menschen, sondern Giganten ... unmenschlichen Lasten Steine" daraufschleudern. Die Realität der Laistrygonen entspricht nicht dem gewohnten Zeitbegriff, außerdem wohnen sie in „Telepylos"; „tele" bedeutet „fern, vollendet, endgültig, erfüllt" und „pylos" ist „das Tor". Diese Realität und die damit verbundenen Erfahrungen stehen bildhaft für den Zustand eines Bewusstseins, das an seine Grenzen geführt wird.

Odysseus ankert mit seinem Schiff in einiger Entfernung und kann entkommen, ist aber ratlos und tief betrübt. Auf der Insel Ääa ruhen er und seine Männer 2 Tage und 2 Nächte, am 3. Tag bildet er 2 Gruppen von je 22 Männern + 1 Anführer. Eine Gruppe leitet er selbst, die andere erkundet die Insel und trifft auf die Zauberin Kirke.

Von ihr werden 22 Männer in Schweine verwandelt, nur der 23., der Anführer, widersteht ihrem Einfluss und informiert Odysseus. Dieser lässt sich auf eine Partnerschaft mit Kirke ein, die ihm zuvor unter Eid zusagt, ihm nicht zu schaden und den Zauber von den Gefährten zu nehmen.

Kirke verwandelt seine Männer „in Gestalt 9-jähriger Eber" zurück in Menschen. Odysseus lebt mit seinen Begleitern 1 Jahr in ihrem Palast, versorgt von 4 Mägden.

„Als nun endlich das Jahr von den kreisenden Horen erfüllt war", wendet sich Odysseus an Kirke: „Erfülle mir jetzt das Gelübde, so du gelobtest mich nach Hause zu senden. Mein Herz verlanget zur Heimat."

Odysseus ist der 13., der als 1 die 12 anführt und der 23., der als 1 die 22 leitet, er ist die 1, die sich von der 4 versorgen lässt. Er personifiziert die 1 im Menschen, für die jeder Aufenthalt nur eine Etappe auf der Heimreise ist und jede noch so „bezaubernde" Beziehung nur eine Partnerschaft auf Zeit. Horen sind Göttinnen der Zeit, die das geregelte Leben überwachen; die „kreisenden Horen" symbolisieren die lineare Zeit, die in Zyklen abläuft.

Die Reise des Odysseus macht die Reise der 1 im Menschen bildhaft, die auf dem Meer der Zeit zu absolvieren ist. Situationen, die ausweglos erscheinen, lassen die Hoffnung gegen Null gehen. Derartige Nullpunkte auszuhalten und nach Lösungen zu suchen, bringt voran und lässt das Ziel in Kombination von 1 + 0 erreichen. 1 + 0 bildet den Weg ab, auf dem sich die 10 letztlich selbst als 1 + 0 erkennt.

Die Etappen der Odyssee sind nicht als lineare Abfolge zu verstehen, sondern als Aspekte, die das Unterwegs-Sein von verschiedenen Seiten beleuchten. Grenzsituationen an der Schwelle von 9 zu 10 und auch von 19 zu 10 + 10 schildern vor allem die Gesänge 9 und 10 und ergänzen sich dabei gegenseitig in ihren Aussagen. In diesem Sinn kombinieren sich die zu Ende gehenden zeitlichen Kreisläufe der Horen mit den Erfahrungen in Telepylos; was die 12 symbolisiert, geht zu Ende und öffnet der 1 das Tor zurück in die Heimat.

„Länger zwing ich euch nicht, in meinem Hause zu bleiben", antwortet Kirke und gibt Odysseus den Rat, sich „hin zu Aides' Reich" zu wenden und dort den Rat des blinden Propheten Teiresias einzuholen, denn „er allein ist weise, die andern sind flatternde Schatten". Etymologisch wird angenommen, dass der Name Aides = Hades auf eine Wurzel mit der Bedeutung „unsichtbar" zurückgeht. Als Herrscher der Unterwelt ist sein Reich das Unsichtbare. Teiresias gilt in der griechischen Mythologie als unfehlbarer Seher; dass er äußerlich blind ist, betont nur, dass er Einblick hat in das Unsichtbare.

Ab dem 400. Vers wird die Zeit beschrieben, die Odysseus mit seinen Männern als Gast bei Kirke verbringt. Die letzten 3

Zeilen vor dem 500. Vers bringen zum Ausdruck, wie schwierig die Phase des Umbruchs von 400 zu 500 für das Bewusstsein ist: „Weinend saß ich auf Kirkes Bett und wünschte nicht länger, unter den Lebenden hier das Licht der Sonne zu schauen, als ich endlich mein Herz durch Weinen und Wälzen erleichtert." Der 500. Vers drückt aus, dass die Entscheidung gefallen ist, denn er und alle weiteren bis zum Ende des 10. Gesanges beschäftigen sich mit der Weiterreise, die in die Unterwelt und zu Teiresias führt.

Der 11. Gesang berichtet, wie Odysseus durch die von Kirke empfohlenen Opfer mit dem Reich des Unsichtbaren in Kontakt kommt. Er konfrontiert sich mit dem Tod, personifiziert durch die Schatten der Toten, die aus der Unterwelt aufsteigen. Mit dem 90. Vers erscheint der weise Teiresias, mit dem 100. Vers beginnt er zu sprechen und weissagt Odysseus seine Heimreise, im 150. Vers eilt er davon. In insgesamt 640 Versen schildert dieser Abschnitt ausführlich den Kontakt mit dem Reich des Unsichtbaren und betont damit dessen Bedeutung. Viel Hilfreiches und bisher unbekannte Zusammenhänge erschließen sich dem Bewusstsein, das mit seiner eigenen „Unterwelt" in Kontakt ist. Den Kontakt dazu hat Kirke initiiert, sie hat Odysseus darauf hingewiesen.

Der 12. Gesang schildert, wie die „verzauberte" Welt der 4, 400 und 12 sich als hilfreich erweist, wenn ihre Hinweise intuitiv „gehört" und beachtet werden. Odysseus kehrt zurück zur Insel Ääa und trifft Kirke, die ihm weitere Hinweise gibt.

Sie erklärt, wie er den Verlockungen der 2 Sirenen widerstehen kann und den Gefahren der 2 Felsen entrinnt, die düster in den Himmel ragen und auch mit 20 Händen und 20 Füßen nicht zu bezwingen sind.

Sie macht ihn auf das Ungeheuer Skylla aufmerksam, das dort haust mit „12 abscheulichen Klauen" sowie „6 Häls unglaublicher Läng" und darauf „gräßliche Köpfe mit 3-fachen Reihen gespitzter dichtgeschlossener Zähne bewaffnet". Kirke empfiehlt, sich Skylla zu nähern und lieber 6 Männer zu opfern als alle zu verlieren im Wasserstrudel von Charybdis, denn „3-

mal gurgelt sie täglich es aus und schlurfet es 3-mal schrecklich hinein". Kirke weiß, diese Gefahren sind unsterblich, unüberwindlich und von den Göttern so gewollt. Sie lässt Odysseus im 120. Vers wissen: „Nichts hilft Tapferkeit dort; entfliehn ist die einzige Rettung."

Gegen die Kräfte der 2 kommt die 10 nicht an, auch wenn sie sich mit Händen und Füßen dagegen wehrt. Eine motivierende 3 in Kombination mit 2 bringt in beängstigende, scheinbar ausweglose Situationen und verlangt Opfer. Innerhalb der Zyklen der 12 kommt die 10 auch mit Tapferkeit nicht gegen ein Kräftewirken an, das 2 x 3 = 6 und 2 x 2 x 3 zum Ausdruck bringen. Der einzige Ausweg besteht darin, ihm zu entkommen.

Odysseus erfährt von der Insel Thrinakia, auf der sich 2 Göttinnen um 7 Herden Rinder und 7 Herden Schafe kümmern, „viele fette Rinder und Schafe des Sonnenbeherrschers" ... „50 in jeglicher Herd", wie der 130. Vers wissen lässt.

Die Insel der Sirenen, die mit ihrem betörenden Gesang Seefahrer in den Tod locken, passiert Odysseus gefahrlos. Er folgt Kirkes Rat, lässt sich am Mastbaum festbinden und den Gefährten die Ohren mit Wachs verschließen. Danach versucht er vergeblich zu verhindern, dass die 6-köpfige Skylla 6 seiner Gefährten verschlingt.

Als sich die Begleiter allen Warnungen von Odysseus widersetzen und aus Hunger heilige Rinder des Sonnengottes Helios schlachten – „6 Tage schwelgen die unglückseligen Freunde" -, kommen alle in einem Orkan um. Nur Odysseus allein überlebt, treibt auf Schiffstrümmern 9 Tage lang im Meer und kann sich am 10. Tag auf eine Insel retten.

Die Nymphe Kalypso hält ihn dort 7 Jahre lang fest und lässt ihn erst auf Geheiß der Götter wieder ziehen. Er baut sich in 4 Tagen ein Floß und gelangt damit nach 17 Tagen in Sichtweite des Landes der Phaiaken. Ein aufkommender Sturm beschädigt sein Floß am 18. Tag, Odysseus droht zu ertrinken, erreicht aber mit Hilfe einer Meeresgöttin nach 2 Tagen schwimmend das Ufer. Am 20. Tag nach 7-jähriger Gefangenschaft und gefahrvoller Überquerung des Meeres heißen ihn die Phaiaken willkommen, beschenken ihn reich und stellen ihm ein Schiff für die Heimreise zur Verfügung. Auf diesem Schiff kehrt Odysseus nach 20 Jahren in seine Heimat zurück.

Der 13. Gesang hat ein Gespräch zwischen Odysseus und Göttin Pallas Athene zum Inhalt, die sich ihm in verschiedenen Gestalten zeigt und ihn wissen lässt, dass sie immer ungesehen an seiner Seite war. Von ihr erfährt er, dass seine Frau Penelope sehnlichst auf seine Rückkehr wartet. Die Göttin fordert ihn auf, darüber nachzudenken, wie er „die schamlosen Freier bestrafe", die seit 3 Jahren seine Frau bedrängen. Odysseus erklärt, „getrost 300 Feinden entgegenzutreten", wenn Pallas Athene ihm beisteht.

Athene verspricht, für die sichere Heimkehr seines Sohnes Telemachos zu sorgen; sie selbst hatte ihn auf die Suche nach seinem Vater geschickt, „damit er dort in der Fremde Ruhm sich erwürb". Nun haben die Freier sich gegen ihn verschworen und wollen ihn auf der Rückfahrt töten.

Um seine Identität vorerst geheim zu halten, bewegt sich Odysseus zu seinem Schutz in Gestalt eines Bettlers auf Ithaka. Als solcher geht er zu Eumäos, dem Hüter der Schweine, der in ihm den zurückgekehrten König nicht erkennt, „um den göttlichen König aber die bittersten Tränen vergießt". Eumäos hält in 12 Köfen je 50 gebärende Säue und außerhalb zusätzlich 360 Schweine. Sein Hof wird von 4 Hunden bewacht. Ihm sind 4 Hirten untergeordnet; 3 davon hüten bei der Ankunft von Odysseus weidende Schweine und 1 versorgt gerade die prassenden Freier mit 1 Mastschwein. Eumäos nimmt den Bettler freundlich auf, schlachtet 2 Ferkel und bietet ihr gebratenes Fleisch seinem Gast gemeinsam mit Wein an. Dabei erzählt er von seinem totgeglaubten König, der je 12 Rinder-, Schaf-, Schweine- und Ziegenherden auf seiner Festung hält und 11 Ziegenherden auf entlegenen Weiden, „nicht 20 Männer zusammen haben so viel Reichtümer".

Der Schweinehirt ist der „Letzte" in der Hierarchie und gleichzeitig der „Erste", der dem totgeglaubten König begegnet, was dem Bibelwort „Die Letzten werden die Ersten sein" entspricht.

Das Nicht-Erkennen des wiedergekehrten Odysseus durch Eumäos bildet eine Parallele zu den Emmaus-Jüngern, die den auferstandenen Christus nicht erkennen. Die Begegnung mit der 1 erfolgt überraschend, ganz anders als erwartet und in einer Stimmung von Hoffnungslosigkeit und Resignation. Der Mensch wäre vom plötzlichen Erkennen der 1 überfordert, er ist nur zu einer schrittweisen Akzeptanz fähig. Diese Annäherung wird bildhaft gemacht durch die Rückkehr des totgeglaubten Odysseus, der seine Identität vorerst nicht preisgibt.

Die gesamte Odyssee lässt erkennen, dass die Reise des Bewusstseins von der unbewussten 10 zur bewussten 20 keine leichte ist. Die ersten 12 Gesänge haben das Unterwegs-Sein zum Inhalt, der 13. Gesang und alle folgenden befassen sich mit der Heimkehr. Der herausfordernden Phase ab 13, bevor die 20 wirklich die Herrschaft im Bewusstsein übernimmt, sind in der Odyssee also ebenfalls 12 Gesänge gewidmet. Diese Phase spielt sich ebenso wie die vorausgehende innerhalb der 12 ab.

Schwierige Situationen und harte Auseinandersetzungen im persönlichen Denken und Wahrhaben werden anschaulich gemacht durch die Erlebnisse von Odysseus ab dem 13. Gesang.

Pallas Athene verkörpert die Intuition, die den Menschen auf der gesamten Reise begleitet. Das wird ihm mit 10 + 3 bewusst, nun vertraut er sein Denken und Handeln zunehmend ihrer Führung an.

Das Herantasten an die Machtübernahme durch die 13 im Bewusstsein ist zögerlich. Einerseits darf Eumäos wissen: „Siehe, so will ich es nicht bloß sagen, sondern beschwören, dass Odysseus kommt!", andererseits soll Eumäos noch nicht die Wahrheit erfahren über Herkunft und Leben des vermeintlichen Bettlers.

Bei Eumäos treffen sich auch Vater und Sohn vorerst unerkannt. Göttin Athene hat für Telemachos' sichere Rückkehr gesorgt und ihn wie Odysseus angewiesen, in Ithaka gleich zu Eumäos zu gehen. Erst allmählich gibt sich Odysseus seinem Sohn zu erkennen und will gemeinsam mit ihm gegen die Freier vorgehen. Telemachos bezweifelt, dass es möglich ist „dass 2 Männer so viele Starke bekämpfen ... denn der Freier sind nicht nur 10 oder 20", sondern 52 + 24 + 20 + 12 = 108, begleitet von 6 + 1 + 1 + 2 = 10 Untergebenen. Die Zahlen bringen zum Ausdruck, dass es bei diesem Kampf um die Anerkennung der 1 durch die 2 geht, denn 2 x 108 = 216 und 2 x 10 = 20.

Odysseus versichert seinem Sohn, dass sie dieser Übermacht mit göttlicher Hilfe gewachsen sind; sie planen, klug und besonnen vorzugehen und vorerst keinem Menschen zu verraten, dass Odysseus wieder daheim ist.

Als Bettler kehrt Odysseus nach 20 Jahren in sein eigenes Haus zurück, wo ihn zunächst nur sein alter, sterbender Hund erkennt, später auch seine alte Amme. Noch als Bettler und zunächst noch seine Identität verleugnend, sieht Odysseus auch seine Frau wieder. Bei einem Bogenkampf der versammelten Freier ist er der einzige, dem es gelingt, mit 1 Pfeil 12 Äxte zu durchschießen. Er gibt sich zu erkennen, tötet seinen ärgsten Widersacher mit einem Pfeil und stellt sich gemeinsam mit Telemachos und 2 treuen Hirten zum Kampf.

Sein Bogen = 1 + „4 gewölbte Schild, 8 blinkende Lanzen und 4 eherne Helme" stehen gegen 12 Schilde, 12 Lanzen und 12 Helme. Mit Hilfe von Göttin Pallas Athene kann Odysseus mit seinen 3 Verbündeten die Freier besiegen und tötet anschließend auch 12 Mägde, die sich als untreu erwiesen haben. „50 sind der Weiber in deinem hohen Palaste ... aber 12 verüben die unverschämtesten Greuel."

Odysseus beauftragt die alte Amme, seine Frau Penelope zu informieren. Der 23. Gesang handelt davon, wie schwer es Penelope fällt, ihr und ihm zu glauben. Erst als er über Dinge spricht, die nur ihnen beiden bekannt sind, ist sie überzeugt, dass er wirklich Odysseus ist. Er erzählt ihr vom Olivenbaum, um den herum er ihr gemeinsames Schlafzimmer errichtete und auf dessen Wurzeln ihr Bett steht. „Siehe, mein armes Herz war immer in Sorgen, es möchte irgendein Sterblicher kommen und mich mit täuschenden Worten hintergehn; es gibt ja so viele schlaue Betrüger." Den Täuschungen und Verlockungen der Dualität mit größter Skepsis und Zurückhaltung zu begegnen, ist Voraussetzung für 2 + 1.

Seinen Vater Laertes findet Odysseus „im obstbeladenen Fruchthain" und gibt sich ihm zunächst nicht zu erkennen. Er behauptet, ein Freund von Odysseus zu sein und erzählt von Geschenken, die er Odysseus einmal als Zeichen der Freundschaft gegeben hatte: 7 Talente Gold, 1 Silberkelch, 12 Teppiche, 12 Mäntel, 12 Leibröcke und 4 Jungfrauen. Damit stellt er seinen Vater auf die Probe und beweist sich später als sein Sohn, indem er ihm die Bäume nennt, die ihm Laertes als Kind schenkte: „13 Bäume mit Birnen und 10 voll rötlicher Äpfel schenktest du mir und 40 der Feigenbäume; und nanntest 50 Rebengeländer mit lauter fruchtbaren Stöcken ..."

Fruchttragende Bäume stehen für die 3 als Frucht. Die 10 + 3 war das Geschenk des Vaters an den Sohn, noch bevor er auf die Reise ging, und bei der Heimkehr erinnert sich der Sohn daran. Die Zahlen 13, 10 und 40 sind frucht-bringende Aspekte der Reise, die 50 Weinstöcke Symbole der Heimkehr. Diese Symbolik verkörpert auch Telemachos, der Sohn von Odysseus und Penelope. Er als 3 ist die „Frucht" des Olivenbaumes, um den herum das Schlafzimmer errichtet wurde und auf dessen Wurzeln das Bett steht.

Die Odyssee endet mit dem göttlichen Beschluss: „Da der edle Odysseus die Freier jetzo bestraft hat, werde das Bündnis erneuert: er bleib' in Ithaka König; und wir wollen dem Volke der Söhn' und Brüder Ermordung aus dem Gedächtnis vertilgen; und beide lieben einander künftig wie vor, und Fried' und Reichtum blühen im Lande!"

Ilias, Odyssee und das sich daraus entwickelnde abendländische Denken

Der Zorn als zentrales Merkmal des Achilleus macht ihn zum Archetyp eines affektgesteuerten Verhaltens, das Emotionen folgt, ohne über die Konsequenzen nachzudenken. Er verkörpert damit das Prinzip des vorbewussten Menschen, der auf einwirkende Kräfte reagiert, ohne sie zu hinterfragen. Die Ilias zeichnet sein Weltbild.

In den Epen Ilias und Odyssee sind Göttergestalten und Helden in eine bereits bestehende Welt hineingestellt. Es wird als gegeben hingenommen, dass Götter das menschliche Denken, Fühlen und Handeln bestimmen. Weder diese Tatsache noch die Entstehung der Welt wird hinterfragt, denn dafür wäre abstraktes Denken erforderlich.

Die Fähigkeit dazu wird in der Mythologie erstmals und ausschließlich von Odysseus personifiziert. Er öffnet mit der Eroberung von Troja den Zugang zum eigenen Innenraum und damit zur Fähigkeit, zu abstrahieren und eigenständig Gedanken zu entwickeln. Die sprichwörtliche List des Odysseus ist Merkmal autonomen Denkens; er wägt ab, überlegt und geht strategisch vor.

Odysseus bildet im Mythos den Übergang zum entstehenden Logos und die Zielsetzung des Logos ab.

Logos ist ein fundamentaler Begriff für das abstrakte Denkvermögen und hat in seiner Bedeutung viele Facetten. Er umfasst Aspekte wie Zahl, Wort, Logik, Ordnung, Beziehung, Berechnung, Begründung, Argument usw. und prägt das abendländische Weltbild, das bis in die Gegenwart zunehmend vom Verstand dominiert wird.

Der Weg des eigenständigen, hinterfragenden Denkens ist der Weg der Philosophie. Der altgriechische Begriff Philosophie bedeutet „Liebe zur Weisheit" und steht für das Bemühen, die Welt, das Leben in ihr und vor allem die menschliche Existenz zu ergründen und zu verstehen.

Als die ersten abendländischen Philosophen gelten die Vorsokratiker, die ab 600 v. Chr. und damit noch vor Sokrates gelebt haben. Sie leiten eine Bewegung des Bewusstseins weg vom Mythos und hin zum Logos ein. Mit ihnen kommt allmählich in die tatsächliche menschliche Umsetzung, was in der griechischen Mythologie Odysseus als Archetyp verkörpert. Die Entstehung der Welt wird von ihnen erstmals thematisiert und „Theion" als Begriff für ein abstraktes Göttliches eingeführt.

Im Unterschied zu den personifizierten Göttern der Mythologie meint Theion ein Konzept der Welt, dem der Mensch erkennend gegenübersteht.

Die Vorsokratiker stellen über die Erde und die in ihr waltenden Gottheiten ein absolutes Göttliches, das als übergeordnete Instanz alles umfasst. Natur, Menschen, Götter sind Bestandteile dieses göttlichen Systems und als Teile dem Ganzen des Theion untergeordnet.

Ein wichtiges Thema ist für die Vorsokratiker also die Frage nach dem Ursprung aller Dinge, nach der „Arché", die sie unterschiedlich beantworten. „Arché", „Archetyp" und auch „Arche Noah" zeigen als Wörter eine Verwandtschaft und bei tiefergehender Betrachtung auch im Sinn.

Diese ersten Philosophen sehen eine Innen- und Außenwelt wie mit einer durchlässigen Membran in einem kontinuierlichen, fließenden Austausch miteinander verbunden. Innenraum des Menschen und Außenwelt sind aus ihrer Sicht von derselben Beschaffenheit, von derselben Substanz, die wie Wasser oder Luft beide kaum getrennten Bereiche durchfließt und miteinander in einen Austausch bringt: „Alles fließt!"

Sie folgern daraus, dass eine innere individuelle Subjektivität ein Außen nur als Außen wahrnehmen kann, weil es etwas Gleiches ist. Es gilt der Grundsatz: Gleiches kann nur durch Gleiches erkannt werden. Empedokles wird die Aussage zugeschrieben: „Mit der Erde sehen wir Erde, mit dem Wasser erfahren wir Wasser, mit der Luft die Luft und mit dem Feuer das Feuer; Liebe sehen wir mit Liebe und Streit sehen wir mit Streit."

Die Perspektive bestimmt die Art der Wahrnehmung, im Spiegel des Außen zeigt sich das eigene Innere.

Diese Auffassung prägt über einen sehr langen Zeitraum das abendländische Weltbild. Erst im 17. Jahrhundert vollzieht der französische Wissenschaftler und Philosoph René Descartes eine Trennung. Er stellt mit einem physischen Außen und einem inneren Geistigen zwei gänzlich verschiedene Qualitäten einander gegenüber. Bis dahin Gleichartiges und miteinander mehr oder weniger Verwobenes wird von ihm in Gegensätze geteilt und von einander völlig abgeschnitten.

Damit bekommt eine allgemeine Weltsicht Gültigkeit, in der sich eine materialistische und eine magische Auffassung konträr und unzusammenhängend gegenüberstehen.

Der Begriff Magie ist im eigentlichen Sinn zu verstehen als versuchte Einflussnahme auf eine transzendente Kraft und kommt zur Anwendung in religiösen und esoterischen Praktiken.

Der griechische Philosoph Platon unterscheidet zwischen Religion, in der die Götter freie Entscheidung hätten, und Magie, die versuche, die Götter zu bestimmten Handlungen zu überreden. Er sieht in Magie eine Bedrohung des rechten Verhältnisses, in dem normalerweise Menschen und Götter vereint seien.

Mit dem bekannten griechischen Philosophen Sokrates endet die Zeit der Vorsokratiker und beginnt die klassische griechische Antike. Sokrates stirbt 399 v. Chr., weil er das Trinken des Schierlingsbechers einer möglichen Flucht vorzieht. Vor allem Platon und Aristoteles als seine Schüler und Nachfolger halten das Wissen von Sokrates in schriftlichen Aufzeichnungen fest. So wird es der Nachwelt überliefert und bestimmt das Weltbild des Abendlandes bis in die Renaissancezeit.

Sokrates wird geschildert als eine Persönlichkeit mit sehr starker Ausstrahlung. Seine Einsichten speisen sich aus einer tiefen inneren Gewissheit, die sein Handeln bestimmt und die er höher stellt als sein Leben. Diese ihn leitende innere Stimme, die er „daimonion" nennt, sieht er als Gabe des Gottes Apollon an. Für Sokrates ist „daimonion" das Empfinden warnender Zeichen, die von Fehlentscheidungen abhalten.

Mit dieser Beschreibung eines inneren Wissens nähert er sich erstmals dem Begriff „Gewissen" an, definiert damit aber eigentlich Intuition.

Sokrates folgt seiner Intuition und ordnet derartige Eingebungen und Erkenntnisse dem mythologischen Gott Apollon, dem Gott des Lichtes, zu. In der Ilias steht Apollon auf der Seite von Troja und verkörpert das verursachende Prinzip des Einen, Höchsten, absoluten Transzendenten.

Daimonion als sehr persönliche Erfahrung von Sokrates ist nicht identisch mit der allgemein gültigen Beschreibung einer inneren Instanz im Menschen, die der Begriff „syneidesis" abdeckt. Er bedeutet „mitsehen" und meint eine Art Selbstbeobachtung des eigenen Denkens und Handelns durch einen inneren Zeugen oder Richter. „Syneidesis" und seine lateinischen Entsprechung „conscientia" meinen ein beobachtendes Mitwissen. Sie nähern sich damit dem Begriff „Bewusstsein" an.

In der griechischen Antike verlagert sich die Entscheidungskompetenz zunehmend weg von äußeren Göttern hinein in das menschliche Innere. Das persönliche Bewusstsein wird zur Instanz, die Anordnungen trifft. Das Dilemma des „Für und Wider", des „Soll ich oder soll ich nicht" wird nicht mehr in Form von List, Intrigen, Kämpfen und Mord im Olymp ausgetragen, sondern muss mehr oder weniger ebenso konfliktreich vom eigenen Denken bewältigt werden. Logischer Verstand, Gewissen, Druck von außen und andere Faktoren stehen in „Diskussion" und Widerstreit um den Ausgang von Entscheidungen. Auch Gefühle werden nicht länger als von außen kommend und von Gottheiten verursacht betrachtet.

Götter in Menschengestalt verlieren ihre Funktion als Platzhalter. Der Mensch wird fähig, die Qualitäten und Eigenschaften dieser Götter auf sich selbst zu übertragen und als Aspekte des eigenen Bewusstseins zu erfassen.

Er lernt selbst einzuschätzen, was gut oder schlecht ist, identifiziert sich mit seiner subjektiven Einschätzung und beginnt davon ausgehend, jede seiner Erfahrungen entsprechend zu bewerten. Der Mensch kann gar nicht anders, es muss jede Interaktion moralisch bewerten und ist gezwungen abzulehnen, was nicht den eigenen Vorstellungen entspricht. Das gilt sowohl nach außen als auch nach innen, für eigenes Verhalten und ebenso fremdes. Die Kriterien der eigenen Moral zu erfüllen, gibt dem Leben des Menschen Sinn und danach strebt er.

Wenn sich lange Zeit gültige persönliche Kriterien in Frage stellen, hat dies Auswirkungen auf die Wahrnehmung der eigenen Identität und bewirkt eine Identitätskrise. Eine Neuorientierung im Bewusstsein ist also zwingend von einer Krise begleitet, die den ganzen Menschen erfasst. Er weiß in dieser Phase nicht mehr, was gut oder schlecht ist, richtig oder falsch und sieht sich genötigt, die Ausrichtung und den Sinn seines Lebens zu hinterfragen und neu zu definieren.

Derartige größere Krisen laufen ebenso wie kleinere innere Konflikte im Bewusstsein ab und ihre Aspekte entsprechen dem, was von mythologischen Göttergestalten verkörpert wird. Diese Gottheiten machen mit ihrem Verhalten Vorgänge im menschlichen Bewusstsein anschaulich und der Olymp ist bildhafter Ausdruck für eine innere Erfahrungswelt.

Platon ist der erste Denker, der klar von einem einzigen Innenraum spricht. In seiner Vorstellung ist die räumliche äußere Welt genauso wie die Seele als Innenwelt einer Ordnung unterworfen. Diese Ordnung gilt für beide Bereiche, denn beide bilden ein gemeinsames Feld.

Vernunft gestaltet die Ordnung innen und außen und ermöglicht gleichzeitig die Wahrnehmung dieser natürlichen Ordnung. In einer gesunden Seele, die einer geordneten Seele gleichzusetzen ist, sieht Platon das Ziel des Menschseins. Eine geordnete Seele kann die Welt als geordnete Welt wahrnehmen, denn Gleiches nimmt Gleiches wahr. Eine von Vernunft regierte Seele ist selbst Vernunft und kann deshalb Vernunft in einer gestalteten äußeren Ordnung der Welt erfassen.

Platon verwendet den Begriff „Weltseele" für die Vernunft, die mit ihrer Ordnung die Welt durchdringt. Eine eindeutig geordnete Außenwelt, die Weltseele, hat ihre Entsprechung in einer eindeutig geordneten Innenwelt, der Seele. Platon ist der Ansicht, wenn sich der Mensch entsprechend bemüht, kann er mit seiner Seele diese äußere Ordnung erkennen.

Platon setzt Vernunft mit Logos gleich. Diese Auffassung entspricht der Aussage im Johannes-Evangelium: „Im Anfang (arché) war das Wort (logos) und das Wort war bei Gott und Gott war das Wort."

Göttlicher Logos = göttliche Vernunft gestaltet eine innere und äußere Welt in einer göttlichen Ordnung. Göttliche Vernunft =

Ordnung = Logos können von einer Seele wahrgenommen werden, die selbst diese göttliche Vernunft = Ordnung = Logos ist. Platon sagt damit aus, dass eine absolute 3 von einer menschlichen 3 wahrgenommen werden kann.

Nach Platons Philosophie bringt ein höheres Ordnungskonzept sich sowohl innen als auch außen zur Umsetzung. Komponenten dieses Konzepts sind Ideen als Urbilder der Welt. Diese grundlegenden Ideen sind die eigentliche Realität und kreieren ihrerseits eine äußere, wahrnehmbare Welt, die von einer inneren Welt erfasst werden kann.

Ideen sind abstrakte Prinzipien eines Absoluten, sie gestalten alles Erscheinende und die größte und stärkste Idee ist die Idee Gottes.

Mit seinem Höhlengleichnis macht Platon die Wahrnehmung der äußeren Realität bildhaft durch das Sehen von Schatten. Solange der Mensch in der Höhle gefangen ist, befasst er sich mit Schattendeutungen. Außerhalb der Höhle existiert die eigentliche Welt, die Welt der Ideen. Hier herrscht das Licht der Vernunft und ermöglicht das Erkennen der Ideen. Nach der Vorstellung von Platon ist der Menschen prinzipiell fähig, die eigentliche Wirklichkeit außerhalb der Höhle wahrzunehmen.

Platon formuliert als erster Denker ein sehr klares Konzept in Bezug auf Körper und Seele, die er absolut voneinander trennt. Im Gegensatz zum Körper ist die Seele unsterblich, ewig und zeitlos, und dasselbe gilt auch für die Welt der Ideen. Die Seele sammelt durch wiederholte Verkörperungen Erfahrung und ein Wissen über die Tugend; ihr Ziel ist ein tugendhaftes Leben. Die Seele ist zwar im Körper gefangen, diesem aber überlegen, genauso wie die eigentliche Wirklichkeit der scheinbaren Wirklichkeit überlegen ist. Während der Verkörperung besteht die Seele aus Denken, Gefühl und Begierde; nach dem Tod kehrt sie in die Welt der Ideen zurück. Sie ist in ihrer Essenz der Weltseele gleich.

Erkenntnisse des Menschen versteht Platon als Wiedererinnerungen an die Ideen, mit denen die Seele vor der Verkörperung vereint ist. Die Entfaltung der Vernunft ist nach seiner Ansicht theoretisch und ebenso praktisch die Aufgabe des Menschen.

Vernunft = Logos = Ordnung hat die Ausrichtung, sich selbst als richtiges Leben zu erfassen und bewirkt, wie er schreibt, eine Umwendung der ganzen Seele und der ganzen Existenz. In der Selbsterforschung sieht er den Sinn des Menschen.

Aus diesen Wurzeln der griechischen Mythologie und Philosophie heraus entwickelt sich das abendländische Denken. Im Sinne einer Ausgewogenheit entfalten sich im menschlichen Bewusstsein die Bereiche Innen und Außen symmetrisch. Vielfältige Konzepte des Außen, die der Verstand zunehmend hervorbringt, finden ihre Entsprechung in einer Vielfalt an Varianten eines Innenlebens. Eine Geschichte immer größer werdender Äußerlichkeit ist gleichzeitig eine Geschichte wachsender Innerlichkeit; in beiden Bereichen nimmt das Denk- und Vorstellungsvermögen zu.

Die Fähigkeit des Menschen, über sich selbst zu reflektieren, steigt parallel mit dem Vermögen, das Wesen der Materie zu erfassen.

Zunehmende Denkleistung auf wissenschaftlichem und technischem Gebiet findet ihren Gegenpart in einer immer reicher werdenden Vorstellungsvielfalt, was das Nicht-Materielle betrifft. Materiell-rationales und magisch-religiöses Denken im weitesten Sinn halten einander als Gegensätze die Waage, beide nehmen an Umfang und Intensität zu und steuern, ohne sich dessen bewusst zu sein, ein Limit an. Die jüdische Überlieferung markiert dieses Limit mit der Zahl 400.

Die Grenze der 400 wird durch die Erfahrung von 10 x 10 überschritten. Damit ist grundsätzlich die Einsicht verbunden, dass eine Trennung von 2 Extremen zwar wahrgenommen wird, aber nicht wirklich existiert.

Sobald die Gegensätze der 2 als Äußerungen der 1 verstanden werden, lassen sich auch Materielles und Magisches in diesem Sinn als relative Erscheinungen erfassen und verlieren ihre bisherige und einander ausschließende „Alleinherrschaft" im jeweiligen Denken und Wahrhaben.

Sie werden wie alle konträren Pole als Manifestationen eines übergeordneten, beide Bereiche umfassenden Absoluten erkennbar. An und jenseits dieser Grenze der 400 dringt das Ineinanderwirken von Absolutem und Relativem real in die Erfahrung und lässt nachvollziehen, was die Vorsokratiker bewegtes Fließen nennen. Ein wahrnehmungshistorischer Anfang findet Bestätigung und Abschluss im individuellen Bewusstsein.

Diese Beobachtung im Alltag schließt alle Bereiche mit ein, über die sich ein Außen- und Innenraum begegnen; ein Aspekt davon sind Träume. In der Antike wurden sie beachtet und man verstand sie als Fenster in eine Realität außerhalb der eigenen Existenz. Man sprach nicht davon, Träume zu haben, sondern Träume zu sehen und interpretierte sie als bildhafte Mitteilungen aus einem geistigen Bereich, von einem Gott oder Dämon. Dämon leitet sich ab von „daimonion" und war ursprünglich im Sinne von Sokrates ein neutraler und eher positiver Begriff für ein mahnendes Geistwesen. Erst unter christlichem Einfluss wurde dieses Wort zu einem Symbol des Bösen.

In besonderen Fällen wurde solchen Traumbildern ein Realitätsanspruch zugestanden, der die Möglichkeiten des Tagesbewusstseins übersteigt. Diese Auffassung teilt auch das Bewusstsein nahe und nach der Grenze der 400. Es sieht in einzelnen, eher selten auftretenden Traumbildern Hinweise für das eigene Leben und interpretiert sie intuitiv für die aktuelle Situation.

Die menschlichen Sinne, die das kontinuierliche Ineinanderfließen von Innen und Außen im Alltag erfassen, sind fein gestimmt und daher der Gefahr einer Überreizung ausgesetzt. Im wachen, aufnahmebereiten Zustand ist das Bewusstsein empfänglich für die leisen inneren Impulse und erfährt starke äußere Reize umso intensiver. Dann wirken manche Situationen belastend und werden als schmerzlich oder sogar unerträglich empfunden. Der Vorsokratiker Anaxagoras meint diese heftige, unangenehme Wirkung starker Reize, wenn er sagt: „Das Wahrnehmen ist von Schmerz begleitet."

Solche „schmerzhaften" Erfahrungen an und jenseits der Grenze der 400 sind nach den Gesetzen der Dualität unvermeidlich. Sie bilden den gegensätzlichen Pol zum Erleben innerer Impulse und Einsichten, die von freudigen, erhebenden und wohltuenden Gefühlen begleitet sind. Beides lernt der Mensch als Bestandteile seines täglichen Lebens zu akzeptieren. Er kann damit umgehen, weil er sein Leben insgesamt in einer neuen, besseren Qualität erfährt. Die feinen Antennen seiner Wahrnehmung schützt er, indem er Überreizungen meidet oder Wege findet, sich mental davon abzugrenzen.

12. KAPITEL

Vaterunser und Vatersprache

Das „Vaterunser" ist Teil der Bergpredigt im Matthäus-Evangelium:

„Und wenn ihr betet, sollt ihr nicht sein wie die Heuchler, denn sie lieben es, in den Synagogen und an den Ecken der Straßen stehend zu beten, damit sie von den Menschen gesehen werden. Wahrlich, ich sage euch, sie haben ihren Lohn dahin. Wenn du aber betest, so geh in deine Kammer, und wenn du deine Tür geschlossen hast, bete zu deinem Vater, der im Verborgenen ist! Und dein Vater, der im Verborgenen sieht, wird dir vergelten. Wenn ihr aber betet, sollt ihr nicht plappern wie die von den Nationen; denn sie meinen, dass sie um ihres vielen Redens willen erhört werden. Seid ihnen nun nicht gleich! Denn euer Vater weiß, was ihr benötigt, ehe ihr ihn bittet.

Betet ihr nun so: Unser Vater, der du bist in den Himmeln, geheiligt werde dein Name; dein Reich komme; dein Wille geschehe, wie im Himmel, so auch auf Erden! Unser tägliches Brot gib uns heute; und vergib uns unsere Schulden, wie auch wir unseren Schuldnern vergeben haben; und führe uns nicht in Versuchung, sondern rette uns von dem Bösen!

Denn wenn ihr den Menschen ihre Vergehen vergebt, so wird euer himmlischer Vater auch euch vergeben; wenn ihr aber den Menschen nicht vergebt, so wird euer Vater eure Vergehen auch nicht vergeben."

Beten

Beten meint ganz allgemein, sich einem Göttlichen zuzuwenden, mit ihm gedanklich oder verbal in Kontakt zu treten. Der Wortstamm von Beten lässt durchblicken, dass die 2, die Beth, sich an die 1 wendet.

Das hebräische Wort für beten hat die Bedeutung von „sich richten, beurteilen". Etymologisch entspricht Beten einer Selbstbeurteilung.

Nach dem Alten Wissen meint Gebet die Frage: „Wo bist du auf dem Weg?". Diese Frage stellt sich der Mensch und hinterfragt damit das eigene Denken und Handeln: „Stimmt die Richtung und wie geht es weiter?"

Die fragende 9 im Zeitlichen der 40 wendet sich damit an die 1 in und über sich. Beten ist ein Dialog nach „oben" und auch nach „innen", hin zur eigenen Intuition und ein Spüren, Hören oder Sehen von Antwort.

Im ursprünglichen Sinn ist Beten also eigentlich das Gegenteil von dem, was sich daraus als Praxis entwickelt hat, nämlich Wünsche in Worte zu kleiden und auszusprechen. Sich an das Göttliche in einem fernen Himmel zu wenden und um Unterstützung oder um Schutz im irdischen Dasein zu bitten, ist das Gebet der 2; sie bittet darum, dass das Böse als unerwünschter Aspekt der Polarität eliminiert wird.

Im Übergang von 2 zu 3 verändert sich diese Auffassung. Viele gewohnte Perspektiven verschieben sich so lange, bis sie auf dem Kopf stehen. Die umgekehrte Position stellt sich dann als die eigentlich richtige heraus. Bis es so weit ist, bietet der Alltag immer wieder Gelegenheit, sich zu fragen: „Wo bin ich auf dem Weg?" Diese Frage kann auch lauten: „Woran glaube ich, an ein geistiges Absolutes oder an Materie?", „Lasse ich mich von Angst leiten oder von Vertrauen?", „Halte ich mich fest an vermeintlichen Sicherheiten oder dringe ich ‚ungesichert' in unbekanntes Gebiet vor?"

Orientierung wird dann gefunden in einer wachsamen Aufmerksamkeit für Stimmungen, Zufälle und Einfälle. Richtungsweisend ist, was sich gut, leicht, befreiend und wahr anfühlt, auch wenn manche Schritte durchaus Mut abverlangen. Die Stimme der Intuition spricht eine feine, aber klare Sprache über das Empfinden.

49 + 1 = 50 erzählt über diese Art von Dialog und meint damit ein Gebet, das ohne Worte auskommt und als ein Spüren zum Absoluten hin „gesprochen" wird. Es ist ganz privat, in der „verschlossenen Kammer" und zum „Vater im Verborgenen". Diese Art von Dialog begleitet das ganze Dasein, das Hören nach innen lenkt und prägt den praktischen Alltag der 3.

Eigentlich betet der Mensch auch als 2, indem er lebt. Er tut das, ohne es zu bemerken und ohne sich gedanklich nach „oben" zu wenden, hin zu etwas Allmächtigem. Er orientiert sich nach „unten" hin zur Erde und hat Vorstellungen und Wünsche für dieses irdische Dasein, das er möglichst gut, lang, gesund und sorgenfrei verbringen will. Darauf ist der Mensch ausgerichtet, das ist sein „Gebet", das er ganz unwillkürlich durch sein Leben spricht. Ein individuelles Wollen, ganz persönliche Zielsetzungen beschäftigen ihn. Alle Gedanken und Worte sind Teil dieses Unterwegs-Seins im Leben, das in jedem Moment wissen will: „Wo bist du auf dem Weg?"

In diesem ursprünglichen Sinn betet der Mensch ohne zu ahnen, dass er es tut. Er ist als 2 unterwegs, seine 1 geht ungesehen mit und lenkt aus einem inneren Wollen heraus seine Schritte. Die menschliche 2 ist ständig ausgerichtet auf die 1 in sich und setzt deren Willen um, auch wenn sie sich dessen nicht bewusst ist. Der Dialog der 2 = Beth mit der 1 im eigenen Inneren wird erst für die 3 nachvollziehbar, weil sie ihn bewusst erlebt.

Ein Gebet im engeren religiösen Sinn kleidet Ehrerbietung, Bitten oder Dank in Worte und richtet sie an eine göttliche Instanz. Diese Art der Hinwendung zu etwas Allmächtigem ist Ausdruck des Glaubens und Teil der Annäherung an das Absolute. Die 2, die Beth, tritt auf diese Weise mit der absoluten 1 in einen bewussten Dialog. Auf Antwort hofft sie durch die Erfüllung der geäußerten Bitte.

Die menschliche 3 bittet nicht, sondern fragt und macht die Erfahrung, dass Fragen an die 1 „oben" Antwort finden durch die 1 „innen" im Umweg über Hinweise in der 4 der Materie. Die 3 akzeptiert die Antwort, auch wenn sie nicht ihrer persönlichen Vorstellung oder Hoffnung entspricht. Sie weiß sich geleitet vom Willen einer absoluten 1, den sie akzeptiert.

Sie weiß, die gesamte Materie ist Ausdruck eines Absoluten. Die 4 ist ein Aspekt der 1 und die 400 als Gegen-Teil der 1 ein Teil dieser 1. Im Grund ist alles Existierende Ausdruck der 1 und jede Hinwendung an die Materie gleichzeitig eine Hinwendung an die 1.

Das Vaterunser als Teil der Berg-Predigt

Wichtige Ereignisse finden in der Bibel oft auf Bergen statt. Einerseits wird damit eine Begegnung zwischen Irdischem und Absolutem zum Ausdruck gebracht, denn der Mensch bewegt sich nach „oben", richtet sich nach „oben" aus und hört etwas „von oben". Andererseits wird damit ein Bewusst-Machen von etwas bis dahin Verborgenem symbolisiert.

Das Vaterunser ist das Gebet des inneren Menschen, der 1, die unsichtbar und verborgen in der 2 lebt, um als 3 bewusst zu werden.

Jesus personifiziert diese bewusste 2 + 1 und setzt mit seiner Predigt auf dem Berg einen Impuls. Er kleidet in Worte, was die 1 weiß und gibt dieses Wissen jeder menschlichen 2 als Orientierung. Die Worte dieser Predigt bringen inneres Wissen in eine wahrnehmbare Form.

Die Worte haben eine ähnliche Funktion wie der menschliche Körper, beide sind Ausdruck und Umhüllung von etwas Immateriellem. Absolutes lebt in den Worten ebenso unerkannt wie im Menschen und in Materie. Die 1 ist in jeder Art von „Umhüllung" unsichtbar für die 2 anwesend.

Insgesamt hat das Absolute also 3 Ausdrucksarten im Irdischen, und zwar die Heiligen Schriften, den Menschen und jede

Form von Materie. Im Vaterunser, im Bewusstsein und im Berg als massivem Ausdruck von Materie konzentriert sich die 1 zu konkreten Aussagen. Das Bewusstsein der 3 weiß die 1 in sich, im Wort der Bibel und in Materie verborgen.

Friedrich Weinreb weist wiederholt auf den Zusammenhang zwischen Berg und ver-bergen hin, der im Deutschen am gemeinsamen Wortstamm ersichtlich ist. Das hebräische Wort für Berg „har" zeigt diesen Bezug mit einer anderen Symbolik. „Har" ist der Wortstamm für Schwangerschaft, „harajon". Der Kontext zur 9, zur „Gebärmutter" stellt sich her, die für Erkenntnis steht und damit für Einblick in Verborgenes.

Berge stellen deutlich vor Augen, dass unter der sichtbaren Oberfläche etwas ungesehen existieren muss, das ihre Größe eigentlich ausmacht. Wie auch alles andere in der Bibel machen Berge damit eine symbolische Aussage für das menschliche Bewusstsein. Ihre Erwähnung im Alten und Neuen Testament weist auf ein bedeutendes Geschehen hin. Was auf ihnen stattfindet, ist im übertragenen Sinn von großer Wichtigkeit für das Bewusstsein des Menschen. Das auf Bergen Mitgeteilte informiert über das Verborgene und wie es ans Licht der Erkenntnis kommt.

Der deutsche Philosoph Martin Heidegger war Zeitgenosse von Weinreb. Er setzt das „Wesen der Wahrheit" in seinem gleichnamigen Buch gleich mit dem „Wesen des Sein" an und für sich, das die Religion Gott nennt, verkürzt formuliert: Wahrheit = Sein = Gott.

Diesem Wesen, sowohl des Seins als auch der Wahrheit, entspricht laut Heidegger ein Miteinander von Verborgenem und Offensichtlichem, von Geheimnis und Bekanntem, von „Verbergung" und „Entbergung". Sowohl Gott als auch Wahrheit zeigen sich nicht klar und eindeutig.

Sie erscheinen in Gegensätzen, sind als solche Ausdruck eines Ganzen, das der Mensch aber vorerst nicht fähig ist zu erfassen. Er orientiert sich am Offensichtlichen und unterliegt damit grundsätzlich einem Irrtum. Dieses Irren versteht Heidegger als Veranlagung des Menschen, der das Verborgene vergessen hat und deshalb in der Polarität herumirrt.

„Das volle, sein eigenstes Un-wesen einschließende Wesen der Wahrheit hält das Dasein mit dieser ständigen Wende des Hin und Her in der Not. Das Dasein ist die Wendung in die Not." Diese Wendung in die Not entsteht mit der Abwendung von Wahrheit und von Gott durch die Orientierung am Offensichtlichen. Aber diese Not ist grundsätzlich not-wendig.

Die Frage nach dem Sinn dieser Not, dem Sinn der Existenz des Menschen und der Welt überhaupt ist Thema der Philosophie, der „Liebe zur Weisheit". Weisheit wird definiert als ein tief gehendes Verständnis von Zusammenhängen. Um ein solches Verständnis ist der Philosoph bemüht. In seiner Liebe zur Weisheit will er Zusammenhänge verstehen lernen, die in Wahrheit allem Geäußerten zugrunde liegen. Er will sich der Wahrheit annähern und sie kognitiv erfassen.

Heidegger setzt Wahrheit gleich mit Gott. Theologie und Philosophie beschäftigen sich im Grunde mit derselben Frage und stellen sie auf unterschiedliche Weise.

„Das Wesen der Wahrheit enthüllt sich als Freiheit", sagt Heidegger und Weinreb meint, dass nur der freie Mensch zu Gott finden kann.

Sie sagen im Grunde ein und dasselbe und sind auch übereinstimmend der Meinung, dass der Mensch über eine in ihm angelegte Stimmung mit der Wahrheit, der Freiheit und dem Sein an und für sich in Kontakt ist. Der Mensch lernt, sich diesen Aspekten anzunähern über eine Empfindung, die er als „stimmig" oder „un-stimmig" erfährt.

Freiheit ist etwas, das der Mensch nicht besitzt, sondern erfährt. Voraussetzung für diese Erfahrung ist die Einsicht, dass die ausschließliche Orientierung am Offensichtlichen in die Irre führt.

Weisheit und Freiheit erlangt der Mensch, wenn er sich nicht durch Wissen begrenzt, das sich nur auf Erscheinendes bezieht.

Der Philosoph Karl Jaspers sieht in seinem Buch „Was ist der Mensch?" Freiheit als etwas an, das immer wieder errungen werden will. In einer ständigen Auseinandersetzung mit einem „So-Müssen" oder „Nicht-anders-Können" entwickelt sich eine individuelle Persönlichkeit. Ihre Wirklichkeit gestaltet sich „als Selbstschöpfung im Augenblick der Wahl" mit dem Ergebnis: „Ich wurde so, wie ich mich gewollt habe." Dieses Wollen und die Orientierung daran sind zwingend und damit nicht wirklich frei. Wirkliche, absolute Freiheit spricht Jaspers dem Göttlichen zu oder einem Bewusstsein, das sich im Erkennen verwirklicht. Er sagt über die Freiheit: „Mag ihr letzter Sinn sein, sich selbst aufheben zu wollen; das, wozu sie sich aufhebt, ist nicht mehr Freiheit, sondern Transzendenz." Der Wunsch des Menschen nach Freiheit erfüllt sich schließlich nicht gemäß seiner irdischen Vorstellung, sondern geht darüber hinaus.

Das individuelle Bewusstsein, das sich in seinem Streben nach Wahrheit, nach Gott und nach Freiheit etwas Ungreifbarem und Unbegreiflichem zuwendet, will das Leben begreifen. Dabei tut sich für die Vernunft eine zusätzliche Orientierung auf und die nach außen gerichteten Sinne erweitern sich durch eine innere Wahrnehmung. Der Blick von der Oberfläche geht in die Tiefe und aus Sehen wird Ein-sehen. Letztlich zeigt sich zum Greifen nah, was in unendlicher Ferne vermutet wurde. Stück für Stück lassen sich Zusammenhänge erkennen und werden wie verborgene Schätze behutsam freigelegt. Schließlich kommt eine ungeahnte belebende Wahrheit ans Licht der Erkenntnis wie Quellwasser ans Tageslicht. Die Analogie zum Berg stellt sich wieder her.

Oberflächlich betrachtet scheinen Gebirge nur aus Stein zu bestehen, aus fester, toter Materie. Aber in riesigen Hohlräumen speichern sie klares Wasser und stellen damit ungesehen die Grundlage für Leben zur Verfügung. In ihrem Inneren befinden sich Minen mit Salz, Metallen und anderen Bodenschätzen. In Märchen sind es Zwerge, die diese Schätze bewachen und abbauen dürfen. Diese Zwerge sind klein in ihrer äußeren Erscheinung und symbolisieren die „Kleinen" im irdischen Sinn. Klein zu sein, bedeutet das Materielle und sich selbst nicht so wichtig zu nehmen, bescheiden und zurückhaltend zu sein, gegen Null zu gehen. Zu den „Wichtigen" sagt Jesus: „Ich habe euch nie gekannt." Solange nur das Äußere gesehen und ihm allein

Wert beigemessen wird, ist der Berg unnahbar und das Verborgene darin verschlossen.

Berge sind etwas Mächtiges, Undurchdringliches und Geheimnisvolles, das den Menschen anzieht. Ihr Anblick wird als erhaben, zeitlos und majestätisch empfunden. Auf der ganzen Welt gibt es Berge, die als heilige Orte geehrt und respektiert werden.

Berg – verbergen – verborgen – geborgen –, über den Wortstamm drückt sich ein Zusammenhang aus. Dem Denken erschließt er sich nicht direkt, eher dem Spüren. In den Bergen unterwegs zu sein, heißt, einem Drängen zu folgen, das tief im Inneren des Menschen angelegt ist.

Wer einen Berg besteigt, bewegt sich in Richtung Himmel.

Auf einem Berg zu stehen und die weite Grenzenlosigkeit unmittelbarer zu empfinden als den Alltag weit unten im Tal, lässt etwas von dieser Freiheit, Weite und Leichtigkeit erahnen, die der Kontakt zum inneren Himmel mit sich bringt.

Ein erhebendes Empfinden belohnt für den mühe- oder gefahrvollen Aufstieg; diese Metapher gilt auch für das Leben an und für sich.

„Vater unser im Himmel"

Bereits die ersten 4 Worte betonen die grundlegende Ausrichtung des Menschen, der er mehr oder weniger bewusst folgt.

Die 2 richtet diese Worte in eine Sphäre außerhalb von sich. Sowohl Vater als auch Himmel vermutet sie in unerreichbarer Entfernung. In der Weltsicht der 400 trennt eine unüberwindliche Distanz den Menschen vom Vater im Himmel.

Aus Sicht der 3 ist er zugleich ganz nah. Die 3 weiß Vater und Himmel in sich selbst und doch weit über die irdische Existenz hinausreichen.

Das hebräische Wort für Vater „aw" 1–2 ist gleichzeitig der Wortstamm für „ewer" mit der Bedeutung von „gegenüber" oder „jenseitig".

Das Wort Hebräer = „iwri" leitet sich davon ab und meint den jenseitigen Menschen, die 1 in der 2. In diesem Sinn ist jede menschliche 2 Sohn des Vaters und ebenso Hebräer. Jeder hat einen jenseitigen Aspekt in sich. Die Kenntnis davon lässt ihn bewusst Sohn und „iwri" sein.

Hebräisch als Kombination von Wort und Zahl ist die Sprache des Wesens Mensch an und für sich, die Sprache von 2 + 1 und sie gilt für jeden. Aus Sichtweise der 2 besteht nur ein Bezug zum jüdischen Volk.

„Unser Vater, der im Himmel ist" hat hebräischen Ursprung und stammt bereits aus vorchristlichen Überlieferungen. Das Alte Wissen betont, dass Gebete immer hebräisch gesprochen und aufgezeichnet wurden, auch wenn die Alltagssprache aramäisch oder griechisch war.

Zur Zeit Jesu sprach man Aramäisch und Hebräisch; Griechisch war zusätzlich in bestimmten Kreisen gebräuchlich.

„Vater unser" ist im Hebräischen ein Wort, „awinu", es hat den Wortstamm 1–2–50 und setzt sich zusammen aus „aw" = „Vater" und „inu" = „unser". Nach dem Alten Wissen besteht das Wort „awinu", seitdem es Menschen gibt.

Sohn, „ben" 2–50, zeigt die 2 des Vaters und verbindet sie mit 50. Beth, die 2, ist das Gemeinsame von Vater und Sohn. Sie bedingen sich grundsätzlich gegenseitig, der eine könnte sich ohne den anderen nicht so nennen. Der Sohn macht den Vater erst zum Vater.

„Unser" sagt aus, dass der Vater viele Söhne hat, nicht nur einen.

„Vater" hat im Alten Wissen die Bedeutung von Ursprung und es ist damit eine Veranlagung gemeint, die jeder Mensch in sich trägt.

Die Zahlen 1–2–50 bilden in Kurzform ab, welches Erbe jeder Sohn mitbekommt, nämlich als 10 über 4 + 1 die 2 mit 1 zu kombinieren. Damit ist Grundlegendes zum Ausdruck gebracht, das sich vertieft durch die eingehende Betrachtung des vom Wort „Vater" symbolisierten Ursprungs.

Vater „aw" 1–2 kombiniert sich aus Aleph und Beth, die hier als „w" ausgesprochen wird. Das Alten Wissen nennt die Aleph auch „Haupt des Stieres" als Symbol für den Durchbruch vom Ewigen ins Zeitliche. Der Stier mit seiner massiven, dominanten Erscheinung macht das zeitliche Äußere nach diesem Durchbruch bildhaft, das sehr präsent ist und auch bedrohlich wirken kann. In dieser Symbolik erscheint der Stier in den Überlieferungen auch als Rind, Ochse, Kalb oder Kuh. Er begleitet wichtige Ereignisse, wie etwa die Geburt Jesu als dem verkörperten Erscheinen der 1 in der 2.

Vor dem Stier ist das Lamm da, das sich aber nicht zeigt und wofür es auch kein hebräisches Schriftzeichen gibt. Das Alte Wissen berichtet, dass das Lamm schon vor der Schöpfung bei Gott ist, zu seiner Rechten. Der Stier, und mit ihm die Welt, erscheinen, weil das Lamm möchte, dass durch das Leben in der Welt der Weg zur Wahrheit gegangen werden kann. Das Lamm ist Grundlage von allem, tritt aber nicht in Erscheinung. Es ist Symbol für eine sanfte, passive, duldende Haltung, die alles zulässt. In Zahlen ausgedrückt entspricht dem Lamm die Null.

0 ist Basis für das Erscheinen dieser Welt. Das Absolute, die 1, geht selbst gegen 0, damit die Welt der 2 entstehen kann. Der Weg zu dieser Wahrheit führt ebenfalls über 0. Am Ende dieser Welt der 2 öffnet das Lamm alle Siegel, wie die Johannes-Offenbarung erklärt. Der Mensch, der als 2 bereit ist, ebenfalls maximal gegen 0 zu gehen, bekommt Einblick in Geheimnisse des Lebens.

Das Vaterunser hat diese Geheimnisse zum Inhalt. Es beginnt ebenso wie alles Leben mit der Aleph.

Die Aleph ist als Konsonant lautlos und kann jede Färbung annehmen, die der Mensch ihr gibt. Jedes Gefühl von A bis Z ist in der 1 = Aleph angelegt, von Aggression bis Zuneigung. Sämtliche Aspekte des menschlichen Seins sind darin ebenso vorbereitet wie die gesamte Schöpfung. Alles ist in der 1 bereits da und kommt von 1 zu 2 in die Erfahrung, durch den Vater „aw" 1–2.

Über die 1 kommt auch die Qualität der 0 in die Existenz, die vor der 1 da ist und alles bewirkt. Indem die 1 gegen 0 geht, entsteht die 2, die 0 ist darin ebenso wie alles andere im Prinzip vorhanden und gibt der menschlichen 2 die Möglichkeit, zur 3 zu werden.

Die 2 setzt dieses Prinzip um, indem sie gegen 0 geht und zur 3 wird. Damit ist die 0 ein 3. Mal präsent, und diese 3-fache 0 summiert sich mit 1 zu 1000, dem „Lamm Gottes", das die Welt der 400 von der „Sünde" des Vergessens befreit.

Ein wesentliches Erbe, das der Vater an den Sohn weitergibt, ist also die Qualität des Lammes. Diese symbolischen Begriffe definieren, dass über 1–2–50 auch die Qualität der 0 transportiert wird. Sie führt letztlich zum Ziel und ist selbst das Ziel, wie die Zahlen darstellen.

Die irdische Welt der Materie bildet dafür die Basis. Das hebräische Wort für Stein, „ewen" 1–2–50, enthält dieselbe Zahlenfolge wie „awinu". Der Stein symbolisiert harte, stabile und undurchdringliche Materie. Gemeinsam mit einem ebenso festen Fundament an Prinzipien dient sie den Söhnen als Grundlage, um sich darauf zu bewegen und sich in eine Auferstehung aufzurichten.

Stein als Symbol für die Materie zeigt sich wiederholt in der Bibel. Da ist einmal die Aufforderung an Jesus in der Wüste, Steine in Brot zu verwandeln. Materie macht vorübergehend immer wieder satt, stillt aber nicht wirklich den Hunger des inneren Menschen. Der Sohn Gottes weiß das und widersteht dieser Versuchung.

An anderer Stelle wird ein Stein erwähnt, der vom Eingang der Grabeshöhle entfernt ist und damit die Auferstehung des Gekreuzigten nicht mehr verhindert. Nachdem eine rein materielle Weltsicht am Kreuz gestorben ist, können auch „härteste materielle Tatsachen" nicht mehr die Einsicht verhindern, selbst Sohn des Vaters zu sein. Der große Stein, die solide wirkende Materie steht dieser inneren Verbindung von Himmel und Erde nicht mehr im Wege, im Gegenteil. Jetzt wird die Welt der 2 x 2 als Brücke gesehen für den Kontakt von 50 zu 1.

Was für den Stein an und für sich gilt, zeigt sich besonders deutlich und unübersehbar als Berg. Auf einem Gipfel begegnen sich Himmel und Erde auch physisch. Das hebräische Wort für Himmel, „schamajim", meint genau diese Begegnung von Irdischem und Unendlichkeit.

„Scham" bedeutet „dort", die Endung „ajim" ist eine besondere Pluralform, die eine gegensätzliche Zweiheit beschreibt und zugleich eine Einheit dieser Gegensätze. Der Himmel, „schamajim", ist ein „doppeltes dort" in einem spiegelverkehrten Sinn. Durch Spiegelung wird aus der 1 eine 2 und diese 2 ist identisch mit der 1.

Der „Vater" 1–2, der im Himmel ist, ist 1 und 2 zugleich. Er definiert damit sich selbst, das Prinzip der 2 und ebenso den Himmel.

Mit Himmel ist das gleichzeitige Erleben von Ewigem und Zeitlichem in ihrer Zusammengehörigkeit gemeint. Zeitliches und Zeitloses gemeinsam in ihrer Ganzheit zu erfahren, ist dem Menschen möglich.

Das erste Durchbrechen dieses Miteinander ist für das Bewusstsein ein überwältigendes Erlebnis. Es hebt das Leben auf ein neues Niveau und auf diesem Niveau wiederholen sich derartige Verknüpfungen von 1 mit 2 ansatzweise, für Augenblicke oder auch für längere Phasen.

Das Ewige zeigt sich dem Bewusstsein in solchen Momenten. Ein inneres Wissen öffnet sich und fühlt sich realer und wahrer an als die äußere Wirklichkeit. Denken und Empfinden stimmen in dieser Wahrnehmung überein. Der Mensch steht mit beiden Beinen fest auf dem Boden irdischer Tatsachen, während sein ganzes Wesen wie elektrisiert ist von der Anwesenheit eines zeitlosen Absoluten, das ihn umgibt und durchdringt.

Dieses Wahrhaben des Vaters und seines Himmels ist irdische Realität.

„Geheiligt werde dein Name"

Heiligen, „kadosch", hat die Bedeutung von „jenseits stellen, dem Zeitlichen gegenüber". Heiligen geschieht, indem Zeitliches und Zeitloses einander gegenübergestellt und miteinander in direkten Zusammenhang gebracht werden. Das deutsche Heil-igen deutet ein Heil-Machen an im Sinne von ganz machen, gesund machen oder richten.

„Geheiligt werde dein Name" bedeutet, dass der Name JHWH ganz = heil wird, indem sich über ihn Dies- und Jenseits verbinden.

Die Worte informieren darüber, dass 10–5–6–5 zu 10–10 wird.

Jahwe = JHWH setzt sich zusammen aus „howe" = „sein" und der Vorsilbe „je", die für die 3. Person Einzahl steht. Jahwe = JHWH bedeutet also „Er ist das Sein" und wird in der Bibel übersetzt mit „der Herr".

Das Wort JHWH wird gemäß der Überlieferung nicht ausgesprochen, denn es ist eine ehrfurchtsvolle Scheu damit verbunden, seine Konsonanten mit Vokalen zu verbinden. Stattdessen wird gesagt „ha schem" = „der Name". JHWH ist damit definiert als der Name des Herrn, der das Sein und Herr über das Sein ist.

„Schem" = Name hat denselben Wortstamm wie „schamajim". Auch „schem" = JHWH = 10–5–6–5 hat mit dem jenseitigen 10–5 und dem diesseitigen 6–5 ein doppelte Struktur. Der „Name des Vaters" hat wie der „Himmel" zwei Aspekte, einen zeitlichen und einen zeitlosen. Der Vater ist mit 1–2 das Sein dies- und jenseits, sein Name 10–5–6–5 bringt das ebenso zum Ausdruck. Den Namen des Vaters zu heiligen, bedeutet, das Absolute als das Sein anzuerkennen, das dies- und jenseits existiert und alles umfasst.

Auch der Name „Elohim" steht als Pluralform für eine göttliche Gesamtheit, die in einer kreativen Komplexität alles beinhaltet und aus sich heraus die komplette sichtbare Welt entstehen lässt.

Alles Geschaffene trägt in diesem Sinn den Namen des Vaters, ist dies- und jenseitig zugleich. Zusätzlich wird es einzeln mit Namen benannt, in denen sich ebenfalls diese Eigenschaft äußert, wenn die Bezeichnung für etwas Offensichtliches gleichzeitig Symbolik ist.

Die tägliche Kommunikation ist voll davon und verwendet Begriffe wie „steiniger Weg", „heißes Eisen", „eisige Kälte", „schwere Last" und viele andere auch zur abstrakten Erklärung.

Was einerseits über Sinneswahrnehmung von Materie in die Erfahrung kommt, wird andererseits als Metapher „vergeistigt".

Diese alltägliche Selbstverständlichkeit ist sprachliches Abbild eines grundlegenden Prinzips. Im weitesten und eigentlichen Sinn ist jede Art von Verständigung eine Benennung, eine Namensgebung. Das Benannte, sei es ein Gegenstand, ein Gefühl oder was auch immer, ist etwas, das nach dem Prinzip 1–2 entstanden ist. Jeder Name ist in diesem Sinn „Name des Vaters". Der Mensch im Bewusstsein der 2 sieht sich selbst als Urheber eines Gedankens, einer Mitteilung = Benennung. Als 3 erfasst er die 1 als den eigentlichen Impuls für alles, was in der 2 vorhanden ist und geschieht. Im Namen des Vaters 1–2 entsteht alles, auch jeder Name und daher trägt alles den Namen des Vaters.

Dieser Doppelcharakter von 1–2 prägt das „Wort" der hebräischen Überlieferungen und ist auch grundlegend für das Verständnis ihrer Texte. Der Doppelcharakter im Sinne von 1–2 kommt zum Ausdruck durch Schriftzeichen, die gleichzeitig Konsonant und Zahl sind, andererseits auch durch die hintergründige Symbolik der verwendeten Wörter. Berg steht für Verborgenes, Wasser in all seinen Formen ist ein Synonym für Zeit und Stein in seinen Varianten Ausdruck fester Materie.

Vieles ist auf ähnliche Weise im verbalen Ausdruck verschlüsselt. Die rätselhaften Erzählungen in der Bibel werden nachvollziehbar durch das Erfassen eines darin enthaltenen Hintergründigen. Was sich in Bildern menschlichen Erlebens darstellt, wird mit Hilfe der Zahlen in seinen grundlegenden Aussagen verständlich.

Texte der Überlieferung transportieren Wissen und verpacken es in sichtbare Formen. Buchstaben, Wörter, Sätze und ganze Erzählungen sind Verpackung. Die Weltsicht der 400, die auf äußere Formen begrenzt und fixiert ist, kann nur die Verpackung sehen. Die 1000 oder 3 ist fähig, die Verpackung zu öffnen und den Inhalt zu sehen. Sie erfüllt damit den Willen des „Absenders" und „heiligt" gleichzeitig seinen Namen, denn „Versand" und „Empfang" ergänzen und bestätigen sich gegenseitig.

Im Hebräischen lautet die Stelle „geheiligt werde dein Name" ursprünglich „geheiligt und gesegnet werde dein Name". „Ich

segne Gott" hat im Hebräischen die Bedeutung von „Ich aner-
kenne und begrüße, dass er hier ist und dort ist, zeitlich und
ewig". Gott segnet den Menschen ebenso, für ihn ist er ebenfalls hier und dort, zeitlich und ewig.

Das Wort „segnen" besteht im Hebräischen aus 2–200–20 und
zeigt eine Verwandtschaft zum Wort „Erstgeborener" 2–20–200.
Derselbe Äußere Wert 222 setzt „segnen" mit dem Umstand
gleich, „Erstgeborener" zu sein und definiert beides mit 2 x 111.
Die 3-fache 2 von 222 weist darauf hin, dass die 2 mit etwas gesegnet ist, das ihr als 3 bewusst wird. Die 3 kann nachvollziehen,
dass sie als 2 aus der 1 des Vaters geboren ist und in diesem Sinn
Erstgeborener. Sie weiß sich mit 2 x 111 gesegnet.

Unbewusst und doch tiefsinnig kommt in der Grußformel
„Grüß Gott", die regional im Alltag sehr gebräuchlich ist, diese
Art von Segen zum Ausdruck. Der Gruß gilt dem anderen Menschen und gleichzeitig auch Gott, wendet sich direkt an das körperliche Wesen Mensch und schließt den ewigen Aspekt mit ein.

Tägliche Routine macht die Sinne der 2 stumpf für die in der
Sprache versteckte Weisheit. Die 3 entwickelt wieder ein Gefühl
dafür, weil sie den Impuls der 1 darin ebenso entdeckt wie in
sich selbst und in ihrem irdischen Alltag. Die 3 ist sich sicher,
dass alles im Namen des Vaters geschieht und es eigentlich der
Vater ist, der dem Menschen die Worte in den Mund legt.

Der Name jedes einzelnen Menschen ist in diesem Sinn Name
des Vaters. Die Eltern wählen den Namen ihres Kindes aus, aber
ihre Wahl treffen sie eigentlich nicht selbst. Etwas motiviert sie
dazu, vielleicht ist es ein Einfall, der sich durch „Zufall" ergibt.
Jedem Menschen fällt sein Name ebenso zu wie das Geburts-
datum, dessen Zahlen zur jeweiligen irdischen Existenz qualitative Aussagen machen.

Der persönliche Name samt der dazugehörigen Existenz ist
die Antwort auf einen Impuls der 1, die sich als 10 selbst „beim
Namen ruft". Der Mensch „heiligt" und „segnet" den Namen des
Herrn 10–5–6–5, indem er in sich selbst als 5–6–5 auf Impulse der 1 hört, als 10 aus 5 + 5 darauf antwortet und damit Echo
ist für die bereits vorhandene, zeitlose 10.

Im Nachhinein lassen sich Wendungen und schwierige Phasen im Leben als Ansporn durch die 1 erkennen, weil sie eine „heil-ende = heil-ige" Wirkung hatten. Man nahm sie auf sich, weil es sich so ergab und gar nicht anders möglich war. „In Gottes Namen", diese alte Redewendung bringt zum Ausdruck: „Ich tue es nicht gerne, aber es muss eben sein." Diese Einstellung bedeutet, gegen 0 zu gehen und sich der 1 zu nähern.

Das Alte Wissen berichtet über die Bedeutung bekannter Namen in der Bibel, die als heilig gelten.

„Jehoschua" ist die Grundform für Jesus und setzt sich zusammen aus „jeho", dem Namen des Herrn, und „schua" für „Rettung, Hilfe".

Der Name Jesus bedeutet „Der Herr ist Hilfe, das Sein bringt Rettung". Es wird in der Überlieferung als anmaßend angesehen, „jeho" als Namen Gottes auszusprechen, darum wird Jehoschua verkürzt zu Joschua, Jeschu oder Jeschua. Jesus ist die lateinische Version.

Ähnliches gilt für „Jehohannan", das zu Johannan = Johannes wird und die Bedeutung hat von „Das Sein ist Gnade" und „Es herrscht die Gnade, nicht das Gesetzmäßige".

Elias = Eliah, die Kurzform von „El-jaho", sagt aus: „Mein Gott ist der Herr."

Die Silbe „el" = Gott prägt auch die Namen der Erzengel. Gabriel meint „Die Kraft von Gott", Raffael „Die Heilung von Gott" und Michael „Wer ist wie Gott?"

Matthäus, dessen Evangelium Bergpredigt und Vaterunser enthält, leitet sich ab vom Wortstamm „matan", Geschenk. Matthäus ist eine Verbindung von „matan" mit „jehu" und hat die Bedeutung von „Geschenk vom Herrn". Matthäus bringt mit seinem Evangelium dieses Geschenk.

„Dein Reich komme"

Kommen, „wo" 2–1, ist die Umkehrung von Vater, „aw" 1–2. Die Umkehr zum Vater ist gleichzusetzen mit dem Kommen seines Reiches.

Auf ähnliche Weise verweist der Prophet, „nawi" 50–2–1, auf die Rückkehr des Sohnes als 50 mit 2–1 zum Vater; 50–2–1 spiegelt 1–2–50 und macht damit diese Aussage. „Nawi" hat auch die Bedeutung von „wir kommen" oder „es kommt". Der Prophet sorgt dafür, dass die Söhne heim zum Vater kommen. Er bringt ihnen das „Wort", kehrt ihr Denken ins Gegenteil und ermöglicht die entscheidende Wende von 1–2–50 zu 50–2–1.

Die Zahlen wechseln ihre Positionen und beschreiben so die Umkehr. Im Alten Wissen ist dieser Wendepunkt stets mit einer Krise verbunden und außerdem mit dem Erscheinen des „nawi", dem das Wort Gottes anvertraut ist und der es weitergibt. Dem Propheten kommen die Worte von Gott, er weiß nicht wie und staunt selbst darüber.

Der „nawi" 50–2–1 bewirkt, dass sich im menschlichen Bewusstsein die Wertigkeit dessen umkehrt, was Stein 1–2–50 und Vaterunser 1–2–50 in sich tragen. Was innen war, kommt nach außen. Der Berg gibt Verborgenes frei, das Leben in der Materie lässt erkennen, was sich eigentlich in ihm an Geheimnisvollem verbirgt.

Die ursprünglichen Texte enthalten die Formulierung „dein Königreich komme" oder „du als König komme". Mit der Umkehr verändern sich die Vorgaben, denen das Bewusstsein folgt. Es kann nicht mehr blind den materiellen Gesetzmäßigkeiten gehorchen, die es in eine Abhängigkeit zwingen. Der neue Herrscher befreit davon. Die umgekehrte Art zu denken errichtet ihr Reich auf Basis einer alles umfassenden Ordnung und Harmonie, die das Materielle einbezieht und es gleichzeitig vom Thron stürzt.

Der König zeigt sich nicht, er regiert aus dem unsichtbaren Absoluten heraus. Sein Thron ist der Bereich im Bewusstsein, der ruht. Er weiß alles unter seiner Herrschaft und lässt den Menschen, der diese Herrschaft in sich anerkennt, mitregieren.

Das Lamm ist Symbol für diese Instanz, die alles bewegt und selbst unbewegt bleibt. Das Lamm ist Sinnbild dafür, alles geduldig und passiv hinzunehmen, es ist Sinnbild für die Null. Die ruhende Instanz, die im Menschen die Herrschaft hat, geht selbst gegen 0. Sie gibt sich einem Geschehen hin, das sie als Urgrund selbst hervorbringt. Das Lamm steht in der Welt der 2 einer Aktivität und Aggressivität gegenüber, die es selbst als sein Gegen-Teil in die Existenz bringt.

Der innere König lässt zu, dass der äußere Mensch die Herrschaft an sich reißt. Er kreiert eine menschliche 2, die glaubt, bestimmen und entscheiden zu können und die Kontrolle zu haben. Die menschliche 3, die derartige Herrschaftsansprüche für sich als nichtig erkennt und aufgibt, anerkennt die Herrschaft des Lammes und dessen Königreich. Das Hinnehmen im Bild des Lammes findet seine Entsprechung im Bewusstsein des Menschen, der sagt: „Dein Reich komme, dein Wille geschehe."

Der König, „melech" 40–30–20, bedient sich des Boten, „malach" 40–30–1–20, und bringt sich mit dessen Hilfe dem Menschen zu Bewusstsein. Engel und Bote bezeichnet das Hebräische mit demselben Wort, „malach", es steht für eine Informationsübertragung aus dem ewigen Zeitlosen ins Zeitliche. Der „malach" als Botschafter des absoluten „melech" macht sich mental wahrnehmbar und bewirkt Ein(s)sicht, das Sehen der 1.

Im Zahlenaufbau unterscheidet sich der Bote = Engel vom König durch diese 1 und betont damit die Autorität dessen, der ihn sendet.

Diese 1 = Aleph als Botschaft des Engels kann jeden Vokal annehmen. Das bedeutet, der Bote bedient sich im Materiellen unterschiedlicher Mittel. Für die aufmerksame Wahrnehmung sind solche „Zeichen" in allen nur möglichen Varianten erfassbar, durch Zufälle, Unfälle und Einfälle, genauso wie in allem, was Augen und Ohren erkennen. Die Mitteilung ist das Wesentliche und nicht die Form, in der sie sich manifestiert.

Jeder Mensch kann ohne es zu wissen eine solche Botschaft übermitteln und so die Rolle als Bote = Engel übernehmen. Wie jede Art von Materie ist auch dieser körperliche Mensch nur Träger der Nachricht, die vom Geist der 1 kommt und vom Geist der 10 empfangen wird.

Engel als himmlische Wesen mit Flügeln symbolisieren einen Vorgang, der auf intuitiver Ebene abläuft. Für das menschliche Bewusstsein ist dieses Herüberbringen von Gedanken und Eindrücken „vom Himmel herab" leichter vorstellbar mit Hilfe einer derartigen Bildes.

Die Hierarchie von Engeln ist Ausdruck für Grade an Intensität, durch die sich solche Impulse in die Wahrnehmung bringen. Kleine Gedankenblitze, die aufhorchen lassen und die Aufmerksamkeit auf sich ziehen, sind vergleichbar mit kindlichen Engelsdarstellungen in der Malerei. Niedliche Babygesichter mit flauschigen Flügelchen verursachen ebenso ein inneres Lächeln wie derartige Gedankenblitze.

Engel in Gestalt erwachsener Menschen findet man auf Abbildungen, die einen bedeutenden Vorgang veranschaulichen. Bekannte Beispiele dafür sind Erzengel Gabriel, der Maria die Geburt Jesu verkündet, oder Erzengel Michael, der den Drachen besiegt.

Erzengel sind groß und bedeutend in ihrer Wirkung auf das menschliche Bewusstsein. Was sie vermitteln, beschäftigt das Denken intensiv, für längere Zeit und zieht gravierende Veränderungen nach sich.

Die Namen dieser Erzengel bringen zum Ausdruck, was sie als Boten von 1 zu 10 übertragen:

Aus „geburah" = Kraft, in Kombination mit „el" leitet sich der Name von Erzengel Gabriel ab und definiert sich als „Kraft von Gott". Darunter versteht das Alte Wissen eine Kraft, die imstande ist, Geistiges in die Form zu bringen und eigentlich Unfassbares konkret zu machen. Dieses Geschehen wird in der Bibel im Bild der Wolke verdeutlicht; sie ist eine feine Mischung von Geistigem = Luft und Zeitlichem = Wasser.

Erzengel Gabriel vermittelt die Kraft von Gott, das Geistige mit dem Zeitlichen so zu kombinieren und zu komprimieren, dass es als Regen, als Wort Gottes, vom Himmel auf die Erde fallen kann. Er verdichtet die Gedanken zu klaren Formulierungen und lässt Absolutes im Relativen Realität werden. Dabei achtet er darauf, dass auch mit dem kleinsten Detail verantwortungsvoll umgegangen wird. Der achtsame Umgang mit dem Kleinsten ist die Voraussetzung für die Begegnung mit dem Größten. Erzengel Gabriel verkündet die Geburt von Johannes dem Täufer und die Geburt von Jesus. 2-mal berichtet er von einem Geschehen, das irdischen Gesetzmäßigkeiten widerspricht. Die Kraft von Gott, die Gabriel bildhaft verkörpert, wirkt direkt aus dem Absoluten und macht das Undenkbare möglich. Diese Kraft der 1 überzeugt die 2, sie nimmt die damit verbundene Mitteilung an und es kommt dadurch zur Geburt der 3.

Erzengel Michael stellt die Frage: „Mi kamoacha el?" = „Wer ist wie du, Gott?". An der Schwelle zum absoluten Geistigen stellt er diese Frage und bezwingt mit seinem Schwert den „Drachen", der mit seiner erschreckenden Größe auch Überheblichkeit, Herrschen- und Bestimmen-Wollen zum Ausdruck bringt. Solchen Eigenschaften ist der Zugang verwehrt und Michael macht mit seinem apokalyptischen Kampf gegen den Drachen diesen Umstand anschaulich.

Michael tötet den Drachen nicht, sondern wirft ihn hinunter auf die Erde. Sein Schwert symbolisiert Unterscheidungsfähigkeit, sie ist die Waffe im Kampf um den Himmel. Der Mensch, der diesen Kampf in sich führt, achtet darauf, welche Gedanken ihn zur Erde zurückwerfen und welche den Himmel erleben lassen. Den Himmel öffnet Michael für jene, die der Bereitschaft entsprechen, gegen Null zu gehen.

Das Lamm in seiner Symbolik für diese Bereitschaft nimmt in der Offenbarung des Johannes eine zentrale Rolle ein. Nur das Lamm ist fähig, das versiegelte Buch Gottes zu nehmen und die 7 Siegel zu öffnen.

Menschen, die den Aspekt des Lammes leben, das verborgen bleiben will, sich zurückzieht und sich nicht behaupten muss, widerstehen der großen Versuchung, sich zu zeigen, um sich zu präsentieren, zu überzeugen und damit Macht über andere auszuüben. Ein Leben in bescheidener Zurückhaltung macht sie zu

„Letzten" in der irdischen Hierarchie. Zugleich werden sie so zu „Ersten" im Geistigen.

Erzengel Michael verkörpert ein Kräftewirken im Menschen, das diese Haltung und mit ihr den Zugang zur 1 fördert. Sie lässt akzeptieren:

„Dein Wille geschehe"

Wille = „razon" leitet sich ab von „raz" = laufen. Der Wille hat eine Richtung und ein Ziel, auf das seine Bewegung hinausläuft. Laufen kann man nur auf festem Boden, und das Wort „arez" bedeutet Land. Die Überlieferung sagt „Gottes Land ist das Weltall" und meint damit, dass alles Geschaffene das Land ist, auf dem der Wille seinem Ziel zusteuert.

Laufen, „raz", besteht aus 200–90, Wille „razon" aus 200–90–50 und gibt mit 50 das Ziel an, auf das der Wille zuläuft. Land, „arez" 1–200–90, betont mit der 1, wessen Wille in und auf ihm seinem Ziel zusteuert. Die Aussage von 1–2–50 wiederholt sich in diesen Zahlen als Variante; beide Begriffe betonen, dass es der Wille des Vaters ist, ausgehend von der 1 zur 50 zu werden.

Allgemein gilt, dass das Offensichtliche in der Welt der 2 oder 4 nur die eine Seite darstellt. Die belebte und unbelebte Natur, der Mensch, die Texte Heiliger Schriften sind das Erscheinende, das im Hebräischen durch die geschriebenen Konsonanten zum Ausdruck kommt. Leben bekommen diese Schriftzeichen erst durch den Geist dessen, der sie liest. Er fügt zwischen die Konsonanten Vokale ein und gibt ihnen damit eine Färbung, die ihre Bedeutung in der akustischen Wahrnehmung bestimmt.

Auf vergleichbare Art „liest" der Mensch auch die ihn umgebende Welt. Er tut das, indem er wahrnimmt und darauf individuell reagiert. Der eine empfindet eine bestimmte Formulierung wie eine Offenbarung, beim anderen weckt sie Aggression oder ein spöttisches Lächeln. Über einen Käfer kann ein kleines Kind staunen und sich freuen, der Gärtner sieht ihn als Schädling und damit als Ärgernis.

Die Konfrontation mit dem Sichtbaren löst Gefühle, Emotionen und auch Gedanken aus. Ein breites Spektrum an möglichen Äußerungen des menschlichen Geistes färbt das Erlebte und gibt ihm so eine ganz subjektiv erfahrbare Qualität. Das ändert aber nichts an der Substanz des Wahrgenommenen; Käfer bleibt Käfer und Formulierung bleibt Formulierung. Gefühle und Emotionen beleben das Erscheinende auf ähnliche Weise wie Vokale die Konsonanten.

Jede derartige Interaktion zwischen Bewusstsein und Welt erfährt eine neue Dimension des Erlebens durch Akzeptanz. Damit ist gemeint, die Interaktion als solche und auch ihren Inhalt gleichzeitig zu erfassen als ein Geschehen, das genau so sein soll im Moment. Dem Beobachteten seine Berechtigung zuzusprechen, auch wenn es dem eigenen Empfinden, subjektiven Moralvorstellungen und Sichtweisen gerade zuwiderläuft, hat zu tun mit der Haltung von „Dein Wille geschehe".

Diese Haltung und die damit verbundene Gelassenheit entwickeln sich. Ihnen voraus geht ein Bestreben, einzugreifen, zu kritisieren, zu sagen und zu zeigen, wie es richtig wäre – der Wunsch, „die Welt zu retten".

Gelassenheit bedeutet, geschehen lassen im Vertrauen auf eine Harmonie, die allem zugrunde liegt. Die Zusammenhänge dieser harmonischen Ordnung sind komplex und für den menschlichen Verstand undurchschaubar.

Es widerstrebt dem Menschen, nicht die Kontrolle zu haben, er gerät aus dem Gleichgewicht, will seine Vorstellung von Ordnung herstellen, das vermeintliche Chaos beseitigen, die Unvollkommenheit endgültig hinter sich lassen – er will „die Welt beherrschen".

Gelassenheit entwickelt sich mit der Einsicht, dass der Mensch weder die Kompetenz hat, die Welt zu retten noch zu beherrschen und dass dafür auch kein Anlass besteht. Sie entspricht dem Willen einer höheren Ordnung, ist genau so not-wendig, wie sie ist und erfüllt ihre Aufgabe perfekt.

Einen absoluten Willen als gegeben zu betrachten, wirkt erleichternd und entlastet. Zwar wird übernommene Verantwortung abgegeben, verantwortungsvolles Handeln aber beibehalten. Den Alltag prägt nicht eine resignative Haltung gegenüber einer Übermacht, sondern ein Aktivsein gemeinsam mit etwas viel Größerem. In einer Grundstimmung annehmender Offenheit wird zugelassen, was das Schick-sal schicken soll.

„Dein Wille geschehe" wird mit der Einstellung gelebt, dass dieser Wille in eine bestimmte Richtung läuft und sich äußert in Form von richtungsweisenden Anhaltspunkten, die sich intuitiv erfassen lassen. Die materielle Welt dient als Projektionsfläche und Erfahrungsebene. Sie bietet an, das Offensichtliche zu hinterfragen, Zusammenhänge zu erfassen und so den verursachenden Willen zu erkennen. Die bekannte Welt verändert sich nicht, neu ist nur die Art, sie zu erleben.

Dasselbe Prinzip demonstriert die hebräische Sprache. Die Konsonanten bleiben in ihren Grundaussagen unverändert, egal mit welchen Vokalen sie verbunden und damit gefärbt werden. Die Vokale gelten als Aspekte, die variieren, aber die Substanz nicht beeinflussen können. Konkrete Konsonanten- bzw. Zahlengruppen haben je nach den verwendeten Vokalen einen anderen Klang und zeigen so verschiedene Fassaden.

Sie formen sich so zu Begriffen, die auf den ersten Blick nichts gemeinsam haben. Denn was hat das Vaterunser mit dem Stein zu tun? Äußerlich rein gar nichts, aber 1–2–50 als Zahlenfolge verbindet sie. Beide tragen diese Struktur in sich, einmal als „ewen" und einmal als „awinu". Die Zahlenfolge stellt den Zusammenhang her und bringt das eigentlich Wesentliche und Verbindende zum Ausdruck: Die Materie, symbolisiert durch den Stein, enthält den Weg von 1–2 zu 50 genauso als Ausrichtung und Ziel wie der Mensch, der unbewusst jeden Tag das Vaterunser betet, indem er es lebt.

Die Zahlen 1–2–50 erklären die Verbindung, die zwischen den Wörtern besteht und machen sie nachvollziehbar; die Sprache des Vaters lässt das Vaterunser verstehen.

Alle 3 Ausdrucksformen, 1–2–50, „ewen" und „awinu" sind Synonyme für ein und dasselbe Geschehen: Die 1 gestaltet die Welt der 2, um darin zur 50 und gleichzeitig zur 3 zu werden.

Der Wille des Vaters 1–2 ist der Sohn 2–50, der als 50 in der Welt der 2 die Einheit mit dem Vater bewusst lebt. Das Gefüge von Vater 1–2 und Sohn 2–50 ist ein 3-faches, es ist Beweggrund, Bewegung und Ziel in einem.

1–2–50 als Prinzip der 1 projiziert sich auf die Spiegelfläche der 2 in die räumliche Welt der 8 und wird dort in seiner Umsetzung in der Materie erfahrbar. Eine 3-fache menschliche 2, die von ihrer Geburt aus der 1 weiß, erfasst die räumliche Welt der 8 als 2 x 2 x 2, versteht das Prinzip der Projektion und erfasst Materie als solche: 4 + 4 = 8. Auch wenn die Spiegelung als solche erkannt ist, bleibt die Welt der 8 bestehen. Das Äußere verändert sich nicht durch die Sicht darauf, auch nicht durch die Einsicht der Zusammenhänge. 1–2–50 bleibt bestehen, 8 bleibt bestehen und durch das Erkennen ihrer gegenseitigen Beziehung kombinieren sie sich zu einer neuen Ganzheit: 1250 x 8 = 10000.

Diese Zahl ist Ausdruck für ein generelles Prinzip, an dem jedes einzelne menschliche Bewusstsein Anteil hat, das selbst die 1000 lebt: 10000 : 10 = 1000. Die 1000 zu leben, bedeutet in der Symbolik dieses Gebetes, die gegenseitige Beziehung und Bestätigung von 1–2–50, „ewen" und „awinu" zu begreifen und in Materie, Vaterunser und eigenem Alltag das Wirken eines absoluten Willen als Realität zu erfassen, und zwar:

„Wie im Himmel so auf Erden"

Irdisches und Absolutes sind gemeinsam „schamajim" als eine Zweiheit, in der sich Konträres gegenseitig vervollständigt. Dieser Himmel wird mit klarem Denken im eigenen Leben wahrgenommen. Er ist ebenso real wie der irdische Alltag. „Schamajim" ist das Miteinander von 2 Arten Realität, in denen sich ein verbindender Wille äußert.

Im Alltag zeigt sich das Hereinwirken des Absoluten, wenn sich durch etwas „Zufälliges" eigene Gedanken bestätigen und bestehende Zweifel klären oder wenn die Bereitschaft, etwas Unangenehmes auf sich zu nehmen, dadurch „belohnt" wird, es nicht real erleben zu müssen. Solche und ähnliche Wechselwirkungen sind häufig zu beobachten, sofern ihnen Beachtung geschenkt wird.

Wenn eigene Pläne durch Unvorhersehbares nicht zur Umsetzung kommen, setzt sich ein übergeordneter Wille durch. Das Unerwartete anzunehmen, bedeutet, das Geplante damit in Einklang zu bringen oder aufzugeben. Entweder tritt das Unerwartete an die Stelle des Geplanten oder einem Kompromiss aus beiden wird der Platz überlassen.

Die Entscheidung darüber trifft die eigene Intuition. Sie erfüllt die Rolle des aufmerksamen Beobachters und ist jene Instanz, über die sich ein höherer Wille auf Erden bewusst umsetzt. In einem inneren Spüren und Abwägen fließen Diesseitiges und Ewiges zusammen zu einem Handeln, das beiden gerecht wird.

Persönliches Wollen unterwirft sich übergeordnetem Wollen und versteht sich als dessen ausführendes Organ. Die eigene vordergründige Präsenz geht gegen Null, damit die 1 Raum greifen kann im Bewusstsein der 10. Das eigene Leben und auch jedes andere wird als etwas angesehen, durch das sich der Wille des Absoluten ins Irdische bringt. Eine derartige Haltung ist begleitet von der Einsicht, dass alles Können und Wissen, alle Erfahrungen und Fähigkeiten menschliche Komponenten darstellen, mit denen sich das Unvorhersehbare ergänzt.

Mit diesem Wissen und der Bereitschaft, die eigenen Möglichkeiten so gut es geht zu nutzen, öffnet sich der wache Verstand für die leise Stimme der Intuition. Sie lässt erfahren, was „gewollt" ist durch ein Empfinden, das sich stimmig anfühlt.

Ein Erzwingen-, Haben- und Erreichen-Wollen „stört" dann nicht länger die Offenheit für ein Geschehen, das ohnehin nicht beeinflussbar ist. Die Bereitschaft loszulassen von einem Wissen, Denken und Wollen, das auf das Irdische begrenzt ist, führt zu einem vernünftigen Handeln, das im Sinne von „schamajim" Irdischem und Absolutem gerecht wird.

Die Ausgewogenheit dieses Handelns, durch das „Dein Wille geschehe wie im Himmel so auf Erden" zeigen die Zahlen in erstaunlicher Klarheit:

Erde, „adama" 1–4–40–5, hat den Äußeren Wert 50,
Wille, „razon" 200–90–50, summiert sich zu 340,
Himmel, „schamajim" 300–40–10–40, hat den Äußeren Wert
390.

50 + 340 = 390, in Worten: Erde + Wille = Himmel.

Im Zahlenaufbau von „adama" ist bereits angelegt, worauf der
Wille abzielt. „Adam" soll im Zeitlichen der 40 die irdische 4 mit
1 zu 5 verbinden und in Summe mit 5 x 10 diese Verbindung zu
einem Teil von sich machen. Als 50 folgt er dem Willen (340)
des Absoluten und versteht, was „schamajim" (390) meint: Der
Himmel ist die bewusste und direkte Wahrnehmung, dass auf
Erden der Wille des Vaters geschieht.

Das Absolute als solches ist den menschlichen Sinnen nicht
zugänglich. Es macht sich dem einzelnen Bewusstsein durch
sein Wirken erfahrbar. Das sind ganz individuelle Bilder, Gedanken, Erlebnisse und Eindrücke. Daraus eine allgemein gültige Regel abzuleiten, wäre ebenso irreführend wie die Texte der
Bibel für das irdische Leben wörtlich zu nehmen.

Die 1 gibt dem Menschen auf verschiedene Weise Hilfestel-
lung, um zur 50 zu werden. Diese 50 als den Willen Gottes zu
erkennen, verbindet ebenfalls 50 + 340 zu 390.

Der Himmel ist nicht ein Ort im räumlichen Sinn, sondern
der „Raum" im Bewusstsein, in dem ein schon immer bestehen-
des Zusammenwirken bewusst wird. Er ist die Wahrnehmungs-
ebene, auf der sich Gott erfahrbar macht. Der Himmel ist aber
nicht identisch mit dem Absoluten.

Ähnliches gilt für den Boten und seine Botschaft. Der Bote
oder Engel vermittelt die Wahrnehmung, er symbolisiert die
Art und Weise, wie sich das Absolute der Beobachtung indirekt erschließt.

Dem Engel eine Gestalt zuzuweisen, entspricht dem Denken
innerhalb der 400, das alles in eine Form bringen muss, um es
zu verstehen. Wenn alte Gemälde oder Fresken Szenarien zeigen mit geflügelten Wesen und einem himmelblauen Firma-

ment, dann sind das bildhafte Darstellungen eines Geschehens auf formloser Ebene. Diese Bilder fungieren als Platzhalter für eine reale Erfahrung. Engel verkörpern und symbolisieren Realität, sind aber nicht selbst diese Realität.

Außerhalb der 400 weiß das Bewusstsein um diese Zusammenhänge, weil es das Wirken auf formloser Ebene über die Intuition selbst erfasst. Es wird damit unabhängig von Bildern oder Formen und betrachtet sie als Hilfsmittel, die allgemein Gültiges archetypisch zum Ausdruck bringen. In der Praxis macht sich alles Prinzipielle und allgemein Gültige sehr individuell erfahrbar, jeder erlebt seinen ganz persönlichen Himmel. Der „schamajim" jeder 50 ist genauso einzigartig wie sie selbst.

„Schamajim" wird von der 3 erlebt, sein Äußerer Wert 390 kombiniert 3 mit 90, bildet die Ziffernsumme 3 und besteht aus 13 x 3 x 10. Die 3 verbindet das zeitlos Ewige, die 1, und das Zeitliche, die 2, zu einer Ganzheit; 3 und Himmel sind Synonyme und erlebbar von jeder 10 + 3.

„Unser tägliches Brot gib uns heute"

Brot ist Symbol für einen Wandlungsprozess, der seinen Ausgang nimmt im Weizenkorn, das stirbt und dadurch reiche Frucht bringt. „chittah" = Weizen hat eine Lautverwandtschaft zum Wort Sünde = „chet" und das Alte Wissen stellt einen tieferen Zusammenhang her: Weizen geht dem Brot voraus, die Sünde der Erlösung.

In beiden Fällen verändern sich in einem komplexen Vorgang wiederholt die irdischen Gegebenheiten, damit aus der jeweiligen Ausgangsbasis das Resultat hervorkommen kann. Der Brotteig symbolisiert, was auch für menschliches Bewusstsein gilt: Es sind Wasser- und Feuertaufen zu überstehen, die anstelle von Vernichtung eine komplette Verwandlung bewirken.

Tag, „jom" 10–40, verweist mit seinem Zahlenaufbau auf das 1–4-Prinzip, das die menschliche 10 täglich unbewusst lebt, um sich dessen bewusst zu werden. Der Äußere Wert 50 gibt dieses

Ziel an. Am Ende der Tage, am Ende der Welt der 400 wird vernichtet, was dieses Ziel bisher verhinderte. 10 x 40 = 400 wird als Realität erkannt, das tägliche Leben in Zeit und Raum als das Zusammenwirken absoluter Prinzipien erfasst.

Das Alte Wissen weist wiederholt darauf hin, das Gericht Gottes in der Johannes-Offenbarung nicht als eine Verurteilung und Bestrafung zu verstehen, sondern als ein Richten im Sinne von ganz machen oder reparieren. Das Wasser im Teig und das Feuer im Backofen vernichten den Weizen nicht, sondern lassen aus ihm Brot = „lechem" entstehen. Das ist die Symbolik des Brotes für das menschliche Bewusstsein.

Jeden Tag erlebt die 10 in der 40 die Grenze der 400 und schafft diese Grenze selbst durch ihr unbewusstes Dasein in der Zeit: 10 x 40 = 400. Während dieser Phase, in der sich die 10 nicht als 10 wahrnimmt, wird sie genährt aus einem ihr verborgenen Bereich, der ihr physisches und auch geistiges Brot zur Verfügung stellt. Eine Verbindung zum Ursprung entzieht sich dem Bewusstsein weitgehend, versorgt während dieser Zeit aber den inneren Menschen mit seinem „täglichen Brot". Nahrung für den physischen Körper ist eine Entsprechung dafür.

Der innere Mensch „hungert" nach dem Ewigen und nach Einheit. Dieser Hunger lässt sich mit äußeren Mitteln nur unzureichend stillen.

„Nahrung für die Seele" bekommt der Mensch in Form von Erlebnissen, Begegnungen, Gesprächen und Texten. Erfahrungen, die sich wohltuend anfühlen und innerlich „satt" machen, nähren, indem sie Zufriedenheit bewirken, wo vorher Zwiespalt oder Unsicherheit herrschte.

Sie bringen voran, verweisen auf eine Richtungsänderung oder bestätigen den eingeschlagenen Weg, den sich die intuitive Empfindung sucht.

Das individuelle Spüren von richtig oder falsch führt zu persönlichen Anschauungen, die ganz unabhängig sind von allgemein vorherrschenden Meinungen. Die eigene Einschätzung weicht vom Mainstream ab und steht oft sogar im Gegensatz dazu. Es stellt sich dann leicht Unsicherheit ein: „Kann das so sein?"

Eine Textpassage, manchmal nur ein einziger gelesener oder gehörter Satz gibt dann vielleicht Bestätigung. Ein intuitives Empfinden ist mit dieser Bestätigung verbunden, das sich befreiend und richtig anfühlt und womöglich ein Lächeln auslöst. Oder es tut sich für einige Zeit eine Frage auf und findet ganz unerwartet Antwort in etwas Gelesenem oder Gesagtem, das aufhorchen lässt und die Aufmerksamkeit auf sich zieht, weil man darin Wahrheit spürt.

Dieses „tägliche Brot" für die innere 1 findet seine Entsprechung im „Regen", der den Keimling des Weizenkorns wachsen lässt; beide Bilder sind Synonyme. Vertrauen und Zuversicht lassen den inneren Menschen das tägliche Brot dankbar annehmen und mit der eigenen Existenz verbinden. Das Diesseitige verliert dadurch seine drückende Schwere und der Keimling kann „nach oben" wachsen.

Wenn die auf 400 begrenzte Weltsicht ihr Ende findet, wird einsehbar, dass Gottes Wille auf Erden und im Himmel geschieht und von dort alles kommt, was das Leben in der Zeit möglich macht. Der Mensch erlebt ganz real, dass das irdische Dasein gespeist wird aus dem Absoluten, nimmt dieses tägliche Brot bewusst an und verbindet seine Existenz damit: Brot, „lechem" 30-8-40, hat den Äußeren Wert 78, 10 x 78 = 780.

780 ist auch die Summe von „Wille" 340 + „Erde" 50 + „Himmel" 390 und bestätigt, dass für diese 10 gilt: „Dein Wille geschehe wie im Himmel so auf Erden." 780 steht für den Menschen, der alles aus dem Absoluten kommend erfährt und weiß, dass in seinem Alltag als 2 der Wille der 1 geschieht. 780 erklärt mit 2 x 390, dem Äußere Wert von „schamajim", dass diese 2 den „Himmel auf Erden" erlebt.

Die ganz persönliche 390 eines inneren „schamajim" spiegelt sich im Denken, Tun und Wollen auf der Erde.

Die unbewusste 10 nimmt dieses tägliche Brot ebenso in sich auf, auch für sie gilt 10 x 78 = 780. Aber erst am Ende der Tage, wenn die 400 endet, erfasst sie als 10 + 10 = 20 bewusst die bis dahin unerkannte Versorgung vom Absoluten her. Sie versteht, dass „Dein Wille geschehe wie im Himmel so auf Erden" schon ihr ganzes Leben lang galt und sich die Bitte um das tägliche Brot schon immer erfüllte. So sagt es auch die Bergpredigt: „Denn euer Vater weiß, was ihr benötigt, ehe ihr ihn bittet." Die 10 + 10 sieht nun ein, dass die unbewusste Versorgung mit dem täglichen Brot darauf abzielt, die 400 als Projektion zu erfassen: 780 + 20 = 800 = 400 + 400.

Damit erlebt diese 20, die gleichzeitig eine 50, eine 3 und eine 1000 ist, das Zusammenwirken von Irdischem und Jenseitigem in sich selbst. Die Existenz dieses Menschen wurde durch wiederholte kleine Wandlungen und eine letzte große Feuertaufe selbst zum Brot.

Dieses Brot ist die Bestimmung des Weizenkorns, das als 1 in der Welt der 4 den Tod auf sich nimmt, um neues Leben hervorzubringen. Es geht selbst gegen 0, lebt den Aspekt des Lammes und bringt damit dessen Qualität in die Welt der 4. Nur durch die kompromisslose Bereitschaft, die vertraute materielle Existenz aufzugeben, setzt sich das innere Potenzial frei. Würde es nicht frei, könnten sich keine Wachstums-, Umgestaltungs- und Reifeprozesse entwickeln. Das Weizenkorn macht bildhaft, was auf formloser Ebene für das menschliche Bewusstsein gilt.

Der Übergang vom unbewussten zum bewussten „Essen des Brotes" ist nur in Verbindung mit einer verbalen Erklärung möglich. Durch das „Wort", das auf die verborgenen Zusammenhänge hinweist, wird das Brot von rein physischer Nahrung zum Brot des Lebens. Sobald das Denken Zugang zu derartigem Wissen bekommt, wird ihm die Symbolik von Brot klar.

Beim Letzten Abendmahl gibt Jesus den Jüngern das Brot gemeinsam mit erklärenden Worten und mit der Aufforderung: „Tut dies zu meinem Gedächtnis." Damit ist ein Impuls gesetzt, der für jeden Menschen gilt.

Das Brot wird dem Menschen täglich gegeben, aber nur erklärende Worte lassen die Symbolik erfassen. Durch die Erklärung wird verstanden, dass Brot einen Entwicklungsprozess bildhaft macht. Nun ist es möglich, diesen Prozess mit dem eigenen Leben in Verbindung zu bringen. Es so ins eigene Dasein zu integrieren, bedeutet, das Brot bewusst zu essen und sich das eigene Sohn-Sein ins Gedächtnis zu rufen.

Darauf weisen Brot und Wort gemeinsam hin. Der Mensch wird lange Zeit unbewusst mit beidem genährt. Im Denken, im Gedächtnis, vollzieht sich schließlich eine radikale Veränderung und lässt das Verstehen durchbrechen. Das ist die entscheidende Wandlung. Nun erlebt der Mensch die Existenzerhaltung vom Absoluten her täglich mit wachen Sinnen. Brot wird empfangen und gegessen, indem das Denken aufmerksam Impulse wahrnimmt und ins Handeln integriert; das ist gemeint mit 10 x 78 = 780.

Durch das Wort erschließt sich die Symbolik von Brot. Davon berichtet auch die Bibelstelle, in der Jesus vom Versucher in der Wüste aufgefordert wird, Steine in Brot zu verwandeln. Das Wissen um sein Sohn-Sein lässt Jesus antworten: „Der Mensch lebt nicht vom Brot allein, sondern von jedem Wort, das aus dem Mund Gottes geht."

Dieser Szene geht das Bild voraus, dass Jesus vom Geist in die Wüste geführt wird, damit ihn der Teufel versucht. 40 Tage und 40 Nächte fastet Jesus; das Leben des inneren Menschen im Zeitlichen ist ein Hungern und Fasten. Der Mensch versucht immer wieder, inneren Hunger nach Einheit mit Mitteln der Materie zu stillen. In dieser Materie, symbolisiert durch Steine 1–2–50, existiert ebenfalls die 1, sie ist aber nicht offensichtlich. Das erklärende Wort lässt die 1 erkennen. Materie in Verbindung mit dem Wort nährt den inneren Menschen, Materie allein nur den äußeren, physischen Körper.

Eine Art „künstliche" Ernährung des inneren Menschen durch „tägliches Brot" ist so lange notwendig, bis der Sohn die 1 in sich selbst wahrnimmt und zur bewussten 10 wird. Diese Erkenntnis verläuft synchron mit dem Wahrnehmen der 1 in der Materie, die damit preisgibt, was bisher in ihr verborgen war. Durch das erklärende Wort erkennt der Sohn 2–50, dass die Materie 1–2–50 dazu da ist, um in ihr dem Vater 1–2 zu begegnen. Damit stellt sich die Ernährung des inneren Menschen um von „künstlich" auf „bewusst".

Der Sohn nimmt als 50 über die Welt der 2 Impulse der 1 wahr und an, verbindet seinen Alltag damit und macht sie zur Basis seines Lebens. Er erfährt sich als Sohn 2–50 in Verbindung mit dem Vater 1–2. Diese Verbindung bildet den „Fels" 1–2–50, auf den er jetzt das neue Haus seines Lebens stellt. In diesem Haus (Beth = 2) treffen sich Absolutes (Aleph = 1) und individueller Mensch (Nun = 50) in einer freien und ganzheitlichen Vater-Sohn-Beziehung.

Innerer und äußerer Mensch, Geist und Materie, Himmel und Erde, Sein und Werden stehen einander in einem ausgewogenen Wechselspiel gegenüber und bedingen sich gegenseitig. Diese neue Lebensweise wird vom Vaterunser beschrieben, das damit vom Bitt- zum Dankgebet wechselt.

Das Vaterunser wird nun als das „Wort" verstanden, das gemeinsam mit dem „täglichen Brot" Nahrung ist für ein Bewusstsein, das sich beidem erkennend öffnet. Die Beschäftigung mit dem Wort, die Ausrichtung des Lebens hin zum Jenseitigen bringt mit sich, dass auch die diesseitige Existenz in Zufriedenheit verbracht wird. In Matthäus 6 weist Jesus darauf hin, sich nicht zu sorgen um das leibliche Wohl, sondern zuerst nach dem Reich Gottes und nach seiner Gerechtigkeit zu trachten, dann wird auch für alles Irdische gesorgt sein.

Wenn die Beziehung zum Ewigen stark ist, dann kommt jede Aktivität von selbst, die auch die materielle Existenz sichert.

Das Alte Wissen sagt, dass der wahre Mystiker auch der größte Realist ist. Er zieht sich nicht zurück in eine weltferne Trägheit, sondern setzt konstruktive Gedanken um zur Verbesserung der praktischen Wirklichkeit. Aus einer Klarheit heraus, die die Zusammenhänge erfasst, wirkt er im Alltag der materiellen Welt tatkräftig mit. Er erfährt die Übereinstimmung von Wort und eigenem Erleben als freudige Motivation, um verantwortungsbewusst, offen und gelassen am irdischen Leben teilzunehmen.

In der vom Stein symbolisierten Materie ist die Absicht dazu bereits angelegt und Grund für deren Existenz. Stein 1–2–50 zeigt Vater 1–2 und Sohn 2–50 als Formel für ein Leben in der Materie. Diese Formel zielt offensichtlich auf die 50 ab, die sich über 2 mit 1 verbindet. Diese Verbindung bedeutet auch die Kombination der 2 des Sohnes mit der 1 des Vaters zu 3, einer neuen Ganzheit. Beide Varianten sind der Wille des Vaters, der sowohl im Himmel als auch auf Erden geschieht.

Die Erfüllung dieses Willens ist Bitte und Zielsetzung seiner Söhne. Der Vater schickt ihnen den Propheten, „nawi" 50–2–1, und lässt sie durch ihn im Wort die Spiegelung der Materie erkennen:

„Stein" = Materie = 1–2–50 – 50–2–1 = Prophet = „Wort".

Wort und Materie als 2 unterschiedliche Projektionen des Absoluten, die einander bedingen und erklären, begegnen sich über das Bewusstsein des Menschen, der als 3. und erkennender Faktor dadurch zur 3 wird.

„Und vergib uns unsere Schuld, wie auch wir vergeben unsern Schuldigern"

Der hebräische Text lautet: „Vergib uns unsere Sünden, wie wir auch vergeben." Diese Sünden definiert das Alte Wissen mit drei Begriffen: „Chet" ist die Sünde, die geschieht; ohne es zu wollen, einfach verursacht durch das natürliche Verhalten im Leben; „avon" ist die Sünde, Gott zwar als Naturkraft zu sehen, die einmal die Welt erschaffen hat, aber nicht im täglichen Leben sein Wirken wahrzunehmen; „pescha" ist der Sünder, der Gott in seinem Leben ausgeschaltet hat und sich nur auf das Materielle ausrichtet.

Damit werden unterschiedliche Aspekte einer Denk- und Verhaltensweise beschrieben, zu der das menschliche Wesen in der Welt der 2 gezwungen ist. Denn prinzipiell versteht das Alte Wissen unter Sünde die Entfernung von der 1, weg von der Einheit und hin zur unendlich scheinenden Vielfalt des materiellen Lebens in Zeit und Raum.

Die Bibel berichtet von den Worten Jesu am Kreuz: „Vater vergib ihnen! Denn sie wissen nicht was sie tun." Der Mensch kann nicht anders, als sich so zu verhalten, wie er es eben tut.

Vergebung bringt mit sich, die Umstände zu erfassen, die zu diesem Verhalten geführt haben und zu akzeptieren, dass keine andere Reaktion möglich war. Es war einfach so not-wendig in diesem Moment. Die nachfolgende Reue, das Bedauern darüber sind Teil der Wende und damit der Vergebung.

Was auf dem Weg von 1 zu 400 die Einheit verletzt, weil es Trennung schafft, löst Bedauern aus und verursacht damit eine Gegenbewegung. Der Vater schickt seine Söhne in die Welt und weiß, es ist unumgänglich, dass sie sich entfernen und dass nach maximaler Entfernung die Rückkehr zur 1 auf einer neuen Ebene durch eine neue Ganzheit erfolgt. Reue, Bedauern, Schuldgefühle sind Phasen der Rückkehr, die das Vorwärtsgehen begleiten. Der große Kreis von Entfernung und Umkehr besteht aus einer Vielzahl kleiner selbstähnlicher Zyklen.

Heimzukommen bedeutet einzusehen, dass all diese Phasen Teil eines Erfahrungszyklus sind und es eigentlich nichts zu vergeben gibt bzw. Vergebung bereits den Weg begleitet. Diese Einsicht des Sohnes, der als 2 unterwegs war und als 50 heimkommt zum Vater, bewirkt nicht nur eine Vergebung der eigenen Sünden. Gleichzeitig relativiert sich auch alles Negative, das durch andere Menschen erfahren wurde und immer noch wird. Es erweist sich als ebenso not-wendig wie eigene Schuld und ist damit vergeben.

Bitte um Vergebung begleitet den Weg der Söhne durch die Welt der 400. In den Momenten der 1000 wird Vergebung zur Erfahrung und Gewissheit: Der Vater vergibt den Söhnen, denn sie wissen nicht, was sie tun.

Im bewussten Sohn des Vaters kommt dieses Prinzip zur Umsetzung durch seine Einstellung: Ich vergebe ihnen und mir, denn wir wussten nicht, was wir tun. Sich des Sohn-Seins bewusst zu sein, ist gleichbedeutend damit, sich als Mensch im Bild und Gleichnis Gottes zu wissen.

Er betrachtet Schuld und Reue als not-wendige Etappen auf dem Weg und kommt zur Einsicht, dass es eigentlich nichts zu vergeben gibt. Denn jeder Mensch geht den Weg, den das Absolute ihm vorgibt.

Vergebung ist die logische Schlussfolgerung daraus und geschieht von selbst mit der Einsicht, dass jeder Mensch genau so gewollt ist, wie er ist. Er ist, der er ist, mit all seinen Schwächen und Stärken und auf diese Weise Teil des großen „Ich bin, der ich bin", als das Gott sich dem Moses im brennenden Dornbusch zu erkennen gibt.

Für den bewussten Sohn des Vaters, der Menschen als Bilder und Gleichnis Gottes ansieht, verliert das Vaterunser seinen Bittcharakter. Er versteht es als Beschreibung der eigenen und jeder irdischen Existenz.

Als 2 bittet der Sohn 2–50 um Vergebung, als 50 weiß er: „Du vergibst uns unsere Schuld und auch wir vergeben anderen. Denn die eigentliche Sünde war das Vergessen der 1 und diese Schuld ist jetzt getilgt."

„Und führe uns nicht in Versuchung"

Versuchung = „nessajon" leitet sich ab von Wunder = „ness" und der übereinstimmende Wortstamm weist auf eine Verbindung hin. Nach dem Alten Wissen besteht die große Versuchung darin, das Wunder sehen zu wollen. So sagt auch der auferstandene Christus zum ungläubigen Thomas: „Selig sind, die nicht sehen und doch glauben."

Versuchung definiert sich als Versuch, das Absolute ins Irdische zu holen und nach Beweisen zu verlangen, um glauben zu können. Das ist ein Widerspruch in sich, denn Glauben kommt ohne Beweise aus. Glauben basiert auf Vertrauen.

Das Vaterunser ist Ausdruck von Glauben und Vertrauen und richtet sich an eine übergeordnete, väterliche Autorität. Hoffen und Ahnen sind mit diesem Gebet verbunden. Es ist eine Mischung aus Ehrerbietung und dem Bedürfnis nach Erfüllung des darin Formulierten. Ein zuversichtliches Fürwahr-halten steht an Stelle äußerer Sicherheit und Beweise.

Das Vaterunser führt nicht in die Versuchung, es als Beweis zu sehen. Deshalb formuliert es als Bitte, was eigentlich Tatsachen beschreibt.

Woran der Sohn als 2 glaubt, worauf er vertraut und worum er bittet, kann er mit der erreichten 50 als Tatsachen nachvollziehen. Bestätigt wird das Fürwahr-Halten durch ein inneres Wahr-Haben, das auch jetzt ohne äußere Beweisführung auskommt. Die persönliche Ein(s)-Sicht und Bestätigung durch die eigene Intuition sind „Beweis" genug und lassen das Vaterunser vom Bittgebet zum Dankgebet werden.

Für das Vaterunser gilt, was generell gilt für Texte der Bibel und die Überlieferungen des Judentums: Sie beschreiben kein äußeres Geschehen. Es als solches zu verstehen und zu interpretieren, ist die Sichtweise innerhalb der 400. Für den Sohn, der als 50 auch 50 x 20 = 1000 ist, verändert sich diese Sichtweise.

Er hat die Erfahrung gemacht, ganz = heil zu sein und kann deshalb nachvollziehen, was diese Schriften meinen, wenn sie von Heilung erzählen. Es ist damit nicht der Körper gemeint. Das Bewusstsein innerhalb der Grenzen der 400 ist auf den Körper fixiert und nur zu dieser Interpretation fähig. Wenn die Heilige Schrift von Heilung spricht, meint sie die Komplettierung des Körperlichen durch das Absolute, das der Mensch unerkannt in sich trägt. Ein Heil-Werden im Sinne von Ganz-Werden versteht das Alte Wissen als „Heilung, die von Gott kommt" und erklärt damit die Bedeutung des Namens von Erzengel Raffael.

Gemäß der Realitätsauffassung innerhalb der 400 ist „Jesus" der Name eines physischen Menschen, der vor 2000 Jahren lebte und von sich behauptete, Sohn Gottes zu sein. Mit 400 + 100 erweitert sich diese Auffassung. Das Prinzip 500 kommt in der 4 mit der Zeitqualität 2000 in die Erfahrung. Die 2 x 1000, die sich mit 10 x 10 x 10 als 3-fache 10 erfasst, lebt dieses Prinzip.

Diese 3 anerkennt für sich und für jede menschliche 2, dass Jesus die Verbindung zur 1 personifiziert. Sein physisches Leben gilt als Impuls für jedes ihm nachfolgende Bewusstsein.

Die in der Bibel geschilderten Heilungen durch Jesus werden nun als ein Geschehen im Bewusstsein erfasst. Körperliche Auswirkungen sind nicht das Primäre, sondern symbolischer Ausdruck.

Die 3 erlebt den von Jesus gesetzten Impuls zur Heilung und kann die Bilder der Bibel verstehen:

Der „Blinde" sieht nun verborgene Zusammenhänge, der „Taube" hört das „Wort" und beide werden dadurch heil im Sinne von ganz. Der „Lahme" ist nicht mehr auf den horizontalen Zeitfluss und das Gesetzmäßige von Ursache und Wirkung fixiert, er erhebt sich nun davon und erlebt sich als verbindende Achse zwischen Himmel und Erde. Die „bösen Geister" werden ausgetrieben, die diese Wahrnehmung bisher verhinderten. All diese Bilder für einen inneren Prozess können nun als solche erkannt werden.

Damit verändert sich auch die Bitte um Erlösung in eine Erfahrung und die Versuchung wird als Voraussetzung für Erlösung verständlich. Die Ver-such-ung besteht darin, im Materiellen die Einheit zu suchen und die vergeblichen Ver-suche, sie darin dauerhaft zu finden, führen immer wieder in Phasen verzwei-felter Ausweglosigkeit. Erst die Bereitschaft, die Grenze menschlichen Wollens und Könnens endgültig zu akzeptieren, löst diese Begrenzung auf ganz unerwartete Weise auf.

Als 2 die eigene Machtlosigkeit einzugestehen, wenn alle Möglichkeiten eigener Anstrengung ausgeschöpft sind, bedeutet, die Macht bewusst an die 1 abzugeben. Der Kampf endet, die 2 kapituliert gegenüber der 1 und gesteht ihr die Kompetenz zu, die sie schon immer hatte.

Durch das Empfinden eigener Machtlosigkeit wird die Kompetenz von 2 an 1 abgegeben. Dieses 2 − 1 = 1 bildet die Voraussetzung für 2 + 1 = 3.

Dem endgültigen Durchbruch dieser Ein(s)sicht gehen auf fraktale Weise unzählige derartiger Erlebnisse voraus. Die Kapitulation der 2 gegenüber der 1 ist immer wieder die Folge vergeblicher Ver-suche und Ver-such-ungen, in der 2 die Einheit zu finden.

Die Suche nach Einheit in der Welt der Dualität kann nicht direkt erfolgreich sein. Die 1 ist in der Welt der 2 nicht gezielt erlebbar.

Nur kurzfristig wird in Verbindung mit einer anderen 2 – ob Mensch oder Materie – ein Gefühl des Miteinanders, der Fülle und des Glücks erlebt. Irgendwann kippt dieser Zustand dann aber wieder ins andere Extrem und wird als Gegeneinander, als Leere oder Unglück erfahren. Die Welt der 4 besteht aus diesen konträren Begegnungen von 2 zu 2.

In der Sichtweise der 400 wird diese Wechselwirkung aber nicht erkannt und die Einheit immer wieder aufs Neue in der Begegnung von 2 zu 2 gesucht. Suche steigert sich oft zur Sucht, mit ganz unterschiedlichen Gesichtern. Jede Frustration schreit nach Befriedigung und verstärkt eine Dynamik, die schließlich die Grenze der 400 erreichen lässt.

Die 2 als Gegenteil der 1 zu empfinden und sie abzulehnen, führt ebenso zur Ver-zwei-flung. Beide Extreme, das Sich-Verlieren in der 2 x 2 und das Sich-davon-Abwenden lassen nicht die 1 erreichen, sondern die Grenze der 400. Jeder individuelle Weg dorthin ist ein kreativer Mix beider Varianten, die in ihren Bemühungen zwar nicht direkt, aber indirekt ans Ziel führen.

Das Ziel tut sich auf, wenn sein Erreichen-Wollen nach größtmöglicher Anstrengung aufgegeben wird. Die 1 direkt in der 2 x 2 oder außerhalb der 2 x 2 zu erleben, ist unmöglich, sondern nur in Kombination damit. Die 1 verursacht 2 und 4, sie ist das Gegenteil von 2 und 4 und zugleich damit identisch. Diese Tatsache ist aber erst nachvollziehbar, wenn der 1 jede Kompetenz zugesprochen wird. Das wiederum setzt voraus, jede menschliche Kompetenz als 2 aufzugeben. Maximaler menschlicher Machtverzicht entspricht der 0, durch die sich die 1 erfahrbar macht.

An diesem Null-Punkt angekommen, akzeptiert der Mensch die aktuelle Situation und nimmt sie ohne weitere Gegenwehr an. Er sieht ein, dass er machtlos ist gegenüber einem Schicksal, das sich als schmerzlich, bedrohlich und ausweglos zeigt.

Unzählige solcher Null-Punkte sind unterwegs zu passieren, ein letzter bringt den Durchbruch zur 3.

Mit der Erfahrung der 3 wird der Alltag anders. Die Gegenwehr bleibt reduziert, aber nicht auf eine resignative, sondern annehmende Weise. Das bedeutet, der Mensch nimmt 2 und 4 als Äußerungen der 1 an, mögen sie gerade erfreulich sein oder nicht. Das aktuelle Erleben, Denken, Tun und Fühlen so zu akzeptieren, wie es ist, weil es von der 1 so gewollt ist, richtet die 2 auf die 1 aus und ermöglicht die Verbindung mit ihr zu 3. Frustration als das Gegenteil von Zufriedenheit zu sehen und auch ihr Berechtigung zuzusprechen, nimmt beiden Gefühlen ihren dominierenden Einfluss auf das Verhalten. Die Polarität wird mit dieser Einstellung zu einem ausgeglichenen Miteinander unterschiedlicher Ausdrucksweisen der 1 und in offener Gelassenheit gelebt. Eine äußere Disharmonie wird von einer inneren Harmonie abgefedert. Chaos und Vielheit in der Welt der 400 können die empfundene Einheit nicht wirklich stören, 400 wird als Gegen-Teil der 1 erlebt und zugleich als Teil davon. Jesus ist Archetyp des Menschen, der bewusst die Verbindung zum Vater lebt. Dieser Mensch reagiert nicht auf die Aufforderung des Versuchers in der Wüste. Er weiß, dass das materielle Brot allein nicht seinen Hunger nach dem Absoluten stillt. Er versucht auch nicht, ein Wunder im Diesseitigen zu provozieren und lehnt es ab, jenseitige Kräfte zur Rettung seines Körpers zu benutzen. Für ihn sind alle Reichtümer dieser Welt nichts im Vergleich zu seinem inneren Reichtum. Er vertraut auf das Reich des Vaters, das nicht von dieser Welt ist.

Bei der Kreuzigung geht Jesus nicht auf die Provokation ein, er solle doch vom Kreuz herabsteigen und sich selbst retten, wenn er schon Sohn Gottes sei. Jesus als Erlöser weiß, man kann nur etwas erlösen, indem man es auf sich nimmt. Jeder, der ihm nachfolgt, nimmt auf diese Weise das Kreuz der 400 auf sich. 400 ist Voraussetzung für 1000 und die damit einhergehende Erlösung.

In diesem Sinn die Welt der 400 zu erlösen, setzt voraus, sie nicht zu verweigern, sondern sie mit all ihren Facetten zu akzeptieren. Für die individuelle Existenz bedeutet das, ja zu sagen zu allem, was das Leben mit sich bringt und es anzunehmen, weil es eben so sein soll.

Das Kämpferische des Stieres wird damit aufgegeben, die Gegenwehr, die Aggression und auch die damit verbundene Ver-zwei-flung. In Ein-klang mit der eigenen Intuition wird der Aspekt des Lammes gelebt, das sich nicht behaupten muss und geduldig annimmt, was kommen soll.

Die Versuchung, „Wunder" im Diesseitigen sehen und geradezu erzwingen zu wollen, hat viele Aspekte. Es ist jedes Denken und Tun, das darauf abzielt, eine rein geistige Sphäre für ein besseres Leben im Diesseits zu „benutzen". Die Bitte an Gott um Abwendung des Bösen ist eine milde Form davon. Schwerwiegend sind magische Praktiken, die geistige Kräfte zur Manipulation irdischer Gegebenheiten „missbrauchen" wollen, sogar verborgen unter dem Deckmantel der „guten Absicht".

„Und führe uns nicht in Versuchung" meint eine Art von Standhaftigkeit gegenüber der Versuchung, sich zu derartigen Manipulationen verführen zu lassen. Es meint die standhafte Bereitschaft, auf „Wunder" zu verzichten, das Diesseitige zu ertragen, wie es ist und zu sagen: „Dein Wille geschehe."

Dieser Versuchung zu widerstehen, ist eine absichtslose Geisteshaltung und ermöglicht Erlebnisse, die sich tatsächlich wie Wunder anfühlen.

„Sondern erlöse uns von dem Bösen"

Der oder das Böse steht der Umkehr entgegen, seine Aufgabe ist es, die Einheit zu verhindern. Das Alte Wissen nennt den Bösen den „Hinderer", der in die Vielheit treibt, in die Aufspaltung und Trennung. All dies ist gemeint mit dem hebräischen Wort „ra" 200–70, das auch den Wortstamm bildet für „sera" 7–200–70, zu übersetzen mit Saat oder Samen. Die „Saat des Bösen" hat in der Welt der 7 reiche Nachkommenschaft.

Der Alltag in dieser Welt ist geprägt vom „Hinderer"; eine chaotische, unüberschaubare Vielheit hindert daran, die zugrunde liegende Einheit zu erfassen. Die Vielheit ist daher in diesem Sinn böse. Dieses Böse definiert sich nicht im engeren, moralischen Sinn als alles Negative und Abzulehnende, sondern als die Vielheit an und für sich in ihrer Wahrnehmung als einzige Realität. Durch dieses Böse schafft sich die Einheit selbst ein Gegen-Teil. Dieses Böse ist eine Kreation der 1 und von vornherein begrenzt in seiner Macht. Nur in der Wahrnehmung der 2 erscheinen Böses und Absolutes als Pole, die einander ausschließen und miteinander „im Kampf" sind. Innerhalb der Polarität ist keine andere Perspektive möglich.

Tatsächlich erfüllt das Böse für die 1 die Aufgabe, die unmittelbare Rückkehr zur 1 zu verhindern und vorwärtszutreiben. Wenn die Grenze der 400 erreicht ist, wird ihm jeder Einfluss entzogen und mit 1000 setzt sich die Erlösung durch.

Unterwegs zeigt sich das „ra" der Vielheit auch in einer Orientierung an der Masse, in einer Ausrichtung zu dem, was andere denken, tun und sagen. So versucht es zu verhindern, im eigenen Inneren wahrzunehmen und als wahr anzunehmen, was die Intuition sagt.

Das hebräische Wort für erlösen ist „ga'al" 3–1–30 und zeigt eine Verwandtschaft mit dem Wort für Form, „gal" 3–30. Unter Form versteht das Alte Wissen das im Zeitlichen Erscheinende. Das an die Form gebundene Leben im Zeitlichen wird erlöst, wenn sich in seiner Mitte die Verbindung zur 1 zeigt: 3–30 wird zu 3–1–30. Der Äußere Wert von 3–30 ist 33 und entspricht gemäß den Überlieferungen dem Lebensalter von Jesus. Er verkörpert die Erlösung, die darin besteht, jedes einzelne menschliche Bewusstsein an seine Verbindung mit der 1 zu er-innern. 33 + 1 = 34 : 2 = 17 bringt zum Ausdruck, dass dies ein sehr individueller Prozess innerhalb der Dualität ist.

3–30 wird zu 3–1–30; die Form wird erlöst, indem sie von ihrem Bezug zur 1 erfährt und Ein-blick bekommt in Funktion und Zielsetzung von 3 und 30 innerhalb der geformten Welt der 400.

Erlösung vom Bösen bedeutet Erlösung von der Weltsicht der 400. Diese Welt bleibt in ihrer chaotischen, bunten Vielfalt, die sich im Fluss der Zeit erleben lässt, bestehen. Sie verliert durch die Erlösung nur ihren Status als einzige und wahre Wirklichkeit. Das Böse ist erlöst, sobald es als Gegen-Teil der Einheit und damit als Teil der Einheit erkannt wird. Das

Gegen-Teil des „ra" der Vielheit ist die einzelne bewusste 10, denn der Atbasch von 200–70 ist 3–7 mit der Summe 10.

Die Einsicht, dass jedes Gegen-Teil seine Berechtigung hat in dieser Welt der Dualität, lässt Konträres als Hälften eines Ganzen erfassen. Damit verliert das Rechthaben und Rechthaben-Wollen seine Basis. Was als schmerzlich, böse, grausam, traurig, falsch oder in welcher Weise auch immer dem eigenen Empfinden entgegensteht, hat seine Not-Wendigkeit und findet seinen gegenteiligen Ausgleich in dieser Welt.

Die Bibel zeigt dieses Gegensätzliche ebenfalls und gibt sich widersprüchlich; so manche Aussage findet ihr Gegen-Teil in einem anderen Textabschnitt. Der Wahrheitsgehalt dieser Überlieferungen erfährt sich mit Hilfe der Zahlen auf formloser Ebene und entzieht sich dem Rechthaben- oder Beweisen-Wollen durch Worte.

„Erlöse uns von dem Bösen" bringt auch zum Ausdruck, dass der irdische Mensch sein Unvermögen einsieht, sich aus eigener Kraft vom Bösen zu befreien. Er kann es sich wünschen und sich bemühen, seinen Beitrag zu leisten. Die Vorstellung, die er als 2 von dieser Erlösung hat, deckt sich aber nicht mit der Erlösung, die er als 3 tatsächlich erfährt. Die Erlösung kommt deshalb für die 2 ganz anders als erwartet und wird erst im Nachhinein als solche erkannt. Sie ist ein zeitlicher Prozess, der einen Umbruch im Bewusstsein bewirkt und aus eindrücklichen Erlebnissen besteht, die mit dem Empfinden von Gnade verbunden sind.

Das Bild der beiden Emmaus-Jünger ab Kapitel 24,13 im Lukas-Evangelium verdeutlicht dieses Geschehen: Den 2 Männern begegnet am 3. Tag die 1 in Person des auferstandenen Christus und sie erkennen ihn nicht.

Die menschliche 2 ist vorerst so auf das bisher Erlebte fixiert, dass sie ihren Kontakt mit der 1 noch gar nicht wirklich realisieren kann. Das Weltbild der 400 und die damit verbundene Kreuzigung dominieren das Denken und Wahrhaben. Der Gedanke an eine Auferstehung irritiert, stiftet Verwirrung und wird zunächst noch zurückgewiesen.

Das Bewusstsein braucht einige Zeit, um sich auf eine Realität einzustellen, die es bisher für unmöglich gehalten hat. Deshalb sagt Jesus zu den 2 Jüngern: „Ihr Unverständigen und im Herzen träge, an alles zu glauben, was die Propheten geredet haben!" Er nutzt die restliche Wegstrecke, um den Zusammenhang zwischen ihm und den Schriften zu erklären. Dasselbe tut der Mensch, der sich allmählich seinem 3-Sein annähert.

Am Abend des 3. Tages, wenn der Wechsel im Bewusstsein von 2 zu 3 schon fast abgeschlossen ist, steht die 2 vor der Entscheidung, die 1 wieder gehen zu lassen oder sie zum Bleiben einzuladen. Sie erkennt an diesem Punkt zwar immer noch nicht die bereits erfolgte Auferstehung, möchte den Dialog mit der 1 aber weiterführen. Die 2 Jünger „nötigen" Jesus zu bleiben und er tut es.

In der Erzählung ist es das Wort in Kombination mit dem gesegneten und gebrochenen Brot, das den 2 Emmaus-Jüngern die Augen öffnet. Das Wort bringt der 2 eine neue Sicht auf das tägliche Brot und auch auf den Prozess des Brot-Werdens. Mit dieser Ein-Sicht der 2, dieser ganz unerwarteten Sicht nach innen auf die 1 verblasst jede äußere Vorstellung von Erlösung und Auferstehung: „Ihre Augen aber wurden aufgetan, und sie erkannten ihn; und er wurde ihnen unsichtbar."

Nun gehen die 2 Jünger zu den „11 und die mit ihnen versammelt":

Die 2 erfassen 2 als 1 + 1 und sich als 10 in Kontakt mit der 1; das entspricht mit 2 + 11 = 13 der 10 im Bewusstsein der 3. Dieses Bewusstsein anerkennt den Auferstandenen als einen Menschen aus Fleisch und Blut, durch den sich erfüllt, worüber die Schriften berichten.

Mit der Erlösung von dem Bösen endet das Vaterunser; darauf zielt das menschliche Bewusstsein ab. Der Inhalt des Vaterunsers bestätigt sich für die 10 + 3 aus persönlicher Erfahrung.

Der Durchbruch der 3 im eigenen Bewusstsein ist gleichzusetzen mit der Erlösung von dem Bösen und eine im positiven Sinn extreme Erfahrung.

Ihre überwältigende Wirkung auf den Menschen kleidet die gebräuchliche Schlussformel des Vaterunsers in Worte. Sie bringt zum Ausdruck, was für den Menschen nun Gewissheit und zugleich intensive Empfindung ist:

„Denn dein ist das Reich und die Kraft und die Herrlichkeit"

Das Reich wird erlebt als die Herrschaft der 1 im eigenen inneren und ebenso äußeren Dasein. Das Königreich = „malchuth" des Vaters ist nicht von dieser Welt. Es schenkt dem einzelnen Sohn einen inneren Reichtum, der über jedem materiellen Besitz steht.

Kraft = „geburah" wird als von dort kommend erlebt und Gabriel als Vermittler verstanden. Held = „gibor" ist verwandt mit „geburah". Helden, von denen in der Bibel wiederholt die Rede ist, sind nicht äußerlich stark. Diese Helden sind mit innerer Kraft und Intensität im Glauben ausgestattet und können so im Relativen konkret werden lassen, was vom Absoluten kommt.

Herrlichkeit = „tiphereth" hat die Bedeutung von Harmonie, in der alles mit allem zusammenspielt. In dieser Harmonie ist das Böse gebunden, aber nicht vernichtet. Es erfährt sich in einem Wechselspiel, Phasen der 400 und Phasen der 1000 machen gemeinsam das Leben aus. Die Türen sind offen zwischen diesen Bereichen des Bewusstseins, die gemeinsam den Alltag gestalten.
Die 3 Begriffe Reich, Kraft und Herrlichkeit zeigen einen Bezug zum Lebensbaum der „Kabbalah". Gemäß der jüdischen Überlieferung ist dieser Lebensbaum eine symbolische Darstellung vom Sinn des Lebens und besteht aus 10 „Sephiroth". „Sephira", im Plural „Sephirot", bedeutet Ziffer oder Sphäre. Jede Sephira beschreibt eine Sphäre und er-zählt von einem Aspekt, der einer bestimmten Zahl zugeordnet ist.

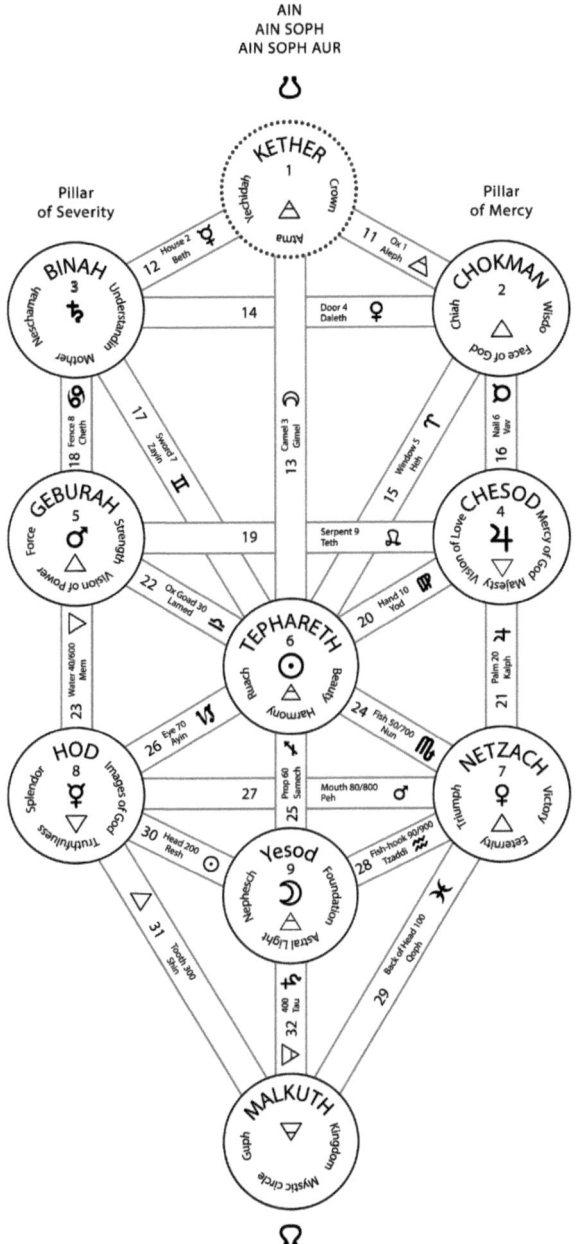

Lebensbaum der Kabbalah

Die 1. Sphäre nennt sich „Krone des Königs", die 10. Sphäre trägt die Bezeichnung „Reich". Die 10 ist das Reich, in dem die 1 regiert. Das Bewusstsein, das diese Herrschaft anerkennt, krönt sein Leben damit, dass es sich selbst als das Reich betrachtet, in dem die 1 König ist.

Wenn die 10 die 5–6–5 ersetzt, so heißt es im Alten Wissen, ist die Krone verbunden mit dem Reich unten und 10–10 hat sich erfüllt. Die 1, das Erste hat sich mit dem Letzten, der 10, auf eine Weise vereint, die beide einander gleichsetzt. „Die Letzten werden die Ersten sein und die Ersten die Letzten", lässt das Matthäus-Evangelium wissen.

Eine zentrale Position in der Verbindung von 1 zu 10 nehmen im Aufbau der Sephirot die Sphären 5 = Kraft, Stärke, Macht und 6 = Pracht und Herrlichkeit ein, gemeinsam mit 4 = Barmherzigkeit, Treue und Liebe zu Gott. 1 und 10 bilden auf einer vertikalen Achse oben und unten die Endpunkte. 4 und 5 liegen einander auf einer waagrechten Linie gegenüber; 6 befindet sich auf der vertikalen Achse genau in der Mitte und bildet mit 4 und 5 ein Dreieck.

6 = „Tiphereth" = Herrlichkeit Gottes ist im Irdischen als Harmonie erfahrbar. Sie bildet das Zentrum des Lebensbaumes und drückt damit aus, dass sie von zentraler Bedeutung für den Sinn menschlichen Lebens ist. Etymologisch leitet sich „tipheret" ab vom Stamm „pri" = Frucht.

Das Dreieck aus 4, 5 und 6 macht folgende qualitative Aussage: Die Herrlichkeit Gottes (= 6) als Harmonie zu erleben, ist die Frucht aus der Treue zu Gott (= 4) und der von Gott gewährten Stärke (= 5). Die Begegnung von Treue und Stärke (4 x 5) summiert sich mit der Herrlichkeit Gottes zu 26, dem Äußeren Wert von JHWH.

Ein anderer Zusammenhang stellt sich über die Zahlen dieser Begriffe exakt dar: „Tiphereth" besteht aus 400–80–1–200–400; „Pri" aus 80–200. Entfernt man diesen Wortstamm aus 400–80–1–200–400, bleibt 400–1–400 übrig und sagt folgendes aus: Bevor sich als Frucht des Lebens die Herrlichkeit Gottes zeigen kann, ist die Voraussetzung zu erfüllen, dass innerhalb des Lebens in der 400 die 1 gesehen und dieses Leben als Spiegelung erkannt wird. Beides ist nur durch das Vertrauen in Gott einerseits und die Kraft von Gott andererseits möglich.

Eine weitere Symbolik ist bemerkenswert: In der Sephirot bilden die Achsen von 1 zu 10 und von 4 zu 5 eine Kreuzform. Das Dreieck aus 4, 5 und 6 ist mit seiner Spitze nach unten zur 10 ausgerichtet.

Das Kruzifix als Darstellung des Gekreuzigten zeigt dieselben Linien, ein Kreuz in Verbindung mit einem Dreieck. Die Hände sind mit 2 Nägeln am Querbalken bei 4 und 5 fixiert, die 2 Füße mit 1 Nagel ganz unten bei 10. Mit 3 Nägeln ist der Gekreuzigte fixiert, im Herzbereich liegt der Kreuzungspunkt der 3 Linien, den die Arme und der Unterkörper samt Beinen bilden. Der Herzbereich entspricht Sephira 6, die mit 4 und 5 ein Dreieck formt.

Das Kruzifix macht auf diese Weise eine Aussage über den Gekreuzigten und definiert ihn als 1 auf Basis der 10, die als 2 handeln muss, solange sie auf der 4 festgenagelt bleibt. Die 3 demonstriert ihre 2-fache, konträre Funktion, die in der 6 zusammenläuft.

Die Aussage der Lebensbaumes wird bestätigt und ergänzt: Treue und Liebe zu Gott und die Kraft von Gott treffen in jenem Bereich aufeinander, der Sitz menschlicher Intuition ist. Ihr Zusammenwirken trägt die Bezeichnung „Herrlichkeit Gottes" und wird als Harmonie erlebt.

Der Kopf des Gekreuzigten befindet sich am Schnittpunkt von Vertikale und Horizontale und symbolisiert das mentale Beobachten einer Wechselbeziehung. Sowohl gedanklich als auch gefühlsmäßig werden Verbindungen zwischen Dies- und Jenseits durch den individuellen Menschen erfasst.

Sobald das Wissen der inneren 1 auch zum Wissen der äußeren 2 wird, kombinieren sich beide Komponenten in Herz und Hirn zu 3.

Das Wissen des inneren Menschen ist seine Kenntnis über den Zusammenhang zwischen 1, 2 und 3. Diese 3 Zahlen bilden als Spitze des Lebensbaumes ein Dreieck, das sich im Dreieck von 4, 5 und 6 spiegelt.

Die 3 Sephirot 1 = Krone, 2 = göttliche Weisheit, 3 = Einsicht ergeben in Kombination 1 x 2 x 3 = 6. Diese 6 wird für den Menschen Realität, wenn sich 4 und 5 in ihm zu einem 3-Eck verbinden.

Dadurch stirbt am Kreuz die Weltsicht der 400, die dazu gezwungen hat, sich über den Körper zu definieren und in ständiger Angst vor dem Tod zu leben.

Die Kreuzigung der 400 leitet über in die Auferstehung der 1000, das Kruzifix ändert sich vom Symbol des Todes zum Lebensbaum der Sephirot.

Vorher wurde beides als konträr und unvereinbar angesehen, nun werden Übereinstimmungen erkennbar, die schon immer bestanden haben.

Insgesamt summieren sich die Sephirot 1, 10, 4, 5 und 6 zu 26 und betonen mit dieser Zahl nochmals grundlegende Gemeinsamkeiten, die für die Existenz jeder 2 x 10+3 gelten.

Auf 3-fache Weise sagen Sephirot, Kruzifix und JHWH synonym aus, wie sich im menschlichen Bewusstsein das Erkennen von Prinzipien durchsetzt. Ein Lebensgefühl, in dem 10–5–6–5 noch getrennt sind und das ein Verlorensein des inneren Menschen in der Welt der 400 bedeutet, kommt zu seinem Ende. Es wird abgelöst von einer Grundstimmung der Harmonie. Sie entsteht, nachdem die Kompetenz über das Irdische endgültig einer Autorität zuerkannt wird, die nicht von dieser Welt ist. Das Leben erfährt sich dann auf eine Weise, die Lebensbaum und Vaterunser übereinstimmend „Herrlichkeit" nennen.

Das Vaterunser gibt nicht nur über die Dauer dieses Lebensgefühls Auskunft, wenn es mit den Worten schließt:

„In Ewigkeit, Amen"

Das hebräische Wort für Ewigkeit ist „olam" und bedeutet gleichzeitig auch Welt, Weltall, Erde, Zeit und Raum. „Olam" definiert sich so als zeitlos und zeitlich zugleich und sagt, dass das zeitlose Ewige und das Leben im Zeitlichen eigentlich identisch sind.

Auch eine Gemeinschaft oder eine Gruppe, die aus mindestens 3 Personen besteht, ist ein „olam". Dieser „olam" beschreibt, dass zwischen Verschiedenem etwas Verbindendes besteht und bringt diese Verbindung mit der Zahl 3 in Zusammenhang. Insgesamt drückt dieser Begriff mit seinen 3 Bedeutungen eine Einheit von Unterschiedlichem aus und definiert damit gleichzeitig auch die Zahl 3.

„Olam" im Sinne einer Gemeinschaft ist im Alten Wissen nicht unbedingt eine Organisation oder Institution. Es fasst diesen Begriff sehr weit und meint damit Menschen, die etwas gemeinsam haben und es miteinander teilen. Das können Freizeitaktivitäten sein, das Zusammentreffen bei einer Veranstaltung oder die Arbeit als Team. Jede Art von Miteinander, ob momentan oder generell in der Lebensausrichtung, kann „olam" sein. Überall, wo Interessen, Gedanken oder Erlebnisse Menschen zueinander führen, entsteht diese Gemeinschaft. Es ist dafür keine feste Struktur erforderlich.

Auch alle individuellen Menschen, die in ihrem Bewusstsein 2 + 1 zu 3 zusammenfügen, bilden auf formloser Ebene einen „olam". Sie beziehen in ihren täglichen Alltag in Zeit und Raum auch das Zeitlose mit ein und leben so diesen Begriff in seiner 3-fachen Bedeutung.

Als 3 erfahren sie, dass „in Ewigkeit" eine permanente Anwesenheit meint, die das Leben auf kreative Weise in Bewegung hält, Unerwartetes eintreten lässt und immer wieder völlig anders erfahren wird.

Die Vorstellung der 2 von Ewigkeit entspricht nicht der Realität, wie sie die 3 erlebt. Ewiges Leben als permanenten Zustand von Frieden und Glückseligkeit aufzufassen, entspringt einem Denken, das am linearen Zeitlichen orientiert ist. Es setzt das Ewige gleich mit unendlich langer Zeit und begrenzt es auf diesen Aspekt.

„Olam" im Sinne von Ewigkeit umfasst Zeit, Zeitlosigkeit sowie das Wahrnehmen beider durch einen Menschen, der als 3 dazu fähig ist. Ewigkeit ist das Erfahren von Zeitlosem in Zeit und Raum.

Diese Ewigkeit reduziert sich nicht auf einzelne menschliche Wesen, sondern ist gleichzeitig die Gemeinschaft aller menschlichen 3, die als winzige Fraktale eine absolute 3 verkörpern. In ihrer Ewigkeit wechseln Zeit, Zeitlosigkeit und die Art, sie wahrzunehmen. Das Miteinander löst sich immer wieder auf, um sich neu zu finden. Für gewisse Zeit kann die 400 wieder sehr dominant sein, um dann abgelöst zu werden von erhebenden Phasen der 1000. Ein pulsierender Austausch, ein kreatives Ineinander-wirken gestaltet jeden Tag auf harmonische Weise. Er hat eine tragfähige Struktur, hält Überraschungen bereit, lässt Neues erkennen und bestätigt Bekanntes.

Weder ein permanentes Gefühl entrückter Weltferne noch ein abgehobenes Über-den-Dingen-Schweben prägen diese Existenz, im Gegenteil. Lebendig ineinander verwoben werden Zeit und Zeitloses als gestaltende Kräfte wahrgenommen, durch die ein Absolutes menschlichen Alltag kreiert. Das bewusste Erfassen dieses Wirkens mildert Ängste und Nöte des irdischen Daseins, aber der gewohnte Alltag bleibt bestehen.

Was sich verändert, ist sowohl die Qualität des Alltags als auch die Qualität seiner Wahrnehmung. Die 3 lässt das tägliche Leben in einer ausgeglichenen, erwartungsfreien und gelassenen Grundstimmung auf sich zukommen. Sie erfährt und beobachtet zugleich; sie erfährt sich als 10 und beobachtet, was die 1 durch diese 10 in die lebendige Erfahrung bringen will.

Eine derartige Lebensführung setzt in die Praxis um, was das Schlusswort des Vaterunsers mit „Amen" aussagt:

„Amen" basiert auf „emun" 1–40–50 und bedeutet: „Darauf vertraue ich, dem bin ich treu, das ist mein Glaube."

In diesem Sinn ist es eine häufig verwendete Schlussformel religiöser Gebete. Die Zahlen dieses Wortes kombinieren 1 mit 90 aus 40 + 50 und bringen damit zum Ausdruck, dass die 1 ebenfalls darauf vertraut, über die Welt der 40 die 50 zu erreichen und mit 90 das Prinzip der Erkenntnis im individuellen Menschen bewusst zu erleben.

Das Amen als Schlusswort ist ebenso wie das Vaterunser mit seinem gesamten Wortlaut ständig und unbewusst im Menschen da, auch wenn er es äußerlich nicht weiß und auch nicht wissen will. Es ist ein Prinzip, das die Existenz des Menschen genauso prägt wie das „Ich gleiche" von Adam und hat die Bestrebung, eines Tages mit klarem Verstand nachvollziehbar zu werden. Der Äußere Wert 91 definiert die Umsetzung dieser Bestrebung mit 7 x 13.

Sobald der Mensch das Prinzip Adam und das Prinzip des Vaterunsers in ihren eigentlichen Aussagen anerkennt und in sein Leben überträgt, summiert er seine Veranlagung 1–4–40 mit seinem Erleben von 1–2–50 zu 2–6–90 und damit zu 26–90. Dieser Mensch ist die „Generation" 26, die nach dem Alten Wissen das 26. Geschlecht genannt und durch die 90 aus der Zeit herausgefischt wird. Diese 2 x 13 in Kombination mit 40 + 50 setzt in ihrem Leben um, was Amen im Prinzip durch die Kombination von 1 mit 40 + 50 aussagt.

Das Amen wird so lange als Glaubensbeweis gegenüber der 1 zum Ausdruck gebracht, bis es sich als Realität für und durch eine menschliche 13 in der Welt der 2 bestätigt. Die 90 aus 40 + 50 ist die verbindende Komponente zwischen 1 und 26 und führt in Summe zu 27 = 3 x 3 x 3, zur Selbsterkenntnis des Menschen im Bild und Gleichnis einer absoluten 3.

Die 1, die gleichzeitig diese 3 ist, kreiert das Böse „ra" 200–70 mit dem Äußeren Wert 270, um die menschliche 10 zur Selbsterkenntnis als 3 zu führen: 270 = 10 x 3 x 3 x 3.

Auf phantasievolle und doch eindeutige Weise beschreiben Zahlen als Sprache des Vaters den Sinn menschlicher Existenz und dokumentieren Stufen der Entwicklung. Zahlen er-zählen vom Weg der Söhne durch die Welt und vom Zeitpunkt des Ankommens beim Vater. Die Sprache der Zahlen dient dem Vater zur klaren Kommunikation mit seinen Söhnen. Wann und wie jeder einzelne von ihnen seine Sinne für diese Art von Informationen öffnet, unterliegt uneinsehbaren Regeln; erst ein gewisser Leidensdruck macht den Sohn dafür empfänglich.

Er lernt, die Aussagen der Zahlen zu akzeptieren, wenn sie direkt in ihm ein spürbares Echo auslösen. Wird er selbst zum

Resonanzkörper dessen, was sie vermitteln, kommt eine lebendige Wechselwirkung in Gang und setzt sich zusammen aus dem Erfassen durch äußere Sinne und einer inneren Reaktion darauf. Ein klar empfundenes „Nein" stoppt vorläufig den Kommunikationsfluss, ein inneres „Ja" bringt und hält ihn in Gang. Ist er einmal in Fluss gekommen, ist damit der Anfang gesetzt für eine bisher unbekannte Art von Austausch zwischen „dieser" und der „anderen Seite", der sich im Alltag fortsetzt und dort weitere Ergänzung und Bestätigung findet.

Die Primzahl 11 steht für einen derartigen Austausch zwischen 1 und 10 und ist die Zahl einer menschlichen 10, die ihre unmittelbare Nähe zur 1 spürt. Dieser Mensch empfindet intuitiv eine bestehende Verbindung zwischen Wort und Leben, zwischen dem, was die Zahlen aussagen, und dem, was sein Alltag mit sich bringt und sein Innerstes eigentlich ist.

Ein Sohn, der solche Erfahrungen macht, ist dabei heimzukommen. Seine Entwicklung zur bewussten 10 hat er hinter sich gebracht, nun ist er reif für ein Leben in direktem Kontakt mit dem Vater. Im Prozess des Heimkommens festigt sich der Dialog zwischen 1 und 10, einerseits über eine intensive Beschäftigung mit der Sprache der Zahlen, andererseits durch persönliche Erfahrungen im Alltag, die deren Aussage bestätigen.

Diese noch nie da gewesene und unerwartete Erfahrung macht der Mensch innerhalb der gewohnten Zyklen der 12, die für das tägliche Leben auch weiterhin ihre Gültigkeit behalten.

Die Qualitäten von 11 und 13 ähneln sich, denn 10 + 1 beschreibt ebenso wie 10 + 3 den Menschen in Kontakt mit dem Absoluten. Die 13 durchbricht mental die Begrenzung der 12, indem sie mit 12 + 1 darüber hinausgeht. Das Zyklische und die von ihm geprägte Realität verlieren ihren Status als einzige erfahrbare Wirklichkeit.

Damit kehrt sich die bisherige Sicht der Dinge ins Gegenteil, das bekannte Weltbild steht auf dem Kopf und „die Uhren gehen jetzt anders".

Bisher füllte die Zahl 11 auf dem Ziffernblatt dieser 12-teiligen Uhr den Raum zwischen 10 und 12 aus und hielt sich dabei dezent im Hintergrund. 11 überließ den beiden Zahlen 10 und 12 die dominanten Rollen, denn beide stehen für Systeme, die Ordnung ausdrücken, Prinzipien erkennen lassen und sich in wiederholbaren Mustern zeigen. Beide Systeme schaffen Strukturen, nach denen sich menschliche Aktivität ausrichtet. 10 und 12 erzeugen mit ihren Maßeinheiten mentale Konstrukte, die dem Bewusstsein als Gerüst dienen. Sie geben damit einen stabilen Rahmen für seine Entwicklung vor. Sobald die bewusste 10 die Führungsrolle gegenüber jeder Art von System übernimmt, tritt die Orientierung an der 1 in den Vordergrund und mit ihr die Zahl 11, die bisher unbeachtet zwischen 10 und 12 lag. 11 nimmt eine verbindende Funktion zwischen den Qualitäten beider Systeme ein und zeigt andererseits auch eine Unabhängigkeit von jeglichen Mustern. 10 + 1 entspricht einer Ordnung, die innerhalb der zyklischen 12 ihre Auswirkungen zeigt, sich aber nicht daran orientiert oder gar darauf beschränkt.

Die Primzahl 11 hat ihre eigene Ordnung. Jede 10 in Kontakt mit der 1 setzt als Sohn um, was der Vater ihm zu erkennen gibt. Im Alltag lässt das individuelle Bewusstsein durch sein Handeln real werden, was die eigene Intuition ihm an Gedanken und Einsichten zuträgt. 11 steht für ein kontinuierliches und kreatives Miteinander von 1 + 10.

Der Lebensbaum der Sephirot kennt eine 11. Sephira, das Empfangen und die Erkenntnis von innerem Wissen. Sie muss sich am Kreuzungspunkt zwischen den Dreiecken 1–2–3 und 4–5–6 erst bilden.

Ihr Platz ist reserviert und wird eingenommen, wenn sich im Menschen auch tatsächlich umsetzt, was sie aussagt.

„Meint nicht, dass ich gekommen sei, das Gesetz oder die Propheten aufzulösen; ich bin nicht gekommen aufzulösen, sondern zu erfüllen." Mit diesen Worten wird Jesus im Matthäus-Evangelium 5,17 zitiert und dieses Erfüllen hat einige Aspekte:

Sobald dem menschlichen Bewusstsein die Einsicht kommt, selbst Sohn des Vaters zu sein, haben sowohl die irdischen Gesetzmäßigkeiten als auch das Wort der Propheten ihre gemeinsame

Zielsetzung in dieser 10 erfüllt. Damit werden sie nicht aufgelöst, sondern erfüllen weiterhin ihre Aufgabe im Alltag des Sohnes; wiederholt ermöglichen sie, dass Erkenntnis Frucht bringt. Das Denken dieses Sohnes ist erfüllt von einem komplexen Verständnis von Materie, Menschsein und grundlegenden Prinzipien. Auf dieser Basis kann es den Sinn dieser 3 Komponenten erfüllen, indem es sie in einer Vielzahl kreativer Kombinationen erlebt.

11 kann als Synonym gesehen werden für 1000. Die Lautverwandtschaft zwischen Elf und Elef bestätigt den Bezug. Elef zeigt mit dem gleichen Schriftzeichen wie Aleph die Spiegelung von 10–10 und hat den Äußeren Wert 111. Sowohl 11 als auch 111, 10–10 und 1000 machen qualitativ übereinstimmende Aussagen. Sie beschreiben, dass die Absicht der 1 im Irdischen erfüllt ist. Das duale und 3-dimensionale Irdische wird mit dieser Erfüllung nicht aufgelöst, sondern von einem völlig neuen Verstehen erfüllt.

Das neue Verständnis gilt auch für die Zahl 8, die vordergründig die 3-dimensionale Weltsicht repräsentiert. Das menschliche Denken kann auf Basis der Materie stabil „stehen", sich aufrichten, über den bisherigen Horizont hinaus blicken und letztlich zu einer Sichtweise gelangen, die über das rein Materielle und 3-Dimensionale hinausgeht.

Es ist die Funktion der 8, so lange als absolut stabile Grundlage zu fungieren, bis die 9 sowohl die Stabilität als auch deren Absolutheit in Frage stellt. Die 9 erkennt in der 8 den Spiegelcharakter, einmal von 4 + 4 und einmal von 0–0.

Die 8 ist „doppelbödig", sie bildet den stabilen Boden für ein Leben in der Materie und die ebenso stabile Basis für ein Leben, das Materie und Absolutes vereint. Die 8 = 4 + 4 funktioniert als doppelte Tür, die eine 4 führt hinein in die Materie und die andere wieder hinaus. Die kleine Null, die sich in der 8 ebenfalls doppelt abbildet, weist darauf hin, welche Qualität den Durchgang durch die Tür ermöglicht.

Mit 9 endet zwar die gewohnte Sicht auf die materielle Welt der 8, die gewohnte Welt und der gewohnte Alltag darin bleiben bestehen. Denn die Welt von 7 und 8 dient weiterhin als Basis für die Erkenntnisse der 9, die wiederholt und zunehmend Einblick gibt in hintergründige Zusammenhänge.

Der Lebensbaum der Sephirot bestätigt diese Tatsache. Die Sephirot 7 = Ewigkeit, 8 = Majestät und 9 = Grundlage bilden ein Dreieck, dessen Spitze nach unten zur 10 gerichtet ist und von der 9 gebildet wird. Es verbindet ihre Aussagen zu einer gemeinsamen:

Die Qualität der 9 bildet die Grundlage dafür, dass die 10 immer wieder in der 8 das Majestätische des Absoluten und in der 7 das ständige Wirken eines Ewigen wahrnehmen kann.

Im Alten Wissen wird diese veränderte Weltsicht dargestellt als das Ende des 7. Tages. Er wird abgelöst vom 8. Tag, der sich unabhängig zeigt vom Gesetzmäßigen. Denn nun lässt sich eine Ordnung außerhalb der Kausalität wahrnehmen, die auch das „Unmögliche" möglich macht. Am 8. Tag „gehen die Uhren anders", er ist die Phase der 11, der 111, der 1000 und damit gerade das Gegenteil zur 8, wie sie sich im 3-dimensionalen Weltbild darstellt. Die 8 des 8. Tages wird als die eigentlich echte wahrgenommen, wenn ihr 3-dimensionales Spiegelbild durchschaut ist. Der Mensch sieht sich am 8. Tag nicht mehr ständig im Kampf mit Aspekten der Polarität. Er fühlt sich auch nicht mehr der Willkür eines bedrohlichen Schicksals ausgeliefert.

In einer Grundstimmung des Vertrauens kann er die Ereignisse des Alltags annehmen und ist im wahrsten Sinne des Wortes ver-söhnt mit Gott und der Welt.

QUELLENVERZEICHNIS

Friedrich Weinreb,
Zahl, Zeichen, Wort,
Das symbolische Universum der Bibelsprache
(Verlag der Friedrich Weinreb Stiftung, 6. Auflage 2011)

Friedrich Weinreb,
Wunder der Zeichen – Wunder der Sprache,
Vom Sinn und Geheimnis der Buchstaben
(Origo Verlag, 2. Auflage 1999)

Friedrich Weinreb,
Schöpfung im Wort
(Verlag der Friedrich Weinreb Stiftung, 3. Auflage 2012)

Friedrich Weinreb,
Wie sie den Anfang träumten, Überlieferungen vom
Ursprung des Menschen
(Origo Verlag, 1976)

Friedrich Weinreb,
Die Haft, Erinnerungen 1945 bis 1948
(Thauros Verlag, 1988)

Friedrich Weinreb,
Das Evangelium nach Markus
(Thauros Verlag, 1999)

Friedrich Weinreb,
Das Vaterunser – Eine Öffnung für die Innere Stimme
(weinreb-tonarchiv.de)

Erich Neumann,
Die Große Mutter, Eine Phänomenologie der weiblichen
Gestaltungen des Unbewussten
(Walter Verlag, 9. Auflage 1989)

Barbara C. Sproul,
Schöpfungsmythen der östlichen Welt
(Eugen Diederichs Verlag, 1993)

Barbara C. Sproul,
Schöpfungsmythen der westlichen Welt
(Weltbild Verlag/Hugendubel Verlag, 1994)

Marcus du Sautoy,
Die Musik der Primzahlen,
Auf den Spuren des größten Rätsels der Mathematik
(dtv, Mai 2006)

Illobrand von Ludwiger,
Unsterblich in der 6-dimensionalen Welt,
Das neue Weltbild des Physikers Burkhard Heim
(Verlag Komplett-Media, 2. Auflage 2013)

Claudi Alsina,
Der Satz des Pythagoras,
Die heilige Geometrie von Dreiecken
(Librero IBP, 2016)

Martin Heidegger,
Vom Wesen der Wahrheit
(Vittorio Klostermann GmbH, 8. Auflage 1997)

Karl Jaspers,
  Was ist der Mensch?
  (Piper Verlag GmbH, 2000)

Hans Peter Dürr
  (www.pm-magazin.de/a/am-anfang-war-der-
  quantengeist)

(scienceblogs.de/astrodicticum-simplex/2015/02/25/best-of-
  chaos-die-unendlich-komplexe-mandelbrot-menge)

Walter Ötsch,
  Vorlesungen zum Thema „Die Ilias von Homer"
  (www.youtube.com/watch?v=3-rdGdZ50Sc/www.youtube.
  com/watch?v=e309x5mahgw)

Walter Ötsch,
  Vorlesung zum Thema „Klassisch griechische Weltbilder"
  (www.youtube.com/watch?v=5-kTo3kf1ow)

Walter Ötsch,
  Vorlesungen zum Thema „Bewusstsein und Gewissen in
  der Antike und im frühen Christentum"
  (www.youtube.com/watch?v=DaGK37VjMS8)
  (https://www.youtube.com/watch?v=IpWjA-RPicU)

Homer,
  „Odyssee"
  https://gutenberg.spiegel.de/buch/odyssee-zweispachige-
  fassung-griechisch-deutsch-1-bis-8-gesang-6924/1
  https://gutenberg.spiegel.de/buch/odyssee-zweispachige-
  fassung-griechisch-deutsch-9-bis-16-gesang-6925/1
  https://gutenberg.spiegel.de/buch/odyssee-zweispachige-
  fassung-griechisch-deutsch-17-bis-24-gesang-6923/1

Wikipedia

Die Autorin

Monika Maria Martin, geboren 1956, hatte von
Kind an einen besonderen Bezug zu Zahlen und
das tiefe Bedürfnis, Dinge zu hinterfragen. Schon
in der Jugend interessierte sie sich für wesentliche
Themen des Menschseins. Nach der Matura
arbeitete sie in kaufmännischen Berufen, war
Angestellte und selbstständige Unternehmerin.
Daneben bewahrte sie sich ihr Interesse an
philosophischen Fragen und setzte sich im
Eigenstudium damit auseinander. Sie entwickelte
die Fähigkeit, wesentliche Details zu beachten
und dabei größere Zusammenhänge nicht aus
den Augen zu verlieren. Heute sieht sie sich in
der glücklichen Lage, Gedanken zu Papier zu
bringen, die ihr Antworten geben. Das Schreiben
ist Monika Maria Martin zur liebsten Beschäftigung
geworden. Sie führt ein naturverbundenes
Leben und ist auf einem alten Bergbauernhof
zu Hause. In Tagebüchern und bei kreativem
Schreiben hat sie begonnen, Ideen zu formulieren.
„Zahlensprache" ist ihr erstes Buch.

Der Verlag

Wer aufhört
besser zu werden,
hat aufgehört
gut zu sein!

Basierend auf diesem Motto ist es dem novum Verlag
ein Anliegen neue Manuskripte aufzuspüren, zu ver-
öffentlichen und deren Autoren langfristig zu fördern.
Mittlerweile gilt der 1997 gegründete und mehrfach
prämierte Verlag als Spezialist für Neuautoren in
Deutschland, Österreich und der Schweiz.

**Für jedes neue Manuskript wird innerhalb we-
niger Wochen eine kostenfreie, unverbindliche
Lektorats-Prüfung erstellt.**

Weitere Informationen zum Verlag und
seinen Büchern finden Sie im Internet unter:

www.novumverlag.com